Mrs. President

Mrs. President

Von Martha Washington bis Hillary Clinton

Herausgegeben von Philipp Gassert
und Christof Mauch

Deutsche Verlags-Anstalt
Stuttgart München

Dem Andenken Jürgen Heidekings gewidmet

Die Deutsche Bibliothek – CIP-Einheitsaufnahme
Ein Titeldatensatz für diese Publikation ist
bei Der Deutschen Bibliothek erhältlich

Satz: Verlagsservice Pfeifer / EDV-Fotosatz Huber, Germering
Schrift: Sabon
Druck- und Bindearbeiten: Friedrich Pustet, Regensburg
Diese Ausgabe wurde auf chlor- und säurefrei gebleichtem,
alterungsbeständigem Papier gedruckt.
Printed in Germany
ISBN 3-421-05297-2

Inhalt

Vorwort

Die Bewerbung von Hillary Rodham Clinton um einen der beiden Senatssitze des US-Bundesstaates New York hat das Interesse an der Rolle der First Lady in der amerikanischen Geschichte von Neuem geweckt. Während es um den Präsidenten zunehmend still wurde, richteten sich aller Augen auf Hillary. Viele ihrer Vorgängerinnen hatten es kaum erwarten können, aus dem grellen Licht der Öffentlichkeit ins Privatleben zurückzufliehen. Manche von ihnen hatten sich zwar, auch nach dem Ausscheiden aus dem Weißen Haus, für soziale und politische Belange eingesetzt – Barbara Bush kämpfte gegen den Analphabetismus, Nancy Reagan und Betty Ford setzten ihre Kampagnen gegen den Drogenkonsum fort, Rosalynn Carter engagierte sich für den Weltfrieden und für psychisch Kranke; im Gegensatz hierzu markiert Hillary Clintons Senatskandidatur jedoch eine neuartige Auffassung vom Job der First Lady. Die First Lady beließ es nicht beim sozialen Engagement, sondern kandidierte selbst für ein bedeutendes Wahlamt.

Von allem Anfang an hatten Bill und Hillary Clinton die Präsidentschaft als eine gemeinschaftliche Angelegenheit zweier politischer Partner verstanden. Schon im Wahlkampf 1992 hatten sie versprochen, daß jede Stimme für ihn, den Präsidentschaftskandidaten, auch eine Stimme für sie sei. Dem Wähler wurde ein Doppelpack angeboten. Nach der Wahl schien es den Clintons eine Selbstverständlichkeit, daß auch Hillary im Weißen Haus Macht ausüben würde. Die First Lady übernahm die Federführung bei der Durchführung eines der zentralen Versprechen der Clintons im Wahlkampf, der Reform des Krankenversicherungswesens – ein »unerhörter« Vorgang in der amerikanischen Geschichte, der selbst Eleanor Roosevelts Mitarbeit in der Administration ihres Mannes weit in den Schatten stellte. Anders als Rosalynn Carter oder Nancy Reagan, die hinter den Kulissen Einfluß auf ihre Ehemänner ausgeübt hatten, trachteten die Clintons nicht danach, den Anteil der Gattin an der Macht zu verbergen.

Dabei konnte es nicht ausbleiben, daß das Engagement des aktiven Ehepaars schon bald Neider und Kritiker auf den Plan rief. Im Wahlkampf 1992 sahen Clintons Gegner seine Frau als einen möglichen Schwachpunkt der Kandidatur, wobei die Skandale um das Reisebüro des Weißen Hauses und die »Whitewater«-Grundstücksspekulationen willkommene Angriffsflächen boten; bis zur Lewinsky-Affäre konzentrierte sich die Kritik an den Clintons in erster Linie auf die First Lady, während der Präsident eher eine Randfigur blieb.

Daß die Frau an der Seite des mächtigsten Mannes der Welt seit jeher eine wichtige, aber auch kontroverse Rolle gespielt hat, wurde von den politischen Widersachern der Clintons leicht übersehen. Vor allem im 20. Jahrhundert hatten sich immer wieder hitzige Debatten an der Frage entzündet, was einer First Lady zukommt und was nicht. Die sich ändernde Rolle der Frau in der Gesellschaft hatte solche Diskussionen oft ausgelöst, obwohl die meisten First Ladies nicht zu den am stärksten emanzipierten Frauen ihrer Generation gehörten, sondern allenfalls einen vorsichtigen Kompromiß zwischen traditionellen Vorstellungen und feministischen Positionen anstrebten. So betonte etwa Edith Wilson, die nach dem Schlaganfall ihres Mannes Woodrow im Jahr 1919 den Informationsfluß zu und vom Präsidenten kanalisierte, daß sie dies nur aus Sorge um die Gesundheit ihres Mannes tue. Sechzig Jahre später bemühte Nancy Reagan das gleiche Argument, nachdem ihr Mann Ronald durch einen Attentäter lebensgefährlich verletzt worden war und sie in der Folge als angebliche Ersatz-Präsidentin in die Schußlinie der Kritik geraten war.

Der Titel des Bandes »Mrs. President« erinnert an die Schwierigkeiten, die die Amerikaner von Anfang an mit der Anrede ihres Präsidenten und ihrer First Ladies hatten. Der zu aristokratischen Formen neigende Senat hatte 1789 vorgeschlagen, dem ersten Präsidenten, George Washington, den klangvollen Titel »Seine Hoheit, der Präsident der Vereinigten Staaten und Schützer der Freiheit« zu verleihen, während das auf Einfachheit drängende Repräsentantenhaus nichts anderes als »Mr. President« zulassen wollte. Andere waren wiederum der Meinung, man müsse Washington als »Eure Exzellenz« ansprechen. Und wie sollte die erste Dame des Landes genannt werden? »Marquise« oder »Lady« oder einfach nur »Mrs. Washington«? Die Washingtons entschieden sich damals für das simple

»Mr. President und Mrs. Washington« und nahmen damit den republikanisch gesinnten Kritikern den Wind aus den Segeln. Selbst im revolutionären Frankreich hielt man diese Lösung für vorbildlich, und bis heute ist dies die gültige Anrede des Präsidenten und seiner Gattin geblieben, auch wenn es sporadisch Auseinandersetzungen darüber gegeben hat. In den ersten Jahrzehnten des 19. Jahrhunderts, als die Amerikaner wachsenden Wert auf »volksnahe« Umgangsformen legten, wurden die First Ladies als »Mrs. President« oder »Presidentess« (Präsidentin) angesprochen. Der Begriff der »First Lady of the Land« kam erst in den 1870er Jahren auf – Lucy Hayes wurde erstmals als First Lady tituliert, als sie ihren Mann Rutherford B. Hayes (1877–1881) auf einer transkontinentalen Reise vom Atlantik zum Pazifik begleitete. Erstmals in den 1880er Jahren fand der Name auch Eingang in die Konversationslexika, zu allen Epochen ein deutliches Zeichen, daß ein Begriff sich allgemein durchzusetzen beginnt. Die Großschreibung, die dem Begriff im englischen einen »amtlichen« Charakter gibt, begann sich jedoch erst im ersten Drittel des 20. Jahrhunderts durchzusetzen. »First Ladies« waren bis dahin einfach berühmte Frauen, zu denen man natürlich auch die Gattin des Präsidenten zählte. Die einschränkende Verwendung begleitete demnach den Aufstieg der modernen »First Ladyship« zu einer Nebeninstitution der Präsidentschaft. Zugleich signalisiert der Sprachgebrauch einen Kompromiß zwischen den demokratischen Traditionen der USA und dem Verlangen vieler Bürger nach einer quasi-königlichen Repräsentationsfigur in der Hauptstadt Washington.

Die Beiträge dieses Bandes spüren der gesellschaftlichen Rolle der First Ladies und dem Glanz ihres Amtes nach, indem sie eine Fülle von zum Teil nur wenig bekannten Fakten und Hintergründen darlegen und diskutieren – jenseits der populären Mythen und der Berichterstattung in der Regenbogenpresse. Anstatt die Lebensbilder aller First Ladies der amerikanischen Geschichte aneinanderzureihen, konzentrieren sich die durchweg von ausgewiesenen Nordamerikahistorikern verfaßten Artikel auf diejenigen 21 Persönlichkeiten, die Kultur und Geschichte der USA am nachhaltigsten geprägt haben. Der Schwerpunkt liegt auf den First Ladies des 20. Jahrhunderts, da diese – im Gegensatz zu ihren Vorgängerinnen – nicht primär als Gastgeberinnen im Weißen Haus tätig waren, sondern ihre Rolle permanent verfeinerten, erweiterten und ständig neu definierten.

Die Summe der Einzelbeiträge läßt somit ein historisches Panorama entstehen, das nicht nur Image und Institution der First Lady kritisch und lebendig vor Augen führt, sondern zugleich interessante Einblicke in die Geschichte der politischen Kultur der Vereinigten Staaten vermittelt.

Wer waren nun die Frauen, die seit der Wahl George Washingtons im Jahr 1789 an der Seite des »mächtigsten Mannes der Welt« zunächst in New York und Philadelphia und später im Weißen Haus in der neu gegründeten Hauptstadt der USA residierten? Welchen Beitrag leisteten sie für die Entwicklung der amerikanischen Präsidentschaft von den Anfängen bis zur Gegenwart? Wie entwickelte sich die Institution der First Lady, von einem bloßen Anhängsel der Präsidentschaft zu einem eigenen Amt innerhalb des Weißen Hauses mit einem nicht unbeträchtlichen Stab von Mitarbeitern und Mitarbeiterinnen? Wie unabhängig sind Image und Bedeutung einer First Lady von der Präsidentschaft ihres Ehemannes? Wie sehr ist unsere Wahrnehmung von Erfolg und Mißerfolg der jeweiligen Präsidentschaft geprägt? Was sagen schließlich ihre Biographien über die Rolle der Frau in der amerikanischen Gesellschaft aus? Diese und ähnliche Fragen werden in den folgenden Beiträgen beantwortet.

Die Mitarbeiter und Mitarbeiterinnen des Bandes konnten sich auf eine wachsende Literatur in englischer Sprache stützen, nachdem sich die »First Ladies Studies« in den USA während der letzten 15 Jahre zu einer eigenen Disziplin entwickelt haben. In der Tat bieten heute mehrere amerikanische Universitäten und Colleges Lehrveranstaltungen zu den »First Ladies« an, da man in der amerikanischen Öffentlichkeit zunehmend erkennt, wie wenig eine isolierte Betrachtung des Präsidenten der komplexen Situation von politischen Entscheidungen gerecht wird.

Unser besonderer Dank gilt den Autorinnen und Autoren der einzelnen Beiträge, die sich in die Fülle der vorhandenen Quellen und Literatur sorgfältig und kritisch eingearbeitet haben. Weiterhin danken wir Bärbel Thomas, Simone Hermann und Jennifer Rodgers am Deutschen Historischen Institut in Washington, D. C., ohne deren tatkräftige Unterstützung dieser Band nicht so zügig fertiggestellt worden wäre, sowie, bei der Deutschen Verlags-Anstalt, Bernhard Suchy und Julia Hoffmann für ihren unermüdlichen Einsatz für »Mrs. President«.

Gewidmet ist dieses Buch dem Andenken unseres Freundes und Kollegen Jürgen Heideking, der noch kurz vor seinem unzeitigen Tod den Beitrag über Martha Washington verfaßt hat. Als Geschichtsprofessor an der Universität zu Köln und als ein herausragender Vertreter der europäischen Nordamerikaforschung hat sich Jürgen Heideking wie kaum ein anderer um die jüngere Generation von USA-Historikern in Deutschland verdient gemacht.

Einleitung

Philipp Gassert / Christof Mauch

Die amerikanische Präsidentschaft – eine Familiensache?

Ohne First Lady kein Präsident. So könnte man die Bedeutung der First Lady provokativ auf den Punkt bringen. Über zwei Jahrhunderte hat sich das Amt des amerikanischen Präsidenten zu einer Einrichtung entwickelt, die ohne das Engagement oder zumindest die Präsenz einer Präsidentengattin kaum mehr denkbar ist. Nur zwei der 42 amerikanischen Präsidenten waren Junggesellen, als sie ins Weiße Haus Einzug hielten: James Buchanan (Präsident von 1857 bis 1861) und Grover Cleveland (1885–1889 und 1893–1897). Buchanan war unablässiger Kritik und übler Nachrede ausgesetzt, weil er zwar seine Nichte zur offiziellen Gastgeberin bestellte, sich aber standhaft weigerte, eine Ehe einzugehen; Cleveland hingegen gab dem öffentlichen Druck bereits ein Jahr nach Amtseintritt nach, was ihm den Applaus selbst seiner politischen Gegner eintrug. Nur zwei Präsidenten wurden als Witwer ins Weiße Haus gewählt: Thomas Jefferson (1801–1809) und Martin van Buren (1837–1841). Beide brachten freilich ihre Töchter mit, die – im Falle Jeffersons zusammen mit der späteren First Lady Dolley Madison – die Rolle der ersten Dame des Landes übernahmen. Rachel Jackson, deren Bedeutung für den Aufstieg ihres Mannes Andrew (1829–1837) nicht unterschätzt werden darf, starb in den Monaten zwischen seiner Wahl und seiner Amtseinführung im März 1829, und Ellen Herndon Arthur starb wenige Monate bevor ihr Mann zum Vizepräsidentschaftskandidaten nominiert wurde. Als dieser nach der Ermordung von James A. Garfield im Jahr 1881 überraschend zum Präsidenten aufstieg, war seine Schwester Mary McElroy als offizielle Begleiterin des Präsidenten zur Stelle. Drei First Ladies, Letitia Tylor, Caroline Harrison und Ellen Wilson, starben während der Amtszeit ihrer Ehegatten im Weißen Haus. Sowohl John Tyler

(1841–1845) als auch Woodrow Wilson (1913–1921) verheirateten sich noch während ihrer Präsidentschaft erneut, und auch Benjamin Harrison (1889–1893), dessen Frau Lucy kurz vor dem Ende seiner Amtsperiode starb, heiratete noch einmal, nachdem er das Weiße Haus verlassen hatte.

Die Präsidentengattin gehörte seit jeher zur sozialen Ausstattung des Weißen Hauses. Dennoch war die Öffentlichkeit zunächst nur wenig an den gesellschaftlichen Verrichtungen der First Ladies interessiert. Die meisten Präsidentengattinnen um die Mitte des 19. Jahrhunderts entzogen sich notorisch den aufreibenden öffentlichen Verpflichtungen der First Lady; teilweise bevorzugten sie es sogar, außerhalb Washingtons zu leben. Von den zwanziger bis in die sechziger Jahre des 19. Jahrhunderts waren nur zwei Präsidentengattinnen, Sarah Polk und Mary Lincoln, der amerikanischen Öffentlichkeit halbwegs bekannt. Anna Harrison, Letitia Tyler, Margaret Taylor, Abigail Fillmore, Jane Pierce und Eliza Johnson schützten gesundheitliche Probleme vor und ließen sich durch Nichten oder Töchter vertreten. Eine derartige Distanz zum politischen Geschäft und gesellschaftlichen Leben des Präsidenten ist im 20. Jahrhundert dagegen nahezu undenkbar geworden, auch wenn viele First Ladies ihre Rolle als oberste weibliche Repräsentantin der Nation als Bürde empfanden. Wohl gab es auch in neuerer Zeit Perioden, in denen eine First Lady für längere Zeit getrennt von ihrem Ehemann lebte, doch wurde dies nie offiziell. Beth Truman verbrachte lange Sommermonate im heimatlichen Missouri. Auch Eleanor Roosevelt und Jackie Kennedy zogen sich längere Zeit vom Weißen Haus zurück; in beiden Fällen hatte dies auch mit den außerehelichen Affären ihrer Männer zu tun. Dennoch blieb das Bild der Präsidentschaft als einer Familienveranstaltung intakt, vor allem im Falle der Kennedys. Die Bilder von Jackie, Jack, Caroline und John jr. trugen zum Kennedy-Mythos der frühen sechziger Jahre bei. Erst Hillary Clinton hat, in dieser wie in vieler anderer Hinsicht, neue Maßstäbe gesetzt: Die First Lady, die während der Lewinsky-Affäre treu zu ihrem Gatten gehalten hatte, verlegte im Herbst 1999 ihren Wohnsitz nach New York, um von dort aus für einen Sitz im Senat zu kandidieren. Damit lebt zum ersten Mal seit dem Tod von Woodrow Wilsons erster Ehefrau Ellen wieder ein amerikanischer Präsident allein im Weißen Haus.

Trotz häufiger Eheprobleme, Affären und Treulosigkeiten der Männer an der Spitze der amerikanischen Nation, kam es nicht ein einziges Mal in der amerikanischen Geschichte zur Scheidung eines amtierenden Präsidenten. In dieser Hinsicht unterscheiden sich Amerikas Spitzenpolitiker stark von ihren europäischen Kollegen. Selbst für die Kandidatur zum Präsidentenamt scheint ein Partnerwechsel nach wie vor abträglich zu sein. Ronald Reagan (1981–1989) war der einzige Präsident, der sich vor seinem Griff nach dem höchsten Amt von seiner ersten Frau getrennt hatte und sich anschließend wieder verheiratete. Auch die beiden Präsidentschaftskandidaten des Jahres 2000, George W. Bush und Al Gore, sind beide in erster Ehe verheiratet.

Unter den First Ladies gibt es bislang nur drei, die sich von früheren Ehegatten getrennt hatten, bevor sie einen späteren Präsidenten heirateten: Rachel Jackson, Florence Harding und Betty Ford. Mit Martha Washington, Dolley Madison und Edith Wilson sind unter den First Ladies übrigens auch nur drei ehemaligen Witwen. Diese hohe Kontinuität im Eheleben der Präsidenten steht in einem erstaunlichen Kontrast zum gesellschaftlichen Trend, da heutzutage in den USA, wie in allen industrialisierten Ländern, fast jede zweite Ehe geschieden wird. Die wenig erfolgreichen Versuche einiger Präsidentschaftskandidaten, sich über dieses eherne Gesetz formaler ehelicher Treue hinwegzusetzen, sind ein Beleg dafür, wie sehr die amerikanische Präsidentschaft von der vermeintlichen Erwartungshaltung der Öffentlichkeit geprägt wird, der Nation den Eindruck eines heilen Ehe- und Familienlebens zu vermitteln. Nelson Rockefeller zum Beispiel, der damalige Gouverneur von New York, mußte dies 1964 erfahren, als er die schon sicher geglaubte Nominierung zum Präsidentschaftskandidaten der Republikanischen Partei verlor, nachdem er sich hatte scheiden lassen und eine wesentlich jüngere Frau heiratete, die bald danach ein Kind erwartete. Obwohl die meisten Wähler der Meinung waren, daß sich an seiner Qualifikation für das höchste politische Amt der USA nichts geändert hatte, schlug das Meinungsklima mit einem Schlag zu Ungunsten von Rockefeller um. Auf der demokratischen Seite mußte Gary Hart 1984 seine Hoffnungen auf die Präsidentschaft begraben, nachdem während des Wahlkampfes eine außereheliche Affäre ans Licht gekommen war. Dank des persönlichen Einsatzes von Hillary Clinton und einer konsequenten Verteidigungsstrategie gelang es Bill Clinton 1992, ein ähnliches Desaster gerade noch einmal abzuwenden.

Die First Ladies haben nicht nur entscheidend daran mitgewirkt, dem amerikanischen Volk ein rosig gefärbtes Bild der »First Family« zu vermitteln. Ohne den persönlichen Einsatz ihrer Ehegattinnen

Das Haus des Volkes: Der Präsidentensitz im Jahre 1828

wären wohl die wenigsten Männer, denen schließlich der Einzug ins
Weiße Haus glückte, auf der politischen Karriereleiter so weit empor-
gestiegen. Die alte Weisheit, daß »hinter jedem großen Mann eine
große Frau« stehe, besitzt für kein anderes politisches Amt größere
Berechtigung als für die amerikanische Präsidentschaft. Es ist frap-
pierend, wie viele zukünftige Präsidenten bewußt eine Partnerin
wählten, die einer höheren sozialen Schicht entstammten als sie
selbst. Schon George Washington (1789–1787) wollte nicht gerne
daran erinnert werden, daß erst das Vermögen seiner Frau ihm den
Zugang zur Elite der kolonialen Gesellschaft geöffnet hatte. Marthas
Reichtum versetzte George überdies in den Stand, den Familiensitz
»Mount Vernon« zurückzuerwerben, der heute zu einer der heiligen
Stätten des amerikanischen Nationalbewußtseins geworden ist. Auch
John Adams (1787–1801), James Monroe (1817–1825) und John
Quincy Adams (1825–1829) heirateten in Familien ein, deren sozia-
ler Status denjenigen ihrer eigenen übertraf. In nicht wenigen Fällen
war es das Geld einer zukünftigen First Lady, durch das die politische
Karriere ihres Mannes erst in Gang gesetzt wurde. Mary Lincoln
finanzierte die erste Kampagne ihres Mannes; Beth Truman stellte
wichtige politische Weichen für ihren Ehemann Harry (1945–1953);
Lady Bird Johnson verwandte einen Teil ihres väterlichen Erbes auf

den ersten Wahlkampf von LBJ (1963–1969) und legte durch ihre klugen Investitionen den Grundstein für die weitere politische Karriere Johnsons; und Pat Nixon hat durch ihre Ersparnisse und ihren Einsatz im Wahlkampf die ersten Schritte ihres Mannes Richard (1969–1974) nicht unwesentlich befördert.

Selbst als es in der Mitte des 19. Jahrhunderts schick zu sein schien, wenn man als Präsidentschaftskandidat auf eine einfache Herkunft verweisen konnte, heirateten viele angehende Politiker Frauen aus besserer Familie. Dies gilt für fast alle Präsidenten – nicht nur für Abraham Lincoln (1861–1866), der bekanntlich für sich beanspruchen konnte, in einer Lehmhütte aufgewachsen zu sein.

Auch die Präsidenten des 20. Jahrhunderts heirateten in aller Regel auf der sozialen und ökonomischen Stufenleiter »nach oben«. Edith Roosevelt gehörte einer der berühmtesten und ältesten Familien Neuenglands an und konnte ihre amerikanischen Wurzeln bis ins Jahr 1630 zurückverfolgen. Die Politikertochter Helen Taft aus Ohio war der eigentliche Motor für die Karriere ihres Ehemanns, und Florence Harding, Lou Hoover, Beth Truman und Mamie Eisenhower standen zum Zeitpunkt ihrer Heirat sozial über ihren Ehemännern. Selbst im Falle der Kennedys, die seit den zwanziger Jahren eine der vermögendsten Familien der USA waren und schon seit mindestens einer Generation zu den oberen 10.000 zählten, trug Jackies Herkunft nicht unwesentlich dazu bei, das mit der Arbeiterklasse assoziierte irische Erbe der Kennedys durch den frankophilen Hintergrund der Familie Bouvier zu veredeln. Lyndon Johnson hielt bewußt um die Hand einer Südstaatenaristokratin an, und auch im Falle von Reagan und Clinton stammten die Ehefrauen aus »besserer« Familie als die zukünftigen Präsidenten selbst.

Warum waren so viele der späteren First Ladies bereit, sich mit einem Mann aus einfacheren Verhältnissen zu verbinden? Schließlich ging mit dieser Entscheidung, was häufig vergessen wird, ein schwerer Konflikt innerhalb der eigenen Familie einher, so etwa im Fall von Florence Kling Harding, deren Vater nach der Heirat seiner Tochter jahrelang nicht mehr mit ihr sprechen wollte. Einige heirateten sicherlich aus Liebe; manch andere reizte die Aussicht auf ein bewegtes Leben, so etwa Lou Hoover. Nicht selten bot die Heirat den zukünftigen First Ladies eine willkommene Gelegenheit, aus beengten Verhältnissen zu entkommen, wofür nicht zuletzt Rosalynn Carter steht. Mehrere First Ladies entzogen sich durch Heirat einem dominanten Vater, zum Beispiel Lady Bird Johnson. Für viele First

Ladies bot die Heirat mit einem angehenden Politiker darüber hinaus die Möglichkeit, Macht und Einfluß zu gewinnen, vor allem in einer Zeit, in der Frauen keine eigene politische Karriere machen konnten. Im 19. Jahrhundert war Sarah Polk noch eine Ausnahme. Ihr gesamtes Trachten war auf die Laufbahn ihres Mannes gerichtet, den sie im Wahlkampf und durch das Knüpfen von einflußreichen Verbindungen unterstützte. Da sie kinderlos geblieben war, hatte sie als eine der ganz wenigen Frauen ihrer Generation die Möglichkeit dazu. Im 20. Jahrhundert waren fast alle First Ladies am Erreichen und an der Ausübung der Präsidentschaft mehr oder weniger direkt beteiligt. Ausnahmen wie Mamie Eisenhower und Pat Nixon bestätigen diese Regel. Helen Taft war die wohl ehrgeizigste Politikerin unter den First Ladies. Bewußt entschied sie sich für den Weg zur Macht durch ihren Ehegatten, dessen Karriere ohne Übertreibung als ein Produkt ihres Stehvermögens bezeichnet werden kann. Während William nach dem Richteramt schielte, überzeugte sie ihn mehrfach davon, vielversprechende politische Posten nicht auszuschlagen. Selbst Hillary Clinton, deren Generation sich geringere Hindernisse in den Weg stellten als früher, wählte den Umweg zur Macht über ihren Ehemann. Umgekehrt war es nicht selten der Fall, daß eine First Lady, die zunächst nicht nach dieser Rolle gestrebt hatte, die Möglichkeiten zu nutzen lernte, die ihr das Weiße Haus als Forum verlieh. Eleanor Roosevelts soziales Engagement und Lady Bird Johnsons Einsatz für den Naturschutz kamen erst mit dem Einzug ins Weiße Haus in vollem Umfang zum Tragen.

Heutzutage hat sich das Familienleben von »Mr. und Mrs. President« mehr denn je zu einer öffentlichen Demonstration harmonischer Partnerschaft gewandelt. Die achtziger Jahre, vor allem die sorgfältig inszenierten Auftritte der beiden Reagans, haben einen bleibenden Eindruck hinterlassen. Nancy Reagans ostentative Gesten der Zuneigung zu ihrem Mann Ronald, verbunden mit der Bereitschaft, im Notfall direkt in das politische Tagesgeschäft einzugreifen, haben hier stilbildend gewirkt. Während Barbara Bush als »Frau der vierziger Jahre« stärker auf tradierte Muster zurückgriff, steigerten Hillary und Bill Clinton den Eindruck eines gemeinsamen Einsatzes, indem sie zusammen Wahlkampf betrieben und der First Lady eigenständige Politikbereiche in der Administration Clinton zugewiesen wurden.

Das Bekenntnis zur Präsidentschaft als einer partnerschaftlichen Angelegenheit gehört zum Standardrepertoire präsidentieller Rhetorik. Umgekehrt scheint Amerika von seinem »first couple« öffentliche

Beteuerungen ihrer gegenseitigen Liebe zu erwarten. Während die Reagans dieses Spiel auf die Spitze trieben, symbolisiert durch Reagans stereotype Geburtstagsfotos, haben sich auch die Clintons sowie die Gores als ihre möglichen Nachfolger immer wieder als Liebespaar in der Öffentlichkeit zu erkennen gegeben. Die besondere Hochschätzung, die der Präsident seiner Frau entgegenbringt, verdeutlicht etwa der Bericht zur Lage der Nation (»State of the Union Message«). Kein Präsident würde es versäumen, bei dieser Gelegenheit der First Lady seinen besonderen Dank abzustatten und sich öffentlich seiner Zuneigung zu ihr zu bekennen. Zugleich dient die Präsenz der First Lady in diesem im Kongreß ablaufenden Ritual dazu, ein Thema aus dem aktuellen politischen Programm besonders hervorzuheben, indem ein prominenter Gast in der Loge der First Lady sitzt. In Clintons erster State of the Union Message war dies der Chef der amerikanischen Zentralbank, Alan Greenspan, wodurch der neu gewählte Präsident Kontinuität in der Wirtschaftspolitik demonstrierte. In späteren Berichten zur Lage der Nation saßen etwa der prominente Holocaust-Überlebende Elie Wiesel oder der von Bill Clinton frisch ernannte »Antidrogen-Zar« neben der First Lady. Auch der Wahlkampf des Jahres 2000 zeigt, daß sich an der besonderen Bedeutung der First Lady für das politische Leben der USA vorerst nichts ändern wird, spielen doch Ehefrauen wie Laura Bush oder Tipper Gore eine herausgehobene Rolle im Kampf um das Weiße Haus.

Amt und Institution der First Lady –
Eine Entwicklung des 20. Jahrhunderts

Im Laufe der 200-jährigen Geschichte der USA wandelte sich die Institution der First Lady vom Anhängsel der Präsidentschaft zu einem eigenständigen Faktor der Politik. First Ladies wie Martha Washington und Sarah Polk hatten Anteil an der Karriere, am finanziellen Vermögen oder am öffentlichen Image ihrer Ehemänner gehabt und als »Gastgeberin der Nation« eine zum Teil beträchtliche Anzahl von Dienern, anfangs auch Sklaven, Hausmädchen und Butlern kommandiert. Je mehr sich die erste Dame der Nation jedoch von der traditionellen Rolle der Hausfrau und Mutter löste, desto wichtiger wurde auch der Stab von Mitarbeitern und Mitarbeiterinnen, der sie bei ihren öffentlichen und politischen Verrichtungen unterstützte.

Die Institutionalisierung der First Lady zu einem eigenständigen
Amt mit einem wachsenden Kreis von Mitarbeiterinnen begann
nicht durch Zufall mit Edith Roosevelt im Jahr 1901, da gleichzeitig
ihr Ehemann *Teddy* Roosevelt (1901–1909) die Kompetenzen der
Präsidentschaft vor allem in der Außenpolitik auszuweiten suchte.
Die Stärkung der Machtposition ging Hand in Hand mit der
Stärkung der Rolle der First Lady. Mit dem ersten »modernen«
Präsidenten zog auch die erste »moderne« First Lady in das Haus an
der Pennsylvania Avenue ein; wobei die wilde, das Weiße Haus ver-
unsichernde Kinderschar, einschließlich der zahlreichen Haustiere,
das Image des zupackenden, energiegeladenen Regierungschefs und
die Dynamik seiner Präsidentschaft eindrucksvoll unterstrich. Innerhalb weniger Jahre gab Edith Kermit Roosevelt dem Job der First
Lady ein neues Gesicht. Eine persönliche Sekretärin, Isabelle »Belle«
Hagner, wurde vom Kongreß bewilligt, einerseits um Roosevelt zu
helfen, ihre Korrespondenz zu erledigen, andererseits um den Informationsfluß aus dem Weißen Haus zu kanalisieren. Die zunehmende Neugier der Reporter und der Hunger der Öffentlichkeit
nach Bildern von der First Lady und ihren Kindern kam Edith durch
eine geschickte Pressepolitik entgegen, indem sie den Zugang zu
den Wohnquartieren in den oberen beiden Stockwerken des Weißen Hauses einschränkte, aber durch die Bereitstellung von Foto-
material und anderen Informationen die Berichterstattung nach
ihren Vorstellungen zu lenken wußte. Diesem Ziel diente auch die
umfangreiche Präsidentenresidenz, die in diesen Jahren erstmals den
offiziellen Namen »Weißes Haus« erhielt. Nicht nur wurde
der Plüsch des 19. Jahrhunderts in die Magazine verbannt, auch die
Trennlinie zwischen privater und öffentlicher Sphäre wurde
deutlicher gezogen. Zugleich entledigte sich Edith Roosevelt einiger
Bürden der Gastgeberin, indem sie die Gestaltung und den Ablauf
der Staatsdinner und offiziellen Anlässe an Spezialisten übertrug
und das Herrichten und Auftragen der Speisen einem Partyservice
überließ.

Edith Roosevelts Nachfolgerin, Helen Herron Taft, war politisch
wohl die ehrgeizigste unter den First Ladies ihrer Generation. Als
Gastgeberin setzte sie neue Akzente, zumal sie als Frau des ehemali-
gen Gouverneurs der Philippinen daran gewöhnt war, einen großen
Haushalt zu führen. Ihre Vorliebe für orientalische Bräuche – das
Bedienungspersonal wurde in von ihr entworfene phantasievolle
Livrees gesteckt – setzte sie jedoch wachsender Kritik aus. Insgesamt

zog Helen Taft es vor, direkten Einfluß auf die Politik zu nehmen, anstatt sich auf ihre sozialen Aufgaben zu konzentrieren. So wurden zum Beispiel die sie langweilenden regelmäßigen Treffen der Ehefrauen von Kabinettsmitgliedern abgeschafft. Stattdessen nahm die First Lady regelmäßig an den Besprechungen ihres Mannes mit Politikern und Diplomaten teil, besuchte Debatten im Kongreß, und übte in mehreren Fällen sogar direkten Einfluß auf wichtige Personalentscheidungen des Präsidenten aus.

Wie Helen Taft ging auch Edith Bolling Wilson als Machtfaktor im Hintergrund in die amerikanische Geschichte ein. Ob sie, nachdem Woodrow Wilson einen Schlaganfall erlitten hatte, tatsächlich eine Regentschaft ausübte, wie die politischen Gegner Wilsons behaupteten, oder nur um die Gesundheit ihres Mannes besorgt war, wie sie selbst erklärte, läßt sich im nachhinein nicht mehr feststellen. Immerhin übte Wilson einen nicht unwesentlichen Einfluß auf die Regierungsgeschäfte aus, indem sie entschied, wer zum Präsidenten vorgelassen wurde, mit welchen Problemen er sich beschäftigte und welche Dokumente ihm vorgelegt wurden.

Mit Woodrow Wilsons erster Frau, Ellen Wilson, Lou Hoover und Eleanor Roosevelt traten nacheinander drei First Ladies an die Öffentlichkeit, die das Weiße Haus dezidiert als Forum für ihre eigenen politischen Belange verstanden. Erschüttert von den katastrophalen hygienischen Zuständen in den afroamerikanischen Wohnvierteln in unmittelbarer Nähe von Kapitol und Weißem Haus, nutzte Ellen Wilson ihre Prominenz als First Lady zur Durchführung eines urbanen Reformprojektes. Obwohl sie bereits ein Jahr nach Woodrow Wilsons Amtsantritt starb, hinterließ sie durch ihren Einsatz für die Verbesserung der Verhältnisse in den Slums von Washington, D. C., ein bleibendes Vermächtnis. Das sogenannte »Ellen Wilson Law« wurde, während die First Lady auf dem Sterbebett lag, rasch verabschiedet. Zum ersten Mal in der Geschichte der USA war damit mittels der direkten *öffentlichen* Unterstützung einer First Lady ein Gesetz zustande gekommen.

Auch Lou Hoover, die als erste Präsidentengattin eine Ansprache über das Radio hielt, wußte den Raum zu nutzen, den ihr das Amt der First Lady bot. Sie setzte sich für die Chancengleichheit der Geschlechter und die Unterstützung unterprivilegierter Gruppen ein, und kalkulierte – als sie die Ehefrau des einzigen afroamerikanischen Kongreßabgeordneten zu sich einlud – bewußt den Entrüstungssturm der konservativen Südstaaten mit ein.

Wie keine First Lady vor ihr nutzte allerdings Eleanor Roosevelt ihr Amt konsequent dazu, die eigenen politischen Belange in die Öffentlichkeit hinauszutragen. Obwohl Eleanor nach dem Umzug ins Weiße Haus zunächst zurückstecken mußte – vor dem Beginn der Präsidentschaft war sie als Journalistin und Politikerin aktiv gewesen – begann sie schon bald, ihre eigenen Pressekonferenzen zu veranstalten, auf denen vor allem politische Themen diskutiert wurden, sehr zur Enttäuschung der Klatschreporter, die sich mehr Aufklärung über das gesellschaftliche Leben im Weißen Haus erhofft hatten. Roosevelts Pressekonferenzen waren eine Novität in der Geschichte der Präsidentschaft, niemals zuvor hatte eine First Lady so häufigen und so engen Kontakt zur Presse gesucht. Da Eleanor Roosevelt gewöhnt war zu schreiben und zu sprechen, nahm sie keinerlei professionelle Hilfe in Anspruch, sondern verfaßte die mehr als 700 Reden, 200 Zeitungsartikel und 2500 Kommentare selbst. Lediglich die Radioansprachen, die sie ab 1934 wieder hielt, wurden von einem Ghostwriter-Team vorbereitet.

Sicherlich hatten auch frühere First Ladies vor politischer Einflußnahme auf die Administration ihres Gatten nicht zurückgeschreckt. Doch keine andere First Lady engagierte sich so stark für ihre eigenen Themen – für die Rolle der Frau in der Gesellschaft, mehr soziale Gerechtigkeit und das Ende der Rassendiskriminierung – und keine nahm dafür bereitwillig so viel Kritik in Kauf. Überdies war Eleanor Roosevelt die einzige First Lady, die der Administration ihres Mannes als Mitglied angehörte, da sie von 1941 bis Anfang 1942 als stellvertretende Leiterin des Büros für Zivilverteidigung (Office of Civilian Defenses) der USA fungierte. Am stärksten hat Roosevelt das Amt der First Lady durch ihr öffentliches Auftreten geprägt. Wie keiner ihrer Vorgängerinnen gelang es ihr, eine eigene Identität, unabhängig von der ihres Mannes, zu schaffen. Eleanor Roosevelt hat damit die Grenzen des Amtes neu abgesteckt, ein Erbe, an das ein Standbild auf der »National Mall« erinnert – das einzige Denkmal für eine First Lady in Washington – und ein Vermächtnis, auf das ihre Nachfolgerinnen aufbauen konnten.

Seit Eleanor Roosevelts Zeiten hat die Öffentlichkeitsarbeit endgültig die Gastgeberinnenrolle als die wichtigste Funktion der First Lady abgelöst. Es wird von einer First Lady erwartet, daß sie durch öffentliche Auftritte ein positives Bild der Präsidentschaft vermittelt, einerseits durch das Absolvieren des klassischen »Damenprogramms«, das heißt die Einweihung und Besichtigung von Krankenhäusern, Kindergärten, Schulen und öffentlichen Gebäuden, aber auch, indem sich die First Lady für ein meist unkontroverses, soziales Problem einsetzt, so Jackie Kennedy für den Denkmalschutz, Pat Nixon für das ehrenamtliche Engagement der Bürger, Betty Ford für die Rehabilitation von Alkoholikern, Nancy Reagan für die Anti-Drogenkampagne und Barbara Bush für den Kampf gegen den Analphabetismus. Vielfach belächelt, hat dieser Einsatz dennoch reale Wirkungen gezeigt. Tatsächlich waren sich seit Eleanor Roosevelt alle First Ladies bewußt, daß ihnen ihr Amt eine ungewöhnliche Aufmerksamkeit sicherte, die sie zur Durchsetzung ihrer eigenen Ziele nutzen konnten. Sie wurden nicht länger als soziales Feigenblatt der jeweiligen Administration gesehen, sondern als selbständige Akteurinnen auf der Bühne der amerikanischen Politik. Dementsprechend beendeten die First Ladies, die sich sozial engagierten, ihr öffentliches Wirken auch nicht mit dem Abschied vom Weißen Haus. Vielmehr nutzten sie ihre prominente öffentliche Statur, um sich in die gesellschaftliche Diskussion einzubringen.

Die Abwendung von der reinen Gastgeberinnenrolle und die Hinwendung zur Öffentlichkeit ging nicht spurlos an der Institution der »First Ladyship« vorbei. Die Ausweitung des Amtes machte sich oft an ganz einfachen Dingen bemerkbar, so etwa der Korrespondenz der First Lady. Eleanor Roosevelt hatte die Bevölkerung kurz nach ihrem Amtsantritt aufgefordert, ihr zu schreiben und schon im ersten Jahr 300 000 Briefe erhalten. Zur Zeit von Mamie Eisenhower reichte ein Stab von 15 Mitarbeiterinnen und Mitarbeitern nicht mehr aus, um die Korrespondenz und die sozialen Verpflichtungen der First Lady zu bewältigen. Weiteres Personal mußte eingestellt oder aus anderen Abteilungen der Regierung abgeordnet werden. Pat Nixon beschäftigte eine Korrespondenzleiterin (Director of Correspondence), die ein Team von Schreibern befehligte, um Tausender von Briefen Herrin zu werden, die Nixon jede Woche im Weißen Haus erreichten. »Wenn in einer Kleinstadt jemand einen Brief aus dem Weißen Haus erhält, dann wird er allen Nachbarn gezeigt und häufig sogar in der Lokalpresse wiederabgedruckt«, begründete Nixon, warum sie viele Briefe persönlich beantwortete und auch auf andere Weise versuchte, direkt mit der Bevölkerung in Kontakt zu kommen. Unter Betty Ford hatte der Stab der Präsidentengattin schon 28 Mitglieder. Beginnend mit Kennedy, und vor allem unter ihrer Nachfolgerin Lady Bird Johnson, wurde die Öffentlichkeitsarbeit der First Lady zunehmend von einem professionellen Team organisiert und durchgeführt. Jackie

*Das abgeschirmte Zentrum der Macht: Luftbildaufnahme des
erweiterten Weißen Hauses in Washington, D. C.*

Kennedy stellte erstmals eine Pressesprecherin ein, der freilich im
Vergleich zum »Press Secretary« des Präsidenten, Pierre Salinger,
noch wenig Bedeutung zukam. Lady Bird Johnson indes machte mit
Liz Carpenter eine erfahrene Journalistin zu ihrer Personalchefin und
Pressesprecherin, während die »Social Secretary« weiterhin für
gesellschaftliche Verpflichtungen wie Staatsdinners und das Besuchsprogramm zuständig war. Mit Lady Bird verschrieb sich zum ersten
Mal seit Eleanor Roosevelts Eintreten für Frauen und Minderheiten
eine Präsidentengattin einem substantiellen und kontroversen politischen Thema, dem Umwelt- und Naturschutz. Von ihrem Ehemann
wurde sie darin offiziell unterstützt, indem er entsprechende Gesetzes-
initiativen im Kongreß durchboxen half. Damit ging eine weitere
Professionalisierung und Bürokratisierung des Amtes der First Lady
einher, die sich mithin der Expertise der jeweiligen Ministerien
bediente. Darüber hinaus intensivierte Lady Bird den von ihrer Vorgängerin betriebenen Ausbau des Baudenkmals Weißes Haus zu
einem bewohnten Museum. Die unter Jacqueline Kennedy zunächst
provisorisch geschaffene Position eines Kurators wurde unter Lady
Bird Johnson auf Dauer errichtet.
    Immer im Rückgriff auf das leuchtende Vorbild von Eleanor Roo-
sevelt, aber im scharfen Kontrast zu früheren Generationen, ist heut-

zutage das öffentliche Engagement der First Lady zur Selbstverständlichkeit geworden. Selbst diejenigen Präsidentengattinnen, denen nur wenig an persönlicher Machtausübung lag, so etwa Barbara Bush, haben sich dieser Pflicht nicht entzogen.

Zu einer erheblichen Ausweitung der Machtfülle der First Lady kam es mit deren eigenständigem Engagement im Präsidentschaftswahlkampf. Mit Lady Bird Johnson ging erstmals eine First Lady auch ohne ihren Gatten auf Stimmenfang. Ihre berühmte »Whistle Stop«-Kampagne in den Südstaaten der USA im Wahlkampf 1964 war allein vom Team der Präsidentengattin organisiert worden und wurde zu einem persönlichen Triumphzug der amtierenden First Lady. Pat Nixon, die erste aus einer Riege von in der Zwischenkriegszeit geborenen Präsidentengattinnen, ging ganz selbstverständlich solo auf Wahlkampftour, absolvierte ein »strategisches« Besuchsprogramm um die sozialen Errungenschaften der Regierung ihres Ehegatten hervorzuheben und reiste als »Botschafterin des guten Willens« unter anderem nach Afrika. Rosalynn Carter unternahm eine diplomatische Reise nach Südamerika, konferierte mit Experten im Außenministerium und nahm an Kabinettssitzungen teil. Längst zur Selbstverständlichkeit war es geworden, daß sie den Wahlkampf selbständig führte: 1976 flog Rosalynn Carter mit einer gecharterten Maschine allein von Veranstaltung zu Veranstaltung, begleitet von ihrer Pressesprecherin und ihrer Sekretärin. Ihren Mann Jimmy sollte sie erst wieder am Wahlabend treffen, als sie vor dem Fernsehapparat gemeinsam auf die Ergebnisse warteten.

Je mehr sich die First Ladies in allgemeine politische Probleme einmischten, desto stärker griffen sie auch auf die Ressourcen und das Personal des Weißen Hauses zurück. Vor allem Rosalynn Carter bewirkte eine Reorganisation, durch die der »Ostflügel«, das heißt das Büro der Präsidentengattin, innerhalb der Hierarchie des Weißen Hauses stark aufgewertet wurde. Ihr, im Verhältnis zu ihren Vorgängerinnen, relativ kleiner Stab wurde nach langen Kämpfen von achtzehn Vollzeitkräften auf einundzwanzig erhöht. Hinzu kamen ehrenamtliche Mitarbeiter und Mitarbeiterinnen (»interns«). Mehr als aufgewogen wurde diese personelle Zurückhaltung durch die Tatsache, daß die First Lady insgesamt eine wichtigere Rolle in der Administration Carter spielte als viele ihrer Vorgängerinnen. Mit der Abwerbung von Edith J. Dobelle, der Protokollchefin des US-Außenministeriums, landete Carter einen bemerkenswerten Coup, der die Professionalisierung und gewachsene politische Bedeutung des Amtes der First

Lady unterstrich. Dobelle wurde mit dem neu geschaffenen Posten der Stabschefin der First Lady betraut. Ihr Rang und ihr Gehalt entsprachen dem des Stabschefs des Präsidenten und dem seines nationalen Sicherheitsberaters. Einen vorläufigen Höhepunkt hat die Entwicklung unter Hillary Clinton erreicht, deren persönlicher Stab sich aus hochprofessionellen, politisch versierten Mitarbeiterinnen zusammensetzt. Gegenüber dem Mitarbeiterapparat von Barbara Bush war derjenige Hillary Clintons zwar ein wenig zusammengeschrumpft; dafür bediente sich die erste First Lady des 21. Jahrhunderts ganz selbstverständlich des Sachverstandes anderer Abteilungen des Weißen Hauses und der Ministerien. Indem sie ihr Büro in den begehrten Westflügel, in der Nähe des Büros des Präsidenten verlegte, demonstrierte sie ihre Auffassung von der Präsidentschaft als einer politischen Partnerschaft.

Im grellen Licht – First Ladies und Öffentlichkeit

Seit es eine First Lady gibt, konnte sie sich der besonderen Aufmerksamkeit der amerikanischen Öffentlichkeit sicher sein. Als am 27. Mai 1789 Martha Dandridge Custis Washington zum ersten Mal New York City betrat, die vorübergehende Hauptstadt der USA, wurde sie mit dreizehn Schüssen Salut und mit dem Hochruf »Lang lebe Lady Washington« empfangen. Schon die Reise von Ihrem Wohnsitz Mount Vernon in Virginia nach New York hatte gezeigt, daß die Gattin des populären ersten Präsidenten forthin kein ungestörtes Privatleben würde führen können. Abordnungen und Bürgerkomitees empfingen sie entlang der Route in den Norden; der Gattin Washingtons wurde die gleichen Ehrungen erwiesen wie dem General selbst, hatte nicht doch Martha Washington ihr Image als Mutter der Nation durch aufopfernde Hilfeleistung während der Revolutionskriege begründet. Zugleich trug sie in einer Gesellschaft, die den monarchischen Pomp europäischer Höfe zumindest vom Hörensagen kannte, als Ersatz-Königin zur zeremoniellen Selbstfindung der jungen Nation bei.

»Lady Washingtons« Nachfolgerinnen standen nicht weniger im grellen Licht der Öffentlichkeit als ihre erste Vorgängerin. Die besondere Stellung des Präsidenten im Verfassungssystem der USA – er übt die Funktionen des Regierungschefs und des Staatsoberhaupts gleichzeitig aus – brachte eine Repräsentationskultur hervor, die sich stark von der in den meisten europäischen Demokratien unterscheidet. So übernehmen Mitglieder der Präsidentenfamilie immer wieder Repräsentationsaufgaben, wenn der Präsident selbst durch Regierungsgeschäfte verhindert ist oder seine First Lady für besser geeignet hält. Ein Beispiel ist die Abordnung der First Lady zu Beerdigungen von ausländischen Staatsoberhäuptern; ein anderes die Betonung bestimmter sozialer Programme. Bis zu einem bestimmten Grad wurde (und wird) daher von der First Lady schon aufgrund der institutionellen Besonderheiten der Präsidentschaft erwartet, daß sie in der Öffentlichkeit präsent ist, für den Präsidenten spricht und gelegentlich »sein Ohr und sein Auge« ist. Auch daher spielen die First Ladies eine viel prominentere Rolle im politischen Leben als ihre Kolleginnen – Ministerpräsidenten- und Bundeskanzlergattinnen – in Europa.

Die besondere Rolle der First Ladies in der amerikanischen Geschichte wird dadurch unterstrichen, daß ihr Image und das ihres Ehemannes nicht notwendig direkt aufeinander bezogen sind. So gibt es keinen statistischen Bezug zwischen Erfolg und Mißerfolg einer First Lady und dem eines Präsidenten. In Umfragen, wer der erfolgreichste Präsident und wer die erfolgreichste First Lady gewesen sei, stehen Franklin D. und Eleanor Roosevelt fast immer an erster Stelle. Dies ist jedoch die Ausnahme, die die Regel bestätigt. Die Ehefrauen der nächstplazierten Präsidenten, Abraham Lincoln, Theodore Roosevelt und George Washington, genießen nicht im entferntesten die Wertschätzung ihrer Männer. Mary Todd Lincoln steht regelmäßig als die schlechteste First Lady aller Zeiten dar, während Martha Washington, und Edith Roosevelt meist an zehnter bis fünfzehnter Stelle landen. In einer Umfrage im Jahr 1993 wurden Eleanor Roosevelt, Hillary Clinton, Abigail Adams, Dolley Madison, Rosalynn Carter, Lady Bird Johnson, Jacqueline Kennedy, Barbara Bush, Betty Ford und Edith Wilson in dieser Reihenfolge als die zehn besten First Ladies ermittelt. Eine ähnliche Umfrage zu den Präsidenten im Jahr 1996 erbrachte, daß außer Kennedy, Johnson, Roosevelt und Wilson keiner der Gatten der besten zehn unter den First Ladies als überdurchschnittliche Erscheinung gilt. Während unter den Präsidenten der jüngsten Zeit mit Ford, Carter, Bush und Clinton eine Reihe mittelmäßiger Gestalten sind, gelten deren Gattinnen als außerordentlich erfolgreich. Auch Sarah Polk, Helen Taft, Florence Harding und Lou Hoover, die wichtigsten First Ladies ihrer Zeit, waren mit »erfolglosen« Präsidenten verheiratet. Warren Hardings skandalumwitterte Amtszeit gilt als einer der Tiefpunkte in der Geschichte der

Rangliste der First Ladies und der Präsidenten (nach einer Umfrage unter Historikern und Historikerinnen)

First Lady (1993)	Präsident (1994)
1. Eleanor Roosevelt	1. Franklin D. Roosevelt
2. Hillary Clinton	2. Abraham Lincoln
3. Abigail Adams	3. Theodore Roosevelt
4. Dolley Madison	4. George Washington
5. Rosalynn Carter	5. Thomas Jefferson
6. Lady Bird Johnson	6. Woodrow Wilson
7. Jackie Kennedy	7. Harry Truman
8. Barbara Bush	8. Dwight D. Eisenhower
9. Betty Ford	9. James Madison
10. Edith Wilson	10. John F. Kennedy
11. Bess Truman	11. Andrew Jackson
12. Martha Washington	12. John Adams
13. Lou Hoover	13. Lyndon B. Johnson
14. Edith Roosevelt	14. James K. Polk
15. Lucy Hayes	15. James Monroe
16. Louisa Adams	16. Bill Clinton
17. Mamie Eisenhower	17. John Quincy Adams
18. Pat Nixon	18. William McKinley
19. Grace Coolidge	19. Grover Cleveland
20. Sarah Polk	20. Ronald Reagan
21. Ellen Wilson	21. William H. Taft
22. Frances Cleveland	22. Martin Van Buren
23. Elizabeth Monroe	23. Richard M. Nixon
24. Eliza Johnson	24. Rutherford B. Hayes
25. Helen Taft	25. Jimmy Carter
26. Julia Grant	26. James A. Garfield
27. Julia Tyler	27. Chester A. Arthur
28. Lucretia Garfield	28. William Henry Harrison
29. Caroline Harrison	29. Herbert Hoover
30. Letitia Tyler	30. Benjamin Harrison
31. Abigail Fillmore	31. George Bush
32. Ida McKinley	32. Gerald R. Ford
33. Margaret Taylor	33. Zachary Taylor
34. Jane Pierce	34. John Tyler
35. Florence Harding	35. Millard Fillmore
36. Nancy Reagan	36. Calvin Coolidge
37. Mary Lincoln	37. Franklin Pierce
	38. Ulysses S. Grant
	39. James Buchanan
	40. Andrew Johnson
	41. Warren G. Harding

Quelle: Siena Research Institute; Robert P. Watson, The President's Wives, S. 189, 195.

Präsidentschaft. Umgekehrt war einer der populärsten Präsidenten der jüngsten Zeit, Ronald Reagan, mit der First Lady verheiratet, die von den Präsidentengattinnen der letzten Jahrzehnte den schlechtesten Ruf genießt und in Umfragen meist an der vorletzten Stelle, also direkt vor Mary Todd Lincoln, steht.

Vor allem im 20. Jahrhundert hat sich die Wahrnehmung der First Lady in wachsendem Maße von der ihres Mannes abgekoppelt. Insgesamt scheinen aktivistische First Ladies wie Clinton oder Roosevelt in Umfragen besser abzuschneiden als solche, die sich eher passiv verhielten, wie Eisenhower oder Bush. Dies unterstreicht, daß sich die Erwartungshaltung gegenüber den Präsidentengattinnen seit dem Zweiten Weltkrieg radikal gewandelt hat, auch wenn nicht übersehen werden darf, daß die First Ladies der jüngeren Zeit gegenüber ihren Kolleginnen aus dem 19. Jahrhundert begünstigt sind, weil damals Frauen viel größeren gesellschaftlichen Diskriminierungen unterlagen als heute. Insofern ist die Geschichte der First Ladies auch ein Stück Geschichte der Emanzipation. Vielleicht ist es gerade die Tatsache, daß, mit Ausnahme von Lou Hoover, Eleanor Roosevelt und Betty Ford, kaum eine der First Ladies feministische Anschauungen vertreten hat und sie zumeist versuchten, eine gesellschaftlich akzeptable Mittelposition einzunehmen, die sie zu einem geeigneten Studienobjekt für den Wandel der Geschlechterbeziehungen werden lassen. Auch Hillary Clinton mußte zurückstecken, als sie mit ihren Bemerkungen, sie habe lieber Karriere gemacht als zu Hause Kuchen zu backen und Einladungen zum Tee zu organisieren, die Konservativen im Lande brüskierte.

Es ist kein Zufall, daß sich Konflikte über die Amtsführung einer First Lady meist daran entzünden, ob eine First Lady eine »angemessene« Rolle als Frau spielte oder nicht. Edith Wilson wurde zum Stein des Anstoßes, weil sie die Regierungsgeschäfte zu übernehmen schien, nachdem ihr Mann einen Schlaganfall erlitten hatte. Ihr Eingreifen wurde bald als »petticoat government«, als Weiberregiment verschrien. Das Ehepaar Harding wurde im Jahr 1922 »Chefin der Exekutive und Mr. Harding« karikiert – eine nicht allzu subtile Anspielung auf die Tatsache, daß Florence über direkten politischen Einfluß in der Administration verfügte. Eleanor Roosevelts Aktivitäten wurden von einer kritischen Presse beargwöhnt, die sich fragte, ob eine First Lady die hohe Stellung ihres Mannes für ihre eigenen Interessen ausnützen dürfe. Mit dem Präsidenten der USA verheiratet zu sein, schrieben konservative Blätter, sei Aufgabe genug, daneben

müsse Eleanor Roosevelt keinen eigenen politischen Ehrgeiz entwickeln. Umgekehrt war Nancy Reagans machtbewußtes, jedoch
betont auf ihren Mann bezogenes Eintreten vielen Feministinnen ein
Dorn im Auge. Auch Hillary Clintons Nibelungentreue während des
Amtsenthebungsverfahrens gegen ihren Gatten hat die Frauenbewegung mit einem Dilemma konfrontiert, repräsentierte Hillary doch
für viele den neuen Typ der berufstätigen, selbständigen Frau, die
ihre Karriere nicht den beruflichen Plänen ihres Mannes hintan-
stellte. Andererseits besaß Clinton als in der Wolle gefärbte Politikerin Einsicht genug, sich den Erfordernissen der Tagespolitik unterzu-
ordnen, wenn dies das Image der Präsidentschaft verlangte. Insofern
war ihr Verhalten während der Krise der Präsidentschaft ihres Mannes nicht Ausdruck eines traditionellen Rollenverhaltens, sondern
durchaus beabsichtigter Effekt einer gewieften Politikerin im Weißen
Haus, deren eigene Chancen auf ein Wahlamt mit der möglichen Entfernung ihres Mannes aus seinem Amt ruiniert worden wären.

Das 20. Jahrhundert war ein langer, kollektiver Lernprozeß für
die First Ladies. Die sich ablösenden Kommunikationsrevolutionen
haben auch das Amt der First Lady von Grund auf revolutioniert. Sie
brachten das Ende der klassischen First Lady als der auf die zeremo-
nielle Funktion der Gastgeberin und Begleiterin des Präsidenten
beschränkten Frau mit sich. Im Zeitalter der Massenkommunikation
ist die öffentlichkeitswirksame Präsentation der First Lady zentral für
das Image des Weißen Hauses insgesamt. Der technologische Wandel, der Durchbruch immer neuer Massenmedien – die Presse in den
1890er Jahren, das Radio in den 1920er Jahren, das Fernsehen in den
1950er Jahren und das Internet in den 1990er Jahren – haben für
mehr Bedarf und Aufmerksamkeit gesorgt, aber auch die Kommuni-
kationsmöglichkeiten der First Lady entscheidend verbessert. Alle
First Ladies seit Lady Bird Johnson haben daher zu Recht ihre Funktion als Kommunikatorinnen in ihren Memoiren hervorgehoben.
Waren Florence Harding, Lou Hoover und Eleanor Roosevelt mit
ihren öffentlichen Auftritten noch ihrer Zeit voraus, so ist – beginnend mit Jackie Kennedy und Lady Bird Johnson – eine First Lady
undenkbar geworden, die sich einer Zusammenarbeit mit der Presse
verweigert hätte, wie dies noch Beth Truman oder auch Mamie
Eisenhower möglich war. Es ist daher nicht länger angemessen, die
First Ladies als bloßes Objekt des Medienrummels um das Weiße
Haus zu sehen. Vielmehr sind die First Ladies, mal mehr, mal weniger, zu zentralen Mitspielerinnen in der Politik der USA geworden.

Republikanische Hofhaltung in New York und Philadelphia
Martha Washington, 1731–1802

Jürgen Heideking

Martha Custis teilte das Schicksal, jung verwitwet zu sein, mit vielen Pflanzerfrauen der Kolonie Virginia. Das feucht-heiße Klima in den Küstenregionen und Flußtälern, gepaart mit den Unzulänglichkeiten der zeitgenössischen Medizin, riß die meisten Familien früh auseinander. Zu Beginn des 18. Jahrhunderts lag die durchschnittliche Lebenserwartung für Männer im Gebiet der Chesapeake Bay unter 50 Jahren, die der Frauen angesichts der hohen Risiken, die mit einer Schwangerschaft verbunden waren, sogar unter 40 Jahren. Geboren am 2. Juni 1731 als ältestes Kind von John Dandridge und Frances Jones in New Kent County, Virginia, hatte Martha die übliche Erziehung in Haushaltsdingen, Religion, Musik und Tanz erhalten, die Pflanzer aus den mittleren Rängen der Besitz- und Einkommensskala ihren Töchtern zukommen ließen. Die Eltern waren stolz und glücklich, als Martha, deren Empfindsamkeit und »liebenswerte Natur« schon früh gerühmt wurde, im Alter von 18 Jahren den zwanzig Jahre älteren Daniel Parke Custis heiratete, der aus einer der reichsten und einflußreichsten Familien der Kolonie stammte. An den großzügigen, teils sogar üppigen Lebensstil, der für Angehörige der sogenannten Pflanzeraristokratie selbstverständlich war, mußte sich Martha Custis als Herrin der Plantage »White House«, zu der ca. 17 500 acres Land und mehr als 100 Sklaven gehörten, allerdings erst gewöhnen. Von einem sorglosen Dasein in Luxus konnte jedoch keine Rede sein, denn zwei der vier Kinder, die Martha bis 1756 zur Welt brachte, starben schon kurz nach der Geburt, und im Juli 1757 stand sie nach dem plötzlichen Tod ihres Mannes mit den beiden Kindern John Parke (»Jacky«) und Martha Parke (»Patsy«) allein da. Es spricht für ihr Selbstvertrauen und ihre Couragiertheit, daß sie die Geschäfte nicht dem Verwalter überließ, sondern umgehend die Korrespondenz mit den Londoner Kaufleuten aufnahm, die für die Vermarktung ihrer Tabakernte in Europa sorgten. Ein sorgfältig redigierter Brief vom

Im Halbdunkel der Gründerzeit:
Martha Washington

20. August 1757, in dem sie die Handelspartner im Mutterland dazu anhält, ihr einen »günstigen Preis« für den Tabak zu verschaffen, ist das erste bekannte Dokument aus ihrer – im Jahr 1994 veröffentlichten – Korrespondenz.

Im März 1758 erhielt Martha Custis auf »White House« überraschend Besuch von George Washington, der als Oberst der Virginia-Miliz im »French and Indian War« gekämpft hatte und gerade von einer schweren Ruhrerkrankung genesen war. Nach seiner Enttäuschung über die Zurücksetzung durch arrogante britische Offiziere und in der Erkenntnis, daß die romantische Liebe zu Sally Cary Fairfax, der Ehefrau seines Nachbarn Lord Fairfax, unerfüllbar war, suchte Colonel Washington offenbar einen persönlichen Neubeginn. Ob die Hinwendung zu Martha ehrlicher Zuneigung entsprach, oder ob das politisch-geschäftliche Kalkül stärker ins Gewicht fiel, ist schwer zu bestimmen. Auf jeden Fall bedeutete die Ehe mit der wohlhabenden Witwe, die im Januar 1759 in feierlichem Rahmen geschlossen wurde, für den 27jährigen George Washington die »Eintrittskarte« in die höchsten gesellschaftlichen Kreise und in die politi-

sche Elite der Kolonie, die das *House of Burgesses*, das Parlament in
Williamsburg dominierte. Im April 1759 zog Martha mit ihren beiden Kindern nach Mount Vernon, der malerisch am Potomac gelege-
nen Plantage des neuen Ehemannes in der Nähe von Alexandria. In
Martha Custis hatte George Washington, wie er es selbst ausdrückte,
eine »angenehme Partnerin« gefunden, auf deren Treue, Loyalität
und gesunden Menschenverstand er sich bedingungslos verlassen
konnte. Was ihr an äußerer Eleganz fehlte, machte die – im Unterschied zu dem 1,92 m großen Colonel – eher kleingewachsene
Martha durch Herzlichkeit und menschliche Ausstrahlung offenbar
mehr als wett. Die geschäftlichen Angelegenheiten überließ sie wieder
ganz und gar dem Ehemann, der sich methodisch und penibel, aber
auch mit beträchtlicher spekulativer Energie der Mehrung des
ohnehin schon umfangreichen Familienbesitzes an Land und Sklaven
widmete. Dafür konnte Martha auf Mount Vernon als Hausherrin
frei schalten und walten und mit Hilfe der schwarzen Dienerschaft
eine Tradition der Gastfreundschaft begründen, die später legendär
werden sollte. Die vielen Besucher, die sie in den Jahren bis zur Revolution bewirtete, waren stets voll des Lobes über die Aufmerksamkeit
und Liebenswürdigkeit der Gastgeberin und priesen ihre gute Küche,
als deren Spezialität der im »smoke house« selbst geräucherte Schinken galt. Nicht selten wurden auf Mount Vernon auch Feste gefeiert,
etwa an Sylvester und Neujahr im weiteren Familienkreis, oder nach
den Wahlen zum *House of Burgesses*, wenn der erfolgreiche Haus-
herr zum Zeichen der Dankbarkeit die Nachbarn und politischen
Sympathisanten mit ihren Frauen zum Ball einlud. In Verbindung mit
der üblichen Gastlichkeit verschlangen diese Festivitäten einen
beträchtlichen Teil der Einkünfte aus der Tabak- und Getreideernte,
aber sie erlaubten Martha Washington, wichtige Bekanntschaften zu
machen und Erfahrungen zu sammeln, die ihr später als Ehefrau des
Präsidenten sehr zugute kamen.

Marthas zweite Ehe blieb kinderlos, was viele Historiker vermuten
läßt, daß George Washington unfruchtbar war. Der wechselseitigen
Zuneigung tat das offenbar keinen Abbruch, zumal George die beiden Kinder aus erster Ehe voll und ganz akzeptierte und nach Kräften
förderte. Zuweilen tadelte er Martha, daß sie Jacky und Patsy allzu
sehr umhegte und verwöhnte, und Martha selbst kreidete sich diese
mütterliche Nachsicht als eine Schwäche an, gegen die sie kein rech-
tes Mittel fand. Die Sorge um das Wohl der Familie wurde durch weitere Schicksalsschläge noch gesteigert, die sie unvermittelt trafen und

wiederholt in schwere seelische Nöte stürzten. 1773, im Jahr der *Boston Tea Party*, als die politischen Zeichen zwischen London und den Kolonien bereits auf Sturm standen, starb die geliebte Patsy infolge eines epileptischen Anfalls im Alter von 17 Jahren. Jacky, auf den die Eltern nun alle ihre Hoffnungen setzten, heiratete 1774 »standesgemäß« Eleanor Calvert aus Maryland, mit der er vier Kinder hatte. Gegen Ende des Unabhängigkeitskrieges starb aber auch er ganz plötzlich an einer Fiebererkrankung, die er sich bei der Belagerung von Yorktown 1781 zugezogen hatte. Während sich der Deist und Freimaurer George Washington solchen Prüfungen mit einer Art stoischer Gelassenheit stellte, suchte Martha als praktizierende anglikanische Christin Trost im Glauben an die biblische Offenbarung.

Den Grundstein für ihre bis heute andauernde Popularität legte Martha Washington im Krieg gegen England, den sie keineswegs nur aus der Ferne von Mount Vernon aus beobachten wollte. Statt dessen nutzte sie jede Gelegenheit, in die Nähe ihres Mannes zu gelangen, der seit Juni 1775 als General die amerikanische Kontinentalarmee befehligte. Schon in den 1760er Jahren hatte sie George Washington gelegentlich auf seinen Reisen begleitet, die allerdings kaum über die Chesapeake-Region hinausführten. Nun lernte sie auch Neuengland und die »Mittelstaaten« Pennsylvania, New Jersey und New York kennen und konnte sich ein Bild von der Größe und Vielfalt der Union machen, das den meisten Frauen – und selbst vielen Männern – um diese Zeit noch verschlossen blieb. George Washington glaubte, sich gegenüber seiner Frau schriftlich dafür entschuldigen zu müssen, daß er den Oberbefehl angenommen hatte; Martha nahm ihm diese Entscheidung aber keineswegs übel, ja sie scheint – neben der ehelichen Fürsorge – über eine gehörige Portion Abenteuerlust und Wagemut verfügt zu haben, die sie immer wieder zu den Schauplätzen des Geschehens hinzog. Zusammen mit einigen anderen Offiziersfrauen verbrachte sie die Wintermonate regelmäßig im Lager der Armee, die in diesen düsteren, entbehrungsreichen Phasen des Krieges oft auf wenige Tausend Mann zusammenschmolz. Es gelang ihr, etwas Geselligkeit und Wärme in den eintönigen Alltag des Hauptquartiers zu bringen, aber sie war sich auch nicht zu schade, als Krankenschwester einzuspringen oder die Wäsche der Soldaten zu waschen. Um den unbedingten Willen zur Unabhängigkeit zu demonstrieren, schloß sie sich dem patriotischen Brauch an, nur noch Kleidung aus amerikanischer Produktion zu tragen. Den Adjutanten des Barons von Steuben erinnerte sie an die »römischen Matronen«, von denen er so viel gelesen hatte; seiner Ansicht nach verdiente sie es vollauf, »die Gefährtin und Freundin des größten Mannes in diesem Zeitalter« zu sein. Ein Soldat notierte in sein Tagebuch, »Mrs. Washington« besitze zwar keine auffallenden Kennzeichen von Schönheit, aber sie vereine in ungewöhnlicher Weise »eine große Würde im Auftreten mit der angenehmsten Freundlichkeit«. In jedem Frühjahr kehrte Martha Washington nach Virginia zurück, um auf Mount Vernon und den anderen Plantagen, die von einem Verwalter geführt wurden, nach dem Rechten zu sehen. Ihr Verhalten stand sicher nicht im Widerspruch zu den Rollenerwartungen, die gegen Ende des 18. Jahrhunderts für amerikanische Frauen aus ihrer Gesellschaftsschicht galten. Die ungewöhnlichen Umstände des Unabhängigkeitskrieges erlaubten ihr aber, die Grenzen etwas weiter zu stecken und ihre patriotische Hingabe nicht nur in Worten, sondern in Taten zu beweisen.

Die Jahre nach dem Frieden von 1783 und der Demission des Generals gehörten wieder dem ländlichen und geselligen Leben auf Mount Vernon und waren vermutlich die glücklichste Zeit, die Martha und George Washington zusammen verbrachten. Mit den beiden Enkelkindern Eleanore Parke Custis (»Nelly«) und George Washington Parke Custis (»Washy« oder »Tub«) wuchs eine neue Generation von Nachkommen auf der Plantage heran. In den Augen des Ehemannes wurde die weichherzige Martha allerdings wiederum nicht den strengen Maßstäben gerecht, die man an die »republikanischen Mütter« der Vereinigten Staaten stellen mußte. Dafür trug sie gewohnt umsichtig dazu bei, den anschwellenden Strom der Gäste zu bewältigen, die den General, der als »amerikanischer Cincinnatus« schon bei Lebzeiten zum Mythos geworden war, persönlich erleben wollten. In Gesprächen und Briefen betonte George Washington zwar immer wieder, daß es für ihn nichts Schöneres gebe, als mit Martha unter dem eigenen »Weinstock und Feigenbaum« zu sitzen. Dieses Wunschbild biblischer Harmonie kollidierte jedoch mit den harten ökonomischen und politischen Realitäten der Nachkriegszeit, die den General um den Zusammenhalt der Staaten und die Zukunft der Union bangen ließen. Als sich 1787 die Gelegenheit zu einer umfassenden Reform bot, übernahm er den Vorsitz des Verfassungskonvents von Philadelphia, und danach konnte er sich nicht dem Votum seiner Landsleute entziehen, die ihn – in indirekter Wahl – einmütig zum ersten Präsidenten unter der *Constitution of the United States* bestimmten. 1789 begann damit für George Washington wie für seine Frau Martha, im verhältnismäßig hohen Alter von 57 beziehungsweise 58 Jahren, ein gänzlich neuer Lebensabschnitt voll ungewohnter Pflichten und Verantwortlichkeiten.

Als sich Martha mit den Enkelkindern im Mai auf die Reise nach New York City an den Sitz des Kongresses begab, wo ihr Mann Ende April als Präsident vereidigt worden war, wurde klar, daß sie kein ungestörtes Privatleben mehr führen konnte, sondern eine öffentliche oder zumindest halb-öffentliche Rolle im Zeremoniell der jungen Republik spielen mußte. Wie zuvor schon dem General, so bereiteten die Bürger nun auch seiner Gemahlin unterwegs vielerorts einen herzlichen Empfang und feierten sie als Persönlichkeit von nationalem Rang. Die Zeitungen veröffentlichten Gedichte an »Our Fabian Queen«, in denen die Sanftmut, Güte und republikanische Schlichtheit der »liebenswürdigen Gefährtin unseres illustren Washington« überschwenglich gepriesen wurden. Der Präsident legte den letzten Teil der Reise mit Martha in einem geschmückten Boot auf dem Hudson River nach Manhattan zurück, wo bei ihrer Ankunft ein dreizehnfacher Salut (für die dreizehn Staaten der Union) geschossen wurde. Der Gouverneur von New York, George Clinton, begrüßte die Präsidentengattin, und eine begeisterte Menschenmenge brach in Jubelrufe »Long Live Lady Washington!« aus. Anschließend fuhr das Präsidentenpaar in der Kutsche zum *President's House* in der Cherry Street, das Martha als ein stattliches, geschmackvoll eingerichtetes Gebäude empfand.

Bezeichnungen wie »Lady« oder sogar »Queen« deuteten schon an, daß Fragen der *Etiquette*, der öffentlichen Repräsentation und Symbolik allerhand Brisanz bargen. Tatsächlich erregten die prunkvollen Feierlichkeiten zur Amtseinführung des Präsidenten und die Elogen auf seine Gemahlin den Unwillen der entschiedenen Republikaner, die sich an höfische Rituale der »Alten Welt« erinnert fühlten. Vor dem Hintergrund der Französischen Revolution, die in den USA aufmerksam verfolgt wurde, mußten George und Martha Washington einen schwierigen Balanceakt vollführen, um dem Präsidentenamt, für das es kein Vorbild gab, Würde und Respekt zu verschaffen, ohne den Kritikern des »monarchischen Pomps« allzuviel Angriffsfläche zu bieten. Die nervlichen Belastungen der Anfangszeit sprechen aus einem Brief Marthas vom 23. Oktober 1789 an ihre Nichte Fanny Bassett Washington, in dem sie sich über ihr langweiliges, eintöniges Dasein als eine Art »Staatsgefangene« beklagt. Zur Entspannung trug aber bei, daß der Streit um die Anrede des Präsidenten und seiner Gattin bald beigelegt werden konnte: Statt der von einigen *Federalists* vorgeschlagenen Titel »His Highness« und »Lady« oder »Marquise« hieß es fortan schlicht »Mr. President« und »Mrs. Washington,« was Marthas Naturell und Neigung durchaus entsprach. Diese Lösung, an der man auch später festhielt, kam nicht nur den republikanischen Empfindlichkeiten in den USA entgegen, sondern wurde sogar von den Revolutionären im fernen Paris als vorbildhaft gewürdigt. Manch ein Zeitgenosse mag es auch als beruhigend empfunden haben, daß George Washington keine eigenen Kinder hatte, so daß die Gefahr einer Dynastie gar nicht erst auftauchte.

Aus den beiden Amtszeiten George Washingtons ist kein Fall bekannt, in dem Martha auf eine politische oder personelle Entscheidung des Präsidenten Einfluß genommen hätte. Dafür verstand sie es aber mit großem Geschick, ihren eigenen Platz im Zeremoniell der Präsidentschaft zu finden und auszufüllen. Als geeigneter Ort hierfür erwies sich ihr wöchentlicher Empfang, den sie jeweils am Freitag abend im *President's House* gab, und zu dem Politiker und Kongreßabgeordnete mit ihren Frauen sowie Damen und Herren der New Yorker Gesellschaft geladen wurden. Diese als *drawing room* bezeichneten Anlässe bildeten einen geselligen Gegenpol zu den hochoffiziellen, eher förmlich-steifen *levees*, die der Präsident an jedem Dienstag nachmittag abhielt. Martha Washington blieb zwar sitzen, wenn sie ihre Gäste empfing, aber ansonsten herrschte bei Tee, Kaffee und Kuchen eine zwanglose, entspannte Atmosphäre. Der Präsident war meist ebenfalls anwesend, wobei er auf Hut und Degen verzichtete, um den informellen Charakter des Empfangs zu unterstreichen. Er machte seine Runde im Salon und nutzte die Gelegenheit, um vornehmlich mit den »Ladies«, die er sonst kaum traf, einige Worte zu wechseln.

Martha Washington erwiderte die Besuche ihrer Gäste, die Einladungskarten hinterließen, blieb ansonsten aber meist daheim. Zu den gewöhnlichen Aufgaben im Haushalt kam die Pflege ihres Mannes, der mehrmals schwer erkrankte. In diesen Phasen trat sie demonstrativ in der Öffentlichkeit auf – beim Kirchgang, aber auch einmal als Besucherin im Zirkus –, um übertriebene Befürchtungen zu zerstreuen. Mit Verwandten in Virginia und Maryland führte sie Briefwechsel, die stets von der Sorge um das Wohlergehen der Familienmitglieder durchdrungen waren. Sie selbst fühlte sich nie recht wohl in ihrer Rolle als Mittelpunkt des »republikanischen Hofes« und hielt eine jüngere, lebenslustige Frau für besser geeignet, die reprä-

Mater patriae:
Martha Washington empfängt Gäste

sentativen Aufgaben der Präsidentengattin zu erfüllen. Sie hatte ja
bereits mehrere Enkelkinder, und von Figur und Auftreten her wirkte
sie durchaus »großmütterlich«. Andererseits leistete sie bereitwillig
den von ihr erwarteten Beitrag in dem Bewußtsein, daß die innere
Zufriedenheit weniger von den Umständen abhänge, in denen man
lebe, als von der Geisteshaltung, in der man diesen Umständen
begegne. Während sie stets selbstkritisch und bescheiden blieb,
waren die Mitlebenden in ihrem Urteil meist des Lobes voll. Eine der
engsten Vertrauten, die intellektuell brillante Frau des Vizepräsidenten John Adams, Abigail Adams, zeigte sich von der Klugheit und
vom Taktgefühl Martha Washingtons stärker beeindruckt als vom
Glanz der Majestäten in London, den sie während der Botschafter-
tätigkeit ihres Mannes am Hof von St. James aus der Nähe erlebt
hatte. Mit ihrem weißen Haar und in der schlichten Kleidung, so
schrieb sie, erscheine die Präsidentengattin maßvoll, würdig und
fraulich, ohne jeden Anflug von Hochmut.

Das Haus in der Cherry Street erwies sich bald als zu klein, so daß
die Washingtons an den Broadway umziehen mußten. Aber auch dies
war nur eine Zwischenstation, denn 1790 wurde der Regierungssitz
von New York nach Philadelphia verlegt, und im Herbst richteten
sich der Präsident und seine Frau in ihrer neuen Residenz in der Mar-
ket Street ein. Philadelphia bildete zu dieser Zeit das geistige und

kulturelle Zentrum der USA, was mehr Abwechslung versprach, aber auch zusätzliche gesellschaftliche Verpflichtungen mit sich brachte. Zu den wöchentlichen Empfängen und Gegenbesuchen kamen die Bewirtung von Politikern und ausländischen Gesandten sowie die offiziellen Feiern aus Anlaß der Unabhängigkeit, des Jahresbeginns sowie George Washingtons Geburtstag am 22. Februar. Obwohl Martha ein Manager und mehr als ein Dutzend weißer und schwarzer Bediensteter zur Seite standen, war sie mit den häuslichen und protokollarischen Pflichten doch voll ausgelastet.

Insgesamt verlieh Martha Washingtons Gastlichkeit der Präsidentschaft einen gewissen Charme und ein menschliches Gesicht, was ihrem oft übertrieben würdevoll und unnahbar erscheinenden Ehemann allein wohl kaum gelungen wäre. Die Menschen, die teilweise noch in monarchischen Gewohnheiten verwurzelt waren, konnten das Präsidentenpaar verehren, ohne die Prinzipien des Republikanismus zu verletzen, die gerade von der selbstlos und schlicht agierenden Martha vorbildlich verkörpert wurden. Dennoch flammte die parteiische Kritik der Frankreich freundlich gesinnten *Republicans* an George Washington in der zweiten Amtsperiode wieder auf, als er 1795 einen von John Jay ausgehandelten, unpopulären Vertrag mit England unterzeichnete. Das mußte auch Martha hart treffen, die vom guten Willen und der überparteilichen Rechtschaffenheit des Präsidenten voll überzeugt war. Die oft skurrilen Anschuldigungen und Monarchismus-Verdächtigungen machten ihr den Abschied von Philadelphia gewiß noch leichter als er ohnehin gewesen wäre, zumal mit John und Abigail Adams die wunschgemäßen Nachfolger bereitstanden. Als Martha Washington im Frühjahr 1797 endlich wieder in Mount Vernon eintraf, vertraute sie einer Freundin an, sie und der General fühlten sich »wie Kinder, die gerade aus der Schule entlassen worden sind.«

Viel Ruhe fanden die beiden auch in den letzten gemeinsamen Jahren nicht mehr, denn Mount Vernon wurde nun vollends zur Pilgerstätte, wo täglich zehn bis fünfzehn Besucher versorgt und unterhalten werden wollten. Martha Washington fühlte sich häufig erschöpft und krank, aber es war ihr Mann, der am 14. Dezember 1799 als erster ganz plötzlich an einer schweren Halsentzündung starb. Im Testament hatte er seiner Ehefrau das gesamte Vermögen vermacht und unter anderem bestimmt, daß seine Sklaven nach Marthas Tod freigelassen werden sollten. Martha Washington vollstreckte diesen Wunsch noch zu ihren Lebzeiten, weil sie wußte, wie sehr die Sklavereiproblematik den General zuletzt bedrückt hatte. Zum Leidwesen späterer Historiker übergab sie die gesamte Korrespondenz mit ihrem Mann, soweit sie sie besaß, den Flammen. Sie empfing zwar immer noch Gäste, denen sie zuweilen sogar ihre kritische Meinung zur Politik der Republikaner unter Thomas Jefferson anvertraute, der nun wenige Meilen entfernt in der neuen Hauptstadt Washington regierte. Zugleich machte sie aber klar, daß sie ihr Leben als erfüllt ansah und sich danach sehnte, ihrem vorausgegangenen Ehemann zu folgen. Am 22. Mai 1802 starb sie und wurde neben George Washington in der Familiengruft von Mount Vernon beigesetzt. Trotz ihrer – teils freiwilligen, teils von den Zeitumständen erzwungenen – Beschränkung auf den häuslichen und zeremoniellen Bereich hat sie die Präsidentschaft mitgestaltet und der Position der First Lady, für die es noch gar keinen Begriff gab, erste Konturen verliehen. Heute kennt so gut wie jeder Amerikaner ihren Namen, der oft im selben Atemzug mit dem des ersten Präsidenten der USA ausgesprochen wird. Und wie dieser hat er einen mythischen, zugleich vertrauten und entrückten Klang angenommen.

Engagierte Zeitzeugin der Revolution
Abigail Adams, 1744–1818

Britta Waldschmidt-Nelson

Abigail Smith Adams wurde am 11. November 1744 als zweitälteste Tochter von Reverend William Smith und Elizabeth Quincy Smith in der kleinen Hafenstadt Weymouth, zehn Meilen südlich von Boston, geboren. Abigail, die gemeinsam mit ihren drei Geschwistern in einem strengen, aber liebevollen Elternhaus aufwuchs, verbrachte wegen ihrer empfindlichen Gesundheit viel Zeit auf dem Landsitz ihrer Großeltern, Elizabeth und John Quincy. Die Quincys, Abigails Vorfahren mütterlicherseits, zählten zu den ältesten und angesehensten Familien in Neuengland. Ihre Ideale – Selbstdisziplin, Bildung, Gerechtigkeit und die Bereitschaft, dem öffentlichen Wohl zu dienen – formten zusammen mit der tiefen Religiosität und dem puritanischen Pflichtbewußtsein ihrer Eltern schon früh die Wertvorstellungen Abigails. Besonders ausgeprägt war der Wissensdurst des lebhaften und willensstarken Mädchens. Die Bibliotheken ihres Vaters und Großvaters gehörten zu den besten Neuenglands, und Abigail war unersättlich im Lesen und Lernen. Deshalb litt sie sehr darunter, daß es ihr als Mädchen versagt war, eine formale Ausbildung zu erhalten. Trotzdem gelang es ihr, sich durch ein intensives Selbststudium und die Teilnahme an literarischen und politischen Diskussionen innerhalb der Familie beeindruckende Kenntnisse in den verschiedensten Disziplinen anzueignen – von antiker Geschichte und Philosophie bis zu den Werken zeitgenössischer britischer sowie französischer Dichter, Historiker und Theologen.

Abigails Bildung, ihr brillanter Verstand und ihr Temperament faszinierten viele Besucher – unter anderem auch einen jungen Rechtsanwalt aus der benachbarten Stadt Braintree: John Adams. Begeistert beschrieb er 1761 in seinem Tagebuch die damals siebzehnjährige Abigail als »ein wahres Juwel …, umsichtig, entgegenkommend, bescheiden, feinfühlig, sanft, vernünftig und aktiv«, und kam bald zu dem Schluß, daß sie die ideale Ehefrau für ihn sei. Die hochgewachsene, schlanke Abigail war allerdings nicht gleich begeistert von dem

kleinen, leicht übergewichtigen jungen Mann, der sich gerne laut-
stark über Politik unterhielt und von Ideen nur so übersprudelte.
Aber sie fühlte sich angezogen von seinem Enthusiasmus, und nachdem sie im Laufe zahlreicher Besuche auch die Gutmütigkeit und den
Humor John Adams' schätzen gelernt hatte, verliebte auch sie sich in
ihn. Die zahlreichen Briefe, die sich die beiden während der nächsten
Jahre schrieben, zeugen anfangs von einer respektvollen Freundschaft, von tiefem Vertrauen und bald auch von einer Leidenschaft
und Zärtlichkeit. Abigails Mutter war zunächst gegen die Verbindung, da Johns Familie ihr nicht vornehm genug erschien. Die Adams
stammten zwar von den ersten Kolonisten ab, die 1620 mit der
Mayflower in die Neue Welt gekommen waren, die meisten von
ihnen lebten jedoch als Farmer, und John war der erste seiner Familie, der studiert hatte. Dazu kam, daß der Beruf »Rechtsanwalt« zur
damaligen Zeit nicht sehr hoch angesehen war. Schließlich ließ sich
Mrs. Smith jedoch davon überzeugen, daß John ein anständiger, hart
arbeitender Mann sei, und gab Abigails Drängen nach. Die beiden
wurden am 25. Oktober 1764 von Abigails Vater getraut und zogen
in das Farmhaus in Braintree ein, das John kurz zuvor von seinem
Vater geerbt hatte.

Da John Adams als Rechtsanwalt häufig seine Klienten in Boston
und anderen Städten besuchen sowie Gerichtstermine wahrnehmen
mußte, übernahm die junge Abigail mehr und mehr die volle Verantwortung für die Farm, sowohl für den Anbau von Obst, Gemüse, als
auch für ihre Kühe, Schafe und Hühner. Zwar hatte sie ein Hausmädchen und während der Erntezeit einige Hilfskräfte, aber ein
Großteil der Arbeit wurde während Johns Abwesenheit von Abigail
selbst erledigt. Dazu kam ihre Verantwortung als Mutter. Ihr erstes
Kind, Abigail, genannt »Nabby«, kam neun Monate nach der Hochzeit zur Welt; es folgten John Quincy (1767), Susanna (1768, die im
Alter von 14 Monaten starb), Charles (1770) und Thomas (1772).
Außerdem galt es, mehrere Umzüge zu organisieren, denn wenn John
längere Zeit in Boston zu tun hatte, wollte er Abigail bei sich haben.
So zog sie zwischen 1768 und 1774 mit den Kindern insgesamt sechs-
mal zwischen Braintree und Boston hin und her. Trotz ihrer vielen
Arbeit nahm Abigail sich abends stets die Zeit, ihrem Mann, anderen
Familienmitgliedern und Freunden Briefe zu schreiben, in denen sie
nicht nur über das tägliche Leben in Braintree bzw. Boston und das
Befinden der Familie berichtete, sondern auch intensiv an der
Debatte über die politischen Entwicklungen der Zeit teilnahm.

John Adams und sein Cousin Samuel Adams gehörten zu den
wichtigsten Führungspersönlichkeiten der amerikanischen Revolution. John zählte 1765 zu den Gründungsmitgliedern der sogenannten »Sons of Liberty« und 1772 zu den Hauptorganisatoren der
»Committees of Correspondence«, die gegründet worden waren, um
den amerikanischen Widerstand gegen die britische »Steuertyrannei«
zu koordinieren. 1774/75, als der Bruch mit England unmittelbar
bevorstand, wurde er als Abgeordneter Neuenglands für den ersten
und den zweiten Kontinentalkongreß in Philadelphia gewählt.
Während dieser Zeit sahen sich John und Abigail oft monatelang
nicht, doch sie hielten stets intensiven Briefkontakt. John informierte
seine Frau über die neuesten Geschehnisse in Philadelphia; sie berichtete ihrerseits detailliert über die Lage in Braintree und Boston und
kommentierte seine Überlegungen mit so viel Verständnis, daß John
Adams im Kongreß gelegentlich aus ihren Briefen zitierte. Im Jahr
1774 schrieb sie beispielsweise: »Die Würfel sind gefallen. Ist es nicht
besser, als letzte freie Briten zu sterben, als ein Leben in britischer
Sklaverei zu führen?«

Nachdem der Krieg ausgebrochen war, wurde Abigail direkte Zeu-
gin der schweren Kämpfe und Verwüstungen, die britische Truppen
in der Boston Bay verursachten. Einige hochgeschätzte Freunde der
Familie kamen nicht lebend vom Schlachtfeld zurück, Charleston,
der Geburtsort von Abigails Vater, wurde dem Erdboden gleichge-
macht, und Boston wurde geplündert. Krankheiten und Seuchen
breiteten sich aus, denen viele Menschen, darunter auch Abigails
Mutter, zum Opfer fielen. Um der akuten Bedrohung einer Pocken-
epidemie zu entgehen, fällte Abigail die schwere Entscheidung, sich
und ihre Kinder gegen die Krankheit »impfen« zu lassen. (»Impfen«
bedeutete damals eine gezielte Infizierung mit Pockenviren, die bei
besonderer Ernährung und medizinischer Pflege die Überlebens-
chance stark erhöhte, jedoch nicht garantieren konnte.) Erst nach
Wochen schwerer Krankheit konnte Abigail John mitteilen, daß sie
alle die Prozedur überlebt hatten. Trotz ihrer eigenen Schwierigkeiten
half Abigail während des Krieges anderen Notleidenden, wo sie nur
konnte, und nahm oft ganze Flüchtlingsfamilien in ihrem Heim auf.
Ihre detaillierten Berichte über den Kriegsverlauf und die Brutalität
der Briten in Neuengland, die John in Philadelphia an seine Kollegen
im Kontinentalkongreß weitergab, trugen mit dazu bei, die Abgeordneten zum finalen Schritt der Loslösung von England zu bewegen:
Am 4. Juli 1776 wurde die »Declaration of Independence« ver-

*Scharfsinnige Beobachterin mit
spitzer Feder: Abigail Adams, Stahlstich
des 19. Jahrhunderts*

abschiedet. John Adams gehörte mit Thomas Jefferson, Benjamin Franklin, Roger Sherman und Robert Livingston zu dem fünfköpfigen Komitee, das diese Erklärung ausgearbeitet hatte.

Abigail Adams teilte die Begeisterung ihres Mannes und der anderen Gründungsväter über die Unabhängigkeit Amerikas und nahm lebhaften Anteil an der Debatte über eine neue Verfassung für die junge Republik. Dabei lagen ihr besonders die Abschaffung der Sklaverei und die Stellung der Frau am Herzen. Schon kurz nach Kriegsausbruch, als die Frage einer potentiellen Emanzipation von Schwarzen, die bereit waren, gegen die Engländer zu kämpfen, diskutiert wurde, schrieb sie an John: »Ich wünschte von Herzen, daß es nicht einen einzigen Sklaven in dieser Provinz gäbe. Es ist doch wirklich das ungeheuerlichste Vorhaben, für etwas zu kämpfen, das wir täglich plündern und denjenigen stehlen, die ein ebensogutes Recht auf Freiheit haben wie wir!« Nach dem Krieg – und dem Ende der Sklaverei in Massachusetts und den anderen Nordstaaten – setzte Abigail sich auch gegen die Diskriminierung afroamerikanischer

Bürger ein. So sorgte sie trotz des anfänglichen Protests ihrer weißen Nachbarn dafür, daß ein in ihrem Haus lebender afroamerikanischer Junge gemeinsam mit weißen Kindern die Schule in Braintree besuchen durfte.

Die Stellung der Frau war ein Thema, das Abigail in ihrer Korrespondenz immer wieder diskutierte, insbesondere in den Briefen an ihre Freundin Mercy Otis Warren, eine der bedeutendsten Dichterinnen und Historikerinnen der Revolutionszeit. Zwar akzeptierte Abigail, daß die primäre, gottgewollte Aufgabe der Frau in ihrer Rolle als Hausfrau, Mutter und Helferin ihres Mannes lag. Doch forderte sie immer wieder, daß Frauen Zugang zu einer guten Bildung bekommen sollten. Erstens, so argumentierte Abigail, sei dies die Voraussetzung für eine optimale Erziehung der Kinder, und zweitens trage die volle Entwicklung ihrer intellektuellen Fähigkeiten wesentlich zu Glück und Zufriedenheit einer Frau bei, wovon letztendlich auch ihr Mann profitiere. So sorgte Abigail dafür, daß ihre Tochter Nabby – genau wie ihre Söhne – schon früh Latein und Griechisch lernen und später in Boston eine höhere Schule besuchen konnte. Die Verbesserung der rechtlichen Stellung von Frauen war Abigail ebenfalls ein großes Anliegen. Nach zeitgenössischem britischen Gesetz verlor eine Frau mit der Heirat ihre eigene juristische Existenz, sie war völlig abhängig von ihrem Mann, konnte kein Eigentum besitzen, keine Verträge schließen, hatte keinen gesetzlichen Anspruch auf ihre Kinder und keinen Schutz vor Mißhandlungen durch ihren Ehemann. In der Loslösung von England sah Abigail endlich eine Chance, etwas an diesem Rechtszustand zu ändern. So schrieb sie am 31. März 1776 an ihren Mann: »Bei der Neuordnung der Gesetze, die, wie ich annehme, notwendig sein wird, möchte ich Dich bitten, ganz besonders an die Frauen zu denken und ihnen gegenüber großzügiger und fairer zu sein als Deine Vorfahren. Lege nicht solch unbeschränkte Macht in die Hände der Ehemänner. Denk daran, alle Männer wären Tyrannen, wenn sie könnten. Wenn den Frauen nicht besondere Sorgfalt und Aufmerksamkeit gewidmet wird, sind wir entschlossen, selbst eine Rebellion ins Leben zu rufen und uns nicht an Gesetze gebunden zu fühlen, bei denen wir kein Mitbestimmungsrecht und keine Repräsentation haben.«

In einem weiteren Brief vom 7. Mai 1776 reagierte sie auf Johns amüsiert-ablehnende Haltung mit den Worten: »Ich kann nicht sagen, daß ich Dich für sehr großzügig den Frauen gegenüber halte,

denn während Ihr Frieden und Wohlwollen allen Völkern gegenüber verkündet und von der Freiheit aller Nationen sprecht,
besteht ihr weiter darauf, Männern absolute Gewalt über ihre
Ehefrauen zu erteilen.« Auch wenn John Adams es seiner Frau
gegenüber nicht zugeben wollte, hatte ihn Abigails logische Über-
tragung der revolutionären Maximen und Ideen der Aufklärung
auf die Frage der Gleichstellung von Frauen offenbar tief beun-
ruhigt. So schrieb er am 26. Mai an einen Freund:»Es ist gefährlich, eine so reichhaltige Quelle der Kontroverse und Auseinandersetzung zu öffnen, wie der Versuch, an den Wahlvoraussetzungen
etwas zu ändern, sie darstellt. Es gäbe kein Ende – neue Ansprüche
würden gestellt werden – Frauen würden das Wahlrecht fordern.«
Zwar sollte John Adams die Erfüllung seiner Prophezeiung nicht
mehr erleben – Wahlrecht erhielten Frauen in den USA erst 1920
auf Bundesebene –, aber der Aufruf Abigail Adams' von 1776 kann
als einer der ersten Meilensteine auf dem langen Weg der Emanzipation betrachtet werden.

Trotz seiner eher traditionell patriarchalischen Ansichten erkannte John Adams Abigail zweifellos als intellektuell ebenbürtig
an, respektierte ihre Meinung und war ihr in aufrichtiger Liebe und
Achtung zugetan; davon zeugen Hunderte zärtlicher Briefe an seine
»Beste Freundin« und »Geliebte Partnerin«. Abigail empfand
genauso und litt noch mehr als er unter den häufigen und langen
Trennungen von ihrem »liebsten, besten Freund«. Beide hatten
gehofft, daß dies nach der Verabschiedung der Unabhängigkeitserklärung besser werden würde. Nachdem Abigail, während John in
Philadelphia war, bei Geburtskomplikationen im Sommer 1777 fast
gestorben wäre – das Kind kam tot zur Welt –, erwog John im
Herbst 1777 sogar, sich ganz aus der Politik zurückzuziehen. Doch
dann wählte der Kongreß ihn zusammen mit Benjamin Franklin aus,
als Gesandter in Frankreich Bündnisverhandlungen zu führen. Abigail war schockiert über diesen »grausamen Plan, mir all mein Glück
zu stehlen«, aber, ihrem Pflichtbewußtsein nachgebend, rang sie sich
bald dazu durch, das öffentliche Wohl über ihr privates Glück zu
stellen, und bestärkte John darin, die Aufgabe anzunehmen. Gerne
wäre sie mitgekommen, aber wegen des Krieges mit England – die
Atlantiküberquerung galt als zu gefährlich für Frauen – durften
1778 nur der zehnjährige John Quincy und später sein jüngerer Bruder Charles den Vater zu den Friedensvertragsverhandlungen nach
Frankreich begleiten.

Für Abigail war die Trennung von ihren Kindern fast genauso
schlimm wie die von ihrem Mann; aber sie stimmte ihm zu, daß der
Aufenthalt in Europa für die Bildung und persönliche Entwicklung
der Jungen größte Vorteile bot. Die strengen, puritanischen Lebens-
maximen, nach denen Abigail ihr eigenes und das Leben ihrer Familienmitglieder ausrichtete, werden in einem ihrer Briefe vom Juni 1778
an den kleinen John Quincy deutlich: »Verbessere Deine Fähigkeit,
Dir nützliches Wissen und Tugenden anzueignen, die Dich zu einer
Zierde der Gesellschaft, zu einer Ehre für Dein Land und zu einem
Segen für Deine Eltern machen. Große Bildung und überlegene
Fähigkeiten, solltest Du sie je besitzen, werden von geringem Wert
und kaum beachtenswert sein, wenn sie nicht durch Tugend, Ehre,
Wahrheitsliebe und Integrität begleitet werden ... Denk immer daran,
daß Du Deinem Schöpfer gegenüber für all Deine Worte und Taten
verantwortlich bist ... Viel lieber wäre mir, Du hättest ein Grab im
Ozean gefunden, den Du überquert hast, oder ein früher Tod hätte
Dich in Deiner Kindheit dahingerafft, als daß ich Dich je als unmora-
lisches, lasterhaftes, oder gottloses Kind sehen müßte.«

Während John Adams und seine Söhne in Europa eine aufregende
und erlebnisreiche Zeit verbrachten, sorgte Abigail für Farm, Haushalt und den Rest der Familie, schrieb täglich Briefe und wartete
sehnsüchtig auf Nachrichten von ihren Lieben. Doch John fand
kaum Zeit zum Schreiben, und der Krieg verzögerte die Beförderung
der Briefe. Als im September 1783 ein Friedensvertrag zwischen
Großbritannien und den USA geschlossen wurde, konnte Abigail
auch nach Europa kommen. Am 20. Juni 1784 schiffte sie sich
zusammen mit ihrer Tochter Nabby in Boston ein. »Wir waren wirklich eine sehr, sehr glückliche Familie«, schrieb Abigail nach der
Ankunft, »endlich wieder zusammen vereint.«

Zwar kritisierte Abigail die Vergnügungssucht, die Eitelkeit, die
lockeren Sitten und die mangelhafte Religiosität der Pariser; zugleich
war sie jedoch fasziniert von der Schönheit, der Eleganz und dem
Abwechslungsreichtum des Pariser Lebens. So lernte sie zum Beispiel
das Ballett zu schätzen, das sie anfangs wegen der leichten Bekleidung der Tänzerinnen für unanständig gehalten hatte. Besonderes
Vergnügen bereitete Abigail während ihres Parisaufenthaltes die
Gesellschaft von Thomas Jefferson. Der liebenswürdige Witwer aus
Virginia wurde fast zu einem Familienmitglied der Adams. Sie sahen
sich täglich, gingen gemeinsam auf Empfänge, ins Theater und unternahmen lange Spaziergänge. Als sie im März 1785 die Nachricht

erreichte, daß der Kongreß John Adams zum ersten amerikanischen Botschafter am britischen Königshof und Jefferson zum Botschafter für Frankreich ernannt hatte, beklagte Abigail den Abschied von diesem Freund, den sie als »einen der besten Männer dieser Erde« bezeichnete.

Im Mai zogen Abigail, John und Nabby Adams nach London, wo sie ein geräumiges Haus am Grosvenor Square mieteten. London gefiel Abigail noch besser als Paris. Neben ihren Pflichten als Frau des Botschafters, zu denen auch das Erlernen des elaborierten britischen Hofzeremoniells gehörte, genoß sie vor allem Konzerte, Theater und wissenschaftliche Vorlesungen.

Doch es gab nicht nur erfreuliche Ereignisse in London: Abigail hatte mehrfach mit Krankheiten zu kämpfen, die sie zum Teil wochenlang ans Bett fesselten. Noch mehr litt sie jedoch, wie schon in Paris, unter der schier unmöglichen Aufgabe, den offiziellen Anlässen des Diplomatenlebens ohne ausreichende finanzielle Mittel gerecht zu werden. Als sie, um Geld zu sparen, selbst auf dem Markt einkaufte, wurde sie zum Gespött der englischen Presse, die sie als geiziges Farmweib porträtierte. Abigail war tief verletzt, und ihr Mißtrauen gegen die Presse sollte nie mehr ganz schwinden.

Seiner Bitte entsprechend, konnte John Adams zum Frühjahr 1788 nach Amerika zurückkehren. Die Familie bezog ein kurz zuvor erworbenes größeres Farmhaus in Braintree, das sie frisch renovieren ließen. John gab ihm den Namen »Peacefield«, aber er selbst war eher rastlos und grübelte monatelang darüber nach, ob er sich jetzt aus dem öffentlichen Leben zurückziehen sollte oder nicht. Die Entscheidung wurde ihm schließlich abgenommen, denn bei den ersten Präsidentschaftswahlen der neuen Republik, im April 1789, wurde George Washington zum Präsidenten und John Adams zum Vizepräsidenten gewählt, eine Ehre, die er nicht ausschlagen konnte. John zog noch im gleichen Monat zur Amtseinführung nach New York, dem damaligen Regierungssitz; Abigail folgte im Juni. Sie bezogen ein schönes Haus in Richmond Hill, und Abigail gewöhnte sich schnell an ihre Pflichten als Gattin des Vizepräsidenten, die vor allem darin bestanden, täglich einige Gäste zu bewirten und jede Woche einen Empfang für die Regierungsangehörigen und deren Ehefrauen zu veranstalten. Mit Martha Washington verstand sich Abigail. Die First und Second Lady besuchten einander oft, und Abigail bewunderte die schlichte Eleganz und Würde der Präsidentengattin. Auch für George Washington empfand Abigail größte Hochachtung,

und sie freute sich darüber, daß dieser Thomas Jefferson zum Außenminister und John Jay, einen anderen alten Freund der Adams, zum
Vorsitzenden des Obersten Gerichtshofes ernannte.

Mit dem Ausbruch der französischen Revolution traten auch in
Amerika ernsthafte politische Spannungen zutage, die sich schon seit
einiger Zeit zwischen den Befürwortern einer starken Zentralregie-
rung, den sogenannten *Federalists*, und deren Gegnern, den sogenannten *Republicans*, angebahnt hatten. Die *Federalists*, zu denen
auch John Adams zählte, verurteilten die Französische Revolution als
gefährlichen Aufstand der barbarischen Massen, während die *Republicans,* angeführt von Thomas Jefferson und James Madison, die
Ereignisse in Frankreich als lobenswerten Versuch sahen, dem amerikanischen Beispiel von 1776 zu folgen. Trotz einiger persönlicher
Bedenken gegenüber Fraktionskollegen ihres Mannes, vor allem
Alexander Hamilton, stand Abigail politisch fest im Lager der
Federalists und war tief enttäuscht darüber, daß Jefferson sich gegen
ihren Mann stellte und die französischen Revolutionäre verteidigte,
wo die Franzosen doch ihren König umgebracht und den in Abigails
Augen unverzeihlichen Fehler begangen hatten, das Christentum zu
degradieren. Die Lage spitzte sich zu, als der zwischen den Positionen
vermittelnde George Washington 1796 erklärte, er werde nicht für
eine weitere Amtszeit als Präsident zur Verfügung stehen. Die *Federalists* machten daraufhin John Adams zu ihrem Kandidaten, während
die *Republicans* Thomas Jefferson nominierten. Adams gewann die
Wahl im Dezember 1796, allerdings nur mit drei Stimmen Vorsprung
vor Jefferson, der Vizepräsident wurde. Die neue First Lady konnte
aus gesundheitlichen Gründen nicht bei der Amtseinführung ihres
Mannes im Februar 1797 zugegen sein, und obwohl Abigail sich
über Johns Erfolg freute, sah sie angesichts der angespannten politischen Lage das Präsidentenamt weniger als beglückendes Privileg
denn als »rutschigen Abgrund, der auf allen Seiten von Felsen, Untie-
fen und Treibsand umgeben ist«. Auch glaubte sie kaum, eine so
würdige First Lady wie Martha Washington sein zu können – vor
allem angesichts ihres großen Bedürfnisses, sich entgegen den Konventionen der Zeit auch als Frau zu allen politischen Themen zu
äußern.

Eigentlich sollte Abigail ihrem Mann erst im Herbst in die Hauptstadt Philadelphia folgen, doch dieser fühlte sich der neuen Verantwortung ohne ihren Beistand nicht gewachsen. Knapp eine Woche
nach seinem Amtsantritt schrieb er: »Ich kann unmöglich ohne Dich

bis Oktober leben. Niemals in meinem Leben habe ich Deinen Rat und Deine Hilfe mehr benötigt als jetzt. Die Zeiten sind schwierig und gefährlich, und ich muß Dich hier haben, um mir beizustehen. Ohne Dich kann ich nichts tun!« So kam Abigail bereits im April nach Philadelphia. Entgegen ihren eigenen Befürchtungen wurde sie von den meisten ihrer Zeitgenossen als eine ebenso würdevolle und erfolgreiche First Lady angesehen wie ihre Vorgängerin. Sie war nicht nur eine hervorragend organisierte, stilsichere und freundliche Gastgeberin für die täglichen Empfänge und festlichen Dinners des Präsidenten – zunächst in Philadelphia, das 1790 zur Hauptstadt ernannt worden war, und ab 1800 im neuerbauten Präsidentenhaus in Washington, D. C. –, sondern auch die wichtigste politische Beraterin ihres Mannes. Häufig bemühten Abgeordnete und Diplomaten sich zunächst um das Wohlwollen Abigails für ihre jeweiligen Anliegen, denn ihr Einfluß auf ihren Mann war allgemein bekannt. Nicht selten ging die First Lady ihren Geschäften von fünf Uhr morgens bis spät in die Nacht hinein nach. Manchmal kollabierte ihre labile Gesundheit jedoch aufgrund dieser Anstrengungen und zwang sie dazu, mehrere Monate zur Erholung in Braintree zu verbringen, das 1792 zu Ehren von Abigails Großvater in Quincy umbenannt worden war, während ihre Nichte Louisa Smith die Rolle als Gastgeberin des Präsidenten übernahm. Doch auch von ihrer Farm aus nahm Abigail an den politischen Entwicklungen und den Entscheidungen, die John treffen mußte, durch ihre täglichen Briefe regen Anteil.

Nach Angriffen französischer auf amerikanische Schiffe und dem Scheitern der von Präsident Adams initiierten Verhandlungen mit Frankreich, kündigte der von den *Federalists* kontrollierte Kongreß 1798 den seit 1778 bestehenden Bündnisvertrag mit Frankreich. Es kam zum sogenannten »Quasi-Krieg« zwischen den beiden Ländern, der hauptsächlich in der Karibik ausgetragen wurde. Während die frankophilen *Republicans*, allen voran Thomas Jefferson, den Konflikt scharf verurteilten, forderten viele *Federalists,* man solle ihn durch eine offizielle Kriegserklärung noch verschärfen. John Adams, der weder Frankreich nachgeben, noch die USA in einen größeren Krieg verwickeln wollte, wurde von allen Seiten angegriffen. Abigail war zutiefst empört darüber, daß politische Kritik in der Presse oft die Form diffamierender persönlicher Angriffe gegen ihren Mann annahm. So wurde John als »alter, streitsüchtiger, glatzköpfiger, blinder, verkrüppelter, zahnloser Adams« verhöhnt, seine Frankreichpolitik als gemeine Heuchelei verurteilt und die Ernennung seines

Sohnes John Quincy zum Botschafter in Preußen als purer Nepotismus bezeichnet. Eine zornentbrannte Abigail bezeichnete daraufhin die Journalisten als gemeine, hinterhältige Lügner, die mit ihren »kriminellen« Machenschaften »dem wahren Geist Satans« dienten. So begrüßte sie die Verabschiedung der Fremden- und Aufruhrgesetze von 1798 (Alien and Sedition Acts), die die Veröffentlichung regierungskritischer Ansichten unter Geld- und Gefängnisstrafe stellten. Die *Republicans* protestierten öffentlich gegen diese neuen Gesetze als verfassungswidrigen Versuch, die Opposition zu entmündigen. Ihre Ansicht wurde von vielen Amerikanern geteilt, und so sank die Popularität der Adams-Regierung weiter. Adams beendete zwar den Quasi-Krieg mit Frankreich, aber die in sich gespaltenen *Federalists* konnten aus dem Friedensschluß von 1800 keinen großen Gewinn ziehen. Bei den nachfolgenden Wahlen im Februar 1801 zog Thomas Jefferson siegreich als neuer Präsident ins Weiße Haus ein. Abigail kehrte mit ihrem Mann nach Quincy zurück – enttäuscht über die politische Niederlage, aber auch erleichtert, den Anstrengungen und Intrigen des politischen Lebens in Washington nicht länger ausgesetzt zu sein.

Während John damit begann, seine Autobiographie zu verfassen, übernahm Abigail die Verantwortung für die Farm und für einen Haushalt, dem mit den bei ihnen lebenden Kindern, Enkeln und Dienstboten oft über zwanzig Personen angehörten. Gleichzeitig nahm sie weiterhin regen Anteil am politischen und kulturellen Geschehen der Zeit. Daß Abigail durchaus eigenständig dachte, zeigte sich unter anderem darin, daß sie den liberal-aufgeklärten Unitariern beitrat und zuweilen die Position ihrer politischen Gegner, der Republikaner Jefferson und Madison – so etwa in puncto Embargo und Krieg gegen die Briten – unterstützte. Voller Stolz verfolgte und förderte sie die Karriere ihres Sohnes John Quincy, der 1803 in den Senat gewählt wurde, 1805 einen Lehrstuhl als Rhetorik-Professor in Harvard übernahm, 1809 zum Botschafter in Rußland, 1815 zum Botschafter in England und 1817 zum Außenminister der USA ernannt wurde. Seinen Aufstieg zum Präsidenten der Vereinigten Staaten 1824 sollte Abigail Adams freilich nicht mehr erleben. Allerdings waren die Jahre auch vielfach von tragischen Ereignissen überschattet. Abigails Sohn Charles starb, wie einst ihr jüngerer Bruder William, im Alter von nur 30 Jahren an den Folgen von Alkoholismus. Bei ihrer einzigen Tochter Nabby wurde 1811 Brustkrebs diagnostiziert. Trotz einer im Hause der Eltern durchgeführten Brustamputation und liebevollster Pflege durch ihre Mutter starb Nabby im August 1813. Abigails Schwestern Mary und Elizabeth, zu denen sie immer eine besonders enge Beziehung gehabt hatte, sowie eine Reihe anderer Verwandter und Freunde starben ebenfalls zwischen 1811 und 1815. Abigail selbst hatte mit zunehmendem Alter oft mit schweren Erkrankungen, vor allem mit fiebrigem Rheuma, zu kämpfen, die sie wochenlang ans Bett fesselten. Trotzdem resignierte sie nie, dirigierte auch vom Bett aus ihren Haushalt und führte ihre Korrespondenz fort. Der um die Gesundheit seiner Frau besorgte John und andere Familienmitglieder baten sie oft, sich doch mehr zu schonen und auszuruhen, doch Abigail dachte nicht daran. »Ich habe immer lieber zu viel als zu wenig zu tun«, sagte sie dazu, »das Leben stagniert doch ohne Tätigkeit. Ich könnte es niemals ertragen, nur dahinzuvegetieren.« Das mußte sie auch nicht, denn bis zu ihrem letzten Atemzug sollte ihr Verstand klar und ihr Lebensmut ungebrochen bleiben. Kurz vor ihrem 74. Geburtstag erkrankte Abigail an Typhus und starb am 28. Oktober 1818. John war untröstlich über den Verlust. »Sie war das Glück seines Herzens ... die Trösterin all seines Kummers, sie teilte und vergrößerte all seine Freuden«, schrieb John Quincy später über die Ehe seiner Eltern. »In all seinen Kämpfen und Schwierigkeiten waren ihre liebevolle Teilnahme und ihre anfeuernde Ermutigung ... die nie versagende Quelle seiner Kraft.«

Ohne Zweifel war Abigail Adams eine von ihrer Familie hochgeschätzte, liebevolle und pflichtbewußte Ehefrau und Mutter – die einzige Frau übrigens, die sowohl Gattin als auch Mutter eines US-Präsidenten war. Darüber hinaus zählt sie zu den herausragenden Frauengestalten der amerikanischen Geschichte. Als aktive Patriotin war sie praktisch ihr Leben lang in die politischen und sozialen Entwicklungen der Revolutionszeit und Gründerjahre der USA involviert. Sie sprach sich entschieden für die Abschaffung der Sklaverei aus und zählte zu den ersten Fürsprecherinnen der Frauenrechte in Amerika. Beachtenswert ist zudem ihre Rolle als Chronistin. Denn die rund zweitausend mit scharfem Verstand, brillanter Beobachtungsgabe und bei aller puritanischen Strenge nicht ohne einen Sinn für Humor geschriebenen Briefe Abigails, die erhalten geblieben sind, bieten ein einmaliges und faszinierendes Porträt der damaligen Zeit und ihrer Menschen. Darin liegt vielleicht ihr bedeutendstes Vermächtnis.

Grande Dame der jungen Republik
Dolley Madison, 1768–1849

Christof Mauch

Dorothea »Dolley« Madison war die berühmteste und meistgeliebte First Lady des 19. Jahrhunderts. Sie pflegte freundschaftliche Kontakte zu allen elf Präsidenten von George Washington bis Zachary Taylor. Unter Präsident Jefferson war sie, auch ohne Präsidentengattin zu sein, acht Jahre lang offizielle Gastgeberin im Weißen Haus, bevor sie 1809 mit ihrem Mann James Madison die eigentliche Rolle als »First Lady« übernahm. Die Männer, die ihr begegneten, priesen ihre Schönheit und die ungezwungene Art der Unterhaltung, während die Frauen notorisch ihre Garderobe bewunderten und imitierten. Was Dolley Madison trug, galt bald – weit über die Grenzen Washingtons hinaus – als letzter Schrei der Mode. Und was sie, die Erfinderin zahlreicher Gerichte und Süßspeisen, kochte und auftragen ließ, fand überall im Land Anklang und Nachahmung. An den Regierungsgeschäften ihres Mannes nahm Dolley Madison nur am Rande Anteil. »Politik«, vertraute sie ihrer Schwester nach mehreren Jahren im Weißen Haus an, sei »das Geschäft der Männer. Es interessiert mich nicht, welche Ämter sie innehaben und wer sie unterstützt. Ich interessiere mich nur für *Menschen*.« Die Empfänge, die Dolley Madison im Weißen Haus gab, waren größer und zwangloser als die ihrer Vorgängerinnen, und fast immer stand die charmante Präsidentengattin, als Grande Dame der jungen Republik, im Zentrum der Festgesellschaft. Wer Dolley Madison in dieser Umgebung sah – im reizenden Kleid, strahlend und ungezwungen, wie die Zeitgenossen berichteten – mochte kaum glauben, daß die First Lady aus einer Quäkerfamilie stammte, streng erzogen und von so manchem Schicksalsschlag hart getroffen worden war.

Dorothea, die älteste Tochter von John Payne jr. und Mary Coles Payne, wurde am 20. Mai 1768 auf einer Farm in North Carolina geboren. Von klein auf nannten ihre Eltern sie nicht Dorothea, sondern – da ihr älterer Bruder den Namen nicht aussprechen konnte – einfach »Dolley«.

Im Quäkerhaushalt der Paynes herrschte strikte Disziplin. Die junge Dolley trug stets einfache Kleider; Schmuck war verboten, Ornamente verpönt. In der ländlichen Schule, die Dolley bis zum zwölften Lebensjahr besuchte, wurde ihr das Allernötigste beigebracht: Lesen, Rechnen, Schreiben, vor allem aber Gottesfurcht. Die Brüder schickte man mit 14 oder 15 aufs College, wo sie alte Sprachen, Theologie, Philosophie und Mathematik erlernten. Dolley hingegen blieb der Weg zur höheren Bildung versperrt.

Daß sie auf dem Landgut ihres Onkels Colonel John Coles mehrmals mit einer Reihe von jungen Männern zusammentraf, die später zu den politischen Führern der Nation werden sollten – drei von ihnen wurden Präsidenten, einer davon ihr Ehemann – hatte vermutlich keinen unmittelbaren Einfluß auf ihren weiteren Lebensweg. Nichts deutet darauf hin, daß sich James Madison schon damals für ein Mädchen interessiert haben könnte, das 17 Jahre jünger war als er selbst.

Mit dem Ende der revolutionären Unruhen zog der Quäker John Payne 1783 mit seiner Familie nach Philadelphia. Als überzeugter Gegner der Sklaverei hatte er beschlossen, seine Farm zu verkaufen und den Sklaven die Freiheit zu geben. In Philadelphia, der größten und am schönsten angelegten Stadt der Republik, hoffte er sein Glück zu machen. Aber der Umzug sollte nur Ungemach bringen. Das kleine Unternehmen, das John Payne gründete, ein Betrieb zur Herstellung von Wäschestärke, ging bald zugrunde. Die Quäkergemeinschaft verstieß ihr frommes Mitglied, da es in Schulden geraten war, und 1792 starb Dolleys Vater als gebrochener Mann.

Auch danach sollte die Unglückskette für Dolley nicht abreißen: 1790 hatte sie den jungen Quäkerrechtsanwalt John Todd geheiratet. In dichter Folge wurde sie Mutter von zwei Söhnen. Aber als das Gelbfieber 1793 in Philadelphia Einzug hielt, raffte es Dolleys Ehemann, ihren Säugling und die Schwiegereltern innerhalb einer Woche hinweg. 25jährig war Dolley Todd zur Witwe und zur alleinerziehenden Mutter eines kleinen Sohnes, Payne, geworden.

Allen historischen Zeugnissen nach zu urteilen war Dolley eine außerordentlich attraktive Frau. »Wirklich Dolley, Du mußt Dein Gesicht verdecken«, mahnte einst die Freundin Elizabeth Collins, »denn so viele starren dich an«. Und Benjamin Franklin, zugegeben ein Charmeur, nannte sie einst »die schönste Frau Amerikas«. Dolley Todd hatte ein eher rundliches Gesicht und eine dralle Figur, wie es dem Schönheitsideal der Zeit entsprach. Sie war mit einem Meter

Der Mittelpunkt der besseren Gesellschaft:
Dolley Madison,
Porträt von Gilbert Stuart (1755–1828)

fünfundfünfzig für die damaligen Verhältnisse durchaus nicht klein und trug ein breites Lächeln auf ihrem Grübchengesicht.

1794 bat James Madison seinen Freund Aaron Burr darum, der jungen Witwe vorgestellt zu werden. »Der große kleine Madison«, schrieb Dolley an eine Freundin, »bat darum, mich heute abend sehen zu dürfen.« Vier Monate nach dem ersten Treffen wurden Dolley Todd und James Madison getraut. Madison war leidenschaftlich in Dolley verliebt, während Dolley etwas nüchterner erklärte: »Ich gebe meine Hand einem Mann, den ich mehr als alle anderen *bewundere*«.

Die ersten Jahre nach der Hochzeit waren Jahre der Anpassung. Nach 43 Jahren als Junggeselle fand sich James Madison mit einem Mal an der Seite einer jungen Braut, die ihren kleinen Sohn und eine jüngere Schwester, Anne, in die Verbindung einbrachte. Nachdem James Madison – für einen Politiker im ausgehenden 18. Jahrhunderts nicht unüblich – die vergangenen Jahre in Gasthöfen und Fremdenzimmern zugebracht hatte, mußte er nunmehr ein geeignetes Zuhause für die Familie finden und einrichten. Dolley wiederum war von einem Tag auf den andern zur Ehefrau eines prominenten politischen Führers der *Republican Party* geworden, der in Virgina eine Plantage besaß und Sklaven hielt. Die Quäker schlossen Dolley aus ihren Kreisen aus, da sie außerhalb der Konfession geheiratet hatte. Was als Strafe gedacht war, eröffnete der jungen Frau die glänzende Dimension eines neuen Lebens, von dem sie zuvor nur geträumt hatte: Von nun an trug die Quäkerstochter bunte Kleider, elegante Schuhe und modische Hüte, nahm an Dinnerpartys und festlichen Empfängen teil und begleitete ihren Mann auf politische Veranstaltungen.

Dolley und James Madison waren einander alles andere als ähnlich. Der »kleine Madison« hatte eine hohe Stirn und scharfe Gesichtszüge, die ihn älter erscheinen ließen als er tatsächlich war. Er liebte das politische Disputieren und die Zurückgezogenheit der Studierstube und hatte offensichtlich keinerlei Sinn für Humor. »Wie ein Mann auf dem Weg zur Beerdigungsfeier« sah er aus, bemerkte einer seiner Zeitgenossen. Demgegenüber war Dolley lebendig, ja quirlig. Sie badete nicht ungern in der politischen Menge, feierte die Feste wie sie fielen und pflegte den »small talk«. Wer ihr begegnete schloß sie schnell ins Herz. In einem Brief an ihren Mann beklagte Dolley, es mangele ihr an politischem Talent, aber ihr Auftreten in der Öffentlichkeit – stets saß Dolley in der ersten Reihe der Zuschauer – gereichte James Madison zum politischen Vorteil. Als Charles Cotesworth Pinckney aus South Carolina im Jahr 1808 seinem Opponenten James Madison im Präsidentschaftswahlkampf unterlag, bemerkte er resigniert: »Ich wurde von Mr. und Mrs. Madison geschlagen. Wäre ich Mr. Madison allein gegenüber gestanden, hätte ich eine bessere Chance gehabt.« Dolley und James Madison ergänzten einander ideal.

Im Jahr 1801 wurde James Madison von Präsident Thomas Jefferson zu dessen Außenminister in die neue Hauptstadt Washington, D. C., bestellt. Damals lebten kaum 14 000 Menschen im gesamten District of Columbia, und im Zentrum der Stadt waren es weniger als 4000. Washington, D. C., existierte als Idee auf dem Reißbrett. In Wirklichkeit war die neue Hauptstadt freilich nicht viel mehr als jene »Stadt großer Erwartungen«, als die sie Charles Dickens später beschreiben sollte, mit »Straßen, die nirgendwo hinführten«. First Lady Abigail Adams hatte sich einst auf dem Weg zur neuen Hauptstadt verirrt, und wer immer es sich leisten konnte, verließ die in den Sumpf gebaute Hauptstadt spätestens mit dem Einzug des Sommers, der das Leben zur feuchtheißen Hölle machte. Daß Dolley ihren Mann nach Washington begleitete, war ungewöhnlich. Die meisten Ehefrauen von Senatoren und Kongreßpolitikern, von Kabinettsmitgliedern und Obersten Richtern, zogen es vor, zu Hause zu bleiben.

Daß die junge Hauptstadt über keinerlei soziale Traditionen verfügte, machte sich Präsident Jefferson zunutze, indem er dem gesellschaftlichen Leben eine »republikanische« Note verlieh, die sich von der formalen Etikette früherer Administrationen abhob. Seine politischen Gegner und die diplomatische Elite der Stadt mochten sich darüber ereifern, daß der Präsident seine Gäste in zerknitterten Kleidern und zerwühlten Haaren, ja in Pantoffeln in Empfang nahm, und daß er zuweilen, so der Vorwurf eines Senators, »wie ein Diener statt wie ein Präsident« auftrat. Jefferson machte sich nichts aus solcher Kritik. Vielmehr bestätigte sie ihn in seiner Haltung. Denn schließlich, so Jefferson, »stehe es Amerika an«, daß »kein Mensch einem anderen untergeordnet sei«. Daß die egalitäre Gesinnung von Präsident Jefferson auch Konsequenzen für Dolley Madison haben würde, konnte indes kaum ausbleiben. Denn immerhin war die Frau des Außenministers – da sowohl Jefferson als auch sein Vizepräsident verwitwet waren – die Erste Lady im Land, und somit die offizielle Gastgeberin bei Staatsempfängen. So kam es 1803 zu einem Zwischenfall, der über den Atlantik hinweg diplomatische Wellen schlagen sollte.

Kurz nach seiner Ankunft in der amerikanischen Hauptstadt war der neue britische Gesandte Anthony Merry bei Thomas Jefferson vorstellig geworden. Der Präsident hatte den Diplomaten in Hausschuhen empfangen, was den Briten durchaus beleidigte. Als Jefferson Mr. and Mrs. Anthony Merry wenige Tage später zum Dinner ins Weiße Haus einlud, kam es vollends zum Eklat, denn anstatt, wie es die Konvention verlangte, die Frau des britischen Gesandten zur Tafel zu geleiten, nahm Jefferson Dolley Madison an den Arm. »Nehmen Sie Mrs. Merry«, flüsterte ihm Dolley Madison zu, aber der Präsident weigerte sich und setzte Dolley Madison bei diesem und allen weiteren Dinners an den Kopf der Tafel. Am nächsten Tag erschien Merry mit einer offiziellen Protestnote im US-Außenministerium. Aber James Madison sah keinen Grund, sich für den Vorfall zu entschuldigen. Er trug vielmehr nicht ohne Absicht zur Eskalation der Umstände bei, als er das britische Gesandtenehepaar wenige Tage später zu einem Dinner in seine eigene Residenz einlud und Mrs. Merry demonstrativ ignorierte. Merry war brüskiert. Er brachte den spanischen Gesandten und die oppositionelle Presse auf seine Seite.

Das Ereignis nahm internationale Dimensionen an und spiegelte vielleicht, wie Henry Adams behauptete, eine Politik wider, die »einen plötzlichen Wandel gegenüber zwei großen Staaten« anstrebte. Mrs. Merry machte ihrem Ärger Luft, indem sie das Dinner bei den Madisons als bäuerliches Erntedankmahl abtat. Dolley Madison gefiel der Vergleich indes gar nicht schlecht: »Die Fülle meines Tisches«, erwiderte sie gelassen, »entspringt dem glücklichen Umstand von Überfluß und Wohlstand in unserem Land«. Und diese waren Dolley Madison allemal lieber als Eleganz und Etikette.

Im März 1809 wurde James Madison der vierte Präsident der Vereinigten Staaten. Im Gegensatz zu Thomas Jefferson, der nur einen kleinen Teil des Weißen Hauses bewohnt, und »den Rest dem Zustand unreinlicher Trostlosigkeit überlassen« hatte, machten sich die Madisons sofort daran, das ganze Haus bewohnbar zu machen. Bald schon tummelte sich die Washingtoner Gesellschaft in Räumen, die noch Abigail Adams als Waschküche gedient hatten. Dolley Madison liebte ein volles Haus. »Nie habe ich eine Dame gesehen«, erklärte ein Bewunderer der First Lady, »die die Gesellschaft so sehr mag. Je mehr Menschen sie umringen, desto glücklicher scheint sie zu sein.« Madisons Amtsvorgänger hatte die offiziellen Abendessen stets in einem kleinen Raum im »President's House« abgehalten und nur wenige Gäste versammelt. Dolley und James Madison hingegen luden zu einer ganzen Reihe von Dinnerparties mit 30 oder mehr Personen ein. Berühmt wurden die *Drawing Rooms* am Mittwochabend. Sie hatten ihren Ursprung in der Vorstellung, daß das Staatsoberhaupt in einer Demokratie jedermann jederzeit zur Verfügung stehen solle. Da dies nicht praktikabel war, hatten bereits George und Martha Washington einen wöchentlichen Empfangstermin für Gäste eingeführt. Im Gegensatz zu den förmlichen Empfängen, die der Pater patriae gegeben hatte, zeichneten sich die *Drawing Rooms* der Madisons durch eine genuine Mischung von Festlichkeit und Ungezwungenheit aus, die Leute aus allen gesellschaflichen Schichten zusammenbrachte. Niemand wußte im voraus, wen er im Weißen Haus antreffen würde. Senatoren und Kabinettsmitglieder fanden ihresgleichen, doch fanden sich unter den Gästen auch Handwerker und Kaufleute. Ein französischer Gesandter zeigte sich verwundert, als er einem Kaminbauer gegenübersaß, und die Gattin eines britischen Diplomaten war entrüstet darüber, daß ein Kurzwarenhändler mit ihr den Tisch teilte: »Mrs. Madison«, ließ sie eine Freundin wissen, »fehlt es völlig an gutem Geschmack.« Ganz anders fiel dagegen das Urteil des Schriftstellers Washington Irving aus. Als dieser 1811 die amerikanische Hauptstadt besuchte und aus deren »Schmutz und Dunkelheit« in den »hellen Glanz von Mrs. Madisons *Drawing Room*« trat, fand er sich inmitten einer »Menge großartiger und kleiner Menschen, häßlicher alter Frauen und junger hübscher«, und »innerhalb von zehn Minuten« war er »mit der Hälfte der Leute in der Versammlung bestens vertraut«. Mrs. Madison, schrieb er, »ist eine tadellose, stattliche, rosige Dame, die für jeden ein Lächeln und ein nettes Wort übrig hat«.

Immer wieder waren es allerdings die britischen Gäste der Madisons, die sich – so etwa Alexander Dick oder Mrs. Bagot – darüber beklagten, daß das Essen »einfach« sei, daß »es weder Tanz noch Kartenspiel« gebe, oder daß viele der Männer »in Stiefeln kommen & völlig aufgeknöpft & mit dreckigen Händen & in schmutziger Bekleidung«. Daß die First Lady sich inmitten dieser Gesellschaft immer wieder in Schale warf und französische Kostüme und kunstvolle Kopfbedeckungen trug, gab den *Drawing Rooms* ein besonderes Flair und »der Gesellschaft in Washington«, wie Präsident Tylers erste Frau bemerkte, »eine neue Dimension«. Dolley Madison war, wie einige Zeitgenossen erklärten, »die Anführerin aller Moden«, zuweilen sah sie gar aus »wie eine Königin«. Die Verwandlung der Quäkerstochter in die Grande Dame war perfekt. Offensichtlich nahm man das monarchische Äußere der Präsidentengattin nicht übel, die, wie die Zeitgenossen berichten, als ergebene Tabakschnupferin einen unkonventionellen Stil pflegte und sich meist ganz und gar nicht wie eine Monarchin verhielt.

Kurz nachdem die Madisons nach Washington gezogen waren, hatte Dolley eine Kopfbedeckung entworfen, die unter der Bezeichnung »Dolley Madison Turban« gleichsam über Nacht Berühmtheit erlangte. Das lange Tuch aus feiner Seide enthob die jüngere Generation amerikanischer Ladies von der durchaus ungeliebten Vorschrift, in Gesellschaft die Haare pudern oder gar Perücken tragen zu sollen. Josephine Bonaparte nahm die Mode schnell auf und sorgte dafür, daß die neue Damenkopfbedeckung auch jenseits des Atlantiks populär wurde. Ihr Leben lang ließ Dolley Madisons Interesse für die neusten Trends der Mode nicht nach: »Wir sind hier so altmodisch«, schrieb sie 62jährig von ihrem Landsitz aus an eine Nichte. »Kannst Du mir ein Schnittmuster der derzeitigen Ärmel schicken und der Breite und Taille der Kleider; auch wie man den Turban steckt, Hüte trägt und wie man sich in der Mode bewegt.«

Dolley Madisons Interesse für Kleidermode hatte eine Entsprechung im Engagement der First Lady für die Innenarchitektur des Weißen Hauses. Sie war die erste Präsidentengattin, die sich in Fragen der Dekoration nicht mehr mit ihrem Mann besprach, sondern selbst aufs engste mit dem führenden Architekten Henry Latrobe zusammenarbeitete. In den Besprechungen mit Latrobe drängte Dolley unter anderem auf die Anschaffung eines eleganten Pianofortes, auf dem die jungen *Belles* von Washington zur Unterhaltung spielen sollten. Die First Lady liebte große Fenster und Durchblicke und sorgte dafür, daß in allen Sälen übergroße Spiegel aufgehängt wurden. Das Innere des Weißen Hauses wurde im modischen Sheraton-Stil ausgeschmückt, und die Fensterdekoration, von der eine akkurate historische Beschreibung erhalten geblieben ist, spiegelte das innenarchitektonische Fingerspitzengefühl Henry Latrobes ebenso wider wie die Vorliebe der First Lady für helle, grelle Farben.

Kreativ zeigte sich Dolley Madison schließlich auch im kulinarischen Bereich. Kurz nach dem Einzug ins Weiße Haus hatte sie damit begonnen, Rezepte aus allen Regionen der Vereinigten Staaten zu sammeln. Sie schrieb an Freunde und Bekannte von Boston bis Charleston, denn schließlich sollte die Küche im Weißen Haus die Besonderheiten des Landes repräsentieren. Die First Lady räucherte Schinken und Rindfleisch, reichte Sülzen und allerhand Gemüse und Maisgebäck, und bald hieß es in Diplomatenkreisen, daß im Weißen Haus das beste Essen in ganz Amerika aufgetischt werde. Besonders berühmt wurden die Kuchen, Süßspeisen und Eiscremes, mit denen sich bis heute – als »Dolley Madison Icecream« oder »Dolley Madison Cake« – der Name der First Lady verbindet.

Die Madisons wohnten nicht während der gesamten Amtszeit im Weißen Haus. Als einziges Präsidentenehepaar der amerikanischen Geschichte wurden sie, im Sommer 1814, aus ihrer Residenz vertrieben. Die Ereignisse, die hierzu sowie zur Zerstörung der amerikanischen Hauptstadt durch die Briten führten, brauchen hier im einzelnen nicht nacherzählt zu werden. Fest steht, daß man in Washington genug Zeit gehabt hatte, sich auf den Einmarsch der Engländer vorzubereiten, denen James Madison 1812 den Krieg erklärt hatte. Bereits 15 Monate vor der Belagerung der Hauptstadt hatte Dolley Madison an ihren Vetter, den Gouverneur von Illinois geschrieben: »Wenn ich dies könnte, würde ich Dir die Ängste und Warnungen beschreiben, die in meiner Umgebung kursieren. In der ganzen vergangenen Woche hatten die Stadt und Georgetown (mit Ausnahme des Kabinetts) einen

Besuch vom Feind erwartet. Wir unternehmen beträchtliche Anstrengungen zur Verteidigung. Das Fort wird repariert ... und die zwanzig Zelte [für die Soldaten] sehen aus meiner Sicht schon ganz gut aus, denn, obwohl Quäkerin, war ich schon immer eine Advokatin fürs Kämpfen, wenn man angegriffen wird. Ich halte mir deshalb stets den alten tunesischen Säbel in Reichweite.«

Im Spätsommer 1814 deutete in Washington, D. C., alles auf einen unmittelbar bevorstehenden Angriff der Briten hin, aber die Madisons trafen keine offenen Vorbereitungen zur Evakuierung ihrer Residenz. Die Engländer hatten sich über Monate hinweg verschiedener Listen bedient, um an offizielle Akten im Weißen Haus heranzukommen. Sie hatten als Frauen verkleidete Spione eingeschleust und Drohbriefe hinterlassen. Und doch hatte James Madison noch bis zum 21. August 1814 nicht geglaubt, daß die Briten angreifen würden. Als er am darauffolgenden Tag seine Meinung änderte und Washington verließ, um die Truppen zu inspizieren, ließ er seine Frau alleine zurück. Es könne sein, schrieb James Madison an Dolley, daß sie von einer Sekunde auf die andere in die Kutsche steigen und fliehen müsse. Für den Abend, an dem es zum Angriff kam, hatte Dolley Madison eine Dinnerparty anberaumt. Daß man an diesem 24. August auch in Kabinettskreisen noch keine klare Vorstellung von der Gefahr hatte, in der die Bevölkerung Washingtons schwebte, zeigt der Brief von Mrs. Jones, der Frau des Marineministers, an Dolley Madison, die in aller Höflichkeit die Teilnahme am *Drawing Room* der First Lady absagte: »Im gegenwärtigen Alarmzustand und im Getriebe der Vorbereitungen für das Schlimmste denke ich, daß es günstiger ist, heute auf den Genuß Ihrer Gastfreundschaft zu verzichten. Von daher ersuche ich Sie, dies als Entschuldigung für Mr. Jones, Lucy und mich selbst anzuerkennen.« Etwa zur gleichen Zeit als Mrs. Jones' Nachricht das Weiße Haus erreichte, teilte Dolley ihrer Schwester brieflich mit, daß sie »das Fernglas seit Sonnenaufgang in alle Richtungen« drehe: »Ich hoffe, die Ankunft meines lieben Gemahls und seiner Freunde wahrnehmen zu können, aber, ach, ich erspähe nur Grüppchen von Soldaten, die in allen Richtungen umherschweifen.« Wenig später wurde der Donner der britischen Kanonen in Washington weithin vernehmbar. Dolley füllte einen Wagen mit Papieren, Büchern, Silber und Porzellan und ließ ihn zur »Bank von Maryland« bringen, um sie »sicher verwahren« oder aber »in die Hände der Briten fallen zu lassen. Die Umstände«, schrieb sie, »werden es erweisen.« Ihre Freundin Matilda Love und ein junger Leutnant drängten die First Lady dazu, so schnell wie möglich das Haus zu verlassen, aber Dolley hatte noch eine letzte Aufgabe zu erledigen: »Ich bestehe darauf«, schrieb sie couragiert, als draußen längst die Kutsche auf sie wartete, »noch so lange zu warten, bis das große Bild von General Washington sichergestellt ist.« Da das Porträt fest verschraubt war, ordnete Dolley an, »den Rahmen zu zerbrechen, die Leinwand herauszunehmen und das Porträt zur sicheren Aufbewahrung an zwei Gentlemen aus New York zu übergeben. Und nun, liebe Schwester, muß ich dieses Haus verlassen, sonst wird die sich zurückziehende Armee mich darin zu ihrem Gefangenen machen.«

Dolley Madison floh nach Virginia und kehrte noch vor ihrem Mann – als sie vernahm, daß die Briten die Stadt verlassen hatten – nach Washington zurück. Die Invasion der Hauptstadt, die zum Schrecken von Freund und Feind von den Verheerungen eines Hurrikans begleitet wurde, war für die Bevölkerung Washingtons sowie besonders für James und Dolley Madison, erniedrigend. Von ihnen, deren Haus zusammen mit vielen Wertgegenständen und persönlichen Gütern den Flammen zum Opfer gefallen war, wurde erwartet, daß sie den Amerikanern den Weg aus den Trümmern des Krieges wiesen. »Wir werden Washington City wieder aufbauen«, erklärte Dolley Madison in dieser Situation voller Zuversicht. »Der Feind kann einem freien Volk keine Angst einjagen.« Als die Washingtoner Bevölkerung die First Lady als Heldin feiern wollte, da sie doch das beliebte Porträt des ersten amerikanischen Präsidenten, das noch heute im Weißen Haus hängt, vor den Briten gerettet habe, erklärte sie lakonisch: »Jeder hätte getan, was ich getan habe.«

Im März 1817 verließen Mr. und Mrs. Madison die Hauptstadt, und die Monroes zogen in das wiederaufgebaute Weiße Haus ein, das seit 1814 leergestanden hatte. Für James Madison war der Abschied von Washington definitiv. Zusammen mit Dolley lebte er zwar noch nahezu zwanzig Jahre auf dem idyllischen Landgut »Montpelier« in Virginia, aber in die Hauptstadt kehrte er nie mehr zurück; überhaupt unternahm er nur noch eine einzige kurze Reise, 1829 nach Richmond.

Im Jahr 1819 notierte ein Reisender, der bei den Madisons zu Besuch gewesen war: »Sie sehen aus wie Adam und Eva im Paradies.« Montpelier lag inmitten einer ländlich-lieblichen Gegend, umgeben von den Blue Ridge Mountains. Die Pensionäre waren beide leidenschaftliche Gärtner, die die wilde Landschaft in einen stattlichen, pittoresken Lustgarten verwandelten, mit geschlängelten

Wegen, Silberpappeln, Trauerweiden, einem Becher zum Messen des Regenfalls, einem kleinen tempelartigen, von einer Freiheitsstatue bekrönten Gebäude und zwei großen Tulpenbäumen, den »Twins«. »Ich wünschte, Du hättest einen solchen Wohnsitz auf dem Lande wie diesen«; schrieb Dolley Madison 1820 an eine Freundin. »Es ist das glücklichste und unabhängigste Leben.« James Madison widmete sich der Landwirtschaft, dem Lesen – er unterhielt eine umfangreiche und gut sortierte Bibliothek – und der Vorbereitung einer großen Aktenedition, die die Ära Madison dokumentieren sollte und schließlich posthum, im Jahr 1840, in drei Bänden erschien. Dolley pflegte den Garten, unterhielt sich mit Vorliebe mit den Schwarzen, die auf der Farm beschäftigt waren – unter ihnen die über 100jährige Granny Milly –, und lebte auf, wenn Gäste zu Besuch kamen.

Der Tod James Madisons im Jahr 1836 traf Dolley schwer. Ein Nachbar fand sie in schlechter Verfassung; und meist trug sie von nun ab einen Schleier am Turban, zumal ihr eine unheilbare Augeninfektion beträchtlich zu schaffen machte. Als sich Dolley Madison 1837 entschloß, den Landsitz Montpelier aufzugeben und zurück nach Washington zu ziehen, wurde sie zu einer Art lebendigem Denkmal der frühen Republik. Die schwarzen Kleider, die sie nun ständig trug, verliehen ihr Würde und Pietät. Daß sie in Washington schwer litt, weil ihr Sohn den Halt im Leben verloren hatte und alles, was die Familie besaß, vertrank und verspielte – Paine Todd war mit einem blinden Pferd und einem Einspänner unterwegs, um Möbel gegen Wein und Lebensmittel zu tauschen –, wußten nur wenige. Aber das gesellschaftliche Leben in der Hauptstadt ließ Dolley, wenigstens gelegentlich, die Sorgen um ihren Sohn und die Trauer um ihren Mann vergessen. Es wurde für die High Society zur Gewohnheit, am Unabhängigkeitstag und am Neujahrstag nach dem Besuch beim Präsidenten auch Dolley Madison eine Visite abzustatten. Sie sei »die einzige permanente Macht in Washington«, erklärte Daniel Webster. Im Jahr 1836 erwies der US-Kongreß dem Verfassungsvater James Madison seine Reverenz, als er das Privileg des freien Zugangs auf seine Witwe ausweitete. Aber es war Dolley Madison allein, der die unter allen amerikanischen First Ladies einzigartige Ehre eines ständigen Sitzes im Repräsentantenhauses zuteil wurde, und dies in einer Zeit, in der für Frauen im politischen Leben kein Platz war.

Was Dolley Madison selbst über ihre politische Rolle dachte, und was sie in ihren letzten Lebensjahren persönlich empfand, wird ein Rätsel bleiben. Jene Briefe, die ihre Nichte Annie Payne auf Dolleys

Anweisung hin vernichtete, da sie Dolley für die Lektüre zukünftiger Generationen ungeeignet erschienen, hätten uns vielleicht darüber Auskunft gegeben.

Dolley Madison starb am 12. Juli 1849. Die Beerdigung war die größte, die die amerikanische Hauptstadt gesehen hatte. Dolley Madison hatte die Gründungsväter der Vereinigten Staaten gekannt. Sie hatte miterlebt, wie Washington aus einem Sumpfgebiet zur Hauptstadt wurde, wie es abbrannte und wiederaufgebaut wurde. Sie hatte durch ihren Charme und ihre ungezwungene Gastlichkeit die Rolle der First Lady neu definiert. Nach ihrem Tod erklärte Präsident Zachary Taylor: »Man wird sie nie vergessen, denn sie war tatsächlich ein halbes Jahrhundert lang unsere First Lady.«

Die Vorläuferin
Sarah Polk, 1803–1891

Philipp Gassert

Unter den First Ladies des 19. Jahrhunderts war Sarah Polk die einzige, die eine echte politische Partnerschaft mit ihrem Mann einging. Mit Recht kann sie daher als eine Vorläuferin der modernen First Ladies des 20. Jahrhunderts bezeichnet werden, obwohl ihre Zeit einer aktiven Rolle der First Lady enge Grenzen setzte.

Mit wenigen Ausnahmen hatten Sarah Polks Amtsvorgängerinnen die Rolle der Gastgeberin im Weißen Haus gar nicht selbst wahrgenommen. Meist wurde die Aufgabe an jüngere Familienmitglieder delegiert, häufig Nichten oder Töchter der Präsidenten. Im »demokratischen« Zeitalter der Ära Jackson, das natürliches Auftreten und Jugendlichkeit propagierte und der steifen Würde der Älteren wenig Respekt zollte, galt eine First Lady, die im fünften oder sechsten Lebensjahrzehnt stand, nur als bedingt gesellschaftsfähig. Vor diesem Hintergrund wundert es wenig, daß viele First Ladies Krankheit oder familiäre Verpflichtungen vorschützten, um sich ihrer sozialen Verpflichtungen zu entziehen. Erst mit dem Amerikanischen Bürgerkrieg und Mary Todd Lincolns skandalträchtiger Amtsperiode sollte die First Lady wieder ins Zentrum der öffentlichen Aufmerksamkeit rücken.

Sarah Polk fehlte zwar das feministische Bewußtsein späterer Generationen, dennoch ließ sie sich durchaus nicht auf die traditionelle Rolle der Hausfrau und Gastgeberin festlegen. Als eine ältere Dame aus der besseren Gesellschaft ihres Wohnortes Columbia meinte, daß sie James Polks Rivalen Henry Clay für das Präsidentenamt favorisiere, weil dessen Gattin eine vorzügliche Hausfrau sei und auch ausgezeichnet Butter zu stampfen wisse, blieb Sarah ihr die Antwort nicht schuldig: »Wenn ich wirklich das Glück haben sollte, ins Weiße Haus einzuziehen, dann werden wir von einem Gehalt von 25 000 Dollar pro Jahr leben; ich werde es weder nötig haben, den Haushalt zu führen, noch Butter zu machen.« Dies entsprach nicht gerade dem Bild der Frau um die Mitte des

19. Jahrhunderts und schon gar nicht dem einer wohlerzogenen Südstaatenlady.

Daß Sarah Polk eine herausragende First Lady werden sollte, war ihr nicht in die Wiege gelegt. Erziehung und Elternhaus trugen jedoch ihren Anteil dazu bei. Daneben dürfte die Tatsache eine gewichtige Rolle gespielt haben, daß das Ehepaar Polk kinderlos blieb. Sarah Polk wurde 1803 in Murfreesboro geboren, einer Ansammlung von Holzhäusern an der sich rasch nach Westen verschiebenden »Frontier«, der Grenze zwischen Wildnis und Zivilisation. Sarah Polk war das dritte von vier (überlebenden) Geschwistern, ihr Vater ein wohlhabender Händler, Sklavenhalter, Großgrundbesitzer und Gastwirt, der enge Beziehungen zur lokalen politischen Elite unterhielt. Nationale Größen wie General Jackson gingen bei der Familie Childress ein und aus und erlaubten Sarah früh Einblick in das politische Geschäft. Vor allem aber sorgten ihre Eltern dafür, daß die Schwestern Childress eine gute Ausbildung erhielten, was zu Anfang des 19. Jahrhunderts alles andere als eine Selbstverständlichkeit war. Sarah wurde auf das Mädcheninternat der böhmischen Brüdergemeinde in Salem, die berühmte *Salem Female Academy* in North Carolina geschickt, die von dem deutschen Grafen Zinzendorf gegründet worden war.

Nach ihrer Rückkehr in die Heimatstadt Murfreesboro im Sommer lernte Sarah Childress 1819 ihren zukünftigen Ehegatten James K. Polk kennen, der das Amt des »Chief Clerk« im Senat von Tennessee versah und zu den politisch aufstrebenden jungen Anwälten seines Heimatstaates gehörte. Die erste Begegnung fand, wie es sich für eine angehende Politikerehe gehört, auf einem Empfang zu Ehren des Gouverneurs statt. Einer Legende zufolge soll Polks politischer Ziehvater Jackson während einer Szene, die an das Handeln auf dem lokalen Viehmarkt erinnert, dem dreißigjährigen James die acht Jahre jüngere Sarah als Ehegattin empfohlen haben. Der ehrgeizige Nachwuchspolitiker habe nämlich den Kriegshelden Jackson gefragt, was er unternehmen solle, um politisch Karriere zu machen. »Du hast dir genügend die Hörner abgestoßen«, meinte der General und gab James den Rat, möglichst schnell den sicheren Hafen der Ehe anzusteuern. Auf die Frage Polks, welche Dame denn besonders geeignet sei, wies Jackson mit einer leichten Kopfbewegung auf Sarah hin: »Nimm diejenige, die dir keinen Ärger bringen wird. Ihre reiche Familie, ihre gute Erziehung, ihre Gesundheit und ihr Äußeres sind von erlesener Qualität. Du kennst sie gut.«

Eine klassische »Southern Belle«:
Sarah Polk

Einer anderen Anekdote zufolge soll sich Sarah zunächst geweigert haben, James zu heiraten, wenn dieser nicht einwillige, sich für die Wahlen zur gesetzgebenden Versammlung seines Heimatstaates aufstellen zu lassen. 1822 kündigte James Polk seine Kandidatur an, 1823 verlobten sich beide und im Januar 1824 fand unter großem Pomp die Hochzeit statt. 1825 wurde James ins Repräsentantenhaus nach Washington gewählt. In den folgenden Jahren begleitete Sarah ihn in die Hauptstadt der USA und begann eine aktive Rolle in seiner politischen Karriere zu spielen. Protegiert durch Andrew Jackson, der 1829 zum Präsidenten gewählt wurde, stieg James Polk zum Vorsitzenden des Auswärtigen Ausschusses und schließlich zum Sprecher des Repräsentantenhauses in Washington auf. Sarahs gesellschaftliche Verpflichtungen wuchsen stark an. Die Polks mieteten eine repräsentative Wohnung, schafften sich eine luxuriöse Karosse an, und Sarah wurde bald zu einer der beliebtesten Gastgeberinnen Washingtons. Während andere Politikergattinnen an Heim und Herd zurückblieben, knüpfte sie in der ganzen Stadt Verbindungen und begleitete James gelegentlich auf eine seiner zahlreichen Reisen. Sarah kultivierte den Kontakt zu den mächtigsten Männern in Washington, vor allem zu Jackson und zu dem zukünftigen Präsidenten Pierce, aber auch zu so einflußreichen Frauen wie Marcia Van Ness, einer Washingtoner Philanthropin, und zu Floride Calhoun, der scharfzüngigen Frau eines mächtigen Senators. Das Beziehungsgeflecht, das Sarah aufbaute, kam nicht nur der Karriere ihres Mannes zugute; es wurde ihr eigner Zirkel, da viele ihrer Freunde sie nicht nur um ihrer einflußreichen Position als Politikergattin, sondern um ihrer selbst willen schätzten.

Das Leben der Polks nahm eine Wende, als James sich entschied, für das Amt des Gouverneurs von Tennessee zu kandidieren. Dieser Schritt zurück in die Provinzpolitik war weniger spektakulär als dies aus heutiger Sicht erscheinen mag. Washington war Mitte des 19. Jahrhunderts weit davon entfernt, Hauptstadt einer Supermacht zu sein; auswärtige Besucher sahen es als ein verträumtes Städtchen, und die Politiker der Bundesregierung besaßen ohnehin kaum Einfluß oder nennenswerte Druckmittel gegenüber den Einzelstaaten. Hinzu kam, daß Polks Gegner ihm das politische Leben in Washington verleidet hatten, und er sogar fürchten mußte, sein Amt als Sprecher zu verlieren. Während des Wahlkampfes um das Gouverneursamt 1838 machte sich Sarah als Helferin unentbehrlich und spielte zunehmend die Rolle einer politischen Vertrauten ihres Mannes. Zum ersten Mal in der Geschichte der First Ladies koordinierte eine zukünftige Präsidentengattin die Wahlkampagne ihres Mannes, managte seinen Terminkalender und kümmerte sich um die Korrespondenz.

Nachdem Polk die Wahl zum Gouverneur gewonnen hatte, wendete sich jedoch sein politisches Glück. Er verlor die Wiederwahl 1841 und es mißlang ihm, 1843 das Amt zurückzuerobern. Die Wahlkampagnen zehrten an James' Gesundheit und ließen Sarah in wachsender Sorge. Dennoch war sie es, die ihn nach der zweiten Niederlage moralisch wieder aufbaute. James Polk blieb auch nicht lange arbeitslos, sondern wurde im Mai 1844 als »dark horse« überraschend zum Präsidentschaftskandidaten der Demokratischen Partei gekürt, nachdem sich zuvor die drei aussichtsreichsten Kandidaten gegenseitig blockiert hatten. Wiederum war es Sarah Polk, die die Wahlkampagne von ihrem Gut in Columbia aus leitete. Sie sah nicht nur zu, daß Briefe quer durch die USA an Wahlhelfer verschickt wurden, und Zeitungen über James' politische Erfolge informiert blieben;

sie sorgte darüber hinaus dafür, daß man die Strategien des Gegen-
spielers mit aller Sorgfalt studierte und aus dessen Fehlern politischen
Nutzen schlug. Dabei wuchsen die beiden Polks zu einem äußerst
effektiven Team zusammen, zumal der gesundheitlich angeschlagene
James allein wohl kaum in der Lage gewesen wäre, den Präsidentschaftswahlkampf durchzustehen. James Polk kam zugute, daß Sarah
sich in der Vergangenheit nicht auf soziale Kontakte in den Salons
der Hauptstadt beschränkt hatte, sondern sich durch intensive Lektüre und eigene Anschauung profunde Kenntnisse des politischen
Geschäfts erworben hatte. Da Präsidenten noch nicht über einen professionellen Stab von politischen Beratern und Wahlhelfern verfügten, genoß James Polk aufgrund der Mitarbeit seiner Frau gegenüber
seinen Konkurrenten sogar einen Vorteil. Allerdings weigerte sich die
in der calvinistischen Tradition erzogene Sarah Polk, gemeinsam mit
ihrem Gatten Wahlkampfauftritte zu bestreiten, obwohl das von
politischen Freunden nahegelegt worden war. Diese sahen Sarahs
Ausstrahlung als möglicherweise wahlentscheidend, vor allem bei
den Jungwählern und den auf ihre Männer einwirkenden Frauen.

James Polk gewann die Präsidentschaftswahl mit einer hauchdünnen Mehrheit von 38 000 Stimmen. Die Reise nach Washington per
Dampfschiff, Kutsche und Eisenbahn wurde zu einem Triumphzug
des Präsidentenpaares. In der Hauptstadt gelang es Sarah Polk
schnell, die lokale Elite, darunter die Grande Dame der alten Republik, Dolley Madison, durch ihr natürliches Auftreten und ihre persönliche Autorität für sich einzunehmen. Im Weißen Haus überließ
Sarah, die auf einer Plantage mit Dienern und Sklaven aufgewachsen
war, wie selbstverständlich das Ausrichten der Staatsdinners einem
professionellen Stab. Als Sekretärin, Beraterin, seelischer Rückhalt
und gelegentlich als Krankenschwester war Sarah die unersetzliche
Macht im Hintergrund der Präsidentschaft Polk. So hatten es sich die
Polks zur Gewohnheit gemacht, daß Sarah die Presseberichte aus-
wählte, die ihr Mann lesen sollte, daß sie einen Teil der Akten und
der Korrespondenz durcharbeitete, die Reden ihres Mannes Korrek-
tur las, bei Personalentscheidungen mitwirkte und mit ihm die Beratungen des Kabinetts vorbereitete und anschließend diskutierte. Da
James nur ungern Besucher empfing, übernahm Sarah auch einen Teil
der offiziellen Verpflichtungen und traf sich samstags mit Kongressabgeordneten und Senatoren. Obwohl Sarah Polk Wert darauf legte,
niemals ihre eigene Meinung zu äußern, sondern ihre Aussagen ste-
reotyp mit der Formel »Mr. Polk thinks so« bekräftigte, galt es als ein

offenes Geheimnis, daß die First Lady eine in Fragen der nationalen Politik außerordentlich beschlagene Frau war, die den führenden Politikern ihrer Zeit das Wasser reichen konnte und ein gewichtiges Wort bei den Entscheidungen der Administration Polk mitredete. Es konnte indes nicht ausbleiben, daß James' Gegner seine Autorität dadurch zu untergraben suchten, daß sie ihn als Pantoffelhelden bezeichneten.

Polks Präsidentschaft gilt als eine der erfolgreichsten im 19. Jahrhundert, vor allem, weil es ihm gelang, die Ziele, die er sich zu Beginn seiner Amtszeit gesteckt hatte, auch tatsächlich zu verwirklichen. Vor dem Amtsantritt hatte er versprochen, er werde die Zölle senken, das Finanzministerium wieder unabhängig machen, Kalifornien in die Union einbringen und die Grenzstreitigkeiten mit Großbritannien über das Territorium von Oregon im pazifischen Nordwesten auf vorteilhafte Weise regeln. Vier Jahre später hatte James Polk – wenngleich um den Preis eines Krieges mit Mexiko – seine Ziele erreicht. Angesichts solcher Erfolge wurde der Präsident von seinen Parteifreunden gedrängt, für eine zweite Amtszeit zur Verfügung zu stehen. James lehnte jedoch eine neuerliche Kandidatur strikt ab, bestärkt von Sarah, die mit Sorge den sich stetig verschlechternden Gesundheitszustand ihres Mannes beobachtete.

Der Abschied der Polks von Washington wurde ein einziges Fest. Empfänge, Fackelzüge und Abschiedsdinners lösten einander ab. Zeitungen widmeten Sarah Gedichte, in denen sie im klassischen Versmaß als »königlich« und als Figur aus dem alten Rom gepriesen wurde. Die strapaziöse Reise zurück in die Heimat, auf der sich der Enthusiasmus für die Polks in Hunderten von Reden und spontanen Empfängen Bahn brach, sollte sich jedoch als zuviel für James erweisen. Drei Monate nach dem Ende seiner Präsidentschaft starb er im Alter von 54 Jahren. Sarah machte es sich zur Aufgabe, sein Andenken zu bewahren und seinen Platz in der Geschichte zu sichern. »Polk Place«, das Landhaus der Polks in Tennessee, wurde in ein bewohntes Museum verwandelt; sie unternahm es, Memorabilia und Schriftstücke zu sammeln, die an seine Präsidentschaft erinnerten. Daß es sich kein hochrangiger Besucher, der nach Nashville kam, entgehen ließ, der ehemaligen First Lady seine Aufwartung zu machen, war Ausdruck einer großen persönlichen Wertschätzung, die Sarah Zeit ihres Lebens genoß. Einmal im Jahr fand eine Parade vor Ihrem Anwesen statt, an dem alle Mitglieder des Parlaments von Tennessee teilnahmen.

Sarah Polk sollte ihren Ehegatten um 42 Jahre überleben. Sie starb am 14. August 1891. Ihre letzten Lebensjahrzehnte wurden vom Amerikanischen Bürgerkrieg und der daran anschließenden Rekonstruktionsepoche überschattet. Der sklavenhaltenden Großgrundbesitzerin gelang es, einen Teil ihres beträchtlichen Vermögens über den Konflikt zwischen Nord- und Südstaaten zu retten. Sie mußte jedoch herbe finanzielle Verluste hinnehmen. Als ehemalige First Lady, und ausgestattet mit großer natürlicher Autorität, genoß sie den Respekt der kommandierenden Generäle des Nordens und wohl auch den Schutz der feindlichen Unionstruppen. Dies änderte jedoch nichts an der Tatsache, daß die Sklavenbefreiung einen tiefen Einschnitt in ihrer Lebensführung mit sich brachte, auch wenn es dank ihres diplomatischen Geschicks gelang, ihre Besitzungen vor Konfiskation und Zerstörung zu bewahren. Sarah machte kein Geheimnis aus ihrer Sympathie für den Süden und die »gute alte Zeit« ihrer Jugend.

Nicht nur in der Sklavenfrage blieb Sarah Polk den Vorstellungen ihrer Kaste und ihrer Kultur verhaftet. Als streng religiöse Frau lehnte sie Tanzveranstaltungen ab und empfing an Sonntagen aus Prinzip keine Gäste. Auch dem Kampf um die politische und soziale Gleichberechtigung der Frau konnte sie nichts abgewinnen, obwohl es ihr, wie kaum einer ihrer Zeitgenossinnen, vergönnt war, beträchtlichen politischen Einfluß auszuüben. Noch während sie im Weißen Haus residierte, hatte in Seneca Falls im Staate New York im Jahr 1848 die historische Versammlung stattgefunden, in der sich die nordamerikanische Frauenbewegung formierte; dort traten Frauen erstmals öffentlich wirksam für bessere Erziehung, bessere Arbeitsbedingungen und das Stimmrecht ein. Die ehemalige First Lady hatte mit den Programmen und Ideen dieser Bewegung nichts im Sinn, vielleicht weil sie auf traditionellere Art zur Macht gefunden hatte.

Sarah Polk war eine bedeutende Frau, auch wenn sie Tradition und Herkommen davon abhielten, die kulturellen und sozialen Begrenzungen ihrer Zeit in Frage zu stellen. Legt man den politischen Einfluß auf die Administration ihres Gatten als Meßlatte an, dann war sie die wohl bedeutendste First Lady des 19. Jahrhunderts, gemeinsam mit Abigail Adams, die aufgrund ihrer Ehe mit einem der Gründerväter der USA und ihrer schriftstellerischen Qualitäten im historischen Bewußtsein der Amerikaner deutlichere Spuren hinterlassen hat. Unter Sarah Polks Nachfolgerinnen sollte erst Helen Taft wieder einen vergleichbaren Beitrag zur amerikanischen Politik leisten. Gemessen an den Möglichkeiten, über die sie verfügte, muß die Vorläuferin Sarah Polk jedoch den Vergleich mit modernen First Ladies wie Lady Bird Johnson, Rosalynn Carter oder selbst Hillary Clinton nicht scheuen.

Präsidentengattin im Bürgerkrieg
Mary Lincoln, 1818–1882

Wilfried Mausbach

Es regnete heftig, als Eliza Parker Todd ihre dritte Tochter zur Welt brachte. Man schrieb den 13. Dezember 1818. Der Geburtsort Lexington – von den Großeltern der Neugeborenen 1775 gegründet – galt seit geraumer Zeit als Metropole Kentuckys, das zu Beginn des 19. Jahrhunderts gewissermaßen das erste große Experiment in der westwärtigen Landnahme der jungen amerikanischen Nation darstellte. Lexingtons jüngste Einwohnerin wurde in einem der ersten Häuser am Platze geboren, einem eleganten zweistöckigen Backsteinhaus mit neun Zimmern, die von drei Sklavinnen in Ordnung gehalten wurden. Der Wohlstand des Vaters beruhte vor allem auf kaufmännischen Aktivitäten, aber seinem Status als Mitglied des Lexingtoner Patriziats entsprechend bekleidete Robert Smith Todd zugleich vielfältige öffentliche Ämter, darunter zeitweilig auch das eines Senators im nahegelegenen Regierungssitz Frankfort.

Die jüngste Tochter der Todds erhielt den Namen Mary Ann. Es dauerte allerdings kaum ein Jahr, bis jene Kette von Verlusten einsetzte, die Marys Leben bestimmen und ihren Charakter prägen sollten. Bereits 1819 wurde Robert Todds erster männlicher Nachkomme geboren, der Mary Ann unverzüglich einen Großteil der elterlichen Aufmerksamkeit raubte. Eliza Todds nicht abreißender Zyklus von Geburt und Schwangerschaft bescherte ihrer kleinen Tochter in den folgenden fünf Jahren einen weiteren Bruder, der bereits im Alter von 14 Monaten starb, eine neue Schwester (die Ann getauft wurde, worauf Mary ihren Zweitnamen verlor) und erneut einen Bruder, bei dessen Geburt sich die Mutter das gefürchtete Kindbettfieber zuzog, woran sie Anfang Juli 1825 im Alter von 31 Jahren starb.

Robert Todd versäumte keine Zeit, seinen sechs Kindern eine neue Mutter zu verschaffen. Kaum daß Mary sieben Jahre alt war, erwirkte er das Einverständnis Elizabeth Humphreys', deren Familie in der Hauptstadt Frankfort die politischen Fäden zog. Die Heirat im November 1826 schuf jedoch kein trautes Heim. Der Vater war weiterhin häufig abwesend, Betsy Humphreys wohl auch deshalb oftmals unausgeglichen, und zwischen den Kindern und ihrer Stiefmutter entwickelte sich bald eine herzliche gegenseitige Abneigung. Bei all dem half es nicht, daß Betsy innerhalb der beiden folgenden Jahrzehnte neun weitere Todds gebar.

Die emotionalen Spannungen und die zunehmende räumliche Enge im Hause Todd mögen immerhin mit dazu beigetragen haben, daß Mary eine schulische Erziehung erhielt, die in der damaligen Zeit für Mädchen höchst ungewöhnlich war. Während zu Beginn des 19. Jahrhunderts für viele Kinder, zumal in den Grenzgebieten, ein regelmäßiger Schulbesuch ausgeschlossen war, profitierte Mary von dem ausgezeichneten schulischen Angebot in Lexington sowie von der in höheren Kreisen zunehmend verbreiteten Meinung, auch Mädchen sollten eine angemessene intellektuelle Ausbildung erhalten (damit sie als Mütter ihren Söhnen zu besseren Startbedingungen verhelfen könnten). Dementsprechend beschränkte sich Mary Todds schulischer Stoff nicht auf das sonst übliche Lesen, Schreiben, Bibelstudium und Handarbeiten sowie – für die »besseren Töchter« – Etikette, Konversation und Dekoration. Vielmehr genoß sie an der angesehenen Ward Academy einen exzellenten Unterricht in Geschichte, Geographie, Naturwissenschaften und Französisch. Anders als die allermeisten ihrer Altersgenossinnen brach Mary die Schule auch nicht nach wenigen Jahren ab, sondern wechselte an das Internat der Familie Mentelle, die vor den Wirren der französischen Revolution in die Neue Welt geflohen war, ohne den aristokratischen Habitus des Ancien régime zurückzulassen. Die Tatsache, daß Mary dort ein Zimmer bezog, obwohl die Institution weniger als drei Kilometer von ihrem Zuhause entfernt lag und einer der inzwischen zehn Sklaven der Familie die junge Miss unschwer täglich dorthin hätte kutschieren können, legt nahe, daß die gespannte Situation im Hause Todd ein wesentlicher Grund für Marys fortgesetzten Schulbesuch war. Das Internat wurde dem Mädchen schließlich zum zweiten Elternhaus, und sie verließ es nicht allein mit fließendem Französisch, sondern auch mit einer Vorliebe für Tanz, Literatur und Theater sowie einer ausgeprägten Faszination für monarchischen Glanz.

Die Rückkehr ins elterliche Domizil dürfte der Siebzehnjährigen nicht leicht gefallen sein. Zum einen waren die Todds mittlerweile in ein neues Haus gezogen, das keine Kindheitserinnerungen an die leibliche Mutter mehr bereithielt; zum anderen waren die älteren Schwestern offenbar auf der Flucht vor der Stiefmutter: Die erstgeborene

Elizabeth war durch die Heirat mit Ninian Edwards zur Schwiegertochter des Gouverneurs von Illinois geworden und hatte sich in Springfield, der Hauptstadt des Staates, niedergelassen; die zweitgeborene Frances war ihrer älteren Schwester bald gefolgt, und Mary ergriff die erste Gelegenheit, dasselbe zu tun. Im Frühjahr 1839 bezog Mary Todd Quartier im Haus ihrer Schwester auf dem »Aristokratenhügel« Springfields. Von hier aus konnte sie eine Hauptstadt in Augenschein nehmen, in der knapp 2000 Einwohner lebten (Lexington war viermal so groß), die über sechs Kirchen, vier Hotels, zwei Schulen, ein Gerichtsgebäude und ein Gefängnis verfügte, aber weder Straßenlaternen noch ein Abwassersystem aufzuweisen hatte und in deren staubigen, unbefestigten Straßen Hühner, Schweine und Kühe umherstreunten.

Dennoch genoß Mary Todd in Springfield das, was sie selbst als »flottes Leben« bezeichnete. In einer Welt, in der weibliche und männliche Sphären strikt voneinander geschieden waren, konnte die Einundzwanzigjährige damit freilich nicht die Vergnügungsmöglichkeiten späterer Jahrhunderte meinen. Kontakt zum anderen Geschlecht ergab sich immerhin bei gesellschaftlichen Ereignissen, Hochzeiten, Bällen und einem gelegentlichen Picknick, und Mary fand zugleich in ihrer etwa gleichaltrigen Nachbarin Mercy Levering eine Freundin, mit der sie sich über tatsächliche und mögliche Verehrer austauschen konnte. Von der ersten Sorte gab es in Springfield vor allem drei: den ebenso hartnäckig wie hoffnungslos werbenden verwitweten Rechtsanwalt Edwin B. Webb; den Beamten des Grund- und Bodenamtes Stephen Douglas, der es offenbar zumindest in die Nähe eines Heiratsantrags schaffte, später demokratischer Senator des Staates wurde und 1858 derart intensiv mit dem dritten Verehrer Marys über Für und Wider der Sklaverei stritt, daß die Debatten die Kontrahenten landesweit bekannt machten und einen festen Platz in den amerikanischen Geschichtsbüchern erhielten. Dieser Rivale in Sachen Liebe und Politik war als Abgeordneter des Parlaments von Illinois nach Springfield gekommen und betrieb dort mit Marys Cousin John Todd Stuart eine Anwaltspraxis. Er hieß Abraham Lincoln.

Obwohl Lincoln als Gesetzgeber in der guten Gesellschaft Springfields verkehrte, galt er in besseren Kreisen als das, was man im Deutschen abwertend einen Bauern zu nennen pflegt. Seine Leidenschaft für die Politik und eine damit verbundene Beredsamkeit waren gleichsam die einzigen, aber – wie sich zeigen sollte – enorm verbindenden Gemeinsamkeiten mit Mary Todd. Darüber hinaus ließen

Bekannt für majestätische Mode:
Mary Lincoln

sich, was Herkunft, Temperament und selbst äußerliche Erscheinung betrifft, wohl kaum zwei unterschiedlichere Menschen denken. Sie: klein (1,57), pummelig, mit einem pausbäckigen Vollmondgesicht und gewöhnlich in ausladende Kleider mit Bändern und Verzierungen verpackt. Er: hochaufgeschossen (1,93), kantig, ungelenk, mit fahlen, fast eingefallenen Gesichtszügen, einem leicht schielenden linken Auge und Blumenkohlohren, gekleidet in einer Weise, die nicht nur Zeugnis für die Schwierigkeiten ablegte, passende Stücke für seine Figur zu finden, sondern auch eine zerstreute Nachlässigkeit nicht verhehlen konnte und seine Abkunft aus der später sprichwörtlichen Blockhütte offenbar zu unterstreichen trachtete. Sie: mit einer ausgezeichneten Ausbildung von zwei der besten (Mädchen-)Schulen des Landes. Er: der Autodidakt, der beim Spazierengehen oftmals ein Buch vor sich her trug. Sie: einnehmend und schlagfertig, reizbar und selbstherrlich, dabei aber zugleich unsicher und Aufmerksamkeit heischend. Er: bescheiden und melancholisch, selbstbezogen und geistesabwesend, von hintergründigem Witz, aber in weiblicher Gesellschaft schüchtern. Ihre Liaison begann, als er sich auf einem Ball anbot, so miserabel wie möglich mit ihr zu tanzen und – wie Mary glaubhaft versicherte – Wort hielt.

Was all diese Gegensätze zusammenhielt und die Basis abgab, von der aus sie ihre gegenseitige Anziehungskraft entwickeln konnten, war das Interesse für Politik. Obwohl es für eine Frau zur damaligen Zeit höchst ungewöhnlich war, sich in öffentliche Dinge einzumischen, hatte Mary Todd in der Politik früh einen Gegenstand erkannt, der die Aufmerksamkeit ihres so häufig abwesenden Vaters erregen konnte. Daß sie über politische Vorgänge nicht nur gut informiert war, sondern ihre Ansichten auch rundheraus äußerte, dürfte einen nicht geringen Teil ihrer Attraktivität für Abraham Lincoln ausgemacht haben. Auch als das Paar zwischenzeitlich auseinanderging, sei es, weil Lincoln zögerte, die Verantwortung des Brotverdieners auf sich zu nehmen, sei es, weil Marys Familie Einwände gegen eine nicht recht standesgemäße Partie erhob, oder sei es schließlich, weil der gute Abe sich bei einer Verabredung verspätete (nicht allerdings, wie zuweilen kolportiert, seine Braut sitzen ließ), Mary sich stattdessen von dem dankbaren Mr. Webb ausführen ließ und die resultierende Verstimmung auf beiden Seiten alle möglichen anderen Vorbehalte in den Vordergrund rückte – jedenfalls war es erneut die Politik, die die beiden 1842 wieder zusammenführte. Im Vorfeld der Gouverneurs- und Parlamentswahlen verfaßten beide anonyme Briefe an die örtliche Zeitung, in denen ein führender Demokrat des Staates verspottet wurde. Über solcherart geistreiche Konspiration kitteten Mary Todd und Abraham Lincoln ihr Verhältnis. Sie heirateten am 4. November 1842.

Man mag selbst hinter dieser Heirat politische Gründe vermuten, ebnete sie Abraham Lincoln doch den Weg ins Patriziat des Westens, während Mary Todd mit sicherem Gespür erkannte, daß der linkische Abe es – unter richtiger Anleitung – noch weit bringen würde. Sie soll sogar einmal gesagt haben: »Er wird eines Tages Präsident der Vereinigten Staaten sein; wenn ich das nicht glauben würde, hätte ich ihn nie geheiratet, denn man sieht ja, daß er nicht hübsch ist.« Insgesamt aber gibt es genügend Belege dafür, daß beide sich wirklich zueinander hingezogen fühlten, und so zeugt es wohl vor allem von Lincolns Hang zur Selbstironie, wenn er eine Woche nach der Hochzeit an einen Freund schrieb: »Hier gibt es nichts Neues – außer meiner Heirat, die mich mit völligem Erstaunen erfüllt.«

Für Mary Todd Lincoln bedeutete die Heirat zunächst einmal einen gesellschaftlichen Abstieg. Sie, die es gewohnt war, in herrschaftlichen Häusern zu leben, bezog nun mit ihrem Gatten ein fünfzehn Quadratmeter großes Zimmer in einer lärmenden zweitklassigen Pension, der Globe Tavern, wo sie, während ihr Mann meist geschäftlich unterwegs war, die im Preis von acht Dollar die Woche inbegriffenen Mahlzeiten an einem Gemeinschaftstisch mit den übrigen Gästen einnehmen mußte – einer Gesellschaft, die wohl kaum Marys üblichem Umgang entsprochen haben dürfte. Darüber hinaus galt das Pensionsleben den publizistischen Ratgebern der Zeit als anrüchig, entsprach es doch nicht den gängigen Vorstellungen von weiblicher Häuslichkeit, sondern beschwor vielmehr die Gefahr des Müßiggangs oder gar außerehelicher sexueller Avancen herauf.

Es ist daher nicht verwunderlich, daß die Lincolns, sobald es ihre finanzielle Situation erlaubte, in ihre eigenen vier Wände an Springfields Achter Straße und Jackson zogen, wo das Haus noch heute steht und einen beständigen Strom von Lincoln-Verehrern anzieht. Daß diese Verehrung sich nur in den allerseltensten Fällen auch auf die Gattin Abraham Lincolns bezieht, rührt weniger aus dem Eheleben der beiden her als aus Lincolns damaliger Entscheidung, einen Juniorpartner in seine gerade eröffnete eigene Anwaltspraxis aufzunehmen. Zwischen William H. Herndon und Mary Todd Lincoln entwickelte sich bald eine lebenslange Feindschaft. Herndon war es schließlich auch, der in seinem einflußreichen, 1889 veröffentlichten Buch »Life of Lincoln« die Legende in die Welt setzte, wonach Lincoln in Wirklichkeit eine andere Frau, Ann Rutledge, geliebt und unter seiner Ehe beständig gelitten habe. Herndons höchst unvorteilhaftes Porträt Mary Lincolns hat seitdem das Bild einer ohnehin umstrittenen First Lady zusätzlich verzerrt und wesentlich dazu beigetragen, daß die Amerikaner Mary Todd Lincoln bei Umfragen über die Beliebtheit der Präsidentengattinnen stets ans Ende der Skala setzen.

Anders als Herndon und andere seither ihre Leser glauben machen wollen, sind Abraham Lincolns lange Abwesenheiten von zu Hause, die sich zusammengenommen oft auf die Hälfte eines Jahres beliefen, nicht auf eheliche Probleme zurückzuführen. Vielmehr wurden sie durch den ausgedehnten Gerichtsdistrikt erzwungen, den Lincoln für seine Fälle bereisen mußte. Derweil richtete Mary sich in Springfield in das übliche Leben einer Hausfrau um die Mitte des 19. Jahrhunderts ein. Das hieß vor allem: Kochen, Putzen, Nähen. Die Essenszubereitung nahm zu jener Zeit noch den größten Teil des Tages in Anspruch, und selbst die neuen Eisenherde hinterließen dabei noch reichlich Rußspuren. Zur gleichen Zeit erhielt Sauberkeit einen zentralen Platz im Spektrum mütterlicher Pflichten, war die Frau im Haus doch für die Gesundheit der Familie (vor allem der Kinder) verantwortlich, die laut ärztlicher Auskunft durch mangelnde Reinlichkeit gefährdet würde. Schließlich erleichterte das Aufkommen von Konfektionsläden zwar die Einkleidung der Familie, konnte sie aber bei weitem nicht vollständig abdecken. Auf ihre Garderobe legte Mary Todd Lincoln von jeher größten Wert, und lieber hat sie zeitweise auf eine Haushaltshilfe verzichtet als zu billigerem Tuch zu greifen. Ihre diesbezügliche Sorgfalt weitete sie auch auf ihren Gatten aus, dem sie abgewöhnte, in Hemdsärmeln die Tür zu öffnen oder zwei unterschiedliche Socken zu tragen.

Als Abraham 1847 bis 1849 eine Amtszeit im US-Repräsentantenhaus verbrachte, war Mary entschlossen, in der Bundeshauptstadt von sich reden zu machen, mußte allerdings erleben, daß das offizielle Washington wenig Interesse an den Gattinnen von Kongreßabgeordneten hat. Auch Lincoln selbst hinterließ in Washington keinen besonders guten Eindruck, was vor allem daran lag, daß er Präsident Polks populären Krieg gegen Mexiko verurteilte und dadurch in den Geruch mangelnden Patriotismus geriet. Allerdings bestritt er 1848 Wahlkampfauftritte für den Präsidentschaftskandidaten der Whigs, Zachary Taylor, bei denen Mary ihn zuweilen begleitete. Als Taylor die Wahlen gewann, schrieb sie unermüdlich Briefe an einflußreiche Parteimitglieder, um ihrem Mann den erhofften Regierungsposten zu verschaffen. Der Präsident konnte sich aber lediglich dazu durchringen, Lincoln den Posten des Gouverneurs im Oregon Territorium anzubieten. Dagegen erhob Mary Einspruch. Zum einen war sie überzeugt, daß Abrahams politische Aussichten in Illinois letztlich besser seien; zum anderen weigerte sie sich, die Beschwernisse eines Pionierlebens auf sich zu nehmen, zumal mit Robert (1843) und Edward (1846) inzwischen zwei Kinder geboren waren.

Die Familie hatte sich nach dem Washingtoner Zwischenspiel kaum wieder in Springfield eingerichtet, als der kleine Edward am 1. Februar 1850 an einer Lungenentzündung starb. Sein Tod stürzte

Mary erstmals in jenen Zustand extremen Trübsinns und absoluter Zurückgezogenheit, der selbst für die strikten Trauerkonventionen der damaligen Zeit außergewöhnlich war und sich bei den Verlusten der kommenden Jahrzehnte wiederholen sollte. Nichtsdestotrotz war Mary bereits drei Wochen nach Edwards Tod wieder schwanger und brachte im Dezember den dritten Sohn der Lincolns, William, zur Welt. Willie, wie er gerufen wurde, war zeit seines Lebens Marys Liebling und hat den Eltern wohl beträchtlich über den Verlust ihres zweiten Kindes hinweggeholfen. Im April 1853 wurde das vierte und letzte Kind der Lincolns geboren, erneut ein Junge, der – wie sein Vater fand – mit seinem großen Kopf und schmächtigen Körper einer Kaulquappe (tadpole) ähnelte und seitdem, ungeachtet seines Taufnamens Thomas, für alle nur Tad hieß.

Die 1850er Jahre waren eine Zeit wachsender Spannungen innerhalb der amerikanischen Union. Die nördlichen Staaten entwickelten sich in atemberaubendem Tempo zu einer von aus Europa eingewanderten billigen Arbeitskräften geprägten Industriegesellschaft, während der Süden zwar auch von einer rasanten Kommerzialisierung erfaßt wurde, die aber weder seinen landwirtschaftlichen Charakter noch den traditionellen Lebensstil im gleichen Maße umformte, sondern durch einen Boom in der Baumwollerzeugung getragen wurde. Diese rechnete sich wirtschaftlich aber nur durch den Einsatz von Sklaven, und steigern ließ sich die Produktion nur mittels zusätzlicher Anbauflächen. Die Pflanzer des Südens betrachteten daher jeden Versuch, die Sklaverei abzuschaffen oder auch nur räumlich einzugrenzen, als Anschlag auf ihr wirtschaftliches Auskommen und ihre kulturelle Lebensart. Im Norden befürchtete man hingegen, daß diese dem Süden vorgeblich »eigentümliche Einrichtung« das amerikanische Wirtschaftssystem aushöhlen und auf Dauer mit einem freien Arbeitsmarkt nicht vereinbar sein würde. Neben diese ökonomische Argumentation trat aber zunehmend auch moralische Entrüstung über die Institution der Sklaverei als solche; und es formierten sich politische Kampagnen, denen sich auch Abraham Lincoln anschloß.

Insgesamt brachten die 1850er Jahre den Lincolns jedoch eine Serie politischer Fehlschläge. Ihre Partei fiel dem immer schärferen Disput zwischen Nord und Süd zum Opfer. Aus ihren Überresten entstand die Republikanische Partei, die dem Ehepaar eine neue politische Heimat bot, in der Abraham fortan um die Erhaltung der amerikanischen Union rang, Mary um das Vorwärtskommen ihres

Mannes. Sie war es, die Lincoln durch alle politischen Wechselfälle hindurch ermunterte, weiterzumachen und nach Höherem zu streben. Als er bei der Nominierung eines Senators für den US-Kongreß im Parlament von Illinois seine 44 Stimmen schließlich zu den fünfen seines Parteifreundes Lyman Trumbull schlug, statt die Wahl eines Demokraten zu riskieren, war Mary derart erzürnt, daß Trumbull nicht seinerseits seine Stimmen zugunsten Lincolns geopfert hatte, daß sie mit seiner Frau Julia, von der sie eine entsprechende Einflußnahme erwartet hatte, nie mehr ein Wort sprach.

Das Jahr 1860 brachte die Wende. Lincoln war inzwischen derart bekannt geworden, daß er auf dem Nominierungsparteitag der Republikaner in Chicago als Kompromißkandidat zwei aussichtsreichere Bewerber aus dem Feld schlagen und zum Präsidentschaftsanwärter der Partei gekürt werden konnte. Am 6. November 1860 wählte eine relative Mehrheit der Amerikaner Abraham Lincoln zu ihrem 16. Präsidenten. Nach übereinstimmenden Berichten soll Lincoln, nachdem er im Telegrafenamt von Springfield die Nachricht seiner Wahl erhalten hatte, die Achte Straße hinuntergelaufen sein, laut rufend: »Mary, Mary, *wir* sind gewählt.«

Im März 1861 hielt Mary Todd Lincoln Einzug ins Weiße Haus. Allerdings erstrahlten damals weder das Domizil des US-Präsidenten noch die Bundeshauptstadt in heutigem Glanz. In Washington lebten zu Beginn der 1860er Jahre etwa 60 000 Menschen. Auswärtigen Besuchern erschien die 70 Jahre zuvor von dem Franzosen L'Enfant entworfene Stadt immer noch als architektonisches Rätsel. Hier schien ein grandioser Zukunftsentwurf darauf zu warten, daß die Zukunft endlich eintreffe. Das Kapitol erwartete die Fertigstellung seiner mächtigen neuen Kuppel und sah derweil einem geköpften Frühstücksei ähnlich, aus dem ein Gerüst herausragte; das Weiße Haus, von Ställen, Holzschuppen und Obstgärten umgeben, erschien manchem wie eine heruntergekommene Plantage. Ganz ohne Frage stellte es aber die besucherfreundlichste Regierungszentrale der Welt dar. Schaulustige und Bittsteller strömten ohne Unterlaß in das Gebäude, und manch einer schnitt sich als Souvenir ein Stück von den Vorhängen oder Teppichen ab.

Mary Todd Lincoln machte sich umgehend daran, die Wirkungsstätte ihres Mannes – »diese schäbige Villa«, wie sie einmal schrieb – mit einem gewissen majestätischen Glanz auszustatten. Dreimal reiste Mary allein 1861 zum Einkaufen nach Philadelphia, New York und Boston. Sie bestellte Tapeten aus Paris, kaufte Klingelzüge und

*»Mary und Abe«: Die Lincolns während eines Empfangs im
Weißen Haus, 1865*

Vorhänge, Läufer und Teppiche, reich verzierte Möbel und kostbares
Porzellan. Eifrig war sie darum bemüht, unter der sehr von sich ein-
genommenen Ostküstengesellschaft nicht als unkultiviertes Grenzer-
wesen aus dem Westen zu erscheinen. Ihre Vorgängerin im Weißen
Haus, die 27jährige Nichte des ledigen Präsidenten Buchanan, hatte
in Washington Maßstäbe für Mode und Festlichkeiten gesetzt, hinter
denen Mary auf keinen Fall zurückbleiben wollte. Ihre Faszination
für monarchischen Glanz legte es nahe, daß sie sich am Geschmack
der europäischen Königshäuser orientierte, wo die aus kostbaren
Stoffen gefertigten Reifröcke immer ausladender (und teurer) wurden. Innerhalb eines Jahres brachte Mary es auf 16 neue Kleider, viele
– der viktorianischen Mode entsprechend – schulterfrei und dekolle-
tiert. Die größten Zeitungen im Land zeigten sich wunschgemäß
beeindruckt. Der *New York Herald* schwärmte gar von der »republikanischen Königin«. Konservativere Gemüter mokierten sich freilich
in teilweise scharfem Ton über Marys majestätische Erscheinung. So
berichtete ein Senator aus Oregon seiner Frau von einem der zweimal
wöchentlich im Weißen Haus stattfindenden Empfänge, indem er auf
die Vorliebe der First Lady, Blüten im Haar zu tragen, anspielte: »Die
schwachsinnige Mrs. Lincoln hat ihren Busen zur Schau gestellt und

einen Blumentopf auf dem Kopf getragen, während eine meterlange Schleppe aus Samt oder Seide auf dem Boden hinter ihr herrauschte.«

Aber nicht nur die äußerliche Erscheinung, sondern auch der soziale Umgang der »Lady President« erregten Aufsehen. Mary etablierte im Blauen Salon des Weißen Hauses einen politischen und literarischen Zirkel, der ihr Bedürfnis nach kultivierter und gedankenreicher Konversation erfüllte. Manch einer hatte sich den Zugang zu diesem Kreis allerdings erschmeichelt, und was Mary die »beau monde« nannte, hielten andere für eine höchst dubiose Gesellschaft. Sie fanden sich bestätigt, als der Kosmopolit und Charmeur Henry Wikoff sich der Jahresbotschaft des Präsidenten an den Kongreß bemächtigte und ihren Inhalt an eine Zeitung verkaufte, wobei Mary verdächtigt wurde, die undichte Stelle gewesen zu sein, und nur knapp einem ausgewachsenen Skandal entging.

Mary Lincoln hatte in ihrer frivolen Rivalität mit der eleganten Gesellschaft der Ostküste nicht bedacht, daß die Zeiten sich geändert hatten. Bereits vor Abraham Lincolns Amtseinführung hatten sieben Staaten des Südens ihren Abfall von der Union erklärt, und als Lincoln sich weigerte, einen Stützpunkt der Union vor dem Hafen von Charleston aufzugeben, begann mit der Beschießung von Fort Sumter am 12. April 1861 der Sezessionskrieg. Der Krieg verwehrte Mary die Bühne. Ihr Geltungsbedürfnis wirkte mit einem Mal peinlich deplaziert. Inmitten des Schlachtens konnte Mary Lincoln keine »normale«, geschweige denn eine extravagante First Lady sein, und ein Weißes Haus in Friedenszeiten sollte ihr nicht vergönnt sein.

Der Sezessionskrieg zog einen Riss durch unzählige amerikanische Familien, so auch durch diejenige der First Lady. Von den 14 überlebenden Kindern ihres Vaters unterstützten acht die Konföderierten, nur sechs die Union; vier Brüder und drei Schwäger kämpften in der Südstaatenarmee. Hatte die Washingtoner Oberschicht mit ihren sezessionistischen Sympathien die First Lady zunächst auch deshalb geschnitten, weil sie die Frau eines politisch mißliebigen Präsidenten war, so argwöhnten nun die unionstreuen Kreise der Hauptstadt, daß sie den Rebellen zuneigen könnte, und verdächtigten sie gar des Verrats, als die Lincolns weiterhin Familienmitglieder aus dem anderen Lager im Weißen Haus empfingen.

An Marys Loyalität zur Union kann jedoch kein Zweifel bestehen, schon allein aufgrund ihrer unverbrüchlichen Unterstützung ihres Mannes und seines politischen Credos. Tatsächlich stach sie aus der bis dato üblichen, wenig sichtbaren Rolle der First Lady als Gastgeberin und Familienfürsorgerin nicht allein durch ihre weithin beachteten Einkaufsreisen hervor, sondern auch durch ihre wenig publizierte Anteilnahme an den Opfern des Krieges. Immer wieder besuchte sie die in und um Washington herum liegenden Militärhospitäler, brachte Blumen aus den Gewächshäusern und Brot aus der Küche des Weißen Hauses mit, schrieb für die Verwundeten Briefe, beschaffte Geld für Festtagsessen oder organisierte diese selber.

Diese Fürsorge erstreckte sich zunehmend auch auf hilfsbedürftige Afroamerikaner. Mary war mit der Einrichtung der Sklaverei groß geworden; an ihrem Schulweg hatte der Schandpfahl gestanden, an dem entflohene Sklaven ausgepeitscht wurden. Aber ihr Vater hatte die Sklaverei grundsätzlich abgelehnt, und ihre farbige Amme war mit Wissen der Kinder ein Rädchen in jener »Underground Railroad« gewesen, die entflohene Sklaven in den Norden schleuste. Unter dem Einfluß ihrer farbigen Schneiderin Elizabeth Keckley, der engsten Vertrauten Marys im Weißen Haus, aber auch von Senator Charles Sumner aus Massachussets, den Mary verehrte und der ein führender Kopf der Anti-Sklavereibewegung war, verstärkte sich ihre Ablehnung der Sklaverei. Sie lud erstmals Afroamerikaner ins Weiße Haus ein und engagierte sich in einer Organisation, die jenen Flüchtlingen aus dem Süden half, die zu Tausenden ohne Arbeit und Auskommen in den Städten des Nordens strandeten. Im November 1862 zweigte sie zu diesem Zweck Geld aus einem dem Präsidenten zur Verfügung gestellten Fond ab und beschied ihren Mann lapidar: »Die Sache der Menschlichkeit erfordert es.«

Im Februar 1862 sicherte sich Mary Lincoln mit einem grandiosen Festessen endgültig den Spitzenplatz in der sozialen Pyramide Washingtons. Dann aber bewahrheitete sich ihre seit einiger Zeit gehegte Befürchtung, daß auf jeden Triumph eine Tragödie folge. Vierzehn Tage nach dem Festmahl war ihr geliebter Willie tot, vom Typhus hinweggerafft. Von Kummerkrämpfen und Verzweiflungsanfällen geschüttelt verkroch Mary sich drei Wochen lang in ihrem Schlafzimmer. Unfähig und unwillens den Tod ihres Sohnes den Konventionen der Zeit gemäß als gottgegebene Heimsuchung zu deuten, suchte sie Trost im Spiritismus, der sich in den vorangegangen Jahren vor allem an der Ostküste erstaunlich weit verbreitet hatte und aufgrund der vielen Kriegstoten zusätzliche Anhänger fand. Mehr als ein Hellseher durfte die First Lady in den folgenden Monaten in seinen Séancen begrüßen, die zuweilen auch im Weißen Haus selbst stattfanden und Kontakt zu dem verstorbenen Sohn herstellen sollten.

Mary Lincolns schreckliche Verluste ließen einen ihrer Wesenszüge allerdings unberührt oder verstärkten ihn allenfalls noch in einem kompensatorischen Sinne: ihre zwanghafte Kauflust. Dies ist auch der einzige Bereich, in dem sie gegenüber ihrem Mann nicht aufrichtig war. Es gibt eine Fülle von Indizien dafür, daß Mary sich bei ihren Einkäufen für das Weiße Haus verschiedentlich überzogene Rechnungen ausstellen ließ, um private Erwerbungen zu vertuschen, daß sie im Verein mit dem Gärtner Quittungen fälschte und überhaupt in allerlei korrupte Machenschaften mit dem Personal des Weißen Hauses verstrickt war. Jedenfalls hatte sich bis 1864, als ihr Mann sich um eine zweite Amtszeit bewarb, ein derartiger Schuldenberg angehäuft, daß die Wahl für Mary eine zusätzliche Dimension annahm: »Wenn er gewählt wird«, so vertraute sie Elizabeth Keckley an, »kann ich ihn in Unkenntnis meiner Lage halten, aber wenn er verliert, dann werden die Rechnungen bei ihm eintreffen.« Abraham Lincoln gewann die Wahl.

Der Triumph Lincolns schien vollständig zu sein, als der Südstaaten-General Robert E. Lee am Palmsonntag, den 9. April 1865, kapitulierte. Fünf Tage später, am Karfreitag, gönnte das Präsidentenehepaar sich seine erste kulturelle Vergnügung in Friedenszeiten. Anderthalb Stunden unterhielten die Lincolns sich bei einer Komödie im Ford's Theater, als der Rebellenanhänger und psychisch labile Schauspieler John Wilkes Booth die Tür zur Präsidentenloge öffnete und Abraham Lincoln in den Hinterkopf schoß.

Zum dritten oder vierten Male in ihrem Leben – wenn man den frühen Verlust der Mutter mitrechnet – versank Mary in unbeschreibliche Schwermut. Dieses Mal aber tauchte sie daraus nie wieder wirklich auf. Der Pfarrer bei ihrem eigenen Begräbnis, 17 Jahre später, traf wohl das Richtige, als er bemerkte, die Lincolns seien wie zwei Bäume mit verwachsenem Wurzelwerk gewesen und der Tod des einen habe auch den anderen verdorren lassen.

Vier Wochen mußte der neu vereidigte Präsident Andrew Johnson in einem Behelfsbüro im Finanzministerium residieren, bevor die Witwe Abraham Lincolns das Weiße Haus verließ, in jene schwere schwarze Trauertracht gekleidet, die sie zeit ihres Lebens nicht mehr ablegen würde.

Mary Todd Lincolns Tortur war jedoch noch nicht zu Ende. Von ihrem ältesten Sohn Robert und dem von ihm eingesetzten Vermögensverwalter im Unklaren über Lincolns tatsächliche Finanzen gelassen, beschlich sie eine unbändige Angst zu verarmen. Sie versuchte, Gelder für einen Lincoln-Familienfond einzuwerben, klagte beim Kongreß Lincolns Gehalt für die zweite Amtszeit ein und verfiel in ihrer Verzweiflung schließlich darauf, ihre Kleiderkammer feilzubieten, zunächst den Günstlingen aus glorreicheren Tagen, dann – als diese nicht kaufen wollten – einer konsternierten Öffentlichkeit in New York. Angesichts des Fehlens jeglicher geregelten Altersversorgung war es zwar nicht ungewöhnlich, daß Witwen ihre Garderobe verkauften, aber für eine ehemalige First Lady mußte dies doch ungehörig erscheinen, und für Mary Lincoln geriet es zur doppelten Selbsterniedrigung. Weder auf ihre Kostüme noch auf sie selbst legte man noch Wert.

Mary erwog zu fliehen. »Manchmal denke ich an Deutschland, wo Tad eine weniger teure Ausbildung erhalten und ich ihn und mich kostengünstiger durchbringen kann als hier. Wie wenig hätte sich mein guter Mann jemals vorstellen können, daß es einmal so weit kommen könnte. Zusätzlich zu meiner tiefen Trauer erfahre ich nun eine so große Demütigung, daß ich es in diesem Land, in meiner Lage, unfähig meine Schulden zu bezahlen oder auch nur für die alltäglichsten Bedürfnisse aufzukommen, nicht länger aushalten kann und mein Stolz mich nötigen wird, das Land zu verlassen.« Im Herbst 1868 fuhr Mary Todd Lincoln tatsächlich nach Europa, steckte Tad in Frankfurt am Main in ein Internat und bezog selbst dort ein Zimmer im Hotel d'Angleterre, wo es, wie sie bald befriedigt nach Hause schrieb, von Grafen, Herzögen und Herzoginnen nur so wimmelte. Wiederholte Kurbesuche in Baden-Baden und Marienbad zur Behandlung ihrer Arthritis sowie Aufenthalte in Italien und Nizza, um dem kühlen Frankfurter Winterwetter zu entkommen, entlarvten jedoch bald die Vorstellung eines preiswerteren Lebens in der Alten Welt.

Am 14. Juli 1870 gewährte der amerikanische Kongreß der Witwe Abraham Lincolns eine lebenslange jährliche Rente von 3000 Dollar. Normalerweise erhielten damals nur die Hinterbliebenen der im Krieg Gefallenen eine Rente, weshalb die wenigen Fürsprecher der ehemaligen First Lady jahrelang argumentiert hatten, daß Präsident Lincoln in Ausübung seiner Pflicht als Oberbefehlshaber der amerikanischen Streitkräfte gefallen sei. Letztlich erwies sich Mary Todd Lincolns Erfolg jedoch als Präjudiz, das schließlich auch späteren First Ladies eine Rente bescherte.

Mit einem gesicherten stattlichen Auskommen kehrte Mary in die USA zurück. Aber erneut zog der Triumph eine Tragödie nach sich.

Tad erkrankte auf der Überfahrt an Pleuritis. Ein Jahr, auf den Tag genau, nachdem Präsident Grant ihrer Pension durch seine Unterschrift Rechtskraft verliehen hatte, erreichte die Flüssigkeit in Tads Lunge sein Herz und raubte Mary Todd Lincoln ihren dritten Sohn. Von nun an spielte sich Marys Leben im steten Wechsel zwischen Séancen, Nervenzusammenbrüchen und Kuraufenthalten ab sowie den unvermeidlichen Einkaufsanfällen, die unübersehbar manische Züge annahmen. Ein Dutzend Paar Vorhänge mochten sie an ihre Verschönerung des Weißen Hauses erinnern und 17 Paar Damenhandschuhe an festliche Bälle, aber darin dürfte sich der Nutzen solcher Einkäufe für eine Witwe, die zurückgezogen in einem Chicagoer Hotelzimmer lebte, auch schon erschöpft haben. Ein letzter, aber besonders perfider Schicksalsschlag ereilte Mary Lincoln, als ihr einzig verbliebener Sohn sie – nach monatelanger Observation durch Hotelangestellte und Pinkerton-Detektive – der Geisteskrankheit bezichtigte. Der dreistündige Prozeß war bis hin zu Marys Rechtsbeistand eine Inszenierung Robert Lincolns, und die rein männliche Jury brauchte gerade einmal zehn Minuten, um Mrs. Abraham Lincoln in eine psychiatrische Anstalt einzuweisen.

Ohne Frage tendierte Mary Todd Lincoln in extremem Maße dazu, ihre persönlichen Verluste durch materielle Dinge zu kompensieren, und auch ein ausgeprägter Narzißmus ist ihr nicht abzusprechen. Daß sie in ihrem Streben nach Aufmerksamkeit und Geltung zuweilen die Grenzen überschritt, die damalige Konventionen ihrem Geschlecht zogen, dürfte für viele ihrer Zeitgenossen den Eindruck der Anormalität verstärkt haben. Geisteskrank in einem modernen Sinne aber ist Mary Todd Lincoln nie gewesen, geschweige denn eine Gefahr für ihre Umwelt. Unterstützt von einem befreundeten Rechtsanwaltsehepaar sowie ihrer älteren Schwester Elizabeth, gelang es Mary denn auch bald, in deren Obhut nach Springfield entlassen zu werden. Ein Jahr nach Marys Einweisung konnte eine neue Jury keine psychische Störung mehr feststellen.

Als wolle sie ihrer emotionalen Distanz zu Robert Lincoln auch einen räumlichen Ausdruck verleihen, siedelte Mary wieder nach Europa über und verbrachte die nächsten vier Jahre im französischen Pau. Erst physische Gebrechlichkeit infolge von Stürzen und dem zunehmenden Verlust des Augenlichts zwang sie, in ihr Heimatland zurückzukehren, wo sie ihre letzten beiden Lebensjahre im Haus ihrer Schwester Elizabeth verbrachte. Am 16. Juli 1882 starb Mary Todd Lincoln an den Folgen eines Schlaganfalls.

Mary Todd Lincoln war keine gewöhnliche First Lady. Ihr Streben nach Aufmerksamkeit und ihre für eine Frau damals ungewöhnliche Beschlagenheit in Sachen Politik ließen sie so sehr ins Licht der Öffentlichkeit treten wie nur wenige Präsidentengattinnen vor ihr. Die Anfeindungen, denen Mary Todd Lincoln während des Bürgerkrieges ausgesetzt war, haben sich später zu einer düsteren Kontrastfolie verdichtet, von der sich der Mythos des »ehrlichen Abe« um so strahlender abhebt. Dem komplizierten Charakter und dem tragischen Leben Mary Todd Lincolns aber wird eine derartige Reduzierung nicht gerecht.

First Lady ohne Fehl und Tadel
Edith Roosevelt, 1861–1948

Anja Schüler

Mit dem Aufstieg der USA zur Weltmacht und der gestärkten Position des amerikanischen Präsidenten zu Beginn des 20. Jahrhunderts wurde auch die Rolle der First Lady öffentlicher. Doch Edith Roosevelt, die zweite Frau von Präsident Theodore Roosevelt, bestand wie nur wenige First Ladies auf dem strikten Schutz der Privatsphäre. Sie gab keine Interviews, gestattete Fotografen nur selten eine Aufnahme und vertrat die dem viktorianischen Zeitgeist entsprechende Auffassung, daß der Name einer Dame nur dreimal in der Zeitung erscheinen solle: Bei der Geburt, am Hochzeitstag und in der Todesanzeige. Für den aktiven und dynamischen Präsidenten, in dessen Schatten die First Lady stand, war Edith Roosevelt indes nicht nur die respektierte Gattin, sondern zugleich eine enge politische Vertraute und wichtige Beraterin.

Edith Kermit Carow wurde am 6. August 1861 als Tochter von Gertrude Tyler Carow und Charles Carow in Norwich, Connecticut, geboren. Sie stammte aus einer wohlhabenden Kaufmannsfamilie, die den berühmten puritanischen Theologen Jonathan Edwards zu ihren Vorfahren zählte. Obwohl die Mißwirtschaft von Ediths alkoholkrankem Vater die Familie zunehmend finanziell belastete, war Edith selbst durch ein kleines Erbe ihres Großvaters mütterlicherseits materiell abgesichert. Die Familie verbrachte die Sommer bei ihren Großeltern in New Jersey und die Winter in New York, wo sie bereits als Schulkind Theodore Roosevelt kennenlernte. Beide schienen geradezu füreinander bestimmt. Sie wuchsen zusammen auf, teilten eine Leidenschaft für Bücher und die Natur, korrespondierten häufig, so vor allem als die Roosevelts 1869 ein Jahr in Europa verbrachten, und waren ein Paar in der Tanzstunde. Theodore Roosevelts Schwestern zählten zu den engsten Freundinnen von Edith Carow, und die Familien machten häufig in Oyster Bay auf Long Island Ferien. Edith Carows formale Bildung beschränkte sich auf den Besuch einer Schule für »höhere Töchter«, Miss Comstock's School in Manhattan, wo sie die bei ihrem

Vater begonnenen Lateinstunden fortsetzte, fließend Französisch lernte und ihre Liebe zu Shakespeare entdeckte. Unter ihren Mitschülerinnen galt Edith Carow als gutaussehend, geistreich und warmherzig, aber auch als unsentimental und ein wenig streng, Eigenschaften, die ihr später als Präsidentengattin eher nützen als schaden sollten.

Es ist nicht ausgeschlossen, daß Edith Carow und Theodore Roosevelt über Heiratsabsichten sprachen, bevor Roosevelt 1876 sein Studium in Harvard aufnahm. Drei Jahre später allerdings verliebte sich der zwanzigjährige Hals über Kopf in Alice Lee, die Tochter einer prominenten Bostoner Bankiersfamilie, die er 1880 heiratete. Unter den Hochzeitsgästen war auch Edith Carow. Allem Bekunden nach war Roosevelts erste Ehe sehr glücklich. Als er das Jurastudium mit einer politischen Karriere vertauschte und 1882 Mitglied der New Yorker Legislative wurde, folgte seine Frau ihm zunächst nach Albany, zog aber das Haus ihrer Schwiegermutter in New York als Wohnsitz vor, als sie im darauffolgenden Jahr schwanger wurde. Nach der Geburt ihrer Tochter Alice am 13. Februar 1884 erkrankte Roosevelts Frau schwer. Als der junge Politiker wenige Tage später nach Hause zurückkehrte, fand er sowohl seine Frau wie seine Mutter auf dem Sterbebett vor. Alice Lee Roosevelt starb wenig später an der Brightschen Krankheit, einem Nierenleiden.

Roosevelt ist nur schwer über den Tod seiner ersten Frau hinweggekommen. Er zog sich zu einem längeren Aufenthalt in die Wildnis von Dakota zurück und sprach danach nie wieder über seine erste Frau, noch nicht einmal gegenüber der gemeinsamen Tochter. Eine neue Ehe einzugehen, schloß er aus; seiner Tochter Alice gegenüber bezeichnete er zweite Ehen sogar einmal als »Charakterschwäche«. Während seiner gelegentlichen Besuche in New York mußte Roosevelt allerdings die Erfahrung machen, daß seine Jugendliebe Edith Carow immer noch eine gewisse Anziehungskraft auf ihn ausübte, so daß er Zusammentreffen mit ihr zunächst bewußt vermied. Einer zufälligen Begegnung bei Roosevelts Schwester Anna im Herbst 1885 folgten dann jedoch weitere Treffen und eine heimliche Verlobung im November desselben Jahres. Auch Edith Carow hatte Bedenken hinsichtlich einer Eheschließung. Da ihre Familie nach dem Tod ihres Vaters verarmt war, wollte sie keineswegs den Anschein erwecken, eine Versorgungsehe zu schließen. Im folgenden Jahr aber konnten beide ihre Bedenken offensichtlich überwinden. Sie heirateten am 2. Dezember 1886 in einer kleinen Londoner Kirche. Ihre ausgedehnten Flitterwochen verbrachten sie in England, Frankreich und Italien.

In einem vor der Hochzeit verfaßten Brief hatte Edith Carow ihren zukünftigen Mann darauf hingewiesen, daß sie »sehr praktisch« sei und sich »in Gelddingen sehr gut auskenne«. Diese Stärke sollte sich schon bald als nützlich erweisen, da Roosevelt kurze Zeit später die Hälfte seines Viehs in Dakota und damit ein Viertel seines väterlichen Erbes verlieren sollte. Seine Frau übernahm danach die Finanzen der schnell wachsenden Familie. Der Geburt von Theodore Junior 1887 folgten vier weitere Geschwister – Kermit 1889, Ethel 1891, Archibald 1894 und drei Jahre später Quentin. Edith Roosevelt insistierte außerdem darauf, ihre Stieftochter zu sich zu holen, die nach dem Tode ihrer Mutter bei Roosevelts Schwester Bamie gelebt hatte. Während der ersten beiden Ehejahre lebten die Roosevelts auf dem Stammsitz der Familie in Oyster Bay auf Long Island, wo Roosevelt sein Einkommen durch gelegentliche journalistische Arbeiten aufbesserte. »Sagamore Hill«, so der Name des Hauses, war kurz nach dem Tod von Alice Lee Roosevelt fertiggestellt worden und wurde zu einem wichtigen Refugium für den zukünftigen Präsidenten und seine Familie.

Als Roosevelt 1889 von Präsident Harrison zum Civil Service Commissioner ernannt wurde, mußte die Familie in die Bundeshauptstadt umziehen. Edith Roosevelt genoß das kultivierte Leben in Washington, D. C., und schloß sich einem literarischen Zirkel um den Historiker Henry Adams an, wobei die wachsende Familie immer mehr Zeit in Anspruch nahm. Seßhaft sollten die Roosevelts in den darauffolgenden Jahren nicht mehr werden: 1895 zogen sie nach New York – Roosevelt nahm dort eine leitende Position in der Polizeiadministration an. Zwei Jahre später ging es nach Washington zurück, da Roosevelt einen hohen Posten im Marineministerium annahm. Nach der Wahl Roosevelts zum Gouverneur von New York siedelte die inzwischen siebenköpfige Familie nach Albany, der Hauptstadt des Bundesstaates, über, da Roosevelt die New Yorker Gouverneurswahlen gewonnen hatte. Als Theodore Roosevelt nur ein Jahr später zum Vizepräsidenten der Vereinigten Staaten ernannt wurde, hieß es schon wieder nach Washington umziehen. Edith Roosevelt war über diese Entwicklung nicht glücklich. Sie hatte, nicht zuletzt aus finanziellen Gründen, diese genauso wie vorhergegangene Kandidaturen ihres Mannes abgelehnt.

Edith Roosevelt war vierzig, als das Attentat auf William McKinley ihren Mann zum Präsidenten machte. Zu Beginn von Theodore Roosevelts Amtszeit bemerkte seine Frau, daß sie sich keineswegs auf das eingeschränkte Leben einer First Lady freue, aber sich wohl bald

Die erste moderne First Lady:
Edith Roosevelt

daran gewöhnen werde. Tatsächlich haben die Roosevelts ihre Zeit im Weißen Haus offensichtlich genossen und es wie wenige andere vor und nach ihnen mit Leben erfüllt. Neben den sechs Kindern im Alter zwischen sechzehn und vier Jahren, die sich schnell als »White House Gang« einen Namen machten, zogen zahlreiche Haustiere ein, Katzen, Hunde und Meerschweinchen, Schlangen und Eidechsen, sowie eine zahme Ratte, deren Künste Kermit Roosevelt einmal nicht eben zum Entzücken seiner Mutter Dinnergästen präsentierte. Edith Roosevelt gelang es, die Kinderschar mit unerschütterlichem Gleichmut zu behandeln, wobei sie einerseits die nötige Disziplin walten ließ, andererseits den Kindern viele Freiheiten erlaubte. Sie scheute keineswegs vor ausgelassenen Spielen zurück und einer ihrer Söhne war sich sicher, daß seine Mutter »als Kind ein Junge gewesen war«.

Die Ausübung der traditionellen Rolle der First Lady scheint Edith Roosevelt nicht vor größere Schwierigkeiten gestellt zu haben; im Gegenteil: Der große Haushalt und die fünfzehnjährige Erfahrung als Ehepartnerin eines aufsteigenden Politikers hatten sie auf die neue

Rolle vorbereitet. Die First Lady erfüllte unermüdlich ihre Pflichten als Gastgeberin, und schien dabei kaum etwas von ihrer Jugendlichkeit und dem Charme einzubüßen, den man an ihr pries. Bei all dem bestand sie darauf, sich einfach zu kleiden und nur amerikanische Kleidungsstücke zu tragen. Für eine Dame in Washington mußte sie zudem als außerordentlich sportlich gelten – auch schlechtes Wetter konnte sie von ihren fast täglichen Spaziergängen oder Ausritten mit ihrem Mann nicht abhalten.

Edith Roosevelt war einerseits darauf bedacht, sich und ihre Familie von der Öffentlichkeit abzuschirmen; andererseits hieß dies nicht, daß sie die tradierte Rolle der First Lady einfach übernommen hätte. Zu den von ihr veranlaßten Innovationen gehörte, daß Edith Roosevelt als erste Gastgeberin im Weißen Haus fertige Speisen für offizielle Anlässe liefern ließ; darüber hinaus war sie die erste First Lady, die eine aus Steuermitteln bezahlte Mitarbeiterin einstellte: Ihre Sekretärin, Isabelle Hagner, die dem Weißen Haus auch über Roosevelts Präsidentschaft hinaus eng verbunden blieb, stellte die Verbindung zwischen Edith Roosevelt und der Öffentlichkeit her. Die herausragende Rolle, die Isabelle Hagner für Edith Roosevelt spielte, hatte nicht zuletzt damit zu tun, daß die First Lady eine bis ins Äußerste gesteigerte Sorge um ihr Privatleben hegte. Dies führte dazu, daß sie den größten Teil der Briefe, die sie erhielt, vernichtete, und daß sie ihre Briefpartner immer wieder ermahnte, dasselbe zu tun. Der Gedanke, daß ihre Korrespondenz einmal veröffentlicht werden könnte, war ihr unerträglich. Sie lehnte jede Veröffentlichung von Selbstzeugnissen ab, selbst dann, wenn ein fürstliches Honorar winkte. Darüber hinaus distanzierte sie sich bei Empfängen notorisch von den Gästen, indem sie ständig einen großen Blumenstrauß vor hier hertrug, der sie das endlose und anstrengende Händeschütteln vermeiden ließ.

Nach eigenem Bekunden war Edith Roosevelt durchaus verhaßt, daß ihr Leben nach einigen Jahren im Weißen Haus zum »öffentlichen Gut« geworden war. Um dem entgegenzuwirken, versuchte sie die Nachrichten, die an die Öffentlichkeit gelangten, systematisch zu kontrollieren. So leitete sie beispielsweise durch ihre Sekretärin Informationen und Fotos an die Presse weiter, aber immer nur an Reporter, die ihr Vertrauen besaßen. Daß ihre Stieftochter indes eigene Interviews gab, daß sie in der Öffentlichkeit rauchte und sich auf Pferderennbahnen und in Wettbüros fotografieren ließ, trug sehr zum Ärger Edith Roosevelts bei und wurde auch für den Präsidenten zu einer politischen Belastung.

Die Roosevelts müssen in vielerlei Hinsicht als Modernisierer der amerikanischen Präsidentschaft gelten, nicht nur im Hinblick auf das neue Rollenverständnis der First Lady. Auch der Wohnsitz des Präsidenten wurde während ihrer Amtszeit grundlegend renoviert und erhielt offiziell die Bezeichnung »Weißes Haus.« Edith Roosevelt bestand darauf, daß der private Bereich der First Family erstmals strikt von den öffentlichen Räumen getrennt wurde. Bei der Durchführung der Renovierungsarbeiten achtete sie darauf, daß Zeit- und Kostenbudget keineswegs überschritten wurden. Sie beschloß, Amtssitz und Wohnung mit relativ preiswerten historischen Stücken zu möblieren, entfernte viel vom viktorianischen Plüsch ihrer Vorgängerinnen und besann sich bei der Auswahl des Mobiliars und der Dekoration auf die klassizistischen Ursprünge des Baus. Nach Abschluß der Arbeiten ließ sie ein genaues Inventar anlegen.

Daß Edith Roosevelt sich ihrer historischen Rolle wie der ihrer Vorgängerinnen durchaus bewußt war, zeigt die Tatsache, daß sie damit begann, das Porzellan des Weißen Hauses zu sammeln und auszustellen. Außerdem trug sie die Porträts aller First Ladies für den Korridor im Erdgeschoß zusammen, wo sie noch heute ihren Platz haben. Generell den schönen Künsten zugetan, führte Edith Roosevelt die musikalischen Abende im Weißen Haus ein, für die sie schnell Nachahmerinnen in der Washingtoner Gesellschaft fand. Darüber hinaus wird die Gründung der National Gallery of Art nicht zuletzt ihrem Einfluß zugeschrieben.

Edith Roosevelt war nicht nur die »Frau des Präsidenten«, sondern, wie eine zeitgenössische Journalistin bemerkte, vor allem die »Frau von Theodore Roosevelt, was allein eine lebensfüllende Aufgabe für eine durchschnittliche Frau« darstellte. Konkret schloß dies neben den täglichen Ausritten mit ihrem Mann die Konversation mit Politikern, Naturforschern, Sozialreformern, Bürgerrechtlern und Kirchenmännern ein, die im Weißen Haus ein- und ausgingen. Wie gut Edith Roosevelt ihre Rolle als Gastgeberin spielte, belegt der Ausspruch eines Zeitgenossen, der treffend hervorhob, daß die Gäste dem Präsidenten zwar zuhörten, sich aber mit seiner Frau unterhielten.

Freunde und Verwandte der Roosevelts waren sich darüber einig, daß es nur eine Person gab, die echten Einfluß auf den Präsidenten ausüben konnte – Edith Roosevelt. Sie wachte nicht nur streng darüber, daß der Präsident sein Büro, das neben ihrem Zimmer lag, spätestens um halb elf abends verließ, sondern achtete auch sonst darauf, daß Theodore Roosevelt sich nicht übermäßig verausgabte. Anschei-

nend riet sie dem Präsidenten weniger, was zu tun, als was zu unter-
lassen sei. Unzweifelhaft hat sie ihren Mann gelegentlich als ein weiteres Kind, ihren »fünften Sohn«, angesehen. Als eine Bekannte ihr
Bedauern darüber aussprach, daß der Präsident seiner Familie erst
einige Tage später in die Sommerfrische nach Oyster Bay folgen
konnte, entlockte sie Edith Roosevelt den Stoßseufzer: »Um Himmels
willen! ... Ich müßte sonst auf ein weiteres Kind aufpassen.«

Inwiefern Edith Roosevelt einzelne politische Entscheidungen
des Präsidenten beeinflußt hat, läßt sich kaum sagen. Theodore
Roosevelt sah seine Frau nicht selten zwischen den Sitzungen und
verbrachte oft die Abendstunden mit ihr. Die First Lady las täglich
stapelweise Zeitungen und Zeitschriften und markierte Artikel, die
ihren Mann interessieren könnten. Wenn der Präsident verhindert
war, nahm sie dessen Besucher in Empfang. Hinzu kam, daß sie den
Einfluß der Schwestern des Präsidenten zunehmend zurückdrängte,
von denen die Nichte Eleanor einst behauptet hatte, daß Theodore
sie vor »allen wichtigen innen- oder außenpolitischen Entscheidungen« zu konsultieren pflegte. Es gelang der First Lady, den Kontakt
so weit einzuschränken, daß auch die Schwestern des Präsidenten
einen offiziellen Termin machen mußten, wenn sie ihn sprechen wollten. Man kann vermuten, daß der Einfluß von Mrs. Roosevelt in dem
Maße zunahm, wie der ihrer Schwägerinnen abnahm. Ihr Mann
pflegte zu sagen, daß sich alle gegen den Rat der First Lady gefällten
Entscheidungen am Ende als Fehler herausstellten.

In Roosevelts zweiter Amtszeit übernahm seine Frau eine wichtige
diplomatische Aufgabe. Mit Beginn des russisch-japanischen Krieges
1905 benötigte die amerikanische Regierung Informationen aus erster
Hand, die man allerdings nur über britische Kanäle erlangen konnte.
Da die Beziehungen zum damaligen britischen Botschafter in Washington alles andere als gut waren, bat Roosevelt den englischen Gesandten in Rußland, seinen alten Bekannten Cecil Spring-Rice, ihn in privaten Briefen an die First Lady über wichtige Entwicklungen auf dem
Laufenden zu halten – direkte Berichte von Rice an den Präsidenten
hätten zu einem diplomatischen Eklat geführt. Das Material, das auf
diesem Wege nach Washington gelangte, war streng geheim und die
ganze Aktion verstärkte den Eindruck, daß Edith Roosevelt die »Perfektion der ›unsichtbaren Regierung‹« verkörperte.

Edith Roosevelt gelang es zweifelsohne, die Präsidentschaft ihres
Mannes durch ihre Moralvorstellungen zu prägen. Als wichtigstes
Instrument hierzu dienten ihr die regelmäßigen Treffen mit den

Rekonstruktion klassischer Pracht:
Edith Roosevelt im Weißen Haus

Frauen der Kabinettsmitglieder. Diese Vormittage beschränkten sich zwar keineswegs auf Kaffee und Handarbeiten – vielmehr besprach die First Lady mit ihren Gästen bevorstehende gesellschaftliche Ereignisse – allerdings versäumte es die First Lady auch nicht, ihre strengen Moralvorstellungen in die Gespräche einzubringen. Washington mit seinen zahlreichen Strohwitwern und alleinstehenden weiblichen Angestellten galt Mrs. Roosevelt als »Sündenpfuhl«. Die First Lady drohte jedem, der ihre Moralvorstellungen verletzte, mit Ausschluß von der Gästeliste, ungeachtet der jeweiligen gesellschaftlichen Position. Sie weigerte sich sogar, einen russischen Fürsten zu empfangen, der als ausgemachter Frauenheld galt. Dennoch kann man Edith Roosevelt nicht unbedingt als prüde bezeichnen: So bestand sie darauf, ein Aktgemälde mit dem Titel »Liebe und Leben«, das Lucy Hayes in ein Museum verbannt hatte, wieder in das Weiße Haus zurückzuholen und gegenüber ihrem Schreibtisch aufzuhängen.

Obwohl Theodore Roosevelt als rauher Mann aus dem Westen in die Geschichte einging, brachten die Roosevelts ein gewisses aristokratisches Flair ins Weiße Haus. Die Eheschließung ihrer Stieftochter Alice, oft »Princess Alice« genannt, mit dem Kongreßabgeordneten Nicholas Longworth 1906 hatte alle Attribute einer königlichen Hochzeit. Alices Debütantinnenball 1902 – der erste im Weißen Haus – hatte dem in nichts nachgestanden, und auch Ethels gesellschaftliches Debüt 1908 wurde in großem Stil begangen. Alle offiziellen Einladungen des Weißen Hauses waren perfekt und geschmackvoll arrangiert. Der auf Etikette bedachten Einstellung der First Lady entsprach freilich auch, daß sie schwarze Frauen, Arbeiterinnen oder kleine Angestellte mit der Begründung an der Tür zurückweisen ließ, daß diese »unpassende Kleidung« trügen.

Offensichtlich gelang es Edith Roosevelt, sich als First Lady eine gewisse Eigenständigkeit zu bewahren, wobei sie die traditionelle Hausfrauen- und Mutterrolle keineswegs ablehnte. Ihre eigene Arbeit blieb immer mit der ihres Mannes verbunden. Anders als viele ihrer Nachfolgerinnen unternahm sie keine offizielle Reise ohne den Präsidenten und begleitete ihn lediglich auf zwei seiner offiziellen Reisen, in die Südstaaten und zum Panamakanal. Nach eigenem Bekunden genoß sie Abende, an denen der Präsident und seine Berater die »Probleme der Welt« lösten, während sie »demütig zuhörte, wie es sich für mein Geschlecht und meine Position gehört.« Ihr Mann zählte zweifelsohne zu ihren größten Bewunderern. Er schätzte ihre umfassende literarische Bildung, die in der Tat sehr mit seiner eigenen Vorliebe für Abenteuerromane kontrastierte. Er lobte sie immer wieder als gute Ehefrau und Mutter und als umsichtige Haushälterin, ja als »ideale Herrin des Weißen Hauses«.

Auch wenn die Roosevelts sich im Weißen Haus offensichtlich wohlgefühlt hatten, war Edith Roosevelt nicht ganz unglücklich, als sie ihr achtjähriges Zuhause im Februar 1909 verließ. Sie war die erste Präsidentengattin, die ihre Nachfolgerin am Abend vor der Amtseinführung zum Essen und zu einem Rundgang durch das Weiße Haus einlud – und beim Abschied die Tränen in aller Öffentlichkeit nicht unterdrücken konnte. Ihre Sekretärin erzählte später, daß die First Lady am Tag des Abschieds in ihrem Zimmer »eine gesunde Träne« vergoß, bevor sie durch ihre Tränen hindurch lächelte.

Einer Rückkehr ihres Mannes in die Politik stand Edith Roosevelt durchaus kritisch gegenüber. Die Frage seiner erneuten Präsidentschaftskandidatur führte zu hitzigen Auseinandersetzungen, in denen seine Frau ihm riet, sich die Sache »aus dem Kopf zu schlagen.« Dennoch nahm sie am Parteitag der Progressive Party 1912 teil und unterstütze Roosevelts Kandidatur in der Öffentlichkeit. Schließlich hatte Edith Roosevelt kaum damit gerechnet, daß ihr Mann sich 1909 – im Alter von zweiundfünfzig Jahren – endgültig aus der Politik verabschieden würde.

Der Erste Weltkrieg forderte von den Roosevelts schwere Opfer. Ihr Sohn Archie wurde schwer verwundet, und der jüngste Sohn Quentin fiel in den letzten Kriegstagen. Nach außen bewahrten beide Eltern die Fassung, aber der Tod ihres Sohnes hat sie unzweifelhaft schwer getroffen. Wenige Monate nach Kriegsende verstarb auch Theodore Roosevelt, dessen Gesundheitszustand sich kontinuierlich verschlechtert hatte. Treu ihrem Motto »Lebe für die Lebenden« verbrachte Edith Roosevelt in den folgenden Jahren viel Zeit mit ihren Kindern und Enkeln. Sie reiste mehrfach um die Welt, unter anderem nach Europa, Lateinamerika und Japan, in den Fernen Osten und die Karibik. Zusammen mit ihrem Sohn Kermit scheute sie sogar vor einer Eisenbahnreise quer durch Sibirien nicht zurück. Edith Roosevelt schrieb keine Memorien, aber sie veröffentlichte, zusammen mit Kermit Roosevelt, einen umfangreichen Band über ihre prominenten Vorfahren.

Bis zu ihrem Tod blieb Edith Roosevelt ein aktives Mitglied der republikanischen Partei und entfernte sich mit den Jahren von den fortschrittlichen Prinzipien, die ihr Mann 1912 vertreten hatte. Für das Frauenwahlrecht hat sie sich nie öffentlich ausgesprochen. 1932 unterstützte sie die Kandidatur von Herbert Hoover. Die Weltwirtschaftskrise machte erneut die alte Fehde zwischen den »Oyster Bay« und den »Hyde Park« Roosevelts deutlich: Edith Roosevelt wandte sich vehement gegen die Kandidatur von Franklin Delano Roosevelt, einem entfernten Verwandten und Mann ihrer Nichte, dessen Staatsinterventionismus sie ablehnte.

Bereits der Erste Weltkrieg hatte schwere Opfer von den Roosevelts gefordert; die Ereignisse nach dem Kriegseintritt der USA 1941 aber müssen über Edith Roosevelts Kräfte gegangen sein. Ihre drei noch lebenden Söhne meldeten sich freiwillig. Archie erlitt ähnlich schwere Verletzungen wie 1918; Theodore jr. erlag wenige Tage nach der Landung in der Normandie einem Herzinfarkt, und Kermit, der unter Alkoholismus und Depressionen litt, beging während seines Militärdienstes in Alaska Selbstmord. Die ehemalige First Lady kommentierte keines dieser tragischen Ereignisse öffentlich. Bis zu ihrem

Tod bewahrte sie ihr Interesse am politischen Tagesgeschehen, obwohl eine Herzkrankheit sie immer mehr einschränkte. Sie starb im Dezember 1948, kurz nach ihrem siebenundachtzigsten Geburtstag.

Der Begräbniszug von Abraham Lincoln gehörte zu Edith Roosevelts ersten Kindheitserinnerungen, der Abwurf der Atombombe zu den letzten dramatischen Ereignissen in ihrem Leben. Von den siebzehn Präsidenten zwischen 1861 und 1948 lernte sie sieben persönlich kennen. Ihre Zeit im Weißen Haus, war geprägt durch das zunehmende öffentliche Interesse an der *First Family*, die sie nach Kräften abzuschotten versuchte. Sie fand ihre Erfüllung als Ehefrau und Mutter und war damit den Rollenvorstellungen des 19. Jahrhunderts verpflichtet. Edith Roosevelt war keine politische Aktivistin wie es ihre Nichte dreißig Jahre später werden sollte, aber sie legte hohe moralische Maßstäbe an, für sich und für andere.

Die ambitionierte Lady
Helen Taft, 1861–1943

Frank Schumacher

Im Herbst des Jahres 1908 lud der republikanische Präsident Theodore Roosevelt seinen Kriegsminister William Howard Taft mit Gattin Helen nach dem Abendessen noch auf einen Kaffee in die Bibliothek des Weißen Hauses ein. Roosevelt hatte bereits öffentlich auf eine weitere Amtszeit als Präsident verzichtet und machte sich nun Sorgen um seine Nachfolge. Gegen Ende des Gesprächs schlüpfte er in die Rolle eines Wahrsagers und erklärte seinen aufmerksam zuhörenden Gästen mit feierlicher Stimme: »Vor mir sehe ich einen hundertfünfzig Kilogramm schweren Mann. Irgend etwas hängt über seinem Haupt, aber ich kann nicht genau erkennen, was es ist. Einmal sieht es so aus als wäre es die Präsidentschaft – ein andermal scheint es der Vorsitz am Obersten Gerichtshof zu sein.« William Taft unterbrach und sagte: »Es soll der Oberste Gerichtshof sein.« Nach einem kurzen Moment widersprach seine Frau Helen: »Es soll die Präsidentschaft sein.«

Diese Episode illustriert einen Grundkonflikt in der Beziehung zwischen Helen Taft und ihrem Mann. William Howard Taft war Jurist und hatte wenig Interesse an der Politik. Seine Frau hingegen wünschte sich nichts so sehr wie ein Leben als First Lady im Weißen Haus. Beide Wünsche sollten in Erfüllung gehen.

Viele First Ladies haben ihre Ehemänner beim Aufstieg in das höchste Staatsamt unterstützt. Kaum eine jedoch tat dies mit solch unerbittlicher Konsequenz wie Helen Herron Taft. Sie war die treibende Kraft, plante jeden einzelnen Schritt, motivierte und beriet ihren Mann, half ihm, seine Angst vor öffentlichen Auftritten zu überwinden, sondierte das politische Terrain und überwachte die Öffentlichkeitsarbeit. Ohne Helen Taft, darf spekuliert werden, wäre William Howard Taft nicht Präsident geworden.

Helen Herron wurde am 2. Januar 1861 in Cincinnati, Ohio, als viertes von elf Kindern der Eltern John Williamson Herron und Harriet Collins Herron geboren. Nellie, wie sie von allen genannt wurde, war die älteste Tochter. Die Familie gehörte den wohlhabenden und einflußreichen Kreisen in Cincinnati an. Ihre Mutter stammte aus einer New Yorker Politikerfamilie, ihr Vater war Senator im Staatsparlament von Ohio und wurde später von seinem alten Studienfreund, dem republikanischen Präsidenten Benjamin Harrison, zum Bundesanwalt ernannt.

Während ihrer Schulzeit drehte sich für Helen alles um Musik. Sie selbst spielte mehrere Instrumente und besuchte leidenschaftlich gern Konzerte. Der Höhepunkt im Leben der jungen Helen war freilich ein mehrwöchiger Aufenthalt im Weißen Haus. In Begleitung ihrer Eltern war die Sechzehnjährige Gast bei Präsident Rutherford und dessen Frau Lucy Webb Hayes. Dieses Gastspiel erwies sich als richtungsweisend für ihre weitere Lebensplanung. Ihrem Tagebuch vertraute sie ihren Traum an: eines Tages mit einem Mann, »der dazu bestimmt ist, Präsident zu werden«, ins Weiße Haus einzuziehen.

Dem Rat der Eltern folgend, schrieb sie sich an der Alma mater des Vaters, der Miami University in der Kleinstadt Oxford, Ohio, ein. Dort studierte sie Germanistik, Literatur, Geschichte und Chemie. Studienkollegen beschrieben sie als wißbegierig, in höchstem Maße politisch und ausgesprochen ehrgeizig. Nach ihrem Abschluß dachte Helen kurzfristig an eine Anwaltskarriere. Da juristische und politische Fragen Tischgespräch bei den Herrons waren, lag eine solche Entscheidung nahe. Helen begann zunächst ein Praktikum in der Kanzlei ihres Vaters. Sie verbrachte dort lange Tage, las sich in wichtige Gerichtsentscheidungen ein, und unterstützte ihren Vater bei der Arbeit.

Es ist unklar, warum sie diesen Weg abbrach und 1881 gegen den Rat der Eltern als Lehrerin an zwei örtliche Privatschulen ging. Ihr Tagebuch vermerkt, daß diese Tätigkeit durchaus nicht ihren Idealvorstellungen von einer ausfüllenden und intellektuell befriedigenden Karriere entsprach. Möglicherweise war die Entscheidung auch eine Trotzreaktion auf die kontinuierlichen Auseinandersetzungen mit ihrer Mutter, die Helens Unabhängigkeitsdrang einzudämmen suchte.

Eine Zeitlang spielte die junge Lehrerin mit dem Gedanken, eine eigene Schule zu eröffnen oder eine Karriere als Musikerin zu beginnen. Mit mehreren Freundinnen etablierte sie stattdessen 1884 einen Salon für den politischen, wirtschaftlichen und kulturellen Nachwuchs der Stadt. Eingeladene Gäste diskutierten dort über Philosophie und Tagespolitik. Einer von ihnen war William Howard Taft. Der junge Yale-Absolvent stammte aus einer angesehen Familie mit

Die Macht im Hintergrund:
Helen Herron Taft

vielfältigen Kontakten zu den Herrons. Beide Familien lebten unweit
voneinander; Helen hatte mit Williams einziger Schwester Fanny
gemeinsam die Schule besucht. Wie Nellies Vater war auch Alphonso
Taft Anwalt. Unter Präsident Ulysses S. Grant war er Kriegsminister
und Generalstaatsanwalt gewesen.

Die Beziehung, die sich zwischen Hellon Herron und dem
Gerichtsreferendar William Taft entwickelte, war durchaus nicht
problemfrei. Helen wies mehrere Heiratsanträge Williams zurück, da
sie fürchtete, von ihrem Partner nicht ernst genommen zu werden.
Dieser wiederum tat alles, um ihr zu versichern, daß er in seiner
zukünftigen Gattin durchaus nicht nur die Frau, sondern eine Beraterin für den gemeinsamen Lebensweg sah. Im Juni 1886 heirateten die
beiden; ihre Flitterwochen verbrachten sie in Europa.

Nach der Rückkehr wurde Taft 1887 zum Richter am Staatsge-
richtshof von Ohio ernannt. Zwei Jahre später kam das erste Kind,
Robert, zur Welt. Während William seinen Beruf als Richter liebte,
langweilte sich Helen mit Haushalt und Kindererziehung. Nach eige-

nem Bekunden hatte sie nicht das geringste Interesse, an der Seite eines relativ unbedeutenden Richters den Rest ihres Lebens in Monotonie zu verbringen. Zunächst bot 1890 die Ernennung ihres Mannes zum Generalbundesanwalt durch Präsident Harrison die Möglichkeit zur Flucht aus Ohio in die Hauptstadt Washington. Taft wollte diese Berufung ursprünglich ablehnen, gab dann aber dem Drängen seiner Frau nach.

In der Hauptstadt ging Helen Taft nicht nur den obligatorischen gesellschaftlichen Verpflichtungen nach, sondern besuchte regelmäßig den Kongreß. Stundenlang analysierte sie in ihrer knappen Freizeit das politische Geschehen und kultivierte Beziehungen zu einflußreichen Persönlichkeiten in Justiz und Politik. In diese Zeit fällt auch die erste Bekanntschaft mit dem für die Karriere ihres Mannes so entscheidenden späteren Präsidenten Theodore Rossevelt.

Das aufregende Hauptstadtleben endete für Helen im März 1892 mit der Ernennung ihres Mannes zum Richter am *United States Circuit Court*, eine Position, die er acht Jahre inne haben sollte. Während Taft sich über die Beförderung freute, grauste es Helen vor der Rückkehr in das von ihr als provinziell empfundene Cincinnati. Nur ungern fand sie sich damit ab, daß ihr Mann in der Justiz, aber eben nicht in der großen Politik Karriere machte. Sie begann mit dem Privatstudium der Geschichte und Naturwissenschaften und wurde Mitglied in einem Buchclub. Daran, daß sie ihren Terminkalender bis zum Rande mit dem Besuch kultureller und gesellschaftlicher Veranstaltungen füllte, änderte auch die Geburt des dritten Kindes, Charles, nichts. Als ihre Hauptbeschäftigung sah Helen Taft indes »die Organisation und Leitung« der *Cincinnati Orchestra Association*, der sie zeitweise als erste Präsidentin vorstand.

Das beschauliche Leben endete für William Taft, als er 1900 einem Ruf Präsident William McKinleys folgte, der ihn auf die Philippinen schickte und wenige Monate später zum dortigen Generalgouverneur ernannte. Dort kam ihm die Aufgabe zu, eine Verfassung auszuarbeiten und den Übergang zur zivilen Verwaltung vorzubereiten. Helen Taft drängte ihren Mann geradezu, dieses Angebot anzunehmen, stellte es doch aus ihrer Sicht einen weiteren Karriereschritt und eine Abwechslung zum Leben in Cincinnati dar. Etwa zur gleichen Zeit wurde William Taft jedoch auch für ein Richteramt am Obersten Bundesgericht in Betracht gezogen. Für ihn war dies das Ziel aller Wünsche. Wieder gab Taft dem Willen seiner Frau nach und nahm das Philippinen-Angebot an, allerdings unter der Bedingung, daß der Präsident ihn bei nächster Gelegenheit in das Oberste Gericht berufen würde.

Nach dem Krieg mit Spanien von 1898 waren die Philippinen zur amerikanischen Kolonie geworden. Mit der lokalen Unabhängigkeitsbewegung Emilio Aguinaldos lieferte sich die US-Armee seit 1899 einen erbitterten Kampf, der 1903 unter enormen Verlusten endete. Gleichzeitig tobte in den USA eine grundsätzliche Auseinandersetzung zwischen den Verfechtern und Gegnern imperialer Politik. Wie ihr Mann nahm auch Helen Taft eine ambivalente Haltung in dieser Frage ein. Auf der einen Seite symbolisierten Kolonialbesitzungen der USA für sie einen Bruch mit republikanischen Traditionen. Auf der anderen Seite übernahm sie die – mitunter rassistisch gefärbte – zeitgenössische Position eines benevolenten Imperialismus. Helen Taft war überzeugt, daß sich die Filipinos ohne die zivilisatorische Hilfestellung der USA nicht selbst helfen konnten.

Ihre Zeit als First Lady der Philippinen verbrachte Helen Taft mit ausgedehnten Reisen, der Beratung ihres Mannes und der Führung eines wahrlich kolonialen Haushalts. Sie besuchte die meisten Provinzen der Inseln, nahm an Expeditionen und Inspektionstouren zu Pferde teil und drang dabei, wie sie voller Stolz in ihrem Tagebuch vermerkte, in Urwaldregionen vor, die bis dato noch von keinem Menschen betreten worden waren. In regelmäßigen Abständen brach sie zu Rundreisen nach China, Hongkong und Japan auf.

Im Juli 1901 zog die Familie in die herrschaftliche Gouverneursresidenz, den Malacanpalast von Manila, ein. Von dort aus koordinierte Helen Taft gesellschaftliche Aktivitäten und knüpfte Verbindungen zu den örtlichen Eliten. Sie lernte Spanisch und wollte dies auch als Geste des Respekts an die Bevölkerung und die einheimische Kultur verstanden wissen. Oft besuchte sie die Luneta, einen Stadtteil Manilas, der für Musik und Tanz bekannt war, las sich in die Geschichte des Landes ein und entwickelte ein Faible für asiatische Kunst.

Im Oktober 1902 lehnte Taft auf Anraten seiner Frau den ihm von Präsident Roosevelt angebotenen Sitz am Obersten Gerichtshof ab. Sechs Monate später wurde er statt dessen als Kriegsminister ins Kabinett berufen. Als Ministergattin war Helen Taft ihrem geheimen Ziel, eines Tages im Weißen Haus zu residieren, ein weiteres Stück näher gerückt.

In Washington angelangt, erschöpften sich Helen Tafts Temperament und ihre Interessen durchaus nicht in der Wahrnehmung sozialer Verpflichtungen. Voller Ambitionen nahm die nunmehr 41jährige regen Anteil am politischen Geschehen im Land; ihrem Mann bot sie sich als Beraterin an, und dieser weihte sie in die politischen Geschäfte und in so manches Staatsgeheimnis ein.

Nachdem Theodore Roosevelt die Präsidentenwahlen im Jahr 1904 gewonnen hatte, kündigte er an, er werde nicht noch einmal für die Präsidentschaft zur Verfügung stehen. Da Roosevelt ihren Mann nicht von vornherein zu seinem Nachfolger auserkoren hatte, witterte Helen Taft eine Verschwörung. Sie schürte das Mißtrauen ihres Mannes in Roosevelts Politik und forderte ihn auf, sich ein vom Präsidenten unabhängiges Profil zu geben. Das erneute Angebot einer Berufung an den Obersten Gerichtshof wertete Helen Taft denn auch als perfiden Versuch, ihren Mann ins Abseits zu drängen.

1907, nachdem sich der Präsident am Ende doch noch öffentlich für eine Kandidatur William Tafts ausgesprochen hatte, organisierte die First Lady in spe die für ihren Mann notwendige Unterstützung durch die Republikanische Partei. Taft zeigte wenig Interesse am Wahlkampf, und häufig hörte man ihn klagen: »Wenn ich in der Politik drinstecke, macht sie mich krank.« Doch je geringer sein eigenes Engagement, um so einflußreicher wurde seine Frau. Helen Taft schrieb zahlreiche Reden, korrigierte Entwürfe, überwachte die gesamte Öffentlichkeitsarbeit und beobachtete die politische Entwicklung in Washington. Nach der Kür durch den republikanischen Parteitag in Chicago wurde Helen Taft für den eigentlichen Wahlkampf de facto zum Wahlkampfmanager. Trotz seines Zögerns wählten die Amerikaner William Taft zu ihrem 27. Präsidenten; seine Frau bekannte, daß sie in ihrem Leben noch nie so glücklich gewesen war.

Die Präsidentschaft Tafts (1909–1913) zeichnete sich vor allem durch die Fortsetzung der Rooseveltschen Reformpolitik aus. Der Umbau der Bundesverwaltung, die Modernisierung des Postwesens, der Kampf gegen die Kinderarbeit, der Ausbau staatlicher Kontrolle über die Eisenbahngesellschaften und eine rigorose Politik gegen die unrechtmäßige Ausnutzung von Marktmacht durch Großunternehmen waren die Eckpunkte von Tafts innenpolitischem Programm. Sein wichtigstes Vorhaben jedoch, die Reform des Zolltarifs, scheiterte. Auch in der Außenpolitik, die bis heute mit dem Begriff der *Dollar Diplomacy* verknüpft ist, zeigte sich seine Administration unfähig, auf die weltpolitischen Herausforderungen in Asien und Lateinamerika angemessen zu reagieren. Insgesamt war Tafts Präsi-

*Am Ziel: Helen Taft und ihr Ehegatte auf dem Weg ins Weiße Haus,
nach der Vereidigung im Kapitol, 1909*

dentschaft von dem stetigen aber letztlich erfolglosen Versuch
gekennzeichnet, aus dem Schatten seines außerordentlich populären
Vorgängers Roosevelt herauszutreten.

Während ihr Mann mit wechselndem Erfolg seine Präsidentschaft
bestritt, nutzte Helen ihre Chance im Weißen Haus, um in zwei Bereichen den Ausbau der Stellung der First Lady voranzutreiben: Auf der
gesellschaftlichen Ebene nutzte sie jede Gelegenheit, um die Vorstellung eines »First Couple«, des ersten Ehepaars der Nation, zu erzeugen. So war sie zum Beispiel die erste First Lady, die ihren Mann nach
der Vereidigung zur sich anschließenden Parade im offenen Wagen
begleitete. Diese Aktion wurde von Mitgliedern des Washingtoner
politischen Establishments durchaus kritisch gewertet. Sie vertraten
die Ansicht, Helen Taft habe sich ungebührlich in den Vordergrund
gedrängt. Durch den spontanen Konventionsbruch aber hatte die
neue First Lady gleich zu Beginn ein Zeichen gesetzt und ihren Einfluß an der Seite des Präsidenten visuell manifestiert. In ihren Erinnerungen vermerkte sie später, daß sie besondere Zufriedenheit aus dem
Umstand bezog, daß keine First Lady zuvor, keine Frau zuvor, diesen
Schritt gewagt hatte.

Sie nutzte ihre Position auch im Gespräch mit Reportern. Als erste
Präsidentengattin erlaubte sie der Presse, aus den Interviews mit der
First Lady zu zitieren. Um den Lichtkegel des öffentlichen Interesses

aufs Weiße Haus zu lenken, veranstaltete Helen Taft große Feste im
Weißen Haus und verwandelte dies gleichsam in ein Zentrum des
gesellschaftlichen und kulturellen Lebens. Zu den Neuerungen zählten die hochkarätigen Musikabende und Theateraufführungen, die
nun im Anschluß an Staatsbankette zum festen Programmbestandteil
wurden. Die politischen Gegner erkannten rasch, daß die First Lady
eine ausgeprägte Tendenz zur übertriebenen Selbstdarstellung mit-
brachte, und kritisierten den neuen Pomp. In der Tat hatte man in der
Geschichte Washingtons keine Bälle und Empfänge gesehen, die es
mit denen von Helen Taft an Glanz und Aufwand aufnehmen kon-
ten; zur Silberhochzeit des Präsidentenehepaars beispielsweise waren
nicht weniger als 6000 Gäste eingeladen.

Einen persönlichen Stempel drückte Helen Taft allerdings nicht
nur dem Weißen Haus auf. Sie war die erste First Lady, die eine
aktive Rolle bei der Gestaltung der Hauptstadt übernahm. Auf ihre
Initiative hin wurde der West Potomac Park zu einem gesellschaftlichen Treffpunkt – nach dem Vorbild von Manilas Luneta – umgestal-
tet. Auf ihren Reisen durch Asien hatte Helen Taft ein Faible für
die dichte Ansammlungen von Kirschbäumen entwickelt. Auf ihren
Wunsch spendeten amerikanische Gärtner einige hundert Kirsch-
bäume, die am Ufer des Potomac angepflanzt wurden. Als diese
schon bald abstarben, stiftete die japanische Regierung 3000 Kirsch-
bäume, die noch heute – vor allem während des jährlichen Kirsch-
blütenfestivals im Frühjahr – einen der Hauptanziehungspunkte Washingtons bilden.

Als vielleicht wichtigste Beraterin ihres Mannes nahm Helen Taft
Einfluß in politischen, Personal- und Haushaltsfragen. Ihr Mann
schätzte ihren Rat und scherzte in Memoranden an seine Frau gelegentlich, wenn er sie als den wahren, sich selbst dagegen lediglich als
den nominellen Präsidenten bezeichnete.

Im politischen Bereich fiel sie vor allem durch ihre häufige Präsenz
im amerikanischen Kongreß auf. Helen suchte politische Unterstützung für die politischen Pläne ihres Mannes zu gewinnen, intervenierte zugunsten von Einwandererfamilien, und lenkte die öffentliche
Aufmerksamkeit auf das Problem der Kinderarbeit und der Arbeitsbedingungen von Minderjährigen. Überdies setzte sie sich mehrfach
für die Umwandlung der Todesstrafe in lebenslange Freiheitsstrafen
ein. Bei solchem Engagement von Seiten der First Lady konnte es
nicht ausbleiben, daß mehrere Mitglieder des präsidentiellen Beraterstabes an den Rand gedrängt wurden. William Tafts engster Mit-

arbeiter fand sich nach wenigen Monaten auf einem diplomatischen Posten in Marokko wieder. Mindestens drei Mal nahm Helen direkten Einfluß auf Personalentscheidungen: Sie setzte die Entlassung des erfahrenen amerikanischen Botschafters in Frankreich, Henry White, durch; sie verhinderte die Entsendung des republikanischen Kongreßabgeordneten Nicholas Longworth als Botschafter nach China – Longworth hatte das Pech, mit Helens Erzrivalin Alice Roosevelt, der Tochter von Tafts Amtsvorgänger, verheiratet zu sein –; und sie engagierte sich für die Ernennung von Julia Lathrop zur Direktorin einer neu geschaffenen Kontrollbehörde für Kinderarbeit. Damit nahm erstmals eine Frau eine herausgehobene Position in der amerikanischen Regierung ein.

Helen Taft war der politische Dynamo im Weißen Haus. Viele Entscheidungen ihres Mannes waren zuvor ausgiebig mit ihr abgestimmt worden. Helen nahm an fast allen wichtigen Besprechungen des Präsidenten teil, sie wohnte diplomatischen Verhandlungen bei und besuchte gelegentlich sogar Kabinettsversammlungen.

Im Mai 1909 wurden die Aktivitäten Helen Tafts für ein Jahr jäh unterbrochen. Die First Lady erlitt einen Schlaganfall; mehr als ein halbes Jahr lang war sie außerstande zu sprechen. Ihr Mann kümmerte sich viele Stunden am Tag um sie. Ihre Tochter und Schwester übernahmen die repräsentativen Verpflichtungen, während das Weiße Haus die Erkrankung geheimhielt.

Nachdem die First Lady wieder in die Tagespolitik zurückgekehrt war, konnte auch sie nicht verhindern, daß gegen Ende der Taft-Präsidentschaft ein erbitterter Kampf um die erneute Nominierung zwischen Taft und Roosevelt entbrannte. Roosevelt hatte sich zu einer erneuten Kandidatur entschlossen. Im Juni 1912 gelang es Taft noch einmal, auf dem Parteitag der Republikaner in Chicago als Spitzenkandidat für das Präsidentenamt bestätigt zu werden. Roosevelt formte daraufhin mit seinen Anhängern die Progressive Party und wurde ihr Spitzenkandidat. Diese Spaltung der Republikaner nutzte lediglich den Demokraten, die dann mit Woodrow Wilson die Wahlen im November gewannen.

Helen Taft hatte sich immer gewünscht, First Lady zu sein und eine eigene Karriere zu haben. Nur der erste Wunsch ging wirklich in Erfüllung. Ihre beruflichen Ambitionen lenkte sie auf die politische Beraterschaft ihres Mannes um. Diesem Umstand entsprach, daß Helen Taft ausdrücklich gegen eine offene Betätigung von Frauen aussprach. Sie setzte sich vehement für das Frauenwahlrecht ein – als erste First Lady in der amerikanischen Geschichte –, wollte dies aber auf das aktive Wahlrecht begrenzt wissen. Wenn auch Frauen für Staatsämter zur Verfügung stünden, werde, so Helen Taft, die »natürliche Ordnung« zerstört. Für Helen lag der Schlüssel zur Gleichberechtigung von Mann und Frau in der verstärkten Ausbildung von jungen Frauen und in verbesserten Karrierechancen.

Die Rückkehr ins Privatleben fiel Helen Taft nicht leicht. Die First Lady, die von der *Washington Post* und der *New York Times* mehrfach als »geschäftsführende Präsidentin« bezeichnet worden war, ließ sich mit ihrem Mann in New Haven nieder, wo der ehemalige Präsident eine Rechtsprofessur an der Yale University übernahm, bis er 1921 – womit auch Williams Traum in Erfüllung ging – zum Vorsitzenden des Obersten Gerichtshofes ernannt wurde. 1914 veröffentlichte Helen als erste First Lady ihre Memoiren, *Recollections of Full Years*. Nach dem Tod ihres Mannes 1930 führte sie ein zurückgezogenes Leben. Helen Taft starb 1943, im Alter von 72 Jahren. Als erste First Lady wurde sie auf dem Nationalfriedhof von Arlington neben ihrem Mann beerdigt, eine Ehre, die nach ihr nur noch Jacqueline Kennedy Onassis zuteil wurde.

Die erste Präsidentin?
Edith Wilson, 1872–1961

Heike Bungert

Die Erwähnung des Namens Edith Wilson führt auch heute noch zu Kontroversen. Übernahm die zweite Gattin des 28. Präsidenten der Vereinigten Staaten, Woodrow Wilson, die Regierungsgeschäfte, als ihr Mann im Herbst 1919 einen Schlaganfall erlitt? Traf Edith Wilson damals Entscheidungen von politischer Brisanz und Tragweite, überschritt sie die Grenze dessen, was einer First Lady zustand, besorgte sie die Geschäfte der Nation oder schirmte sie lediglich ihren halb gelähmt darniederliegenden Ehemann vor der Öffentlichkeit ab? Um die Rolle zu verstehen, die Edith Wilson in jenen Monaten spielte, in denen Woodrow Wilson nur eingeschränkt aktions- und handlungsfähig war, erscheint es wichtig, den Hintergrund und die Wertmaßstäbe der First Lady darzustellen sowie ihr Verhältnis zu Woodrow Wilson zu beleuchten.

Edith Bolling wurde am 15. Oktober 1872 in Wytheville, in der Südwestecke Virginias, geboren. Sie entstammte einer alteingesessenen Familie der Pflanzeraristokratie, die im Bürgerkrieg verarmt war und mit dem einstigen Reichtum und den Sklaven auch die gesamte Plantage verloren hatte. Um den Lebensunterhalt für seine Familie zu sichern, entschloss sich Ediths Vater, eine Rechtsanwaltskanzlei zu eröffnen; gleichzeitig arbeitete er als Richter. Edith wuchs als siebtes von elf Kindern von William Holcombe Bolling und Sallie White Bolling auf. Edith besuchte nur zwei Jahre lang die Schule. Den größten Teil der Erziehung übernahmen ihre Großmutter väterlicherseits und ihr Vater, der großen Wert auf Religion legte und aktives Mitglied der Episkopalkirche war. Von ihrer Großmutter lernte sie neben Lesen und Schreiben etwas Französisch und den Sittenkodex einer *Southern belle*, einer Lady aus den Südstaaten. Ediths Schreibstil blieb mangelhaft – noch 1915 wiesen einige ihrer Briefe an Woodrow unübersehbare Schwächen auf – doch Intelligenz, gute Menschenkenntnis, Humor und Charme wogen diese Unvollkommmenheiten völlig auf.

Während eines Besuchs bei ihrer Schwester in Washington, D. C., im Jahr 1891 lernte Edith einen Cousin ihres Schwagers kennen: Norman Galt, den Mitinhaber eines vornehmen und alteingesessenen Juweliergeschäfts, in dem auch First Lady Frances Cleveland Kundin war und in dem bereits Thomas Jefferson verkehrt hatte. Nachdem Norman Galt jahrelang vergeblich um sie geworben hatte, stimmte sie 1896, im Alter von vierundzwanzig Jahren, einer Vernunftehe mit dem neun Jahre älteren Norman zu. Ediths einziges Kind, ein Sohn, wurde 1903 geboren und starb nach drei Tagen. Das Paar stürzte sich daraufhin in das gesellschaftliche Leben Washingtons und unternahm mehrere Reisen nach Europa, bevor Norman 1908, im Alter von 45 Jahren, starb und der jungen Witwe das Juweliergeschäft überließ. Edith stellte zwar einen Geschäftsführer ein, aber sie überprüfte regelmäßig die Bücher; erst 1934 sollte sie das Geschäft an ihre Angestellten verkaufen.

Die junge, wohlhabende Witwe war kein Kind von Traurigkeit. Sie unternahm mit Freundinnen oder Verwandten regelmäßig Europareisen, ließ ihre Garderobe in Paris anfertigen, veranstaltete Parties und besuchte Theatervorstellungen. Täglich war sie am Steuer ihres Elektroautos zu sehen; Edith war eine der wenigen Frauen, die selbst fuhren. Durch den Verehrer einer ihrer Freundinnen, Dr. Cary Grayson, den Leibarzt Woodrow Wilsons, wurde sie in die Kreise des Präsidenten eingeführt. So lernte sie die Wilsons Cousine, Helen Woodrow Bones, kennen, mit der sie regelmäßig Spaziergänge und Autofahrten unternahm.

Am 23. März 1915 begegnete Edith Galt erstmals Woodrow Wilson. In ihren Memoiren gibt sie eine sehr romantische Darstellung dieses Zusammentreffens: Auf der Flucht vor einem Regenguß habe sie von Helen Bones eine Einladung zum Tee angenommen. Im Treppenhaus des Weißen Hauses sei sie dem Präsidenten und Dr. Grayson begegnet, die ihr Golfspiel des schlechten Wetters wegen abgebrochen hätten. Trotz ihrer verdreckten Schuhe und der verrutschten Frisur habe der Präsident sich sofort in sie verliebt und auf einer Teerunde zu viert bestanden. Tatsächlich war diese Einladung wohl sorgfältig eingefädelt worden. Woodrow Wilson hatte im August 1914 seine erste Frau durch eine tödliche Krankheit verloren und litt seitdem unter Depressionen; seine Cousine, die die gesellschaftlichen Pflichten im Weißen Haus übernommen hatte, Dr. Grayson und die Töchter des Präsidenten kamen daher zu der Überzeugung, daß eine zweite Ehe das seelische und physische Gleichgewicht des Präsidenten wiederherstellen würde. Edith Galt schien eine gute Wahl zu sein: Sie stammte wie Woodrow aus dem Süden, war ebenso wie er in einem frommen Elternhaus aufgewachsen, war intelligent und geistreich und hatte ebenfalls kürzlich ihren Ehepartner verloren. Zwar stand Ediths mangelnde Schulbildung in krassem Mißverhältnis zu Woodrows langjähriger Tätigkeit als Universitätsprofessor, aber die junge Witwe war weit gereist, fühlte sich in Washingtons gesellschaftlichen Kreisen zu Hause und verfügte als unabhängige Geschäftsfrau über ein gesundes Selbstbewußtsein, ohne jedoch die grundsätzliche Autorität des Mannes in Frage zu stellen.

Bald kam Edith Galt regelmäßig zum Tee oder Dinner ins Weiße Haus, und die beiden unternahmen – unter Begleitung des Chauffeurs und eines Sicherheitsbeamten – lange Spazierfahrten im Auto. Gelegentlich lud der Präsident sie auf seine Yacht ein, und täglich schrieben die beiden einander Briefe, in denen der Präsident seine zukünftige Frau nicht selten in Staatsgeheimnisse einweihte. Ja, der Briefwechsel zwischen den beiden legt sogar die Vermutung nahe, daß Wilson die Einsicht in vertrauliche Staatspapiere nutzte, um Edith zu umwerben. So schickte er seiner heimlichen Freundin Dokumente mit eigenen Randbemerkungen; er bat um ihren Kommentar, weil er wußte, daß Edith diese Ehre schmeichelte. »So sehr ich Deine köstlichen Liebesbriefe mag«, hatte sie ihm brieflich anvertraut, »so mag ich diejenigen noch mehr, in denen Du mir mitteilst, woran Du gerade arbeitest, ... denn dann fühle ich, daß ich Deine Arbeit mit Dir teile und in Deine Partnerschaft aufgenommen bin.« Woodrow Wilson weihte Edith Galt in die Spannungen mit Mexiko ein, die die amerikanischen Interessen bedrohten, und als deutsche U-Boote am 7. Mai 1915 den britischen Passagierdampfer *Lusitania* versenkten und dabei 128 Amerikaner zu Tode kamen, korrespondierten die beiden gar über einen möglichen Eintritt der USA in den Krieg gegen Deutschland. Von Anfang an äußerte Edith freimütig ihre Meinung über Kabinettsmitglieder und persönliche Berater Wilsons. Voller Stolz berichtet sie in ihren Memoiren, daß Wilson seinen Außenminister William Jennings Bryan auf ihren Rat hin habe gehen lassen, nachdem dieser sich unter Rücktrittsdrohungen gegen eine harte antideutsche Politik ausgesprochen hatte.

Woodrow Wilson hatte bereits am 4. Mai 1915 – kaum sechs Wochen nach der ersten Begegnung – um Ediths Hand angehalten. Edith hatte damals Zweifel darüber geäußert, ob sie den Aufgaben einer First Lady und der ständigen Beobachtung durch die Öffent-

Edith Wilson am Steuer, noch vor ihrer Heirat mit Woodrow

lichkeit gewachsen sei; zudem war es zur damaligen Zeit in den Südstaaten üblich, den ersten Antrag abzulehnen. Im Juni verbrachte
Edith dann mehrere Wochen im Ferienhaus Wilsons in New Hampshire – offiziell als Gast von Helen Bones; dort kamen sich die beiden
nahe, und am 29. Juni stimmte Edith einer Heirat zu.

Nun stellte sich jedoch die Frage, wie schnell man heiraten konnte,
ohne die amerikanische Öffentlichkeit vor den Kopf zu stoßen;
schließlich war erst ein knappes Jahr vergangen, seit die erste Gattin
des Präsidenten verstorben war. Außerdem stand ein Wahlkampfjahr
vor der Tür, so daß die Berater Wilsons im Falle einer überstürzten
Heirat Stimmenverluste sowohl für die demokratische Partei als auch
für Wilson selbst voraussagten. Daher bediente sich der Schwiegersohn Wilsons, Finanzminister William McAdoo, Anfang September
1915 einer List, um die geplante Hochzeit zu verschieben oder gar zu
vereiteln. Er berichtete Wilson von einem anonymen Brief, in dem
mit der Veröffentlichung alter Liebesbriefe Wilsons an Mrs. Mary
Peck gedroht wurde; mit ihr hatte Woodrow während seiner ersten
Ehe 1907 bis 1910 ein – wohl platonisch gebliebenes – Verhältnis
gehabt. Angesichts der angekündigten Erpressung informierte Woodrow Edith über diese »Jugendsünde« und gab ihr die Option, die

Verlobung zu lösen, was sie nach kurzer Überlegung ablehnte. »Mit Deiner Liebe als meinem Schild fürchte ich mich nicht vor übler Nachrede und Drohungen.« Die Liebesbriefe wurden begreiflicherweise nie veröffentlicht; statt dessen gab Wilson am 6. Oktober 1915 seine Verlobung bekannt. Um die antizipierte Kritik an seiner Wiederverheiratung abzuschwächen, kündigte der Präsident zugleich an, daß er – obwohl dies seiner persönlichen Überzeugung widersprach – bei dem bevorstehenden Volksentscheid in seinem Heimatstaat New Jersey für das Frauenwahlrecht stimmen werde. Am 18. Dezember 1915 heiratete Edith, 42jährig, den sechzehn Jahre älteren Woodrow in einer kleinen, privaten Zeremonie in Ediths Haus in Washington. Anstelle der erwarteten negativen Reaktion schien sich die Mehrheit der Amerikaner über diese dritte Hochzeit eines Präsidentenpaares seit Gründung der Vereinigten Staaten – alle anderen Hochzeiten hatten bereits vor dem Einzug ins Weiße Haus stattgefunden – zu freuen. Nur während der heißen Phase des Wahlkampfs 1916 kursierten vereinzelt Gerüchte, Woodrow habe Edith bereits vor dem Tod seiner ersten Frau näher gekannt.

Mit Ediths Einzug in das Weiße Haus kam wieder Leben in die Gemächer, da die neue First Lady gerne Gäste einlud. Sie vollendete die Anlage des Rosengartens, die Woodrows erste Frau Ellen Axson Wilson begonnen hatte. Edith sorgte des weiteren dafür, daß Woodrow sich besser kleidete und gesünder aß. Abends war das Präsidentenpaar oft bei Rundfahrten per Auto oder Kutsche zu sehen oder besuchte Vaudeville-Shows. Auch tagsüber wich Edith kaum von der Seite ihres Mannes, der im März 1917, einen Monat vor dem amerikanischen Kriegseintritt, seine zweite Amtsperiode begann. Sie saß bei ihm, wenn er Briefe diktierte, las gemeinsam mit ihm die neuesten Depeschen aus Europa, hörte sich die Erstfassung fast aller Reden ihres Mannes an und dechiffrierte sogar Briefe für ihn in einem Geheimcode, den nicht einmal sein Außenminister kannte.

Im Gegensatz zu Woodrows erster Frau engagierte sich Edith nicht selbständig in politischen Angelegenheiten. Ellen hatte die schlechten Wohnbedingungen für Afroamerikaner in Washington zu ihrem persönlichen Anliegen gemacht und wenige Tage vor ihrem Tod den Triumph erlebt, daß der Kongreß – aufgrund ihres drohenden Ablebens – ein Gesetz zur Beseitigung der Slums in Washington verabschiedete. Für Edith hingegen erschöpfte sich die Teilnahme am politischen Leben in privaten Erörterungen wichtiger Tagesfragen mit dem Präsidenten und in der Teilnahme an seinen öffentlichen Auf-

tritten. Ediths Hauptinteresse galt der Gesundheit und dem Wohlergehen ihres Mannes. Zur großen Streitfrage der Zeit, dem Frauenwahlrecht, das 1920 durch Verfassungszusatz eingeführt wurde, gab
Edith ihre eher ablehnende Meinung nie öffentlich kund. Während
sich die First Lady nach außen hin kaum politisch äußerte, vertrat sie
ihre Meinung gegenüber ihrem Mann allerdings nicht selten mit
Nachdruck. So hielt sie mit ihrem negativen Urteil über den Privatse-
kretär des Präsidenten, Joseph Tumulty, und über Woodrows Berater
und Freund Colonel House nicht hinter dem Berg und intrigierte hinter dem Rücken ihres Mannes gegen beide. Für Woodrow war Edith
zwar die engste Beraterin und lebenslustige Gefährtin; er versuchte
jedoch seine Entscheidungen letztlich unabhängig vom Urteil seiner
Frau zu treffen.

Mit dem amerikanischen Kriegseintritt im April 1917 erweiterte
sich Edith Wilsons politische Rolle. Die First Lady versuchte der
amerikanischen Bevölkerung ein Vorbild zu sein, indem sie demonstrativ einfache Kleider trug, die Energiespartage und die »fleisch-
losen Tage« einhielt und keine offiziellen Einladungen mehr gab.
Berühmt wurde die Schafherde, die Edith Wilson auf dem Gelände
des Weißen Hauses grasen ließ, um damit die Gärtner für den
Kriegseinsatz freizustellen. Als die First Lady die Wolle der Schafe
versteigerte, brachte diese Wohltätigkeitsaktion nicht weniger als
50 000 Dollar ein, die die Wilsons dem Roten Kreuz stifteten. Weiterhin arbeitete Edith stundenweise in einer Kantine, die Essen für
Soldaten zubereitete; sie nähte Pyjamas, strickte Socken und Pull-
over für die Soldaten in Übersee, taufte Kriegsschiffe und warb für
den Kauf von Kriegsanleihen. Nach dem Waffenstillstand im
November 1918 fuhren Edith und Woodrow Anfang Dezember zur
Friedenskonferenz nach Versailles. Damit wurde Edith Wilson die
erste First Lady, die ihren Mann während seiner Amtszeit auf einer
Europareise begleitete. Während ihr Mann an den Friedensverhand-
lungen teilnahm, besichtigte Edith Wilson Lazarette und Fabriken,
aber für Woodrows legendäre Rede, in der er sich vehement für die
Aufnahme des Völkerbundartikels in den Friedensvertrag einsetzte,
ließ sie sich vom französischen Premierminister in den Saal ein-
schmuggeln.

Kurz nach der Rückkehr aus Europa beschloß Wilson, eine Tour
durch die Vereinigten Staaten zu unternehmen, um beim amerikanischen Volk für die Annahme des Friedensvertrags und insbesondere
für den Beitritt der Vereinigten Staaten zum Völkerbund zu werben;

so wollte er die noch unentschiedenen Senatoren dafür gewinnen, den Vertrag zu ratifizieren. Ende September mußte Wilson seine Reise jedoch aus Erschöpfung abbrechen; kurz nach seiner Rückkehr nach Washington erlitt er am 2. Oktober 1919 einen Schlaganfall. Die Folgen waren eine Lähmung der linken Körperhälfte, Sprach-, Seh- und Gedächtnisstörungen, Konzentrationsschwäche und extreme Energielosigkeit. Zwei Monate lang war der Präsident nur für seine Frau und die Ärzte zu sprechen; selbst sein Sekretär wurde in den ersten sechs Wochen nicht vorgelassen; weitere zwei Monate blieb Wilson an sein Bett gefesselt und konnte nur die wichtigsten Regierungsgeschäfte wahrnehmen. Dies waren kritische Monate, in denen sich mehrere große Streiks ereigneten und die Spannungen zwischen den USA und Mexiko eskalierten. Da der Präsident nur über seine Frau zu kontaktieren war, kursierten bald schon Gerüchte über das »Weiberregiment« (petticoat government) in Washington.

Die wichtigste politische Frage, mit der die Wilson-Administration in dieser Zeit zu tun hatte, war die Haltung des Senats im Blick auf einen möglichen Beitritt der USA zum Völkerbund. Edith Wilson fungierte in dieser Situation als Mittlerin zwischen dem Präsidenten und dem Sprecher der Demokraten im Senat. Wenngleich der Präsident auch unter anderen Umständen wohl keinen Kompromiß mit den Republikanern eingegangen wäre, steht doch fest, daß Edith ihren Mann – mit Rücksicht auf dessen Gesundheit – nur mangelhaft über die Stimmung im Kongreß und im Land informierte. Nachdem Woodrow ihr bereits früher eingeschärft hatte, »es sei tausend mal besser zu kämpfen, als seine Sache für einen unehrenhaften Kompromiß preiszugeben«, war für Edith klar, daß sie entschlossen für die Ratifizierung des Versailler Vertrags kämpfen würde, wie sie sich nachträglich in ihren Memoiren rechtfertigte.

Übte Edith Wilson tatsächlich eine Art Regentschaft aus? Edith selbst bezeichnete ihre Funktion im nachhinein als »stewardship«, also eine Art »Verwalteramt« für die Präsidentschaft. Ihre Hauptrolle bestand darin, daß sie festlegte, welche der täglich einlaufenden Dokumente sie ihrem Mann vorlegte oder vorlas. »Die einzige Entscheidung, die mir oblag«, schrieb Edith Wilson im Rückblick, »war die, ob etwas wichtig war oder nicht; und die *sehr* wichtige Entscheidung, wann ich die Angelegenheit meinem Mann vorlegen würde.« Kabinettsmitglieder, Berater und Journalisten hatten keinen Zutritt zum Präsidenten. Die First Lady empfing die offiziellen Besucher, diskutierte mit ihnen, verschwand gelegentlich im Krankenzimmer des

Präsidenten und teilte den Ministern die angebliche oder tatsächliche Entscheidung Woodrows mit; meist jedoch riet sie den Besuchern, sie sollten nach ihrem eigenen Ermessen handeln.

Gegen die Annahme, daß Edith Wilson die Regierungsgeschäfte de facto an sich nahm, sprechen viele Gründe. Vor ihrem Zusammentreffen mit Woodrow hatte sich Edith kaum für Politik interessiert. Woodrow wäre für ihre Ratschläge auch nicht allzu empfänglich gewesen: Er unterhielt sich zwar gern mit Frauen, erwartete von ihnen aber hauptsächlich geistreichen Witz und Bewunderung; zudem litt Wilson – neueren medizinischen Erkenntnissen zufolge – nach dem Schlaganfall an extremem Starrsinn; auch deshalb war er gegenüber einer allzu starken Einflußnahme seitens seiner Frau nicht empfänglich. Vor allem beklagten die Zeitgenossen gerade die Aktionslosigkeit des Weißen Hauses zur Jahreswende 1919/20, was gegen eine engagierte Politik der First Lady spricht. So unterblieben wichtige Neubesetzungen in Regierungsämtern; große Streiks der Kohlen- und Stahlarbeiter gingen fast ohne vermittelndes Eingreifen der Regierung vorüber; die explosive Situation in Mexiko wurde dem Außenminister überlassen; die Debatte um den Beitritt zum Völkerbund ging ohne präsidentielle Zugeständnisse vonstatten. Will man ihren Memoiren Glauben schenken, hat Edith lediglich einmal versucht, ihren Mann zu überreden, einigen einschränkenden Bestimmungen zuzustimmen, die der Senat vor einer Ratifizierung in den Völkerbundsartikel einfügen wollte. Wilson protestierte aber so vehement, daß Edith von da an aus Angst vor einer neuen gesundheitlichen Krise und aus blindem Glauben an ihren Mann fest hinter seiner unbeugsamen Kompromißlosigkeit stand.

Inwieweit Edith Wilson während der ersten Wochen seiner Krankheit selbständige Entscheidungen traf oder Woodrows Gedanken lenkte, wird sich nie zweifelsfrei feststellen lassen, weil beide über diese Periode den Mantel des Schweigens breiteten. Definitiven Einfluß hatte Edith allerdings, indem sie den Zugang zum Präsidenten strikt kontrollierte. Dabei ließ sie sich von ihren persönlichen Vorlieben leiten; so verweigerte sie Ministern und auswärtigen Diplomaten den Zugang zum Präsidenten, wenn sie deren Loyalität bezweifelte, Eifersucht gegen sie empfand oder sich alter Beleidigungen erinnerte. Vor allem aber stellte sich Edith gegen diejenige Fraktion, die den Rücktritt des Präsidenten forderte. Auch heute noch wird Edith Wilson vorgeworfen, daß sie das Ausmaß von Woodrows Krankheit vor der Öffentlichkeit verborgen hielt

*Die rechte Hand des Präsidenten: Edith Wilson kurz nach
der Genesung Woodrows, 1920*

und damit das amerikanische Volk bewußt täuschte. Vor allem aber,
heißt es, habe Edith die Gesundheit ihres Mannes höher gestellt als
die Interessen des gesamten Landes.

Trotz seines Schlaganfalls bewarb sich Wilson 1920 mit Unterstützung seiner Frau, die darin ein therapeutisches Mittel sah, um die
Präsidentschaftskandidatur der demokratischen Partei – allerdings
ohne Erfolg. Ohne daß er sich je vollständig von seinem Schlaganfall
erholt hatte, verließ Woodrow Wilson 1921 das Weiße Haus.
Während der letzten Phase seiner Präsidentschaft waren von ihm
keine Initiativen mehr ausgegangen. Da er auf dem linken Auge
erblindete und auch mit seiner Stimme Probleme hatte, mußte Edith
ihm beim Lesen und Diktieren helfen. 1924 starb der Ex-Präsident.
Edith blieb in Washington wohnen und pflegte aktiv das Image des

von ihr so bewunderten Mannes; sie wurde Direktorin der *Woodrow Wilson Foundation*, kontrollierte den Zugang zum Nachlaß des Präsidenten und wandelte das gemeinsame Wohnhaus in Washington sowie Woodrows Geburtshaus in Staunton, Virginia, zu touristischen Attraktionen um. 1938/39 veröffentlichte sie – wie nur Helen Taft vor ihr – ihre Memoiren. Sie interessierte sich weiterhin für das politische Geschehen, unterstützte gelegentlich demokratische Präsidentschaftskandidaten im Wahlkampf, besuchte Empfänge im Weißen Haus und wohnte noch kurz vor ihrem Tod der Amtseinführung von Präsident John F. Kennedy bei. Am 28. Dezember 1961 starb Edith als 89jährige an Herzversagen.

Edith Wilson hat durch ihre angebliche Übernahme der Regierungsgeschäfte für viel Diskussionsstoff gesorgt, gerade auch in bezug auf die Rolle der First Lady. Als man 1967 im 25. Verfassungszusatz Kriterien für die Regierungsunfähigkeit eines Präsidenten festsetzte, hatte man den Fall Woodrow Wilson und den Einfluß der First Lady im Blick. Die Abschirmung des Präsidenten durch seine Ehefrau hat, wie viele Historiker heute zu bedenken geben, nicht nur den Rücktritt Woodrow Wilsons, sondern auch den amerikanischen Beitritt zum Völkerbund verhindert. Selbst wenn auch eine amerikanische Mitgliedschaft in diesem Gremium den Zweiten Weltkrieg nicht abgewendet hätte, so hätte sie zumindest die Handlungsfähigkeit der Alliierten vergrößert und die Vereinigten Staaten nicht in den Isolationismus der 1930er Jahre getrieben. Daher hatte Edith Wilson letztlich mehr Einfluß, als sie sich selbst je eingestanden hat, auch wenn sie nicht die »erste Präsidentin« der Vereinigten Staaten von Amerika war.

Eine merkwürdige Lady
Florence Harding, 1860–1924

Christine von Oertzen

»Ich bin nur einem einzigen Boss gegenüber verantwortlich«, bekannte Warren Harding 1910 am Beginn seiner politischen Laufbahn vor Wählern in Ohio, »und das ist meine Frau. Sie ist ein mächtig guter Boß dazu.« Für deutsche Ohren, die nicht daran gewöhnt sind, mächtige Männer über ihre Ehefrauen reden zu hören, mag eine solche Bemerkung befremdlich klingen. In Amerika war Harding der erste Präsident, der sich ostentativ dazu bekannt hat, den eigenen Erfolg seiner besseren Hälfte mitzuverdanken. Und kaum eine andere First Lady hat sich in dieser Rolle so gut gefallen wie Florence Kling Harding: »Er macht alles ganz richtig, wenn er auf mich hört,« konnte man sie sagen hören, »und wenn er es nicht tut, geht es schief.«

Schiefgegangen freilich ist diesem Präsidenten so ziemlich alles. Harding gilt heute als eine der schwächsten Figuren im höchsten politischen Amt der Vereinigten Staaten, und kaum jemand kann sich an seinen Namen erinnern. Dennoch sind Warren G. Harding und seine Frau Florence zu Unrecht in Vergessenheit geraten. Denn die kurze Amtszeit dieses Paares bietet faszinierende Einblicke in das amerikanische Geschäft mit Politik, Männlichkeit und Macht. Daß die Mischung von *sex and crime* auf höchster Ebene in den USA eine solch explosive politische Wirkung entfalten kann, so lehrt diese Geschichte, ist mit der repräsentativen Funktion der Präsidentengattin aufs engste verknüpft. Das gesteigerte öffentliche Interesse für das Liebesleben des Staatsoberhaupts ist demnach keine Erfindung der politikverdrossenen Postmoderne. Es entstand zu Beginn der zwanziger Jahre, in der Spannung von Provinzialismus und präsidialem Machtzuwachs, die den Weg Amerikas zur Weltmacht prägte.

Zunächst ist die Geschichte des 29. Präsidentenpaares ein beredtes Beispiel dafür, wie sehr das Geschick »großer Männer« von der Unterstützung, den Fähigkeiten und dem politischen Ehrgeiz ihrer Frauen abhängen kann. Florence Kling hatte eine bewegte Epoche ihres ungewöhnlichen Lebens bereits hinter sich, als sie Warren Harding kennenlernte. 1860 als älteste Tochter eines deutschstämmigen Eisenwarenhändlers im Städtchen Marion, Ohio, geboren, erlebte sie den Aufstieg ihres Vaters zum reichsten Mann am Ort von der Pike auf mit. Das wilde, burschikose und unkonventionelle Mädchen war bald nicht nur die mit Abstand beste Reiterin, Eis- und Rollschuhläuferin; neben der Schule begleitete sie ihren Vater bei allen Tätigkeiten, die sein rasant expandierendes Imperium erforderte. Er brachte ihr die Buchhaltung bei, verschaffte ihr Einblick in seine Geld-, Immobilien- und Landgeschäfte und wies sie in die Geheimnisse des Pferdehandels ein. Florence arbeitete im Eisenwarenladen und assistierte ihrem Vater beim Eintreiben von Mietzahlungen. Sie war zudem so musikalisch, daß sie auch das Klavierspiel schnell erlernte und einige Zeit auf einem Musikinternat in Cincinnati verbrachte.

Eine richtig gute Tochter wurde Florence jedoch nie. Dazu war sie zu eigensinnig und ähnlich starrköpfig wie ihr Vater, und sie brachte sehr zu dessen Verdruß nicht die richtigen Männer mit nach Hause. Mit 19 Jahren wurde sie schwanger und heiratete ihren Liebhaber, den ebenso jungen wie stadtbekannten Schönling Henry Atherton DeWolfe. Die kurze Ehe mit dem draufgängerischen Rollschuhbahnbetreiber scheiterte nach zwei Jahren, und bereits von 1882 an mußte die 21jährige Florence sich und ihren Sohn Marshall allein durchbringen. Zu stolz, um vor ihrem Vater zu Kreuze zu kriechen, tat sie dies, indem sie mit einer Freundin zusammenzog und Klavierunterricht gab.

Als die 30jährige 1890 den fünf Jahre jüngeren, smarten Journalisten und Zeitungsverleger Harding kennenlernte, hatte sich das Zerwürfnis mit ihrem Vater soweit geglättet, daß dieser für seinen Enkelsohn aufkam und ihn bei sich zu Hause aufgenommen hatte. Sollte allerdings Harding auf eine gute Partie spekuliert haben, als er Florence Kling 1891 heiratete, hatte er sich gründlich verrechnet. Vater Kling lehnte auch seinen neuen Schwiegersohn so radikal ab, daß er die folgenden sieben Jahre lang kein Wort mit seiner Tochter sprach. Der junge Verleger, der gerade die Tageszeitung des Städtchens, den *Marion Star*, gekauft hatte, profitierte allerdings dennoch von den Investitionen seines Schwiegervaters. Denn Florence hatte beschlossen, auf keinen Fall weitere Kinder zu bekommen und blieb statt dessen, anders als die meisten Frauen des weißen Mittelstandes, auch als verheiratete Frau erwerbstätig. Sie übernahm die Buchhaltung, verwaltete die Finanzen und reorganisierte den Versand, so daß

die Auflage stieg, die Zeitung bald ein erkleckliches Einkommen
sicherte und sich zu einer der einflußreichsten Tageszeitungen von
Ohio mauserte. Florence Harding hatte aber nicht nur am wirtschaftlichen Aufstieg des Paares großen Anteil; sie war auch eine treibende
Kraft hinter Hardings Ambitionen, sein Glück als Politiker über die
Grenzen Ohios hinaus zu versuchen. Wer den sympathischen, aber
zögerlichen, entscheidungsschwachen und oft von Selbstzweifeln
gequälten Harding überzeugen wollte, sich an die große Politik zu
wagen und sich als Senator beziehungsweise Präsidentschaftskandidat der Republikaner aufstellen zu lassen, wußte, an wen er sich
zu wenden hatte: War Florence von dem Plan überzeugt, würde sie
Warren Harding zu lenken wissen.

Hardings politische Karriere im Dienste der republikanischen Partei begann 1899 mit einem Posten im Senat von Ohio, von dem er
1904 zum *Lieutenant Governor* des Staates aufrückte. Von diesem
Zeitpunkt an bis zu seiner Wahl zum Präsidenten blieb er ein Mann
der zweiten Wahl, ein sogenanntes »dark horse«, kandidierte aber auf
Drängen seiner Frau 1915 als Senator für den Kongreß und schaffte
den Sprung ins Kapitol in Washington, D. C., wo er bis 1920 einen
Sitz für Ohio einnahm. Florence Harding, die ihrem Mann nicht nur
von Ort zu Ort folgte, sondern ihn mehr oder weniger auf Schritt und
Tritt begleitete, entfaltete in Washington, D. C., eine rege Tätigkeit,
um am gesellschaftlichen Aufstieg des Paares zu arbeiten. Selten hatte
die »feine« Gesellschaft der Hauptstadt eine Frau gesehen, die mit so
unverblümter Zielstrebigkeit ihr soziales und politisches Fortkommen
betrieb. Während Warren Harding seine kleinbürgerliche Herkunft
dabei leicht überspielen konnte und schnell gern gesehener Gast,
begehrter Poker-Genosse und Zechkumpan war, zog Florence' unver-
hohlene Provinzialität und Engstirnigkeit den Spott vieler auf sich.
Man feixte darüber, daß sie ein Büchlein mit sich führte, in dem sie
vermerkte, wen die Hardings kennenlernen sollten und mit wem sie
gleichziehen könnten. Zutritt zu den begehrtesten Kreisen verschaffte
ihr schließlich die extravagante Erbin eines reich gewordenen Gold-
gräbers aus Colorado, Evalyn Walsh McLean. Die tiefe Freundschaft
mit der 26 Jahre jüngeren Evalyn McLean war für Florence Harding
das bewegendste persönliche Erlebnis ihrer Jahre in Washington.
Trotz des großen Altersunterschiedes teilten die Frauen eine Leidenschaft für ausgefallene Kleidung und den Glauben an die Macht des
Okkulten, und unter dem Einfluß der reichen Erbin nahm die Garderobe der auf die 60 zugehenden Florence Harding immer theatrali-

Aus dem Mittleren Westen ins Zentrum
der Macht: Florence Harding

schere Züge an: Besonders ihre ausladenden Hüte in gewagten Farben
hätten Hollywood alle Ehre gemacht. Sie wurden zum weithin sichtbaren Erkennungszeichen der großen und energischen Frau.

Mit dem Slogan »back to normalcy« zog das Team um Warren
Gamaliel Harding 1919 in den Wahlkampf um das Präsidentenamt.
Obwohl Harding nicht der Favorit der Republikaner war, bescherte
ihm die anti-internationalistische Stimmung Amerikas nach dem
Ersten Weltkrieg einen Erdrutschsieg. Glaubt man Hardings »Ent-
decker«, Freund, Wahlkampfmanager und späterem politischen
Totengräber, Harry Dougherty, wurde Harding vor allem deswegen
Präsident, weil er aussah wie das Idealbild eines amerikanischen
Staatsoberhaupts. Seine große, schlanke und virile Erscheinung, die
ebenmäßigen »römischen« Gesichtszüge, das früh ergraute Haar, die
dunkle, wohlklingende Stimme und sein rhetorisches Talent verliehen
ihm eine Ausstrahlung, welche die Massen bei jedem öffentlichen
Auftritt mit sich riß. Der staatsmännische und verbindlich-joviale
Harding präsentierte sich zudem sehr glaubwürdig als grundehrlicher

»Mann des Volkes«, der die Interessen des amerikanischen Mittelstandes vertrat: Er würde die Weltmachtambitionen der Demokraten
zurückdrängen und wahre amerikanische Belange wieder ins Zentrum der Politik rücken.

Mit den Hardings zog denn auch, wie viele Zeitgenossen sagten,
die *main street* ins Weiße Haus, und je nach politischem Standpunkt
der Beobachter präsentierte das Paar aus Ohio den gesunden Menschenverstand des amerikanischen Mittelwestens oder dessen konservative Beschränktheit. Krasser jedenfalls hätte der Unterschied zu
den aus dem Amt scheidenden Wilsons gar nicht sein können. Die
Chronisten des Machtwechsels machten diesen vor allem an den Ehefrauen der Politiker fest und weideten sich genüßlich an der etwas
unbeholfenen Vierschrötigkeit der neuen Präsidentengattin. Für Hardings Gegner wurde Florence zum Inbegriff seines begrenzten Hori-
zonts, zum Sinnbild einer politischen Mesalliance von Kleinbürger-
tum und größter staatlicher Macht.

Tatsächlich mischte sich Florence Harding politisch erfolgreicher
ein als ihre Vorgängerin Edith Wilson, ohne deswegen in die Schußlinie öffentlicher Kritik zu geraten. Florence Harding war keine Feministin, obwohl sie dies mitunter gern für sich in Anspruch nahm. Sie
hielt aber die Ehe für eine korporative Partnerschaft, in der sie bereitwillig den stützenden Part einnahm. Ein Ehepaar konnte ihrer Meinung nach erfolgreich nur die Karriere eines Partners aufbauen.
»Wenn es die Karriere des Mannes ist«, antwortete sie in einem Brief
auf die Frage, ob Ehefrauen erwerbstätig sein sollten, »sollte die Frau
ihre eigenen Ziele damit in Einklang bringen. Ist die Frau diejenige,
deren Karriere erfolgversprechend erscheint, wird es unzweifelhaft
immer mehr Fälle geben, in denen der Ehemann – ohne seine Selbst-
achtung oder Anerkennung zu verlieren – es aushalten wird, der
weniger prominente und hervorragende Teil des Paares zu sein.«

Es ist deutlich, daß die Präsidentschaft ihres Mannes, bei der die
First Lady zwar keine fest umrissene, aber eine öffentlich sichtbare
Rolle im Hintergrund einnehmen konnte, ein sehr attraktives Ziel für
die ehrgeizige und eigenwillige Florence Harding war. Das Amt gab
ihrem eigenen Geltungsbewußtsein genügend Raum, ohne die Konventionen zu sprengen. Sie agierte bestimmt und zielstrebig, und
Warren Harding schätzte seine Frau charakteristisch ein, wenn er
sagte, sie habe nie viel von einer Suffragette, aber sehr wohl klare
Vorstellungen davon gehabt, wie er als Präsident seine Pflicht zu
erfüllen habe.

Am nachdrücklichsten hat Florence Harding ihre Spuren in der Öffentlichkeitsarbeit hinterlassen. Mit dem Tag ihres Einzugs in die Präsidentenvilla öffnete sie das Weiße Haus für Besucher, soweit es die Sicherheitsbestimmungen zuließen. Am Ende der Wilson-Ära war das Haus hermetisch abgeriegelt gewesen. In voller Absicht und völligem Gegensatz zu ihrer Vorgängerin suchte Florence Harding den Kontakt mit der Bevölkerung, begrüßte selbst Tausende von Touristen am Südportal des Hauses, schüttelte ungezählte Hände und ließ sich bereitwillig mit Besuchergruppen fotografieren. Jeder konnte sich – auf schriftliche Anfrage hin – mit der bürgernahen Präsidentengattin auch einzeln auf die Platte bannen lassen. Die Institution der *photo op*, also fest geregelter Pressetermine im Weißen Haus, geht im Grunde auf diese Initiative zurück.

Florence Harding hatte zu lange selbst im Zeitungswesen gearbeitet, um nicht zu wissen, wie wichtig eine positive Berichterstattung war, und wie gezielt man für diese sorgen konnte. Über ihre Freundin Evalyn McLean, deren Mann die *Washington Post* gehörte, baute sie als erste First Lady ihre eigenen Kontakte zum – in Sachen nationaler Politik – einflußreichsten Blatt der Vereinigten Staaten aus, die sie sehr geschickt einzusetzen verstand. Regelmäßig lud sie Journalistinnen und Journalisten in ihre Gemächer ein. Auf den zahlreichen offiziellen Reisen quer durch die Staaten pflegte sie so engen Kontakt zu den Journalisten, daß sie »ihre Jungs«, wie sie sie nannte, alle mit Vornamen kannte. So entstanden, ohne daß sie jemals namentlich genannt wurde, unter ihrer Regie zahlreiche Hintergrundberichte über das Präsidentenpaar im Weißen Haus. Florence Harding galt als die politisch am besten informierte Frau der ganzen USA. Ihre Vorliebe für bewegte und unbewegte Bilder schlug sich nicht nur darin nieder, daß sie Filmfestivals in der Präsidentenvilla veranstaltete; sie selbst wurde die meistfotografierte First Lady ihrer Zeit. Unter den vielen Abbildungen konnte man auch solche sehen, auf denen Florence Harding öffentlich das Wort ergriff und kurze Ansprachen hielt. Besonderes Aufsehen erregte ein Bild, auf dem die 60jährige in Pilotenuniform ein Flugzeug bestieg, um an einem Übungsflug teilzunehmen.

Ein Cartoon mit dem Titel »Die Chefin der Exekutive und Mr. Harding« aus dem Jahr 1922 bezeugt, daß ihre Aktivitäten durchaus als direkte Einmischung in die Geschäfte des Präsidenten wahrgenommen wurden. Und tatsächlich machte Florence Harding ihren Einfluß auch politisch geltend. Sie ließ kaum einen öffentlichen Auf-

Ehrgeizig und extravagant:
Florence Harding spricht

tritt ihres Mannes aus und war bei vielen Kabinettssitzungen anwesend. Seine Antrittsrede verlas der neugewählte Präsident erst, nachdem seine Frau diese abgezeichnet hatte. Entschiedener noch als Warren lehnte Florence Harding den Eintritt Amerikas in den Völkerbund ab, und nachweislich sorgte sie dafür, daß ihr Mann von diesem Kurs nicht abrückte. Erfolgreich setzte sie sich dafür ein, die Veteranen des Ersten Weltkriegs, die sie selbst im Lazarett gepflegt hatte, staatlich zu versorgen.

Auch bei der Besetzung des Kabinetts war Florence Harding involviert, und so es ist wohl auch ihr zuzuschreiben, daß eine Clique von engen Freunden und drittklassigen Politikern zu Amt und Würden kam, die als »Ohio Gang« berüchtigte Berühmtheit erlangte. Nachdrücklich unterstützte sie die Ernennung von Charles A. Forbes zum Direktor des neu geschaffenen *Veterans' Bureau.* Als Ersten Sekretär und Innenminister bestellte Harding einen gemeinsamen Freund, Albert B. Fall, und trotz regen Widerspruchs aus dem republikani-

schen Lager sorgte Florence dafür, daß Warren Harding seinen Wahlkampfmanager und langjährigen Vertrauten Harry Dougherty zum
Generalstaatsanwalt berief. Mit solcher Mannschaft umgab Harding
sich Tag und Nacht, und weit öfter, so wird berichtet, konnte man die
Männer im Oval Office in dick verrauchter Luft Poker spielen als
regieren sehen. Auch Alkohol floß reichlich. Florence Harding fehlte
selbst in dieser Runde nicht. Sie mixte die Drinks, während das Amerika der Prohibitionszeit sich offiziell in Enthaltsamkeit zu üben hatte.

Hinter dem Rücken des schwachen und gutgläubigen Präsidenten
verwickelten sich die politischen Freunde des Paares in schwerwie-
gende Skandale, mit denen sie die gesamte Administration Harding
gründlich in Verruf brachten. Noch während seiner kurzen Amtszeit
wanderten Forbes und Dougherty hinter Gitter: Forbes, weil er mit
gefälschten Krankenhausverträgen 200 Millionen Dollar zur Seite
geschafft hatte, und Dougherty für den illegalen Verkauf heißbegehr-
ter Alkohol-Lizenzen. In den größten Mißkredit brachte Harding
allerdings sein bester Freund und Innenminister, Albert B. Fall, dessen Fehltritt die amerikanischen Gerichte noch Jahre über Hardings
Tod hinaus beschäftigte. Fall mißbrauchte sein Amt dazu, dem
Ölmulti Sinclair für ein persönliches »Darlehen« von 100 000 Dollar
die Pacht eines großen Erdölreservoirs zuzuschanzen. Diese nach
dem Namen des Ölfeldes »Teapot Dome« benannte Affäre brachte
sowohl den korrupten Fall wie den spendierfreudigen Sinclair 1924
ins Gefängnis.

Es scheint erwiesen, daß Harding von diesen Eigenmächtigkeiten
nichts wußte und sie scharf verurteilte. Er selbst erlebte das volle
Ausmaß der Skandale und seiner politischen Konsequenzen nicht
mehr, denn der Verrat seiner Vertrauten setzte ihm psychisch und
gesundheitlich schwer zu. Auf einer offiziellen Rundreise durch das
von Streiks und wirtschaftlichen Krisen geschüttelte Amerika – der
»Voyage of Understanding« – verfiel der 58jährige Präsident zu-
sehends, so daß die First Lady auf vielen Stationen der langen Fahrt
mit dem Zug allein auftreten und das Publikum vertrösten mußte.
Warren Harding starb am 2. August 1923 in einem Hotel in San
Francisco. Die First Lady, so wird kolportiert, saß an seinem Bett und
war dabei, ihm einen wohlgesonnenen Artikel über seinen Auftritt in
Alaska aus der Zeitung vorzulesen.

Alles hatte Florence Harding daran gesetzt, um ihren Warren als
beliebtesten Präsidenten in die Annalen der Vereinigten Staaten ein-
gehen zu lassen. Die bei seinem plötzlichen Tod aufwallende öffent-

liche Trauer schien zu beweisen, daß ihr dies gelungen war. Tausende und Abertausende von Menschen strömten an die Gleise, als der Zug mit Hardings Leiche langsam nach Washington zurückfuhr. Die spontane landesweite Zuneigung für den Mann aus Marion kehrte sich jedoch im Laufe der zwanziger Jahre immer mehr in moralische Empörung um. Je deutlicher die Machenschaften der »Ohio Gang« ans Tageslicht traten, umso mehr wurde die kurze Amtszeit Hardings als Ära erinnert, die zu den dunklen Seiten der amerikanischen Geschichte gehörte.

Das öffentliche Ansehen der First Lady blieb hiervon nicht unangetastet. Teilweise geriet sie aus eigenem Verschulden ins Zwielicht. Denn kaum daß der Trauerzug Union Station in Washington erreicht hatte, machte sich Florence Harding daran, sämtliche Unterlagen des Verstorbenen im Weißen Hause zu sichten, zu großen Teilen zu verbrennen oder nach Ohio fortzuschaffen. Einem Vertrauten gegenüber gab sie an, sie tue dies, damit Amerika den Präsidenten in guter Erinnerung behalte. Bis heute ist unklar, wieviel und welches Aktenmaterial sie zerstört hat – alles deutet aber darauf hin, daß sie gezielt auch ihre eigenen Aufzeichnungen vernichtete, weil sie die Ausmaße der drohenden Katastrophe sehr wohl einzuschätzen wußte. Florence Harding nahm den Glauben mit ins Grab, mit dieser Aktion das Schlimmste erfolgreich abgewendet zu haben. Sie starb im Alter von 64 Jahren am 3. November 1924, nur ein Jahr später als ihr Mann, an einem schweren Nierenleiden, das ihr schon seit Jahren immer wieder schwer zu schaffen gemacht hatte.

Zusätzlich zu den politischen Skandalen wurden nach dem Tod des Präsidentenpaares Details über Hardings Liebesleben publik, die sein Ansehen weiter in Mißkredit brachten und auch die Rolle der First Lady in ein neues Licht rückten. Vermutungen darüber, daß Harding durchaus nicht nur treuer Ehemann, sondern auch begehrter Lebemann war, gab es immer. Bei der Hochzeit hatte die Schwiegermutter Florence geraten, ihren Bräutigam gut im Auge zu behalten, und von Hardings Vater ist die chauvinistische Äußerung überliefert, es sei ein Segen, daß Warren keine Frau sei, weil er so schlecht nein sagen könne.

Zu Lebzeiten war es Harding jedoch gelungen, Gerüchte über seine beiden langjährigen Affären mit finanziellen Zuwendungen unter Kontrolle zu halten. Ohne seine großzügigen Alimente konnte jedoch Nan Britton, die Tochter einer Freundin von Florence, den Unterhalt für sich und ihre kleine Tochter Elizabeth Ann nicht weiter

bestreiten. Schon als *high school girl* in Marion hatte Nan den aufstrebenden Politiker verehrt und sich 1916 auf eine Affäre mit ihm
eingelassen, die bis kurz vor Hardings Tod andauerte. 1919 kam ihre
Tochter zur Welt. Nan Britton war nun fest davon überzeugt, der
Präsident habe ihr ein Erbe hinterlassen. Als sie herausfand, daß dem
nicht so war, die Familie sich in keinster Weise zu Unterhaltszahlungen bereit fand und hierbei von den Gerichten Ohios Rückendeckung
erhielt, entschloß sie sich, im Namen aller Mütter unehelicher Kinder
ihre Zurückweisung zum Politikum zu erklären und Hardings Vater-
schaft öffentlich einzuklagen. Unterstützt von dem geschickten
Manager eines Bibel-Unternehmens verfaßte sie eine sentimentale
Dokumentation ihrer Affäre, die im Frühjahr 1927 unter dem Titel
»Die Tochter des Präsidenten« im Selbstverlag erschien. Warren G.
Harding kam so die zweifelhafte Ehre zu, als erster Präsident der
Vereinigten Staaten im Zwielicht eines außerehelichen Liebesmelo-
drams gezeichnet zu sein. Der Schock war zunächst groß. Kritiker
versuchten, das Buch totzuschweigen, Buchhändler boykottierten
den Verkauf. Erst nach knapp einem Jahr fand das Bekenntnis auch
über den Ladentisch reißenden Absatz. Nan Brittons Unterhalt war
damit über Jahre hinaus sichergestellt, Hardings Ruf – wie befürchtet
– zunächst völlig ruiniert. Die Verquickung von *Sex* und *Crime*
schürte die Gerüchteküche kräftig an. Wilde Spekulationen über das
häusliche Glück des Präsidentenpaares, beflügelt durch die Enthüllungen der dunklen Machenschaften von Hardings Innenminister,
gipfelten schließlich in der Behauptung, Florence Kling Harding habe
ihren Mann vergiftet: einerseits, um einer drohenden Verurteilung
durch den Kongreß zuvorzukommen, und anderseits aus Eifersucht.

Auch wenn dieser Verdacht von seriösen Zeitgenossen und Historikern niemals wirklich ernst genommen wurde: Auf lange Sicht
scheinen die Liebesskandale dem Andenken des Präsidenten weniger
zu schaden als dem der First Lady. Dies zeigt sich in aller Deutlichkeit
an den Reaktionen auf das Bekanntwerden der zweiten langjährigen
Affäre des freundlichen »Ohio Boy«, die 30 Jahre nach seinem Tod
ans Licht kam und der amerikanischen Öffentlichkeit wiederum den
Atem verschlug: *Mr. Normalcy* hatte nicht nur eine junge Maitresse
gehabt und mit ihr ein Kind gezeugt, sondern sich zugleich über
15 Jahre in Leidenschaft für Carrie Phillips, eine ehemalige enge
Freundin seiner Frau, verzehrt.

In Marion selbst war die Tatsache bekannt, daß Harding und die
attraktive Carrie Phillips einander zugetan waren. Man wußte auch,

daß Florence Harding das Warenhaus der Phillips in der *main street* des Städtchens aus diesem Grunde boykottierte. Ihren Siedepunkt hatte die Affäre auch 1915 schon überschritten, als Harding noch *Lieutenant Governor* in Columbus war. Dennoch brauchten die Strategen des Wahlkampfs von 1919 nicht lange, um auf die schwächste Seite ihres Kandidaten aufmerksam zu werden: Wollte man Harding als altmodischen, weisen und bis ins Mark ehrlichen Mittelwestler verkaufen, dem man zutrauen würde, kein Boot jemals auf Grund zu setzten, mußte die skandalträchtige Carrie Phillips von der Bildfläche verschwinden. Für 22 000 Dollar und monatliche Zuwendungen für die Zeit, in der Harding im Amt sein würde, kaufte man ihr Stillschweigen ab. Zusätzlich schickte die Partei Carrie Phillips und ihren Mann auf eine Weltreise. Einzige Bedingung: Das Paar hatte so bald wie möglich aufzubrechen und sollte sich in Amerika vor Jahresfrist nicht wieder blicken lassen.

Die Strategie ging auf. Carrie Phillips hielt sich an die Abmachungen, ihr ganzes Leben lang. Erst nach ihrem Tod im Jahr 1956 entdeckte man Hardings Liebesbriefe: 105 zum Teil über 40 Seiten lange Auslassungen hocherotischen Inhalts. Hardings Biograph Francis Russel, der die pikanten Dokumente mit entdeckte, ist einer der ganz wenigen, der die Briefe bislang gelesen hat. Auch ihm wurde gerichtlich untersagt, direkt aus ihnen zu zitieren. Die Familie sorgte dafür, die Einsicht in die intimen Hinterlassenschaften des Präsidenten bis zum Jahr 2014 zu sperren.

Was daraus in den 1960er Jahren an die Öffentlichkeit drang, reichte jedoch aus, um weiteren Spekulationen über das Eheleben der Hardings Tür und Tor zu öffnen und das partnerschaftliche Modell der Verbindung zu hinterfragen. Florence Kling Harding wurde darüber zum Musterbeispiel dafür, wie sehr das Bild der First Lady von den moralischen Urteilen über den Präsidenten geprägt wird. Zunehmend diente sie nun als negative Projektionsfläche, vor der man Hardings Ehrenrettung betrieb. Indem man ihn als »grundehrliches Opfer« nicht nur korrupter politischer Freunde, sondern auch eines häuslichen Drachens stilisierte, entwertete man den Anteil seiner Frau an seinem politischen Werdegang komplett. Nicht sein eigener Wankelmut, sondern Florence Hardings vermeintlicher »Mangel an Weiblichkeit« wurde zur eigentlichen Tragödie des Präsidenten. Erst die *First Ladies Studies* der 1990er Jahre haben dieses Bild wieder zurechtgerückt.

Die emanzipierte Kosmopolitin
Lou Hoover, 1874–1944

Anja Schüler

Als Lou Hoover, fast 60jährig, im Jahr 1929 ins Weiße Haus einzog, wirkte sie von ihrer äußeren Erscheinung her sehr gediegen. Im Gegensatz zu ihrer gutaussehenden, lebhaften Vorgängerin war sie alles andere als ein Lieblingskind der Presse. Dennoch war es gerade Lou Hoover, die das Amt der First Lady neu definieren sollte. Zwar tat die fehlgeschlagene Politik ihres Mannes – Herbert Hoover war Präsident auf dem Höhepunkt der Weltwirtschaftskrise – auch dem Ansehen der First Lady Abbruch; doch zeigt sich, je mehr wir über die Aktivitäten dieser ungewöhnlichen Frau erfahren, daß sich Lou Hoover nicht auf die vorgegebenen Amtsaufgaben einer Präsidentengattin beschränkte, sondern im Vergleich zu ihren Vorgängerinnen ein durchaus selbständiges und richtungsweisendes Profil entwickelte.

Lou Henry Hoover wurde am 29. März 1874 als Tochter des Bankiers Charles Delano Henry und seiner Frau Florence Weed Henry in Iowa geboren. Zehn Jahre später zog die Familie nach Kalifornien, um das Asthma von Florence Henry auszukurieren. Dort wuchs Lou Henry naturverbunden auf. Die furchtlose Reiterin begleitete ihren Vater regelmäßig beim Jagen und Wandern, Fischen und Zelten. Lou sollte ihr Leben lang eine sportliche Frau bleiben, und auch in fortgeschrittenem Alter versäumte sie es selten, die Vorteile eines aktiven Lebensstils anzupreisen.

Obwohl Lou Henry zunächst den Ausbildungsweg einer Lehrerin eingeschlagen hatte, entschied sich die 19jährige, nachdem sie an der Stanford Universität einen geologischen Vortrag gehört hatte, spontan für diesen Studiengang. 1898 erwarb sie als erste Amerikanerin einen Abschluß in Geologie.

Während ihres Studiums hatte Lou Henry den bettelarmen, aber hoffnungsvollen Mitstudenten Herbert Hoover kennengelernt, der wie sie aus Iowa stammte. Die beiden leidenschaftlichen Naturfreunde entdeckten viele Gemeinsamkeiten und verlobten sich heimlich – kurz bevor Herbert 1897 eine Stelle in Australien annahm. Als er zwei Jahre später einen gut bezahlten Posten bei einem englischen Ingenieurbüro in Tientsin in Aussicht hatte, zögerte Lou Henry nicht, seinen – telegrafisch aus Australien gestellten – Heiratsantrag postwendend mit einem einzigen Wort zu beantworten: »Ja.« Nach einer überstürzten Hochzeit verbrachte das junge Paar seine Flitterwochen auf dem Dampfer nach China, im Gepäck einen Stapel Bücher über Geschichte und Kultur des Reichs der Mitte. Dort unterstützte die frisch verheiratete Geologin ihren Mann bei seiner Arbeit; fertigte Landkarten an, und übersetzte die Begriffe des Bergbaurechts verschiedener westlicher Nationen ins Chinesische. Darüber hinaus begleitete sie ihren Mann gelegentlich auf seinen Expeditionen, widmete sich dem Studium des chinesischen Kunstgewerbes und dem Erlernen verschiedener Sprachen – fließend beherrschte sie Spanisch, daneben Latein, Deutsch und Chinesisch.

Einige Monate nach der Ankunft der Hoovers in China brach der Boxeraufstand aus. Lou und Herbert Hoover wurden zu Zielscheiben der chinesischen Nationalisten, die sich gegen jegliche fremde Einflüsse wehrten. Die ausländische Kolonie in Tientsin verbarrikadierte sich. Trotzdem radelte Lou Hoover täglich ins Krankenhaus und sorgte zusammen mit anderen Frauen dafür, daß das Leben in ihrem Viertel bis zur Niederschlagung des Aufstandes einen normalen Gang ging. Nach Beendigung der Unruhen zogen die Hoovers weiter nach London.

Herbert Hoovers Arbeit in China war nur der Anfang einer steilen und sehr einträglichen Karriere, die beide in den nächsten Jahren nach Burma, Indien, Tasmanien, nach Ägypten, Neuseeland, Frankreich, Italien, Japan, Australien und Rußland führen sollte. Ihr »Hauptquartier« schlug die Familie in London auf, wo Herbert Hoover Partner in einer englischen Ingenieurfirma wurde. Die beiden Söhne, Herbert Junior und Albert, wurden 1903 und 1907 dort geboren; sie begleiteten ihre Eltern auf deren Reisen rund um die Welt. Im Alter von vier Jahren hatte der ältere Sohn bereits drei Weltreisen hinter sich gebracht. 1908 gründete Herbert Hoover sein eigenes Ingenieurbüro mit Sitz in London, New York und San Francisco, das rasch florierte.

Trotz alledem fanden Herbert und Lou Hoover an Abenden und Wochenenden genügend Zeit, um ein vom »Vater der Mineralogie«, Georg Agricola, verfaßtes lateinisches Standardwerk über die Grundlagen des Bergbaus aus dem 16. Jahrhundert, *De Re Metallica*, zu übersetzen. Lou Hoover verfaßte außerdem eine Reihe von Artikeln über die chinesische Kaiserwitwe, den Seismologen John Milne und die wirtschaftlichen Nöte Belgiens.

Im Herbst 1914 wurden die inzwischen sehr wohlhabenden und als gastfrei bekannten Hoovers schnell zur Anlaufstelle für diejenigen Amerikaner, die vom Kriegsausbruch in Europa überrascht worden waren und in England Zuflucht suchten. Lou Hoover kümmerte sich um die in London gestrandeten Frauen und Kinder und sorgte dafür, daß viele von ihnen so schnell wie möglich die Heimreise antreten konnten. Ihr Mann regelte derweil die Finanzen seiner Landsleute und besorgte die Schiffspassagen. Wenig später begann er, Hilfslieferungen für Belgien zu organisieren. Weder er noch seine Frau antizipierten das Ausmaß dieses Projektes – in vier Jahren gelangten fünf Millionen Tonnen Lebensmittel im Wert von einer Milliarde US-Dollar in das zerstörte Land. Lou Hoover unterstützte diese Arbeit, wo sie nur konnte. In einer Zeit, als eine Schiffsreise über den Atlantik alles andere als ungefährlich war, reiste Lou Hoover mehrfach in die Vereinigten Staaten und zurück nach England. Auf Vortragsreisen an der Westküste, wo sie unter anderem über den uneingeschränkten U-Boot-Krieg der Deutschen referierte, sammelte sie Geld und Naturalien für Belgien und stellte sicher, daß die Rockefeller-Stiftung die Kosten für den Transport übernahm. Nach ihrer Rückkehr gründete Lou Hoover das amerikanische Frauenhospital in Belgien, wo sie selbst verwundete Soldaten versorgte.

Nach dem Kriegseintritt der USA wurde Herbert Hoover zum Chef des neugeschaffenenen Amtes für Lebensmittelverwaltung ernannt. Im Mai 1917 zog die Familie deshalb von London nach Washington. Dort entwickelte Lou Hoover ihrerseits Initiativen, um die plötzlich entstandene Wohnungsnot in der amerikanischen Hauptstadt zu bewältigen. Die Massen vorwiegend weiblicher Büroangestellter, die plötzlich nach Washington strömten, suchten nach preiswerten Unterkünften. Lou Hoover ließ leerstehende Gebäude in Wohnheime umwandeln und finanzierte aus eigener Tasche den Bau von einfachen Mietwohnungen.

Vor allem aber wurde Lou Hoover zur Symbolfigur einer Politik, die unter dem Schlagwort »Hooverizing« bekannt wurde und zum Einsparen, Konservieren und Rationieren von Lebensmitteln aufrief. Selbst im Weißen Haus wurde an bestimmten Tagen kein Gas verbraucht, an anderen fleischlos oder ohne Weizenmehl gekocht. Die patriotischen Appelle Lou Hoovers – im Oktober 1917 hielt sie in New York ihre erste große Rede – erreichten nicht nur ihren un-

Berufstätig, Hausfrau und Mutter: Lou Hoover,
die erste studierte Präsidentengattin

mittelbaren öffentlichen Zweck, sondern gaben der zukünftigen First
Lady auch Gelegenheit zur rhetorischen Übung und vermittelten ihr
Selbstsicherheit.

Ein weiteres Betätigungsfeld fand die engagierte Frau ab 1917 in
der Arbeit für die Pfadfinderbewegung. Die vielgelobten Gemüse-
gärten, die die *Girl Scouts* während des Krieges anlegten, gingen auf
Lou Hoovers Anregung zurück. Sie war der festen Überzeugung, daß
körperliche Betätigung geistige Kräfte wecken und Eigeninitiative
fördern würde. 1922 wurde Lou Hoover denn auch zur Bundesvor-
sitzenden der *Girl Scouts* gewählt, ein Amt, das sie drei Jahre lang
innehatte. Zwischen 1917 und 1924 schnellten die Mitgliederzahlen
von 13 000 auf 840 000 herauf.

Als Herbert Hoover 1920 die Leitung des US-Handelsministeri-
ums übertragen wurde, setzten die Hoovers die Tradition ihrer
großzügigen Gastlichkeit fort, für die sie bereits in London bekannt
gewesen waren. Lou Hoover, der die Konversation leichter fiel als
ihrem reservierten Ehemann, wurde bald als die »führende Gastgeberin« der Hauptstadt bekannt. Allerdings weigerte sich die eigenstän-

dige Frau, alle sozialen Konventionen einfach hinzunehmen. Die in Washington üblichen Treffen der Ehefrauen von Kabinettsmitgliedern, die mitunter vier- bis fünfmal in der Woche stattfanden, erklärte sie kurzerhand für Zeitverschwendung; und es gelang ihr ohne weiteres, auch die anderen Damen von der Sinnlosigkeit und Trivialität dieser Einrichtung zu überzeugen.

Obwohl Lou Hoover 1921 erklärte, daß ihr Mann und ihre Kinder ihre Hauptbeschäftigung darstellten, spiegelten ihre Aktivitäten in den zwanziger Jahren die Überzeugung wider, daß Frauen eine stärkere politische Rolle spielen und auch auf anderen gesellschaftlichen Gebieten eine weitergehende Gleichberechtigung anstreben sollten. Daß Frauen nach einer Eheschließung weiter ihren Beruf ausüben sollten, stand für sie außer Frage. Das Problem der Vereinbarkeit von Beruf und Familie allerdings thematisierte Lou Hoover, die Zeit ihres Ehelebens mindestens sechs Bedienstete beschäftigte, nicht.

Nach Einführung des Frauenwahlrechts 1920 engagierte sich Lou Hoover in der *League of Women's Voters*, der Nachfolgeorganisation des größten Stimmrechtsverbandes, die sich die politische Bildung der neuen Staatsbürgerinnen zur Aufgabe gemacht hatte. Im Wahlrecht sah Lou Hoover lediglich ein Mittel zum Zweck der politischen Gleichberechtigung von Frauen; vor allem aber war ihr daran gelegen, dieses Instrument zu perfektionieren. In der von ihr gegründeten *National Women's Athletic Association* und als einzige Vizepräsidentin der *National Amateur Athletic Association* setzte sie sich insbesondere für die Gleichberechtigung von Sportlerinnen ein. Daneben spielte sie eine aktive Rolle in der *American Association of University Women* und in der *National Geographic Society*. Es verwundert daher nicht, daß Lou Hoover die erste amerikanische Präsidentengattin war, die bereits vor ihrem Einzug in das Weiße Haus mehrfach mit einem Ehrendoktor ausgezeichnet worden war, unter anderem von so renommierten Universitäten wie Swarthmore und Tufts.

Lou Hoover konnte ihre politischen Ziele durchaus unabhängig von der Position ihre Mannes verfolgen. Daß Herbert Hoover Mitglied im Kabinett der Regierung Harding war, hielt seine Frau nicht davon ab, dem größten politischen Skandal der Zeit öffentlich entgegenzutreten. Als Reaktion auf die »Teapot Dome«-Affäre, bei dem öffentliche Ländereien in großem Stil an private Ölgesellschaften verschoben worden waren, gründete sie die *National Women's Conference on Law Enforcement*. In Anlehnung an das Credo progressiver Reformer, nach dem es insbesondere Aufgabe von Frauen war, poli-

tische Korruption einzudämmen, forderte Lou Hoover die mehr als
fünfhundert Mitgliedsvereine dieser Konferenz auf, »das ganze Land
auf die großen Gefahren hinzuweisen, die sich aus der ständigen
Umgehung der Gesetze ergeben«.

Der Wahlsieg Herbert Hoovers 1928 änderte nichts an den politischen Überzeugungen seiner Frau, schränkte aber ihre politischen
Aktivitäten merklich ein. Während des Wahlkampfes hatte Lou Hoover nicht ganz ohne Süffisanz bemerkt, daß sie politische Kampagnen
vor allem genieße, weil »mein Mann die Reden hält und ich die
Rosensträuße bekomme«. Der Presse mißtraute sie zutiefst: Sie gab
grundsätzlich keine Interviews, verbat sich jegliches Zitat und gab
nur hin und wieder gestellte Photographien frei. Ihre Forderungen
nach politischer und gesellschaftlicher Emanzipation von Frauen fielen in der Zeit im Weißen Haus merklich verhaltener und traditioneller aus als zuvor. So trat sie beispielsweise nach wie vor dafür ein, daß
Männer einen größeren Teil an der Hausarbeit übernehmen sollten;
in Ansprachen an die Pfadfinderinnen, wies sie auf die Wichtigkeit
einer guten beruflichen Ausbildung hin; gleichzeitig ermahnte sie die
jungen Mädchen aber auch, ihre Hausfrauenpflichten nicht zu ver-
nachlässigen.

Als Gastgeberin im Weißen Haus trug Lou Hoover große Sorge,
daß die Mahlzeiten nach den neuesten ernährungswissenschaftlichen
Erkenntnissen zusammengestellt wurden. Auch die legendäre Gastfreundschaft der Hoovers erreichte im Weißen Haus neue Dimensionen: Das Personal, zu dem die Hoovers immer eine deutliche Distanz
bewahrten, wurde fast täglich mit Dutzenden von unangemeldeten
Gästen konfrontiert; Lou Hoover empfing zahlreiche Delegationen,
darunter viele Pfadfindertruppen und andere Jugendorganisationen.

Die Frau des amerikanischen Präsidenten mußte sich zweifellos
vielen protokollarischen Beschränkungen unterwerfen – private Ausflüge im Automobil ihrer Sekretärin aber ließ sich Lou Hoover nicht
nehmen. Als First Lady brach sie mit zwei weiteren Konventionen:
Den alljährlichen Neujahrsempfang, bei dem traditionell jeder amerikanische Bürger dem Präsidenten die Hand schütteln konnte, empfand sie als zu anstrengend und schaffte ihn kurzerhand ab. Dagegen
lud sie ostentativ schwangere Frauen zu ihren Empfängen ein, auch
wenn es als »unschicklich« galt, daß sie sich in der Öffentlichkeit
zeigten. Anders als ihr Mann, der sich nur im Wahlkampf als bedingungslos »trocken« gab, unterstützte die First Lady die Alkoholpro-
hibition tatsächlich; sie löste den Weinkeller des Weißen Hauses auf

und kündigte an, jede Party zu verlassen, auf der alkoholische Getränke serviert würden.

Die Frage, inwieweit Lou Hoover als First Lady Einfluß auf die Politik des Präsidenten hatte, ist nur schwer zu beantworten. Zweifelsohne aber betrachtete Herbert Hoover seine sprachbegabte, gebildete und sportliche Frau auch als politische Partnerin. Lou Hoovers politische Aktivitäten der zwanziger Jahre mögen nach heutigen Maßstäben nur als »moderat feministisch« erscheinen; in der damaligen Zeit galten sie als etwas ganz neues. Tatsächlich gelang es Lou Hoover, ihren Mann davon zu überzeugen, daß Frauen einen gleichberechtigten Platz in Gesellschaft und Politik verdienten. Im Amt für Lebensmittelverwaltung, als Wirtschaftsminister und im Mississippi-Fluthilfeprojekt hatte Hoover bereits auf die verstärkte Einstellung von Frauen hingewirkt. Als Präsident verabschiedete er einen Zusatz zu den Einstellungsregeln des öffentlichen Dienstes, der bestimmte, daß der Auswahlprozeß »ohne Rücksicht auf das Geschlecht« stattzufinden habe. Dies kann nur als kleiner Etappensieg auf dem Weg zur beruflichen Gleichberechtigung gewertet werden, aber ein Anfang war gemacht.

Als am »Schwarzen Freitag«, dem 29. Oktober 1929, die Börsenkurse ins Bodenlose stürzten und damit eine anhaltende weltweite Wirtschaftskrise auslösten, war Herbert Hoover weniger als acht Monate im Amt. In den folgenden Wochen und Monaten sollte sich zeigen, daß sich die klassischen Mittel zur wirtschaftlichen Wiederbelebung, an denen er festhielt, angesichts des Ausmaßes der Krise als völlig ungeeignet erwiesen. Im darauffolgenden Jahr meldeten unzählige große und kleine Unternehmen Konkurs an, die Zahl der Arbeitslosen schnellte auf über fünf Millionen hoch, und viele Amerikaner konnten nicht mehr die Kosten für ihren Lebensunterhalt aufbringen. Die Schlangen vor den Suppenküchen gehörten bald so sehr zum Alltag der amerikanischen Gesellschaft wie die Siedlungen der Obdachlosen aus Pappkartons und Wellblech, die angesichts der fehlgeschlagenen Politik des Präsidenten den Namen »Hoovervilles« erhielten.

Lou Hoover sah diese Entwicklung ähnlich wie ihre Arbeit in China und England als eine gemeinsame Herausforderung für sich und ihren Mann. Wie ihr Mann versuchte auch sie, die massive Krise mit dem altgedienten Instrument der freiwilligen Wohlfahrtsarbeit zu bewältigen; radikale Staatsinterventionen lehnte sie ab. Soziales Engagement gehörte traditionell zu den Aufgaben einer First Lady;

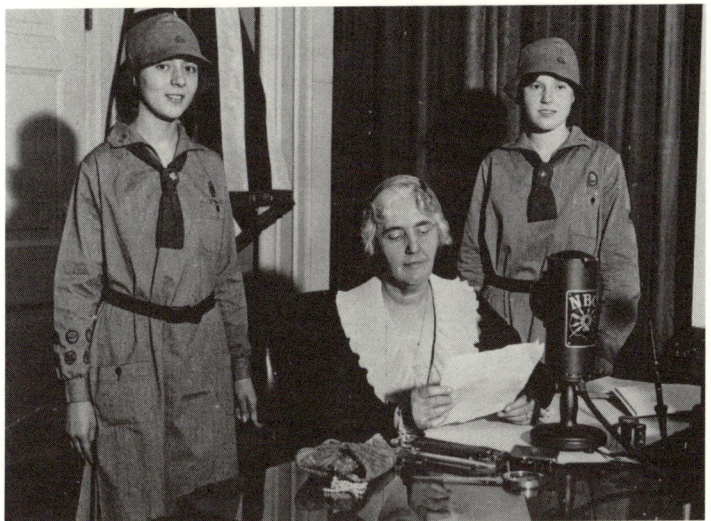

Die erste Radioansprache einer First Lady aus dem Weißen Haus:
Lou Hoover mit Pfadfinderinnen, 1931

1929 wurde es zur Hauptaufgabe der Amtsinhaberin. Lou Hoover
war die erste First Lady, die in dieser Funktion öffentliche Ansprachen hielt. Daß sie eine gute Rednerin war, hatte sie schon vor ihrer
Zeit im Weißen Haus bewiesen; jetzt wandte sich erstmals eine Präsidentengattin über das Radio an die amerikanische Nation. Lou Hoover bediente sich des neuen Mediums für eine Reihe von Ansprachen,
in denen sie die Arbeit der Pfadfinderinnen ebenso wie die Wirtschaftspolitik ihres Mannes erläuterte. Ein eigens für diese Zwecke
eingerichtetes Studio im Weißen Haus diente ihr zur Vorbereitung
auf diese Auftritte. Immer wieder wandte sie sich insbesondere an
ihre »traditionelle« Hörerschaft, an Frauen und Kinder, die sie aufforderte zu helfen, wo sie konnten. In ihren Reden betonte die First
Lady, daß Lebensmittel und Kleidung für alle reichen würden, wenn
alle bereit wären, zu teilen. Sie selbst unterstützte eine Werbekampa-
gne für Kleidung aus Baumwolle und Kunstseide, um die heimische
Textilindustrie zu unterstützen.

   Die Hoovers selbst lebten durchaus nach den Grundsätzen dieser
Philosophie. Nicht nur finanzierten sie während der Wirtschaftskrise
die immer noch luxuriösen Abendessen im Weißen Haus, sie zahlten

auch alle Mahlzeiten für ihr fast sechzigköpfiges Personal aus eigener Tasche. So sehr Lou Hoover sich in der zwanziger Jahren öffentlich um das gesellschaftliche Wohl bemüht hatte, so großzügig wirkte sie jetzt im Verborgenen. In ihrem Büro, inzwischen mit vier Mitarbeiterinnen besetzt, gingen täglich Dutzende Hilfsgesuche ein, die eindringlich das Ausmaß der wirtschaftlichen Krise dokumentierten. Keine dieser Bitten blieb unbeantwortet – wo es ihr nicht gelang, den Fall an eine private Wohlfahrtsinstitution oder an Freunde zu delegieren, schickte die First Lady persönlich einen Scheck für ein paar Schuhe, einen Korb voll Lebensmittel oder die Studiengebühr an der Universität. Über diese private Wohlfahrt drang kein Wort an die Öffentlichkeit; selbst ihr Mann war darüber nur unvollständig informiert und erfuhr von vielen dieser Fälle erst nach ihrem Tod.

Als die Krise den Präsidenten immer mehr beanspruchte, eine ausgedehnte Ferienreise aber angesichts der Umstände außer Frage stand, machte die naturliebende Lou Hoover sich auf die Suche nach einem abgeschiedenen Zufluchtsort, wo ihr Mann Ruhe und Entspannung finden könnte. Sie fand ihn am Rapidan Fluß in den Blue Ridge Mountains, etwa 150 Kilometer außerhalb von Washington. Lou Hoover entwarf Blockhütten und Mobiliar, und beide zogen sich immer wieder ins »Camp Rapidan« zurück, das zum Vorläufer von Camp David und anderen offiziellen Wochenendhäusern amerikanischer Präsidenten wurde. Auch in den Bergen von Virginia nahm sich Lou Hoover der Bedürfnisse der Bewohner an. Als sie herausfand, daß es in der Umgebung keine Schule gab, plante und finanzierte sie ein kleines Schulgebäude und stellte auf eigene Kosten eine Lehrerin ein. Lou Hoover hatte sich Zeit ihres Lebens für einen hohen Standard des öffentlichen Schulsystems als Grundlage für eine funktionierende Demokratie eingesetzt und den Besuch einer Privatschule für ihre eigenen Kinder abgelehnt. Nun wollte sie dafür sorgen, daß sich auch die Bildungschancen in abgelegenen ländlichen Gegenden verbesserten.

Zur größten Kontroverse während Lou Hoovers Zeit im Weißen Haus führte indes ein Ereignis im Juni 1929, als die First Lady Jessie DePriest zum Tee einlud. Mrs. DePriest war die Frau des einzigen schwarzen Abgeordneten Oscar DePriest aus Illinois. Wohl gehörte es zum alljährlichen Ritus, daß die First Lady alle Gattinnen der Kongreßabgeordneten ins Weiße Haus einlud. Beim letzten offiziellen Besuch eines Schwarzen im Jahr 1901 – damals hatte Präsident Theodor Roosevelt Booker T. Washington zum Abendessen empfangen – hatte dies jedoch große Empörung ausgelöst.

Da bei der Auswahl der übrigen Gäste sorgfältig auf ihre Einstellung zur Rassentrennung geachtet wurde, lief der Nachmittag harmonisch ab. Am folgenden Tag aber brach ein Sturm der Kritik los. Die Südstaaatenpresse sprach von einer »Beleidigung des Südens und der Nation«, während Zeitungen in den Nordstaaten Lou Hoover lobten und betonten, daß der Präsident der Vereinigten Staaten Präsident der »weißen, schwarzen, gelben und roten« Amerikaner sei. Zum ersten Mal in der amerikanischen Geschichte verabschiedeten zwei Parlamente von Bundesstaaten (Florida und Texas) Resolutionen, die die Handlungen einer First Lady tadelten. Da man im Weißen Haus Auswirkungen auf die 1932 anstehende Wiederwahl fürchtete, beschloß Lou Hoover, eine Reise durch die Südstaaten anzutreten – das erste Mal, daß eine First Lady in solch einer offiziellen Funktion ohne den Präsidenten reiste. Dort wurde sie ausschließlich von »lilienweißen« Frauenclubs empfangen, Einladungen von schwarzen Frauengruppen waren ebenso tabu wie Abstecher in die verarmten ländlichen Gegenden.

Gegen Ende von Herbert Hoovers Präsidentschaft hatten sich die Auswirkungen der Weltwirtschaftskrise weiter verschärft, so daß es vereinzelt sogar zu Hungerdemonstrationen und Unruhen kam. Ein paar Tausend arbeitslose Kriegsteilnehmer schlossen sich in der sogenannten »Bonus Army« zusammen und forderten die unverzügliche Auszahlung von Kriegsrenten. Als der Kongreß dies verweigerte, schlugen sie ihre Zelte in Washington auf. Hoover und seine Frau bekundeten zwar ihre Sympathien gegenüber den Veteranen und unterstützten sie mit Medikamenten und Lebensmitteln, aber am Ende wurde die Zeltstadt brutal geräumt.

Im Herbst 1932 schien die Wahlniederlage Hoovers vorprogrammiert. Der Präsident selbst zeigte sich keineswegs überrascht über das Ergebnis. Seine glücklose Regierung wurde – nicht ganz zu Recht – für die verzweifelte Lage vieler Amerikaner verantwortlich gemacht. Radikale Lösungen zur Bewältigung der katastrophalen Wirtschaftskrise waren unterblieben, und die weiterhin sehr wohlhabenden Hoovers galten zunehmend als weltfremd und von der Krise unberührt. Seine Frau allerdings war verbittert darüber, daß das Land ihrem Mann eine zweite Amtszeit verweigerte. Sie selbst hatte sich im Zuge der Verschärfung der Wirtschaftskrise immer mehr aus der Öffentlichkeit zurückgezogen. Von ihren großzügigen Hilfeleistungen, die natürlich nur einen winzigen Bruchteil der Bevölkerung erreichen konnten, erfuhr die Öffentlichkeit so gut wie nichts; ein

»Hooverville« oder das Zeltlager der »Bonus Army« hat die First Lady nie besucht.

Der Wahlsieg von Franklin Delano Roosevelt machte deutlich, daß die meisten Amerikaner bereit waren, mit den Grundsätzen des Laissez-faire zu brechen, die Hoover so vehement verteidigt hatte. Obwohl ihre Männer sehr gegensätzliche politische Prinzipien vertraten, hatten Lou Hoover und ihre Nachfolgerin im Weißen Haus, Eleanor Roosevelt, vieles gemeinsam: Beide verstanden die Rolle der First Lady durchaus als eine öffentliche, wobei Lou Hoover eigene Radioansprachen Presseberichten vorzog, da sie letztere nicht kontrollieren konnte; beide wichen kontroversen Themen keineswegs aus; beide verfaßten regelmäßig Zeitschriftenartikel; beide setzten sich enthusiastisch für ein stärkeres politisches Engagement von Frauen ein, und beide fungierten als Beraterinnen ihrer Männer. Anders als ihre Nachfolgerin aber isolierte sich Lou Hoover als First Lady zunehmend von den Alltagsproblemen ihrer Mitbürger, unter denen sie im Großen und Ganzen nicht als populäre Präsidentengattin galt. Kurz vor dem Amtswechsel gab sie ihrer Nachfolgerin die traditionelle Führung durch das Weiße Haus; diese endete an der Küchentür, da Lou Hoover grundsätzlich, wie sie beteuerte, nie eine Küche betrat.

Das Ehepaar Hoover verbrachte die Jahre bis zum Ausbruch des Zweiten Weltkriegs in ihrem geliebten Haus in Stanford und genoß gemeinsame Wanderungen und Ausritte. Lou Hoover arbeitete für die *Girl Scouts*, örtliche Wohlfahrtsprojekte und Frauenclubs. Als Herbert Hoover sich 1939 erneut für die Kriegsopfer in Europa engagierte, wurde das New Yorker Waldorf-Astoria zu ihrem zweiten Zuhause. Mit dem Kriegseintritt der USA begann Lou Hoover, für das Rote Kreuz zu arbeiten. Plötzlich und unerwartet verstarb sie am 7. Januar 1944 infolge eines Herzinfarkts. Ihr Mann sollte sie um zwanzig Jahre überleben.

Obwohl Lou Hoover während der Blütezeit des viktorianischen Zeitalters geboren wurde, verkörperte sie in vieler Hinsicht bereits einen modernen Frauentyp. Zwar bestand sie darauf, daß ihre Hauptaufgabe in der Unterstützung ihres Mannes liege; zugleich etablierte sie sich aber als eigenständige Frau, die durch ihre sportliche, intellektuelle und soziale Betätigung neue Maßstäbe setzte. Ihre Reisen, ihre Beratertätigkeit und die Radioansprachen setzten neue Akzente für das Amt der First Lady im 20. Jahrhundert.

Gewissen der Nation
Eleanor Roosevelt, 1884–1962

Sabine Freitag

Ihren Namen mußte sie nicht ändern. Als am 17. März 1905 die Hochzeit der 20jährigen Anna Eleanor Roosevelt mit ihrem um zwei Jahre älteren, entfernt verwandten Cousin Franklin Delano Roosevelt in New York gefeiert wurde, da blieb, sehr zur Zufriedenheit von Eleanors Onkel Theodore, der »gute Name in der Familie«. Mit dem Familiennamen und der Tatsache, daß beide Eheleute von ihren verstorbenen Vätern jeweils 100 000 Dollar geerbt hatten, hatten sich allerdings die Gemeinsamkeiten des jungen Paares auch schon erschöpft. Denn die Erfahrungen der Jahre, die bereits hinter ihnen lagen, hätten unterschiedlicher nicht sein können. Während Franklin als einziger Sohn aufmerksamer Eltern alle Vorzüge einer privilegierten Geburt hatte genießen können, die ihm jene Selbstsicherheit und Gelassenheit gaben, von denen er ein Leben lang profitieren sollte, kamen Eleanors Kinder- und Jugendjahre einer Abfolge von Alpträumen gleich, die einzig dazu angetan schienen, in ihr ein dauerhaftes Gefühl von Unsicherheit und Unwert zu erzeugen. Um so erstaunlicher erscheint ihre Entwicklung zu einer der außergewöhnlichsten und bedeutendsten First Ladies.

Auch Eleanor schien zunächst vom Glück begünstigt. Als sie am 11. Oktober 1884 als neues Mitglied der »Oysterbay Roosevelts« das Licht der Welt erblickte, sah diese durchaus rosig aus. Ihre Mutter Anna Hall Roosevelt entstammte einer alten, wohlhabenden Familie aus dem Hudson-Tal, die ohne eigene Erwerbstätigkeit bequem von der Verwaltung eines geerbten Vermögens leben konnte. Anna war eine vielbeachtete Schönheit, doch wenn Eleanor ihre Autobiographie später mit dem Satz beginnen ließ: »Meine Mutter war eine der schönsten Frauen, die ich jemals gesehen habe«, dann kam darin nicht nur eine Hommage an die Mutter, sondern zugleich ein ernsthaftes Problem zum Ausdruck. Physische Schönheit war für die verwöhnte Anna ein zentraler und unhinterfragter Wert, und entsprechend enttäuscht zeigte sie sich, als ihr erstes Kind in dieser Beziehung klare Defizite aufwies: Eleanor war nicht schön. Zudem neigte das ernste Mädchen dazu, seine Schüchternheit mit altklugem Gehabe zu kompensieren, in dessen Folge die Mutter sich angewöhnte, Eleanor bei Freunden und Verwandten als »Granny«, als »Großmütterchen«, einzuführen, eine Bezeichnung, die dem Kind jedesmal Schamesröte ins Gesicht jagte und den inneren Wunsch verstärkte, der Boden möge sich auftun und sie verschlucken.

War die Reserviertheit der Mutter auch kaum zu überwinden, für Vater Elliott Roosevelt war Eleanor ein »Wunder vom Himmel«. Er vergötterte seine Erstgeborene, wie sie ihn umgekehrt anbetete. Tatsächlich umwehte Elliott in jungen Jahren die Aura eines Lieblings der Götter: gutaussehend, sportlich, reise- und abenteuerlustig und obendrein reich – sein Vater hatte mit einem Glasgroßhandel in New York ein Vermögen gemacht – gehörte er zu den erklärten Favoriten der amerikanischen Oberschicht. Nicht ohne Grund erkoren die »Hyde Park Roosevelts« Sara Delano und James Roosevelt den charmanten Elliott, und nicht den älteren Bruder Theodore, zum Paten ihres im Januar 1882 geborenen Sohnes Franklin, Eleanors späteren Ehemanns. Doch während Elliotts älterer Bruder Theodore, kränklich und unsportlich, durch eisernen Willen und Disziplin zum Überwinder seiner körperlichen Schwächen wurde, um mit 42 Jahren 1901 zum jüngsten Präsidenten der Vereinigten Staaten aufzusteigen, führten Elliots selbstzerstörerische Tendenzen und Trunksucht, seine »physische Schwäche«, wie Eleanor es später nannte, zu seinem unaufhaltsamen Abstieg und schließlich frühen Tod.

Elliotts Alkoholsucht machte ihn als Vater unberechenbar. Eleanor wußte nie, wann mit seinen Wut-, Selbstmitleids- oder Verzweiflungsausbrüchen zu rechnen war. Doch wie die meisten Kinder von Alkoholikern entwickelte sie ein Gefühl der Verantwortlichkeit für die Situation und glaubte, diese unter Kontrolle bringen zu müssen, nur um am Ende die Erfahrung ihrer eigenen Macht- und Hilflosigkeit um so deutlicher zu spüren. Von einem gemeinsamen Europaaufenthalt 1891 kehrte die Familie ohne den Vater zurück, der in eine Trinkerheilanstalt in der Nähe von Paris eingeliefert wurde. Annas Familie erwog eine Scheidung, spätestens als bekannt wurde, daß Elliot in Paris nicht nur eine Mätresse unterhielt, sondern noch in Amerika ein Dienstmädchen geschwängert hatte. Der Skandal zog weite Kreise. Als Eleanors Mutter geschwächt unter der Last der sich zersetzenden Ehe und überfordert mit einem Leben, das ihr zuviel abverlangt hatte, 1892 im Alter von 29 Jahren an Diphterie starb, wurde

Elliott nicht erlaubt, die achtjährige Eleanor und ihre beiden jüngeren Brüder zu sich zu nehmen. Die Kinder wurden statt dessen zu ihrer Großmutter Hall nach Tivoli gebracht, wo sie fortan ihr Leben mit einer Reihe von unverheirateten Onkeln und Tanten teilten, allen voran der liebenstollen und durch unglückliche Affären stets launischen Tante Pussie. Im Mai 1893, wenige Monate nach Eleanors Mutter, starb Elliott jr., Eleanors noch keine vier Jahre alter Bruder, ebenfalls an Scharlachfieber und Diphterie. Doch erst der Tod des 34jährigen Vaters zwei Jahre nach dem Tod der Mutter im August 1894 bildete das eigentlich traumatische Erlebnis im Leben des erst zehnjährigen Mädchens.

Von der eigenen Familie war Eleanor nur der dreijährige Hall »Josh« Roosevelt geblieben, für den sie, so gut sie konnte, in den folgenden Jahren die Mutterrolle übernahm. Hall wurde später Alkoholiker wie sein Vater und starb 1941 während Eleanors dritter »Amtszeit« als First Lady. Ihre Reflexionen über seinen Tod verraten nicht nur die Trauer über den Bruder, sondern zugleich ihr Bedauern darüber, daß sich hier gute menschliche Anlagen nicht haben entwickeln können, ein Leben »verschwendet worden sei«, weil es ihm an persönlicher Disziplin gemangelt habe. Trotz großer physischer Energien und eines brillanten Geistes habe dieser Mangel dazu geführt, daß Hall sich eigener Verantwortung stets entzogen habe und unfähig gewesen sei, um anderer Menschen Willen Konzessionen zu machen. Genau diese Fähigkeiten besaß Eleanor Roosevelt. Disziplin war dabei eine ihrer herausragenden Eigenschaften, die es ihr auch erlaubt hat, sich trotz widriger Umstände zu entfalten.

Aufmerksamkeit, Bewunderung und Anerkennung waren die Dinge, die sich Eleanor während ihrer gesamten Kindheit am meisten gewünscht und am wenigstens erhalten hatte. Erst ein glücklicher Umstand sollte beweisen, daß sie, wenn ihr diese Aufmerksamkeit und Liebe zuteil wurde, über sich hinauswachsen konnte. Bis zu ihrem 14. Lebensjahr hatte sie keine Schule besucht, sondern war zu Hause unterrichtet worden. 1899 im Alter von 15 Jahren wurde Eleanor dem Wunsch ihrer verstorbenen Mutter gemäß nach England gebracht. Allenswood, in Wimbledon Park unweit von Londons Zentrum gelegen, war ein exklusives Mädchenpensionat, das es sich zur Aufgabe gemacht hatte, die Töchter der liberalen europäischen Aristokratie und der amerikanischen Führungselite auszubilden. Gesellschaftliche Verantwortung, soziales Engagement, aber auch persönliche Unabhängigkeit – mit oder ohne Ehe – waren die erklärten Erzie-

Das unerreichbare Vorbild: Eleanor Roosevelt

hungsziele der resoluten Französin Marie Souvestre, der Leiterin der
Schule. Die über 70jährige Madame, die nichts mehr verabscheute als
Frauen, die zum eigenen Denken zu träge waren, wurde bald auf
Eleanor aufmerksam. Rasch wurde das Mädchen der erklärte Lieb-
ling der feministisch inspirierten Lehrerin. In Allenswood und auf
gemeinsamen Ferienreisen mit Madame Souvestre durch Europa
lernte Eleanor, Vertrauen in ihre eigenen Fähigkeiten zu entwickeln.
Der Unterricht an der französischsprachigen Schule bereitete ihr kei-
nerlei Schwierigkeiten. Überhaupt sollte sich Eleanors Sprachbegabung
für ihre spätere Karriere als unschätzbarer Wert herausstellen. Im
Sportunterricht entwickelte sie Teamgeist, fand aber auch zunehmend
Gefallen an Wettkampf und Wettbewerb. Für viele Mädchen in
Allenswood wurde Eleanor Vorbild und gesuchte Ratgeberin. »Sie hat
sich die Zuneigung vieler, den Respekt aller verdient«, schrieb Marie
Souvestre an Eleanors Großmutter, als ihre Lieblingsschülerin 1902
die Schule verließ. Nach dem Vater war Marie Souvestre die wichtigste Person im Leben Eleanor Roosevelts. Bis zu ihrem Lebensende
stand das Porträt der verehrten Lehrerin auf ihrem Schreibtisch.

Nach New York zurückgekehrt, drohte das freiheitliche Erbe Allenswoods zu verblassen und die Tradition zu siegen. Die 18jährige wurde als Debütantin in die New Yorker Gesellschaft eingeführt, um auf Bällen und Dinnerparties im Kampf um Familienprestige und finanzielles Überleben eine möglichst glänzende Partie zu machen. Das unerwartete Werben des reichen und gutaussehenden Havardstudenten Franklin Delano Roosevelt mag Eleanor einigermaßen überrascht haben, aber die Aussicht auf eine Ehe, die sie aus ihren eigenen Verhältnissen herauszuführen versprach, war nicht unwillkommen. Für Eleanor bedeutete die Ehe zunächst einen Rückzug aus dem öffentlichen Leben. Kurz nach der Hochzeitsreise wurde sie schwanger, und in den zehn Jahren zwischen der Geburt der ersten und einzigen Tochter Anna 1906 und des letzten Sohnes John 1916, war sie entweder schwanger oder gerade dabei, sich von einer Schwangerschaft zu erholen. Einer ihrer fünf Söhne starb im Alter von 8 Monaten; doch was Eleanor im Rückblick am meisten bedauerte war der Umstand, daß ihr in all diesen Jahren keine einzige eigene Entscheidung abverlangt wurde, nicht einmal in bezug auf die Erziehung ihrer eigenen Kinder. In der Regel hatte Franklins energische Mutter Sara das Sagen.

Der Rhythmus der Familie bestimmte sich durch Franklins Arbeitsleben. Seit 1907 war er Referendar in einer renommierten New Yorker Anwaltskanzlei, wo er sich nach eigenem Bekenntnis schon frühzeitig zu Tode langweilte. Deshalb kam 1910 das Angebot der demokratischen Parteiorganisation seines Heimatbezirkes Dutchess County am Hudson, ihn als Kandidaten für den Senat des Bundesstaates New York aufzustellen, wie gerufen. Dank seiner ungewöhnlichen Wahlkampfmethoden – er kaufte ein knallrotes Sportauto und bereiste damit Dörfer und Kleinstädte seines Bezirkes – gewann FDR im November überraschend die Wahl. Für die Familie bedeutete dies den Umzug in die Bundeshauptstadt Albany und den willkommenen Abstand von Saras Einfluß. Das Haus der Roosevelts wurde zum Treffpunkt kritischer Reformdemokraten, die gegen die korrupte Parteispitze in New York zu Felde ziehen wollten. Eleanor konnte beobachten, wie Politik mitunter im eigenen Wohnzimmer gemacht wurde.

Als Franklin 1912 die Nominierung des Demokraten Woodrow Wilson zum Präsidentschaftskandidaten unterstützte, wurde seine Loyalität nach dessen Wahlsieg belohnt: Seinem Wunsch und dem Vorbild Onkel Theodores entsprechend, wurde Franklin auf den

Posten des Vizemarineministers berufen. 1913 zog die Familie nach
Washington um. Der Kriegseintritt der USA 1917 ermöglichte
Eleanor zum ersten Mal, außerhalb der Familie und außerhalb ihrer
gesellschaftlichen Verpflichtungen als »Hostess« eines Washingtoner
Politikers tätig zu werden. Sie ließ die Damenkränzchen hinter sich,
um in der Kantine des Roten Kreuzes zu arbeiten, die heimkehrende
Soldaten versorgte. Die Erfahrung, daß sie einen wertvollen sozialen
Beitrag leisten konnte, der nicht unmittelbar mit der Karriere ihres
Mannes in Verbindung stand, machte sie glücklich.

Als nach Kriegsende im Herbst 1918 Franklin an Lungenentzündung erkrankt von einer Inspektionsreise nach Europa zurückkehrte,
fiel Eleanor beim Auspacken seiner Koffer ein Bündel Liebesbriefe in
die Hände. Ihr Inhalt belegten eine leidenschaftliche Affäre zwischen
ihrem Mann und Eleanors Gesellschafts-Sekretärin Lucy Mercer, die
im Sommer 1916 begonnen hatte. Für Eleanor brach eine Welt
zusammen. »Es war«, so gestand sie später einem engen Freund, »als
hätte sich der Boden unter meinen Füßen aufgetan, und zum ersten
Mal in meinem Leben sah ich mir selbst, meiner Umgebung, meiner
Welt ehrlich ins Gesicht. Erst in diesem Jahr wurde ich wirklich
erwachsen.« Sie bot ihrem Mann die Scheidung an. Doch mit Rücksicht auf die Kinder und den Skandal, der für Franklin das politische
Aus bedeutet hätte, entschied man sich dagegen. Zudem drohte Sara
im Falle einer Scheidung mit Franklins Enterbung. Die Ehekrise hatte
zur Folge, daß die Basis des Zusammenlebens von Eleanor und
Franklin Roosevelt neu verhandelt wurde. Eleanor war nicht länger
bereit, auf ein eigenes, selbstbestimmtes Leben zu verzichten. Sie
wollte einer ernsthaften Beschäftigung nachgehen und an Bereichen
teilhaben, die einer Frau ihrer Klasse bislang traditionell verwehrt
waren. Die Mercer-Affäre trieb Eleanors Aktionismus voran und
bezeichnete das Ende einer konventionellen Ehe und zugleich den
Beginn einer der ungewöhnlichsten, produktivsten und erfolgreichsten politischen Partnerschaften, die Washington je erleben sollte.

Als 1920 Franklin zum Kandidaten der Vizepräsidentschaft nominiert wurde, um für James Cox, Gouverneur von Ohio, gegen die
Republikaner Warren Harding und Calvin Coolidge ins Feld zu ziehen, nahm Eleanor erstmals aktiv an einer Wahlkampagne teil. Vier
Wochen lang tourte sie mit der Mannschaft durch die Vereinigten
Staaten. Sie mag nach dieser Reise einige Illusionen und Ideale in
bezug auf moderne Politik eingebüßt haben, aber sie lernte dabei das
politische Alltagsgeschäft gründlich kennen. Mit dem überwältigen-

den Sieg der Republikaner war Franklins Stelle in Washington verloren. Das Ehepaar kehrte nach New York zurück, wo Franklin erneut als Anwalt arbeitete, im Grunde aber bereits neue politische Manöver plante. Da erkrankte er im Sommer 1921 während eines Sommeraufenthaltes auf der kanadischen Insel Campobello an Kinderlähmung. Von Anfang an war es Eleanor, die trotz der Erkrankung Franklins Interesse an Politik und öffentlichen Aufgaben wachhielt, um zu verhindern, daß seine Mutter Sara ihn für immer als Invaliden nach Hyde Park brachte. Die nächsten sieben Jahre war Franklin hauptsächlich darauf konzentriert, die Folgen dieser Krankheit rückgängig zu machen und – am Ende vergeblich – sein Gehvermögen wiederzuerlangen. In dieser Zeit profilierte sich Eleanor Roosevelt – zunächst als Franklins Stellvertreterin und Kontaktperson – zur führenden Frauenfigur der Demokratischen Partei im Staate New York.

In den Vereinigten Staaten durften Frauen 1920 zum ersten Mal an Präsidentschaftswahlen teilnehmen. Während sich die Republikanische Partei schon vor dem Ersten Weltkrieg für das Frauenwahlrecht ausgesprochen und seitdem um die weibliche Wählerschaft bemüht hatte, steckten diesbezügliche Versuche der Demokraten noch in den Kinderschuhen. Auf die Bitte der Rechtsanwältin Elisabeth Read und der Journalistin Esther Lape übernahm Eleanor 1920 den Vorsitz der *League of Women Voters Legislative Affairs Committee*. Zu ihren Aufgaben gehörte es fortan, alle die Situation von Frauen betreffenden Gesetzesentwürfe des Bundesstaates New York aus den Kongress- und Komiteeberichten herauszufiltern, um Strategien zur Umsetzung der Vorschläge zu entwickeln. Im Frühjahr 1922 hielt Eleanor auf Einladung der Journalistin Nancy Cooks eine Rede zugunsten der neu konstituierten *Women's Division of the New York State Democratic Committee*, und im Herbst bereiste sie zusammen mit Cook, deren Lebensgefährtin Marion Dickermann und der zukünftigen Kongressabgeordneten Caroline O'Day den Bundestaat New York, um für die Bildung demokratischer Frauenclubs zu werben. Als Vizepräsidentin und Schatzmeisterin des *Democratic Women's Committee* (DWC) edierte und schrieb Eleanor Artikel für das Komiteeorgan *Women's Democratic News*, das häufig Wahlkampfstrategien und die Erhöhung der Frauenquoten in Parteigremien thematisierte. In ihrer Funktion als Vorsitzende der Frauendelegation der Demokratischen Partei nahm Eleanor am nationalen Parteikonvent der Demokratischen Partei 1924 teil und unterstützte aktiv die Nominierung des Demokraten Al Smith zum Präsidentschaftskandidaten. Sie bereiste anschließend, ähnlich wie Franklin Jahre zuvor, viele ländliche Gegenden von New York, um für Al Smith zu werben. In New York selbst reichten ihre Wahlkampfaktivitäten vom Zukleben von Versandtüten bis hin zum Fahrdienst zu den Wahlurnen.

Ab 1924 übernahm Eleanor gemeinnützige Arbeit als Mitglied des von beiden Parteien unterstützten *Women's City Club*. In den folgenden vier Jahren setzte sie sich für viele Verbesserungen im kommunalen Bereich ein, etwa der Wohn- und Transportsituation, der Einschränkung von Kinderarbeit, der finanziellen Kompensation von kranken Arbeitern und – was Schlagzeilen machte – für die Annahme einer Strafgesetzänderung, die es erlaubte, Informationen über Empfängnisverhütung an verheiratete Ehepaare weiterzugeben. Ihrer Gremienarbeit verlieh Eleanor effektvoll durch eigene Publikationen Nachdruck. Weiterhin schrieb sie regelmäßige Beiträge für die *Women's Democratic News*, veröffentlichte aber auch im populären Frauenmagazin *Redbook* und den mehr akademisch orientierten Zeitschriften *Current History* und *North American Review*.

Beruflich und privat profitierte Eleanor von ihrer Zusammenarbeit mit engagierten Feministinnen. Mit Nancy Cook, ihrer Kollegin vom DWC, und Marion Dickermann baute Eleanor 1926 das Häuschen Val-Kill auf dem Anwesen der Roosevelts in Hyde Park, einige Kilometer von Springwood, dem Wohnsitz Franklins entfernt. In Val-Kill betrieben die drei Frauen eine Möbeltischlerei als Ausbildungsbetrieb für junge Leute aus dem Hudson-Tal. Zusammen mit Marion Dickermann kaufte Eleanor überdies eine Mädchenschule in New York, die Todhunter School. Während Dickermann sich vor allem um die Verwaltung kümmerte, unterrichtete Eleanor an drei Wochentagen Englische Literatur und Geschichte. Sie wäre gerne nach dem Vorbild Marie Souvestres Lehrerin geworden. Unterricht zu geben gehörte zu ihren großen Leidenschaften.

1928 waren die Demokraten von Eleanors organisatorischen und administrativen Fähigkeiten so beeindruckt, daß Al Smith und sein politischer Berater Belle Moskowitz ihre Unterstützung für den bevorstehenden Wahlkampf geradezu erflehten. Eleanor stimmte zu, alle Aktivitäten des *Democratic Women's Committee* vor dem Parteikonvent zu koordinieren. Je mehr Eleanor mit neuen Aufgaben betraut wurde, um so leichter fielen sie ihr. Und, wie ihr ältester Sohn James sicher richtig bemerkte, sie entwickelte in diesen New Yorker Jahren eine Leidenschaft für Politik, weil sie ihr die Möglichkeit eigener Mitsprache eröffnete und ihr das Gefühl vermittelte, von Nutzen zu sein. Je mehr Eleanor sich akzeptiert fühlte, um so mehr verlor sich ihre Scheu; je erfolgreicher sie wurde, um so aggressiver konnte sie ihre Ziele verfolgen. Der durchaus von ihrem Ehemann intendierte Nebeneffekt war dabei, daß durch Eleanors Aktivitäten auch sein Name in der Öffentlichkeit wachgehalten wurde. Zum Zeitpunkt, als FDR – der sich nicht mehr länger abseits halten konnte, ohne Gefahr zu laufen, von der Partei aufgegeben zu werden – die Nominierung zum Gouverneur von New York akzeptierte, war unter Parteiaktivisten Eleanors Name bekannter als der von Franklin.

Zwar verlor Al Smith die Präsidentschaftswahl gegen den Republikaner Herbert Hoover, doch Franklin konnte die Wahl zum Gouverneur des Staates New York für sich entscheiden. 1930 wurde er in diesem Amt nochmals bestätigt. Seine Rückkehr in die politische Arena barg für Eleanor die Gefahr, zugunsten ihres Mannes aus dem Scheinwerferlicht heraustreten zu müssen. Beglückt war sie über diese Aussicht nicht, zugleich wußte sie aber doch auch, daß sich die Möglichkeiten ihrer politischen Tätigkeit zum Großteil der Beziehung zu Franklin verdankten. Noch bevor sie schließlich Amerikas First Lady wurde, hatte sie sich einen Namen als effektvolle Rednerin, stilsichere Journalistin und begabte Organisatorin erworben. Ihre Jahre als First Lady waren nicht der Beginn, sondern lediglich die Fortsetzung ihrer Aktivitäten unter anderen Vorzeichen.

Eleanor war 48 Jahre alt, als ihr Mann am 8. November 1932 zum 32. Präsidenten der Vereinigten Staaten von Amerika gewählt wurde. Obgleich sie im Wahlkampf die politischen Ambitionen ihres Mannes aus Loyalität ihm und der Demokratischen Partei gegenüber engagiert unterstützt hatte, wußte sie sehr wohl, daß sie ihre eigenen Projekte nur noch in begrenztem Umfang würde weiterverfolgen können. Während Eleanor in Presseinterviews keinen Zweifel daran aufkommen ließ, daß sie sich im Falle eines Wahlsieges in Washington sehr wohl fühlen würde, gestand sie engen Freunden gegenüber, es sei nie ihr Wunsch gewesen, die Frau eines Präsidenten zu werden. »Wäre ich egoistisch«, so schrieb sie ihrer intimen Freundin Lorena Hickok nach der Wahl, »dann wünschte ich, er wäre nicht gewählt worden.« Der Wunsch war aufrichtig, denn nun mußte Eleanor miterleben, wie die Öffentlichkeit sie selbst neu definierte.

Mehr denn je wurden ihre Aktivitäten von nun an genau verfolgt und beurteilt. Wie die amerikanische Öffentlichkeit war auch die amerikanische Presse in der Frage gespalten, wie aktiv eine First Lady

sein durfte. Besonders das konservative und traditionelle Amerika
befand, daß es sich bei einer First Lady um einen Vollzeitberuf
handle, und es nicht angehen könne, die Würde des Präsidenten und
des Landes dadurch zu verletzten, daß sein Name für kommerzielle
Zwecke durch die Berufstätigkeit seiner Frau mißbraucht werde.
Gemeint waren Eleanors kommerzielle Radiosendungen und ihre
journalistische Tätigkeit, mit denen sie sich in den letzten Jahren
auch eine finanzielle Autonomie erwirtschaftet hatte. Das Roosevelt-
sche Vermögen werde schon keinen Schaden nehmen, so höhnten
Demokraten und Republikaner gleichermaßen, wenn Eleanor freiwillig ihre lukrativen Posten an notdürftige Schwestern abtrete. Im
Februar 1933, noch vor der ersten Amtseinführung FDRs am
4. März, erreichten die negativen Schlagzeilen ein solches Hoch, daß
Eleanor sich dem Druck des Weißen Hauses und der Öffentlichkeit
beugen und erklären mußte, sie werde ihre Radioverträge nicht ver-
längern und künftig davon Abstand nehmen, in ihren Zeitungs- und
Magazinartikeln politische Angelegenheiten zu diskutieren. Allein,
Eleanor wäre nicht ELEANOR geworden, hätte sie sich an diese
Abmachung gehalten.

Die Roosevelts erbten ein wirtschaftlich marodes und gesellschaftlich krankes Amerika. Das von der Wirtschaftsdepression seit 1929
schwer gezeichnete Land mußte aus tiefster Arbeitslosigkeit und
sozialer Hoffnungslosigkeit herausgeführt werden. Drei Ziele waren
mit dem der amerikanischen Gesellschaft von seinem neuen Präsidenten versprochenen *New Deal* verbunden: rasche Linderung der ökonomischen und sozialen Not großer Bevölkerungsteile, Gesundung
der Wirtschaft und Reform der Gesellschaft. Von der Regierung initiierte Arbeitsbeschaffungsmaßnahmen nahmen einen Großteil der
Projekte ein, die die Roosevelt-Administration in Angriff nahm, um
den zunächst unbestimmten Begriff des *New Deal* inhaltlich zu füllen. Ergebnis war ein nie gekanntes Ausmaß staatlicher Intervention,
die vorübergehende Schaffung eines »Sozialstaates«, dessen Ver-
schuldung stetig und bedrohlich stieg.

In den ersten hundert Tagen der neuen Administration, in denen
der Kongreß eine Flut von Gesetzen verabschiedete, die viele Voll-
machten an den Präsidenten delegierten und verfassungsmäßig zum
Teil fragwürdig waren, kamen Eleanor keine klar definierten Aufgaben zu. Ihr Vorschlag, als Sekretärin die Post zu beantworten, lehnte
Franklin ab. Am 6. März, zwei Tage nach seiner Amtseinführung,
veranstaltete Eleanor erstmals eine eigene Pressekonferenz für Repor-

terinnen. Auf diesen wöchentlichen Veranstaltungen sollten eigentlich die traditionellen sozialen Pflichten der First Lady diskutiert werden, doch mit der Zeit dominierten immer stärker politische Themen, so daß Klatschreporter zunehmend fern blieben, weil dort kaum »stories« für sie abfielen. Kritik des Weißen Hauses, Eleanor solle zu harmloseren Themen zurückkehren, da ihre unorthodoxen Kommentare zur Politik ihres Mannes immense Kritik hervorriefen, begegnete sie mit dem Hinweis, sie mache ja gerade diese Kommentare in der Absicht, Kontroversen zu erwecken und dadurch Themen zur Sprache zu bringen, denen man ihrer Meinung nach zuwenig Aufmerksamkeit schenke. »Ich wage zu behaupten«, so erklärte sie, »daß ich ohnehin stets kritisiert werde, egal was ich tue.«

Doch Eleanor wollte nicht nur belehren, sie war auch begierig zu erfahren, was »draußen« gedacht wurde, wie man die neuen Maßnahmen der Roosevelt-Administration beurteilte, wieviel davon überhaupt zu spüren war. Als die Herausgeber von *Women's Home Companion* im August 1933 bei ihr anfragten, ob sie eine monatliche Kolumne schreiben wolle, akzeptierte Eleanor beglückt. In ihrem ersten Artikel erläuterte sie, sie wolle diese ihr inhaltlich völlig freigestellte Seite als Diskussionsforum nutzen und forderte die Leserinnen und Leser auf, ihr über ihre Probleme, ihre Freuden, ihre politischen Ansichten zu berichten, auch oder gerade wenn sie mit ihren eigenen nicht übereinstimmten. Durchschnittlich erreichten Eleanor 350 Briefe pro Tag; und bis Januar 1934 waren 300 000 Amerikaner dieser Aufforderung gefolgt. Eleanors Appell an die Öffentlichkeit war kein Selbstzweck, er reflektierte ihre liberale Grundüberzeugung. Sie betrachtete den freien Austausch von Informationen und Ideen als wesentlich: Je gebildeter und aufgeklärter eine Gesellschaft, um so größer waren die Chancen, wahre Demokratie zu verwirklichen. Amerika, so glaubte sie, sei zu besessen von materiellem Reichtum, und es sei an der Zeit, daß die Nation ihre Grundwerte neu überdenke. Nicht Besitz, sondern die Fähigkeit zu sozialer Verantwortung müsse belohnt werden; und in einer Demokratie zu leben bedeute stets, Verantwortung zu übernehmen.

Es war Franklins politischer Berater Louis Howe, der dafür eintrat, Eleanor als »Botschafterin des Präsidenten« einzusetzen. Sie sollte die von der Regierung ins Leben gerufenen neuen Projekte besuchen und anschließend ihre Eindrücke, Einsichten und Erfahrungen der Regierung mitteilen. Beispielhaft für Eleanors Mitspracherecht war die Modellsiedlung Arthurdale in West Virginia, in der 200 arbeitslose

Bergarbeiterfamilien ein neues Zuhause finden sollten. Da die Regierung in der Landflucht und dem Anwachsen des städtischen Proletariats einen wesentlichen Grund für die Wirtschaftskrise sah, gehörten Umsiedlungsprogramme zu den ersten Schwerpunkten des *New Deal*. Die Überwachung von Arthurdale wurde auf Wunsch des Präsidenten ganz in die Hände von Eleanor gegeben, die sich um jedes Detail kümmerte, von der Fertighaussiedlung, über die Modellschule, die ärztliche Versorgung, bis hin zur Konsum- und Produzentengenossenschaft. Doch mit welchen Problemen die Maßnahmen des *New Deal* konfrontiert waren, konnte man an Arthurdale besonders gut ablesen. Solche Kleinsiedlungen, von denen mehr als 100 geschaffen wurden, konnten nur Autonomie gewinnen, wenn die Ansiedlung einer entsprechenden Kleinindustrie genügend Arbeitsplätze versprach. Private Investoren schreckten aber vor diesen staatlichen Unternehmungen zurück, so daß viele Siedler von der Sozialhilfe abhängig blieben und entsprechen demoralisiert wurden. Selbst die Reformschule mußte schließlich von Eleanor aus eigener Tasche finanziert werden. Erst die Kriegsindustrie des Zweiten Weltkrieg, das heißt der Bau einer Fluzeugfabrik in der Nähe von Arthurdale, schuf die Bedingungen für das Funktionieren der Modellsiedlung. Eleanor, die schon mit ihrer Möbeltischlerei in Val-Kill den Gedanken der »Hilfe zur Selbsthilfe« verfolgt hatte, da es darum gehen müsse, jungen Menschen Fertigkeiten zu vermitteln, die sie für den Arbeitsmarkt interessant und nicht von Sozialhilfe abhängig machen würden, unterstützte konsequent in den folgenden Jahren vor allem solche Projekte, die genau dies versprachen. Es mußte darum gehen, Menschen in ihre ökonomische Autonomie zurückzuführen.

Daß Eleanor staatlichen Paternalismus nur beschränkt gutheißen konnte, zeigte sich auch in ihren Stellungnahmen zum Problem der hohen Jugendarbeitslosigkeit der dreißiger Jahre. Während sich bei konservativen Politikern die Angst vor Subversion und Revolution breitmachte, beklagten progressive Kräfte die Desillussionierung und Apathie der arbeitslosen Jugendlichen. Der *New York Times* erklärte Eleanor im Sommer 1935, sie sei zutiefst darüber besorgt, daß man diese Generation verlieren könne. Es müsse alles versucht werden, um Jugendliche in das aktive Leben der Kommune einzubinden und ihnen das Gefühl zu geben, gebraucht zu werden. Über Ausmaß und Form der Hilfsprogramme für Jugendliche gab es unterschiedliche Ansichten. Während Franklin sich mit dem eher traditionellen Versuch begnügte, Teamgeist und körperliche Entwicklung der Jugendlichen in Sommercamps durch Waldarbeiten zu fördern, kritisierte Eleanor, die mehr als 120 solcher Einrichtungen besuchte, die Camps als zu militaristisch und eher schädlich für eine unabhängige Entwicklung, zudem fehlten ihr die notwendigen Ausbildungsmöglichkeiten für das spätere Berufsleben. Dank Eleanors Einsatz kamen Treffen zwischen Jugendorganisationen, Studentenführern und den mit den Jugendprogrammen betrauten Regierungsbeamten zustande, auf denen die wirklichen Bedürfnisse der Jugendlichen festgestellt und erörtert wurden.

Auf ihren zahlreichen Reisen durch das Land kam Eleanor mit vielen Amerikanern in Kontakt, die durch Diskriminierung besonders hart getroffen waren. Rassentrennung in Schulen, Bussen, öffentlichen Freizeitanlagen, selbst auf Parkbänken und in Kinos gehörten zu den akzeptierten Alltagserscheinungen der 1930er Jahre. Weiße Vormachtstellung dokumentierte sich auch im ungestraften Lynchen von Schwarzen in den Südstaaten, Menschenrechte als Konzept existierten faktisch nicht. Während der Präsident einen politisch moderaten Kurs verfolgen mußte, um sich die Kongreßmehrheit zu sichern, die von weißen Südstaatlern maßgeblich abhing, konnte Eleanor eine entschieden deutlichere Sprache sprechen. Sie ließ keine Gelegenheit aus, um Rassenvorurteile als undemokratisch und unmoralisch zu verurteilen. Sie forderte eine »zweite Rekonstruktion« wie nach dem Amerikanischen Bürgerkrieg, die Anti-Lynch Gesetze und gleiche Ausbildungschancen für Schwarze sicherstellen sollte. Als im Februar 1939 der Frauenverein *Daughters of the American Revolution* der schwarzen Sängerin Marian Anderson kein Auditorium für ihre Konzerte zur Verfügung stellen wollte, erklärte Eleanor kurzerhand ihren Austritt aus diesem Gremium mit der Begründung, es sei normalerweise nicht ihre Art, einfach auszutreten, sondern innerhalb des Vereins für eine Veränderung zu wirken, aber ihr Bleiben in dieser Organisation könne als stillschweigende Akzeptanz ihrer Politik mißverstanden werden. Am nächsten Tag berichteten alle Zeitungen von New York bis San Francisco von Eleanors Entscheidung: Die First Lady hatte die Rassendiskriminierung auf die nationale Bühne politischer Auseinandersetzung gehoben. Schwarze Amerikaner haben in Eleanor Roosevelt eine glaubhafte Vertreterin ihrer Interessen gesehen; und so mancher hielt dem Präsidenten die Treue, weil er Vertrauen in seine First Lady hatte.

Wie groß Eleanors Einfluß auch innerhalb der demokratischen Partei war, zeigte ihr Auftreten auf dem Parteikonvent in Chicago 1940.

*Politisch aktiv bis ins hohe Alter: Eleanor Roosevelt
als Wahlkämpferin für John F. Kennedy, 1960*

Die Delegierten waren hinsichtlich der Nominierung des Vizepräsidenten stark zerstritten. Franklin favorisierte Henry Wallace, und um seinem Wunsch Nachdruck zu verleihen, schickte er Eleanor in die Höhle des Löwen. Bis zu diesem Tag hatte noch nie eine First Lady auf einem nationalen Parteikonvent das Wort ergriffen. Als Eleanor auf dem Podium erschien, ließ der Tumult schlagartig nach, und Eleanors frei gehaltene Rede – in Wirklichkeit war sie gründlich einstudiert – führte dazu, daß Wallace gleich im ersten Wahlgang die notwendigen Stimmen auf sich vereinigen konnte. Selbst alte Parteihasen mußten zugeben, daß ihr ein rhetorischer Meisterstreich gelungen war.

Während des Zweiten Weltkrieges blieb Eleanor, was sie schon zu Friedenszeiten gewesen war: das soziale Gewissen der Roosevelt-Administration. Während für den Präsidenten das Gewinnen des

Krieges und der amerikanische Einfluß auf die Nachkriegsordnung Priorität einnahmen, behielt Eleanor die Zustände im eigenen Land im Auge. Ob es um betriebliche Kinderkrippen oder Kantinen ging, um Gleichberechtigung am Arbeitsplatz oder in den Streitkräften, stets suchte sie zu verhindern, daß soziale Maßnahmen mit dem Hinweis auf Kriegsanstrengungen einfach vom Tisch gefegt würden.

Daß Eleanor kaum zu außenpolitischen Fragen Stellung nahm, lag nicht an ihr, sondern an Auflagen, die ihr das Außenministerium und Franklin gemacht hatten. Dennoch war ihre Haltung allgemein bekannt. Bereits in den zwanziger Jahren gehörte sie zu den Sympathisanten des von Präsident Wilson initiierten Völkerbundes und des Internationalen Gerichtshofs. Da sich ihrer Meinung nach das demokratische Amerika seiner Vorbildfunktion nicht entziehen durfte, kritisierte sie alle isolationistischen Tendenzen, die Amerikas Neutralität in internationalen Krisen befürworteten. Auch war sie eine der ersten, die auf den Zusammenhang zwischen der Rassenideologie der europäischen Faschisten und Amerikas eigenem Umgang mit seinen ethnischen Minoritäten, allen voran den Afroamerikanern hinwies.

Politischen Beobachtern erschien Eleanors Energie grenzenlos, und ein gebräuchliches Stoßgebet im Weißen Haus lautete: »Bitte, lieber Gott, mach Eleanor müde!« Ohne sichtbare Zeichen von Erschöpfung kam sie nicht nur ihren Verpflichtungen als First Lady, sondern auch als Autorin und Kolumnistin nach. Wie wenige vor ihr, hat Eleanor Roosevelt es verstanden, die Medien in ihrem Sinne zu nutzen. In den Jahren zwischen 1933 und 1945 schrieb sie – ohne Ghostwriter – über 2500 Kolumnen und 200 Artikel, veröffentlichte sechs Bücher und hielt jedes Jahr mindestens 70 Reden. Ihre Kolumne *My Day* wurde in 48 Zeitungen mit einer addierten Auflage von 4,5 Millionen Exemplaren landesweit abgedruckt.

Als Franklin Delano Roosevelt am 12. April 1945 im Kurort Warm Springs, umgeben von einigen engen Freunden – darunter Lucy Mercer – starb, organisierte Eleanor die Beerdigung und ihren Auszug aus dem Weißen Haus innerhalb einer Woche. »Die Geschichte ist zu Ende«, erklärte sie Journalisten ihre Eile, überzeugt davon, daß ihr Einfluß »ohne das Ohr des Präsidenten« rapide abnehmen würde. Gefragt nach ihren Plänen gab sie lediglich an, ihre Kolumnen weiter schreiben, ihr Leben vereinfachen und sich nicht alt fühlen zu wollen. Zu letzterem sollte sie in den ihr verbleibenden siebzehn Jahren bis zu ihrem Tod am 7. November 1962 ohnehin wenig Gelegenheit finden.

Als am 26. Juni 1945 in San Francisco die Gründungsveranstaltung der Vereinten Nationen stattfand, wurde Eleanor Roosevelt erste Botschafterin der USA bei den Vereinten Nationen. Sie hat diese Aufgabe als die wichtigste Arbeit ihres Lebens bezeichnet. Als US-Vertreterin im Komitee für soziale, humanitäre und kulturelle Angelegenheiten gehörte Eleanor zu den Verfassern der allgemeinen Menschenrechtserklärung. Auch wenn diese Erklärung keine Sanktionen bei Verletzung seiner Bestimmungen durch Mitglieder vorsah, so sollte dieses Dokument doch – das wissen wir heute – künftige Weltpolitik auf eine neue Basis stellen.

Obwohl historische Untersuchungen, die sich mit Eleanors Leben und der Roosevelt-Administration beschäftigen, ihren Gegenstand noch lange nicht erschöpft haben, sind sie sich doch in einem Punkt alle einig: Sie war es, die die Rolle der amerikanischen First Lady neu definiert hat und den Standard setzte für alle zukünftigen Präsidentenfrauen. Ihr Vermächtnis als First Lady, UN-Delegierte, demokratische Parteiaktivistin, humanitär und sozial engagierte Feministin und Kolumnistin machte sie zur Ikone für Millionen. In den 1940er Jahren zählten politische Reporter sie zu den zehn mächtigsten Personen in Washington, und Gallup-Umfragen zufolge war sie während des Zweiten Weltkrieges »die beliebteste Frau der Welt«.

Ihr Name wurde zu einer Art Markenzeichen. So stark war ihr Einfluß auf die zeitgenössische amerikanische Kultur, daß 1951, als sich die Schauspielerin Katharine Hepburn damit abmühte, ihrem berühmtesten Filmcharakter, der züchtigen, aber resoluten Missionarin Rose Sayer in *African Queen,* den richtigen Ausdruck zu verleihen, eine einzige Anweisung von Regisseur John Houston genügte: »Spiel sie wie Eleanor Roosevelt«.

White House Blues
Bess Truman, 1885–1982

Christine von Oertzen

»Mit Sicherheit nicht«, pflegte Bess Truman auf die Frage zu antworten, ob sie ihrem Mann das höchste Amt der Vereinigten Staaten gewünscht habe. Mehr bekam man von ihr öffentlich kaum zu hören, und selbst dieses Statement gab sie nur auf schriftliche Anfrage. Die First Lady der Ära Truman blieb lange Zeit so unsichtbar, daß sie problemlos allein in Washington einkaufen gehen konnte, weil niemand sie erkannte.

Anders als den meisten First Ladies blieb Bess Truman allerdings auch kaum Zeit, sich auf ihr Amt innerlich vorzubereiten. Harry Truman hatte nicht den Ehrgeiz gehabt, Präsident zu werden, und er hatte sich 1944 lange, aber umsonst gesträubt, als Vizepräsident von Franklin D. Roosevelt zu kandidieren. Vom großen »FDR« bis zum äußersten unter Druck gesetzt, willigte er schließlich ein. Den ungeliebten Vize-Posten hatte Truman dann nicht einmal drei Monate inne, denn Roosevelt starb kurz nach seiner Wiederwahl. Der plötzliche Tod des Präsidenten am 12. April 1945 katapultierte die Trumans über Nacht ins Weiße Haus. Völlig unvorbereitet sah Harry Truman sich mit den hochsensiblen und komplexen Konflikten der letzten Kriegswochen und den schwierigen Verhandlungen über eine Friedensordnung in Europa konfrontiert. Nicht nur hatte er selbst mit dem Tag seines Amtsantritts zahllose weltpolitische Entscheidungen zu fällen – auch fand sich das neue Präsidentenpaar abrupt im gleißenden Scheinwerferlicht der Nachrichtenindustrie. Harry Truman bewältigte die außerordentliche persönliche Anspannung der ersten Monate im Präsidentenamt weit besser als seine Frau Bess, die gleichsam unter Schock stand und ihre repräsentative Funktion im Weißen Haus schlicht als Alptraum empfand.

Zu allem Unglück ging auch gleich ihr erster offizieller Fernsehauftritt gründlich schief: Nur wenige Wochen nach Trumans Vereidigung sollte die First Lady zwei Sanitätsflugzeuge der US-Navy taufen. Man hatte jedoch die Champagnerflaschen nicht sorgfältig präpariert, und so geriet das Ereignis zur öffentlichen Feuertaufe für Bess Truman selbst. Die erste Flasche hielt sieben Versuchen stand, sie mediengerecht und ladylike an den Flugzeugrümpfen zerschellen zu lassen. Als Mrs. Truman das unversehrte Stück schließlich fassungslos einem neben ihr stehenden Colonel in die Hand drückte, brauchte auch dieser noch fünf Anläufe, bis das Glas endlich klirrte. In Rage schmetterte die First Lady daraufhin die zweite, am Hals sehr weit angesägte Flasche so wuchtig los, daß diese noch in ihrer Hand in Stücke ging und sie in einen Regen von Champagner hüllte. Noch im nachhinein unfähig, über die Komik der Situation zu lachen, verbat sich Bess auch von Mann und Tochter jede Anspielung auf den Vorfall, den die Presse zu ihrem Verdruß weidlich ausschlachtete. Die Episode wuchs sich zum Trauma für Bess Truman aus und trug wenig dazu bei, ihre persönliche Scheu vor repräsentativen Aufgaben zu mildern.

Hinzu kam ein schwerwiegender politischer Fehler. Er zeigt, wie schwer Bess Truman sich damit tat, zu akzeptieren, daß sie eine öffentliche Person geworden war und das Amt der First Lady unweigerlich auch politisch ausfüllen mußte. Im Oktober 1945 erhielt sie eine Einladung zum Tee. Ausgesprochen hatte diese der traditionsreiche und patriotisch-elitäre Club der »Töchter der Amerikanischen Revolution« (Daughters of the American Revolution, DAR). Was auf den ersten Blick aussieht wie ein rein gesellschaftliches Ansinnen, war gleichwohl politisch und symbolisch brisant. Denn 1939 war Bess Trumans Vorgängerin Eleanor Roosevelt aus eben diesem Club ausgetreten, weil er den Auftritt der schwarzen Sängerin Marian Anderson in der Washingtoner Constitution Hall verhindert hatte. Bess Truman sah jedoch keinen Anlaß, die Einladung der DAR zum Tee auszuschlagen, selbst als der Ehemann der Pianistin Hazel Scott sie persönlich dazu aufforderte. Seiner Frau war jüngst dasselbe widerfahren wie Marian Anderson im Jahr 1939: Die DAR hatten ihren Auftritt in Washington vereitelt, weil sie schwarz war. Die neue First Lady überging diese Beschwerde, stattete dem Club ihren Besuch ab und provozierte damit einen Aufschrei in der liberalen Öffentlichkeit Amerikas. Was politisch als Affront gegen die Forderung nach gleichen Bürgerrechten gewertet werden mußte, war für Bess Truman, wie sie ihrer Tochter Margaret anvertraute, eine Frage ihrer persönlichen Selbstbehauptung: Sie wollte sich – First Lady hin oder her – von niemandem ihren gesellschaftlichen Umgang diktieren lassen. Öffentlich rechtfertigte sie ihren Schritt in bekannt wortkarger

Das Mädchen aus Missouri: Bess Truman

Manier, mit der sie sich den wenig schmeichelhaften Spitznamen »Last Lady« einhandelte: Sie bedaure jede Aktion, die künstlerischem Talent wegen rassischer Vorurteile Chancen verwehre, glaube aber nicht, dies durch die Absage einer Einladung zum Teekränzchen ändern zu können.

Nicht von ungefähr fiel in der Folgezeit der Vergleich der neuen mit der alten First Lady selten zu Gunsten von Bess Truman aus. Der Schatten ihrer Vorgängerin war so übermächtig, daß die wider Willen in das Amt Gedrängte bewußt in die Gegenrichtung ging. Die wöchentlichen Pressekonferenzen, die Eleanor Roosevelt eingeführt hatte, ließ Bess Truman sofort unter den Tisch fallen. Gegen jede Form von persönlichem Kontakt mit der Öffentlichkeit mauerte sie an. Die Pressearbeit überließ sie zwei erfahrenen Referentinnen und wies sie an, nur das Nötigste über das Präsidentenpaar bekanntzugeben. Nach langem Hin und Her fand sie sich schließlich bereit, den Reportern wenigstens schriftlich zu antworten, wobei sie auf so viele Fragen überhaupt nicht reagierte, daß das geflügelte Wort von der »Lady No Comment« bald die Runde machte.

Die Trumans waren im Gegensatz zu vielen anderen Präsidenten-
paaren aber eben auch keines, das sich im Einverständnis darüber
zusammengefunden hatte, daß es eine Top-Karriere in der Politik
aufzubauen galt, im Gegenteil. Als Bess Wallace Harry Truman im
Alter von 34 Jahren heiratete, hatte ihr um ein Jahr älterer Bräutigam
mit Politik noch überhaupt nichts im Sinn. 1919 war Harry Truman,
der von Beruf Farmer war, gerade als Kommandant einer Batterie aus
dem Ersten Weltkrieg zurückgekehrt. Nach einem gescheiterten Versuch, sich als Herrenausstatter eine städtische Existenz aufzubauen,
suchte Truman zwar den Weg in die Politik. Er tat dies jedoch eher,
weil er auf einen Posten in der Verwaltung des *county* spekulierte, die
zu Beginn der zwanziger Jahre noch weitgehend über politische Man-
date vergeben wurden. In den Ämtern, die Harry Truman zwischen
1922 und 1934 im Auftrag der Demokraten in Missouri bekleidete,
machte er sich als kompetenter, gewissenhafter und absolut unbe-
stechlicher Technokrat einen Namen, vor allem in der Verkehrs-
planung und Straßensanierung von Missouri.

Bess Truman unterstützte ihren Mann während der Wahlkampagnen, führte ansonsten den Haushalt und kümmerte sich um die
1924 geborene Tochter und ihre alte Mutter. An diesem ruhigen
Leben in Independence änderte sich wenig, als Harry Truman 1934
als Senator von Missouri in den Kongreß gewählt wurde, und die
Familie nach Washington zog. Die Trumans wohnten nun in einem
bescheidenen Apartment, und Bess versorgte weiterhin den Haushalt,
ohne Bedienstete einzustellen. Ihr gesellschaftlicher Umgang beschränkte sich auf den Congressional Club, in dem die Ehefrauen der
Senatoren sich zu halboffiziellen Luncheons und Tees trafen.

Die Trumans kannten sich gewissermaßen aus dem Sandkasten:
Sie waren sich 1890 im Alter von fünf beziehungsweise sechs Jahren
in der Sonntagsschule des Städtchens Independence in Missouri zum
ersten Mal begegnet. Harry Truman hat oft betont, Bess Wallace sei
die erste und einzige Liebe seines Lebens gewesen. Bis zu ihrem
25. Lebensjahr allerdings schenkte die außerordentlich patente,
sportliche und beliebte Bess dem kurzsichtigen, introvertierten Harry,
der gern Bücher las und Klavier spielte, keine besondere Beachtung.
Solange sie dieselbe High School besuchten, lernten sie zusammen
Latein, und ab und an erlaubte Bess ihrem schüchternen Verehrer, ihr
die Bücher nach Hause zu tragen.

Im Gegensatz zu den Trumans rechnete sich die Familie Wallace
zur Upper Class von Independence. Die Eltern von Bess' Mutter

hatten als Besitzer einer Kornmühle ein beträchtliches Vermögen gemacht und residierten an erster Adresse des Städtchens. Die begabte Bess glänzte in der Schule, bei Baseball, Basketball und Tennis, auf Reitturnieren und Tanzfesten. Wie viele ihrer Freundinnen hatte sie den Ehrgeiz, nach der Schule eine der »Seven Sisters«, der sieben ältesten Elite-Colleges für Frauen an der Ostküste, zu besuchen. Aber es kam anders. Ihr Vater, ein geschätzter Lokalpolitiker, hatte sich immer tiefer in Schulden gestürzt, um den Lebensstandard der Familie zu halten, und war zum Alkoholiker geworden. Kurz nach Bess' 18. Geburtstag nahm er sich das Leben. Ihre Mutter kam über den Schock und die gesellschaftliche Schmach dieses Todes nie hinweg, und so fiel Bess als ältester Tochter die Rolle zu, die Familie zu versorgen. Anstatt ihre Ausbildung weiterzuverfolgen, führte sie den Haushalt für ihre drei jüngeren Brüder. Als diese das Haus nach und nach verließen, blieb sie bei ihrer Mutter und nahm Teil am gesellschaftlichen Leben von Independence. Sie gründete einen Bridgeclub und trat einer wohltätigen Handarbeitsgruppe bei. Die wohlhabenden Großeltern sicherten ihre Existenz.

Als Harry Truman, der 1907 mit seiner Familie auf eine 15 Meilen entfernte Farm gezogen war, sich 1910 wieder um Bess bemühte, zeigte sie weit mehr Interesse als früher. Die Freundschaft, die sich nun entwickelte, ist so gut wie kaum eine andere dokumentiert. Denn die Welten zwischen Land- und Stadtleben versuchte Harry zu überbrücken, indem er Bess fast täglich lange Briefe schrieb. Über alles, was ihn als Farmer beschäftigte, berichtete er im Detail: über seine Haßliebe zu Kühen, über seine verschiedenen Tätigkeiten auf dem Feld und vieles mehr, so daß die Briefe auch hohen Erkenntniswert für die Alltags- und Technikgeschichte der amerikanischen Landwirtschaft haben. Aber natürlich zeigt die Korrespondenz Harry Truman auch als aufmerksamen, bescheidenen Freund und aufopfernden Liebhaber, der bereit war, Bess Wallace auf Händen zu tragen. Bis diese schließlich einwilligte, Harry Truman zu heiraten, gingen allerdings neun Jahre ins Land. Sie hatte sich in ihrem recht unabhängigen Leben gut eingerichtet und war nicht bereit, dies ohne weiteres für eine wirtschaftlich womöglich schlecht abgesicherte Ehe aufzugeben. Auch schien ihr ein Leben als Farmerin völlig undenkbar. Um sie aufs Land zu locken, baute Harry Truman ihr einen Tennisplatz, und er kaufte ein Auto, mit dem man die Entfernung zwischen Independence und Grandview leichter bewältigen konnte. Heiraten wollte Bess erst, als Harry sich 1917 entschloß, als Soldat in den europäischen Krieg zu ziehen, und als er 1919 von dort zurückkam, war es endlich soweit.

Die Gewohnheit, ihren intensiven Kontakt in Zeiten räumlicher Trennung durch Briefe aufrecht zu erhalten, haben die Trumans ihr Leben lang beibehalten. Harry und Bess Truman standen sich emotional so nah wie kaum ein anderes amerikanisches Präsidentenpaar. Die 1268 Briefe, die Harry an Bess Truman geschrieben hat, legen auch ein Zeugnis davon ab, wie sehr Bess an der politischen Karriere ihres Mannes Anteil nahm, obgleich dies öffentlich niemals sichtbar wurde. Mit Fug und Recht konnte sie jedoch 1945 von sich sagen, seit 25 Jahren in der Politik zu sein. Sie schrieb seit Jahren an den Reden ihres Mannes mit und erledigte so viel von seiner Büroarbeit, daß Harry Truman ihr während seiner Zeit als Senator ein ansehnliches Gehalt von 2400 Dollars im Jahr zahlte. Nie jedoch hatte sie den Ehrgeiz, selbst politisch aktiv zu werden. Als First Lady sah sie sich als dezidiert private Rückenstütze des Präsidenten an. Sie fühlte sich dafür verantwortlich, daß Krawatte und Hut ihres Mannes richtig saßen, wenn er das Haus verließ, daß er nicht zu spät ins Bett ging, und daß er regelmäßig Ferien machte, um sich nicht vollständig von der Arbeit überwältigen zu lassen. Und sie nahm ihn für private Angelegenheiten in die Pflicht: Aus dem kriegszerstörten Deutschland sollte Harry ihr Chanel No. 5 mitbringen (was er, wie er ihr schrieb, aber nicht einmal auf dem Schwarzmarkt bekommen konnte).

Daß Bess Truman ihren Mann tatsächlich psychisch zusammenhielt, zeigt sein Hilferuf vom Dezember 1945: Nach den übermenschlich anstrengenden ersten Monaten seiner Präsidentschaft bat er sie, ihm die Unterstützung nicht zu versagen. Er habe sich um dieses Amt nicht gerissen, aber nun sei er in der Pflicht. Und er fühle sich den Anforderungen nur gewachsen, wenn er sein »Heim«, das heißt Frau und Tochter, hinter sich wisse. Vorausgegangen war diesem Brief eine tiefe Erschütterung des Eheglücks der Trumans. Der Alltag mit der Weltpolitik und dem großen Stab im Weißen Haus entzweite in Bess' Augen die lang gewachsene eheliche Eintracht. Besonders übel nahm sie ihrem Mann, daß er sie in wichtige politische Entscheidungsprozesse nicht mehr einbezog, wie etwa bei der Frage, Atombomben über Japan abzuwerfen. Nicht daß Bess Truman gegen diesen umstrittenen Schritt Harry Trumans wesentliche Einwände gehabt hätte – aber sie sah sich zunehmend außen vor. Tief enttäuscht zog sie sich im Sommer 1945 in das elterliche Haus in Independence zurück,

*First Family, volkstümlich: Bess und Harry Truman
bei einem Baseball-Spiel*

das die Familie als zweiten Wohnsitz nutzte. Als Folge dieser Krise institutionalisierten die Trumans das politische Gespräch unter vier Augen. Jeden Abend trafen sie sich im Arbeitszimmer des Präsidenten, um sich über die Ereignisse des Tages auszutauschen.

Bess Truman ihrerseits versuchte, dem »Großen Weißen Gefängnis« so oft wie möglich zu entfliehen. Viel Zeit verbrachte sie in Independence. War ihre Anwesenheit in Washington unabdingbar, versuchte sie, dem repräsentativen Koloß die Note eines ganz normalen bürgerlichen Haushaltes aufzuzwingen. So holte sie ihre alte Mutter ins Weiße Haus, weil diese nicht mehr allein leben konnte, und sie lud den Brigdeclub ihrer Heimatstadt Independence zum Wochenendbesuch ein. Als weiblicher Vorstand des Haushalts war sie eine gewissenhafte und engagierte offizielle Gastgeberin. Sie führte die »Social Season« im Weißen Haus wieder ein, und lud zu zahllosen Staatsempfängen und Nachmittagstees. Ihre rechte Hand, so wußte man zu berichten, wuchs vom Begrüßen der vielen Gäste um eine Handschuhgröße an. Auch war sie bereit, sich für wohltätige Zwecke in Dienst nehmen zu lassen. Sie akzeptierte Ehrenmitgliedschaften in Vereinen und Schirmherrschaften von karitativen Veranstaltungen.

Auf diese Weise ging Bess Truman als »Hausfrau der Nation« ins öffentliche Bewußtsein ein. Sie erwarb sich Anerkennung, weil sie sich aus ihrer plötzlichen Berühmtheit nichts machte und die blieb, die sie war. Der Stab des Weißen Hauses kannte keine bessere Chefin als sie, und hinter den Kulissen konnte man sie als jemanden kennenlernen, der, wie man sagte, »das Lachen erfunden hat«. Und obwohl sie sich mit ihrem Amt ab 1948 sichtlich versöhnte, seit Harry Truman als »richtiger«, wenn auch nur mit hauchdünner Mehrheit gewählter Präsident seine Geschäfte versah, empfand sie die Jahre im Weißen Haus als schweres Schicksal, das sie nur um seinetwillen auf sich zu nehmen bereit war. Daß die Trumans einen Großteil ihrer zweiten Amtszeit wegen einer Totalrenovierung des Weißen Hauses im sehr vielen kleineren »Blair House« residierten, kam Bess' Bedürfnissen schon sehr entgegen. Entschieden plädierte sie aber 1951 dafür, nicht noch einmal ins Rennen um das Präsidentenamt zu gehen. Harry Truman schloß sich schließlich ihrem Votum an. Eines der wenigen Bilder, auf dem man Mrs. Truman als First Lady entspannt und fröhlich sehen kann, ist das offizielle Abschiedsbild des Präsidentenpaares.

Wäre es nach Bess Truman gegangen, so hätte dieses Bild das letzte sein können, das die breite Öffentlichkeit von ihr zu sehen bekam. Sorgfältig hat sie viele persönliche Dokumente, auch die Briefe an ihren Mann, vernichtet, um ihre Privatsphäre dauerhaft zu schützen. Eine besonders intime Kennerin der häuslichen und persönlichen Verhältnisse hat dem Publikum allerdings dann doch noch den Blick durchs Schlüsselloch gewährt: Margaret Truman, einziges und lang erhofftes Wunschkind des Präsidentenpaares. Sie erlebte die Präsidentenzeit ihrer Eltern als junge Erwachsene mit und konnte offenbar der Versuchung nicht widerstehen, aus diesem Wissen Kapital zu schlagen. Bekannt geworden ist Margaret Truman nicht nur als Autorin einer Serie von Kriminalromanen, die allesamt hinter den Kulissen des Weltmachtzentrums Amerika spielen, wie etwa »Mord im Weißen Haus« oder »Mord im Kongreß«. Weit besser verkauft haben sich ihre Biografien von Harry und Bess Truman, die wenige Jahre, nachdem ihre Mutter 1982 gestorben war, auf den Markt kamen. Ihre dezidiert persönliche Sicht auf die Präsidentschaftsjahre ihrer Eltern hat zweifellos den Blick für die Opfer geschärft, die das Amt des Präsidenten einer First Lady abverlangt.

Die politischen Chancen freilich, die das Amt der First Lady 1945 bot, als Eleanor Roosevelt es nach zwölf Jahren abtrat, ließ Bess Truman verkümmern. Obwohl aufs Jahr genau gleich alt wie ihre agile und kämpferische Vorgängerin, verkörperte Mrs. Truman ein weit traditionelleres Bild der Ehefrau: das einer patenten, aber konventionellen, im Privaten agierenden und zurückhaltenden Gefährtin, die öffentlich niemals aus dem schützenden Schatten ihres Ehemannes heraustrat, weil sie Angst hatte, Fehler zu machen. Was auf persönlicher Ebene nachvollziehbar und verständlich ist, zeigt sich historisch als folgenreiche Defensive. Denn Bess Truman war nicht die Person, die Kraft ihres Amtes dem mächtigen Trend zur »Häuslichkeit« der Nachkriegsjahre etwas entgegenzusetzen hatte. So geriet in Vergessenheit, mit welcher Selbstverständlichkeit die First Lady bereits am Ende des Zweiten Weltkriegs im politischen Leben Amerikas agieren konnte.

»Mrs. Ike«
Mamie Eisenhower, 1896–1979

Jens Hohensee

Als Mamie Eisenhowers Mann, Dwight D. Eisenhower, 1952 zum 34. Präsidenten der Vereinigten Staaten von Amerika gewählt wurde, hatte er – wie wenige Präsidenten vor ihm – eine glänzende Karriere hinter sich: militärische Ausbildung in West Point, Brigadegeneral und Oberbefehlshaber der alliierten Streitkräfte in Westeuropa und Nordafrika während des Zweiten Weltkrieges, Militärgouverneur der amerikanischen Besatzungszone in Deutschland nach dem Krieg, Präsident der New Yorker Columbia-Universität und erster Nato-Oberbefehlshaber der alliierten Streitkräfte in Europa. Neben einer solch erfolgreichen Persönlichkeit die eigene Rolle zu finden, war sicherlich keine leichte Aufgabe für Mamie Eisenhower. Im Grunde konnte es für sie mit dem Einzug ins Weiße Haus am 20. Januar 1953 nur zwei Möglichkeiten geben: Entweder würde sie die Rolle der First Lady als Chance begreifen, um endlich aus dem Schatten ihres Mannes herauszutreten, und sich ein eigenes Profil schaffen; oder sie würde vollständig hinter ihren Mann zurücktreten. Ihrer Erziehung, ihrem Naturell, und dem Zeitgeist der 1950er Jahre entsprach letzteres. Wer war diese First Lady, die ihrem Mann die Bühne der Öffentlichkeit fast völlig überließ?

Mary Geneva Doud, genannt »Mamie«, wurde am 14. November 1896 als dritte von vier Töchtern von John Sheldon und Elivera Mathilda Carlson Doud in Boone im US-Bundesstaat Iowa geboren. Ihre Eltern waren wohlsituiert und zogen mit den vier Kindern bereits 1897 nach Cedar Rapids (Iowa), 1905 nach Colorado, wo sie zunächst in Pueblo und Colorado Springs lebten, ehe sie schließlich 1907 in Denver seßhaft wurden. Mamies Vater hatte im Vieh- und Getreidehandel ein kleines Vermögen erwirtschaftet, so daß er sich im Alter von 36 Jahren zur Ruhe setzen konnte. Mamie besuchte die Denver Public School und anschließend Miss Wolcott's School, eine Privatschule. Sie war eine durchschnittliche Schülerin, machte sich nicht allzu viel aus Büchern, sondern liebte vielmehr Klavierspielen,

Tanzen und die Gesellschaft von Freunden. Gelegenheit aufs College zu gehen hatte sie nicht mehr, denn bereits im Oktober 1915 lernte sie den jungen Offizier Dwight D. Eisenhower kennen, als sie mit ihren Eltern im warmen, trockenen Klima von San Antonio (Texas) den Herbst verbrachte. Bereits nach fünf Monaten, am Valentinstag 1916, verlobten sie sich und heirateten am 1. Juli 1916, dem Tag, an dem Eisenhower in den Dienstrang eines Leutnants befördert wurde, im Hause Doud in Denver. Mamie war 19, Ike 25 Jahre alt. Später teilte sie mit, sie habe bereits am Tag der Heirat gewußt, daß ihr Mann ein guter Soldat werden würde, weil er seine Arbeit von Anfang an ernsthaft und zielstrebig gemacht habe. Pflichterfüllung habe für ihn oberste Priorität gehabt, und es sei ihre Aufgabe gewesen, den für ihren Mann so bedeutsamen Geist des Dienens und der persönlichen Opferbereitschaft mitzutragen. Ikes Frau zu sein, so Mamie, habe vor allem bedeutet, ihm alle persönlichen Sorgen abzunehmen oder zumindest zu erleichtern, damit er sich voll und ganz auf seine Karriere konzentrieren könne. Wenn auch offensichtlich ist, daß in solchen, aus der Rückschau gesprochenen Sätzen einiges an Verklärung enthalten ist, so werfen sie doch ein bezeichnendes Licht auf das Selbstverständnis einer Frau, die in all ihren Lebensphasen und in jedem Abschnitt des Berufslebens ihres Mannes, ihre genuine Aufgabe darin sah, ihm so effizient und unauffällig wie möglich zu dienen, damit er seinem Land wiederum so erfolgreich und auffällig wie möglich dienen könne.

1917 gebar Mamie ihren ersten Sohn, Dwight, genannt »Icky«, der 1921 im Alter von dreieinhalb Jahren an Scharlach starb, was weder sie noch ihr Mann jemals verwunden haben. Als Ausdruck des tiefen Schmerzes schenkte Ike seiner Frau regelmäßig Blumen an Ickys Todestag. 1922 wurde John geboren, der wie sein Vater Soldat wurde. Mamie überschüttete John, der das einzige Kind bleiben sollte, mit Liebe und machte viel Aufhebens um sein Wohlbefinden. Später konzedierte sie, daß sie so lange nicht in der Lage gewesen sei, ihre Mutterliebe zu kontrollieren und John gegenüber gezielt und angemessen einzusetzen, bis er verheiratet war.

Mamie Doud Geneva Eisenhower war durchaus apolitisch. Als sie von der *Washington Post* dafür kritisiert wurde, riet ihr erzürnter Mann, dieses Blatt nicht mehr zu lesen, was sie dennoch heimlich tat. Die erste Pressekonferenz als First Lady, die sie im März 1953 gab, sollte die einzige bleiben; denn als sie um einen Kommentar zur umstrittenen Heirat des norwegischen Thronfolgers mit einer Bürgerlichen gebeten wurde, hatte sie schlicht nichts zu sagen. Sie habe sich,

erklärte sie, keine Gedanken darüber gemacht. Eisenhowers Presse-
sprecher, James Hagerty, sah ein, daß es besser sei, Mamie in Zukunft
ein Zusammentreffen mit Journalisten zu ersparen. Die wenigen politischen Äußerungen, die von Mamie Eisenhower überliefert sind, zeigen zwar, daß die First Lady mit ihrer parteipolitischen Überzeugung
nicht hinterm Berg hielt. Sätze wie »Ich bin eine Republikanerin, also
unterstütze ich republikanische Kandidaten« zeugen jedoch nicht
von besonderer intellektueller Tiefenschärfe, zumal die parteipoliti-
sche Präferenz ihres Mannes vor 1952 alles andere als eindeutig
gewesen war.

Wie wenig sie das Tagesgeschehen verfolgte, zeigte sich beispielsweise am 6. Juni 1944, als sie gefragt wurde, wie sie die Nachricht von
der Normandie-Invasion aufgenommen habe. »Invasion? Welche
Invasion?« antwortete Mamie.

Ihre Verlautbarungen waren überwiegend an die weibliche Bevölkerung der USA gerichtet. So rief sie die amerikanischen Frauen zum
Kampf gegen Kinderlähmung und Krebs und zum Blutspenden für
die US-Soldaten in Korea auf. Obwohl sie sich zu den weltbewegen-
den Ereignissen der Ära Eisenhower gar nicht äußerte – das Ende des
Koreakriegs, der Ungarn-Aufstand, die Suezkrise, das Berlin-Ultimatum, der Sputnik-Schock, der U2-Abschuß und die Libanon-Invasion
schienen die First Lady gar nicht zu interessieren –, genoß Mamie
Eisenhower ein hohes Ansehen in der Bevölkerung.

Als Dwight D. Eisenhower 1952 den Präsidentschaftswahlkampf
gegen den Kandidaten der Demokraten, den liberalen Intellektuellen
Adlai Stevenson, souverän gewann und auf einer Woge der Bewunderung und der Begeisterung getragen wurde, galt dies in gleichem
Maße für seine Frau, die ihn während der gesamten Kampagne
begleitet und bereitwillig für Fotoaufnahmen posiert hatte. Die Iden-
tifikation der amerikanischen Bevölkerung mit einer immerzu
freundlichen, aber immer auch ein wenig matronenhaft wirkenden
First Lady hatte im Wahlkampf einen Korrespondenten der *New
York Times* zu der Behauptung verleitet, Mamie sei fünfzig Wahl-
männerstimmen wert; »Mamie« und »I Want Mamie«, zwei der offiziellen Wahlkampflieder, behielten auch während der Präsidentschaft
ihre Popularität.

Wie konservativ Mamies Verständnis von der Rolle der Frau
innerhalb der amerikanischen Gesellschaft war, zeigte sich deutlich,
als sie einmal erklärte: »Es sollte nur ein Familienoberhaupt geben –
den Mann.« Bereits im September 1954 hatte sie in einem Artikel des

»Mein Mann redet genug für uns beide«:
Mamie Eisenhower im Weißen Haus

Magazins *Today's Woman* mit dem schönen Titel »Wenn ich heute
eine Braut wäre« geschrieben, man müsse den Tatsachen ins Auge
sehen. Das Leben der Frauen drehe sich nun einmal um ihre Ehemänner, und so solle es auch sein. Eine Ehegattin zu sein sei die beste
Karriere, die das Leben einer Frau bieten könne. Es sei wesentlich
lohnender für eine Frau, nicht der Versuchung zu erliegen, in das
Berufsleben einzusteigen. Ihre Schwiegertochter Barbara ergänzte
später, daß Mamie Frauen in leitenden Positionen für wenig feminin
gehalten habe.
   Diese aus heutiger Sicht antiquierte Haltung war in den fünfziger
Jahren keineswegs anstößig, sondern wurde von der Mehrheit der
Amerikanerinnen mitgetragen und umgesetzt. So sehr Mamie Eisenhower jedoch das Image der apolitischen Lady in der Öffentlichkeit
pflegte und mit Sätzen unterstrich wie: »Ike regiert das Land, und ich
wende die Koteletts«, so wenig sollte man Mamies Einfluß auf ihren
Mann unterschätzen. Wie Mitarbeiter des Weißen Hauses berich-

teten, konsultierte Eisenhower seine Frau nicht selten in Fragen des Bundeshaushalts. Insbesondere beim Redigieren der Reden ihres Mannes, so Milton Eisenhower, einer der Brüder des Präsidenten, habe Mamie ihren Mann sehr häufig dazu angehalten, schneller zur Sache zu kommen und weniger Statistiken auszubreiten. Immer wieder drängte sie den Präsidenten, die Probleme und Sorgen der Bevölkerung anzusprechen. Nach außen hin hat sie diese Einflußnahme niemals erwähnt, sondern von ihrem Mann stets das Bild des starken, allein entscheidenden und die Regierungsgeschäfte beherrschenden Präsidenten vermittelt.

Der scheinbare Widerspruch zwischen der öffentlichen Zurückhaltung der First Lady und der Einflußnahme hinter den Kulissen entsprach dem Rollenverständnis der Zeit. Mamie war von daher keine ungewöhnlich »schwache Lady«; dennoch hat sie die Entscheidungen ihres Mannes niemals hinterfragt. Zwei Ausnahmen bestätigen diese Regel: Als der junge Eisenhower zu dem Entschluß gelangt war, zur Air Force zu wechseln, weil er das Flugzeug für den Waffenträger der Zukunft hielt, legte Mamie – nicht zuletzt weil sie an Flugangst litt – ihr Veto ein; und Eisenhower lenkte ein. 1928 stand Eisenhower vor der Entscheidung, entweder in den Generalstab zu wechseln oder einer Kommission beizutreten, die für die Ausarbeitung eines Handbuches über Kriegsdenkmäler des Ersten Weltkrieges verantwortlich war. Eisenhower liebäugelte mit der Position im Generalstab; Mamie hingegen plädierte für die Arbeit in der Kommission, da diese sich mit einem längeren Europaaufenthalt verbinden ließ; auch hier hörte Dwight auf seine Frau.

Während ihrer acht Jahre im Weißen Haus rangierte Mamie Eisenhower den Gallup-Umfragen zufolge stets unter den zehn beliebtesten Frauen Amerikas. Sie erhielt etwa 700 Briefe pro Monat, die sie alle persönlich zu beantworten suchte.

Ihre Kochkünste sowie ihre »lukullischen« Vorlieben entsprachen denen der amerikanischen Mittelschicht: Steak, Kartoffeln oder gebratene Hähnchen. Sie spielte Bridge, Scrabble oder Canasta zur Entspannung, las Gruselgeschichten und genoß Fernsehen oder Filmmusicals zur abendlichen Unterhaltung. Sie lobte *Soap Operas* als lebensnah und richtete ihre Termine nach der Ausstrahlung ihrer Lieblingssendung *As the World Turns* aus. Ihre Begeisterung für die Fernsehserie *I Love Lucy* ging sogar so weit, daß sie die Hauptakteure dieser Sendung im November 1953 ins Weiße Haus einlud. Dies war das erste Mal, daß Fernsehschauspielern eine solche Ehre widerfuhr.

Mamie schwärmte für Blumenhüte, bevorzugte flauschige Kleider
und trug farbige Handschuhe sowie verspielte Armbänder, was zahl-
reiche Nachahmer fand. Auch ihre kulturellen Vorlieben waren
Gegenstand des öffentlichen Interesses. Sie spielte elektronische
Orgel, liebte im Bereich der Musik unter anderem die bekannten
Musical-Melodien aus *My Fair Lady* und *West Side Story* und zählte
Gigi sowie der *Der König und ich* zu ihren Lieblingsfilmen.

Wenn sie auch kaum Akzente im politischen Leben Washingtons
zu setzen vermochte, so hat sie doch den Zeitgeist der amerikanischen *Fifties* entscheidend geprägt, und dies vor allem durch ihre
Vorliebe für Pink. Bereits bei ihrer Hochzeit hatte sie pinkfarbene
Accessoires getragen, und dieser Farbe blieb sie ihr Leben lang treu.
Auf dem Inaugurationsball war sie – vom Kleid über die Handschuhe
und Schuhe bis hin zur Geldbörse – in Pink gekleidet. Als sie ins
Weiße Haus einzog, wurden etliche Räume ihres neuen Domizils
sowie das Badezimmer in Pink eingerichtet. Mamies Vorliebe fand
viele Nachahmerinnen, so daß Pink in der Mode, der Innendeko-
ration und im Film – in Jayne-Mansfield-Filmen zum Beispiel –
gleichsam zur emblematischen Farbe der fünfziger Jahre wurde.

Ihre Rolle als Dame des Weißen Hauses sah Mamie, wie sie einmal
sagte, ausschließlich darin, ihr Heim für ihren Mann lebenswert und
gemütlich zu halten. Eisenhower honorierte diese Haltung, als er im
Ruhestand feststellte, daß sie als Präsidentengattin stets hilfsbereit
gewesen sei und dafür Sorge getragen habe, daß er ein sehr zufriede-
nes und glückliches Leben habe führen können. Bei aller Subjektivität
und trotz der öffentlichkeitswirksamen Ausrichtung solcher Aussagen sind sie doch bezeichnend für das eheliche Selbstverständnis
der Eisenhowers.

Mamies Freude über die Tatsache, daß das Vagabundenleben, das
sie vor dem Einzug ins Weiße Haus geführt hatte, nunmehr – zumindest für die kommenden vier Jahre – beendet sein werde, trug neben
ihrer Erfahrung als Gattin des Nato-Oberbefehlshabers sicherlich
dazu bei, daß sie sich sehr schnell in das gesellschaftliche Leben und
in die protokollarischen Gegebenheiten einfinden konnte.

Das Domizil des Präsidenten und seiner Frau ist in einen östlichen
und in einen westlichen Flügel unterteilt. Während der Westflügel die
Räume des Präsidenten sowie Sitzungszimmer und Büros enthält,
beherbergt der Ostflügel die Wirtschafts- und Haushaltsräume. Dies
war Mamies Bereich. Sie hielt sich äußerst selten im westlichen Teil
auf, wenn überhaupt, sah sie ihre Aufgabe darin, die Mitarbeiter und

Berater ihres Mannes zu begrüßen und kurz zu bewirten. Sobald die Gespräche vertraulichen Charakter annahmen, zog sie sich sofort mit einem leisen »Excuse me« zurück.

Sie übte das Amt der Dame des Hauses streng, akkurat und mit einem Hang zur Pedanterie aus. Bei aller vornehmen Zurückhaltung in der Öffentlichkeit, zeigte sie gerade in den eigenen vier Wänden Geradlinigkeit und Willensstärke, nicht ohne eine Spur Eitelkeit und einen gewissen Dünkel. So verbot sie ihrem Personal den Gebrauch von Spitznamen, liebte es, mit »First Lady« anstatt mit »Mrs. Eisenhower« angeredet zu werden, obwohl sie Gäste, denen sie sich verbunden fühlte, mit den Worten ansprechen konnte: »Call me Mamie.« Trotz aller Strenge in der Haushalts- und Personalführung hielt sie für jeden Angestellten an dessen Geburtstag einen Kuchen bereit, und an Weihnachten gab es für die Mitglieder des Personals einschließlich deren Familienangehörigen Geschenke. Sie war die einzige First Lady, die jeden ihrer Angestellten in ihr Privatdomizil, nach Gettysburg, zum Barbecue einlud.

Mamies Willensstärke galt als eine ihrer hervorstechenden Charaktereigenschaften. Ihre Abneigung gegen den republikanischen Senator McCarthy war bekannt und drückte sich unter anderem darin aus, daß sie 1953 die treibende Kraft war, ihn als einzigen Senator von der Gästeliste für ein zu Ehren von Vizepräsident Richard Nixon anstehendes Dinner zu streichen. Dieses Durchsetzungsvermögen wurde auch von ihrem Enkelsohn David bestätigt, dem Namengeber für das ursprünglich den Namen *Shangri-La* tragende und von Mamie im Dekor der fünfziger Jahre vollständig neu eingerichtete Rückzugsdomizil des Präsidenten, *Camp David*. Ihr Sohn John war der Ansicht, ihre labile Gesundheit täusche über ihren starken Willen hinweg.

Mamie versuchte, ihre angeschlagene Gesundheit weitgehend zu kaschieren und vor der Öffentlichkeit zu verbergen, was freilich nicht immer gelang. Insbesondere ihre Herzprobleme veranlaßten sie, immer wieder strenge Bettruhe zu wahren. Dies war auch der Grund dafür, daß sie ihre morgendlichen Besprechungen im Bett abhielt. »Jede Frau über fünfzig«, wurde daher von Mamie Eisenhower kolportiert, »sollte bis zum Mittag im Bett bleiben.« Galt es am Abend einer gesellschaftlichen Verpflichtung nachzukommen, so nutzte sie den Tag, um zu schlafen oder nur zu ruhen. Erschien sie dann am Abend, so bemerkte kaum jemand der Gäste, daß sie keinesfalls gesund war.

Die erste und einzige Pressekonferenz: Mamie Eisenhower, 1953

Ähnlich war es schon bei ihrem ersten öffentlichen Auftritt anläßlich der Nominierung des republikanischen Präsidentschaftskandidaten auf dem Chicagoer Konvent im Februar 1952 gewesen. Damals
lag sie, von ihrer Mutter betreut, in einem abgedunkelten Hotelzimmer mit heftigen Kopfschmerzen, während ihr Mann mit seinen fünf
Brüdern mit Spannung das Ergebnis am Fernsehschirm erwartete. Als
es schließlich zu seinen Gunsten ausgefallen war, raffte sie sich auf
und stand zum ersten Mal in ihrem Leben im Scheinwerferlicht, um
sich als Kandidatengattin rund 15 000 republikanischen Anhängern
und zahlreichen Fernsehkameras zu zeigen. Später hat sie diesen
Moment, als sie all ihre Kräfte mobilisierte, als den symbolischen
Beginn ihrer neuen Pflichten bezeichnet. Sie fügte eine für sie typische
Aussage hinzu: In dieser Situation sei sie im Kopf frei und dazu
bestimmt gewesen, zu tun, was Ike und jeder, der an ihn glaubte, von
ihr erwartete.

Liest man ihre Krankengeschichte, so verwundert es, daß sie ein
hohes Alter erreichte. Ihr Herz war geschwächt durch einen bereits in
ihrer Kindheit aufgetretenen Herzklappenfehler, begleitet von rheu-
matischem Fieber. Sie war darüber hinaus beeinträchtigt durch ein

Innenohrleiden, bekannt als *Morbus Ménière*, das für ihren einge-
schränkten Gleichgewichtssinn verantwortlich war. Dieses Leiden
schien teilweise geheilt zu sein, als sie First Lady wurde, kehrte dann
jedoch in unregelmäßigen Abständen wieder, so daß ihr manchmal
schwindlig wurde und sie stets unsicher bei Stufen war. Darüber hinaus litt Mamie an asthmatischen Anfällen, Klaustrophobie und Kopfschmerzen. Letztere seien ebenso wie ihre Gleichgewichtsstörungen,
so lauteten die Zeit ihres Lebens niemals verstummenden Gerüchte,
auf einen erhöhten Alkoholkonsum zurückzuführen. Ihre Reisen in
Kurorte sind hinter vorgehaltener Hand als Entziehungskuren inter-
pretiert worden. All diese Gerüchte sind durch die verfügbaren Tagebücher und durch andere Quellen niemals bestätigt worden.

Zweimal war ihr Gesundheitszustand so ernst, daß es schien, als
würde sie nicht mehr lange leben: Das erste Mal 1917, als sie kurz
nach der Geburt ihres ersten Sohnes Icky an einer langwierigen
Lungenentzündung erkrankte. Die zweite lebensbedrohende Situation folgte unmittelbar auf den Tod Ickys 1921, als eine gefährliche
Infektion der Atemwege sie zu einem langen Krankenhausaufenthalt
zwang. 1935, als Dwight Eisenhower auf den Philippinen stationiert
war, erkrankte sie an einem mysteriösen Magenleiden, das trotz
umfangreicher Betreuung nicht behandelt werden konnte. Mamie
folgte ihrem Mann schließlich zusammen mit ihrem Sohn im Oktober 1936, ohne sich jedoch physisch zu regenerieren. Das Klima auf
den Philippinen mag seinen Teil dazu beigetragen haben. Wieder litt
sie an Magenbeschwerden, die sich zu Magenblutungen ausweiteten.
Sie fiel ins Koma, und ihre Ärzte gelangten zu dem Schluß, daß
Mamie sich wohl nie wieder erholen werde. Inwieweit ihre labile
Gesundheit durch psychosomatische Faktoren beeinflußt wurde, ist
ungewiß. Vieles spricht dafür. Während Dwight Eisenhower von Juni
1942 bis zum Ende des Zweiten Weltkrieges die amerikanischen
Truppen in Europa befehligte, litt sie zuhause in einem Washingtoner
Hotel an Schlaflosigkeit, und ihr Gewicht verringerte sich drama-
tisch. Erst als ihr Mann 1945 zurückkehrte, besserte sich ihr
Zustand. Ganz gesund war sie auch danach niemals.

Als um 1955 in der amerikanischen Öffentlichkeit die Debatte
darüber einsetzte, ob Eisenhower für eine zweite Amtszeit zur Verfügung stehen würde, wurde der Gesundheitszustand der First Lady
zum Gegenstand öffentlicher Debatten. Das der Eisenhower-Admini-
stration wohlwollend gegenüberstehende Magazin *U. S. News and
World Report* veröffentlichte einen Artikel, wonach wichtige Mit-

glieder der republikanischen Partei fürchteten, Mrs. Eisenhower könne zum größten Stolperstein für die zweite Präsidentschaftskampagne ihres Mannes werden; und ihre Mutter wurde mit den Worten zitiert: »Mamie wird weitere vier Jahre im Weißen Haus nicht durchstehen können.«

Hinzu kam, daß auch Dwight D. Eisenhower gesundheitlich angeschlagen war. Im Sommer 1955 erlitt er einen Herzinfarkt, der ihn vier Monate daran hinderte, seinen Amtsgeschäften in vollem Umfang nachzugehen. Im Sommer 1956 mußte er sich einer größeren Darmoperation unterziehen. Doch er erholte sich von diesen Rückschlägen – wie viele Beobachter in Washington sagten, ausschließlich aufgrund der aufopferungsvollen Unterstützung seiner Frau – und schien stark genug für eine zweite Amtszeit zu sein. Anfang 1956 fragte er Mamie ganz offen, wie er sich im Hinblick auf eine zweite Kandidatur verhalten solle. Sie war ihm keine große Hilfe und erklärte, sie wolle mit dieser Entscheidung nichts zu tun haben, dies sei einzig und allein seine Sache. Der Präsident entschied, sich der Wiederwahl zu stellen. In seinen Memoiren erklärt Dwight, Mamie habe vielleicht mehr als irgend jemand sonst an der Überzeugung festgehalten, daß seine Arbeit als Präsident noch nicht beendet sei.

Eisenhower jedoch war während seiner zweiten Amtszeit längst nicht mehr so agil und überzeugend wie noch in der ersten Periode; und auch bei Mamie war nach 1956 eine deutliche »Amtsmüdigkeit« festzustellen. Sie hatte die Wiederwahl nicht wirklich gewollt, entsprechend reduzierte sie ihre ohnehin nicht häufigen öffentlichen Auftritte und konzentrierte sich noch stärker als zuvor auf ihre Aufgabe als Hüterin des Ostflügels im Weißen Haus. An Eisenhowers letzter großer außenpolitischer Reise nach China und in die Ostblockstaaten wollte sie angesichts der erwarteten Strapazen gar nicht erst teilnehmen und ließ sich durch ihre Schwiegertochter Barbara vertreten.

In der Historikerschaft hat die Ehe von Mamie und Dwight D. Eisenhower Anlaß zu Spekulationen und Kontroversen gegeben. Der vielleicht wichtigste Eisenhower-Biograph, Stephen E. Ambrose, bezeichnete sie als »glücklich, unkompliziert und altmodisch«. Alle Gerüchte über eine mögliche Scheidung aufgrund einer Affäre zwischen Eisenhower und seiner langjährigen Mitarbeiterin und Fahrerin während des Zweiten Weltkrieges, Kay Summersby, scheinen jeglicher Grundlage zu entbehren. Auch die Darstellung, daß Eisen-

hower seinen Vorgesetzten General Marshall um Erlaubnis gebeten
habe, sich von seiner Frau scheiden lassen zu dürfen, ist nicht zu bele-
gen. Dennoch verbreitete Kay Summersby diese Gerüchte noch nach
dem Tod Eisenhowers, als sie in den siebziger Jahren ihre Memoiren
über ihr angebliches Verhältnis veröffentlichte.

Eine Episode mag veranschaulichen, daß diese Ehe trotz einiger
Spannungen letztlich von Vertrauen, gegenseitiger Wertschätzung
und Zuneigung geprägt war: Als Präsident Eisenhower am 20. Januar 1953 inauguriert wurde und den feierlichen Eid zu wiederholen
hatte, sackte die neue First Lady zurück in ihren Stuhl und brach in
Tränen aus. Eisenhower hörte ihr Weinen, schritt über die Bühne,
ergriff ihre Schultern, beugte sich zu ihr und küßte sie auf die Wange.
Und anstatt, wie sonst üblich, mit dem Vizepräsidenten zum Weißen
Haus zurückzufahren, um die Amtseinführungsparade abzunehmen,
fuhr Eisenhower mit seiner Frau.

Recht heimisch haben sich beide Eisenhowers dort niemals
gefühlt. Erst 1955 hatten sie Gelegenheit, eine alte Farm in der Nähe
des Schlachtfeldes von Gettysburg in Pennsylvania herrichten zu lassen. Mamie erfüllte sich damit den Wunsch nach einem »efeubehan-
genen« eigenen Haus. Nach dem Tod ihres Mannes am 28. März
1969 lebte Mamie Eisenhower noch fast zehn Jahre zurückgezogen
in diesem Domizil. Den Winter verbrachte sie zumeist in Kalifornien
oder Georgia. In den späten siebziger Jahren bezog sie dann ein
Appartement in Washington, D. C. Im September 1979 erlitt sie
einen Schlaganfall mit Teillähmung der rechten Körperseite. Den
Folgen ist sie in einem Washingtoner Krankenhaus erlegen. Sie starb
wenige Tage vor ihrem 83. Geburtstag.

Mamie Eisenhower war – im Gegensatz zu Edith Wilson oder
Eleanor Roosevelt – alles andere als eine starke, engagierte Persön-
lichkeit. Ihr Hauptanliegen bestand darin, dem Mann im Weißen
Haus den Rücken zu stärken. Damit entsprach sie dem Ideal ihrer
Zeit; Mamie Eisenhower war ganz und gar eine Lady des Ostflügels.

Eine amerikanische Ikone
Jackie Kennedy, 1929–1994

Marc Frey

Jacqueline Bouvier Kennedy Onassis interessierte sich nicht für Politik und soziale Programme. Sie hatte eine Abneigung gegen Ränkespiele der Macht; ihre wichtigste Aufgabe im Weißen Haus sah sie darin, Ehefrau und Mutter zu sein. Und doch ging ihr Wirken weit über den privaten Bereich hinaus. Obwohl sie vor der Gier der Medien nach enthüllenden Informationen floh, betrieb sie eine sorgfältige öffentliche Inszenierung; sie liebte das Rampenlicht weltweiter Aufmerksamkeit. Als sie ins Weiße Haus einzog, war sie ein Star, als sie Washington verließ, die tragische Heldin der Nation. Bei ihrem Tod 1994 war Jacqueline die bekannteste Amerikanerin des Jahrhunderts. Sie besaß Charakter, Charisma und Geld. Sie war eine Frau mit vielen Eigenschaften. Und bereits bei ihrer Geburt war klar, daß sie im Leben mehr Möglichkeiten haben würde als die meisten Amerikanerinnen.

Jacqueline Bouvier, 1929 in eine reiche und angesehene Familie geboren, verbrachte ihre ersten Lebensjahre zwischen einem großzügigen Apartment an New Yorks Park Avenue und dem prächtigen Anwesen der Familie in East Hampton, Long Island. Jackies attraktive, starke, aber kühle Mutter, Janet Lee, und ihr als Börsenmakler tätiger Vater John V. »Jack« Bouvier III boten ihrer Tochter zur Zeit der schlimmsten Wirtschaftskrise Amerikas ein Leben umgeben von sorgenden Hausmädchen, Butlern, Chauffeuren und Gärtnern. Doch die Ehe kriselte. Der zahlreichen außerehelichen Beziehungen Jack Bouviers überdrüssig, trennte sich Janet 1937 von ihrem Mann. Jackie waren die elterlichen Auseinandersetzungen nicht verborgen geblieben. Schon als kleines Mädchen wirkte sie kontrolliert und diszipliniert, und zweifellos verstärkte die Trennung ihrer Eltern ihr Bedürfnis nach Sicherheit und Ordnung. Rasch lernte sie, aus der Situation Vorteile zu ziehen. Jackie genoß die ausgedehnten Ausflüge und Einkaufstouren, auf die Jack Bouvier seine Tochter am Wochenende mitnahm. Nachdem sich ihre Mutter hatte scheiden lassen und

1942 Hugh D. Auchincloss, einen reichen Anwalt und Börsenmakler aus Washington geheiratet hatte, spielte sie das Werben ihres Vaters und Stiefvaters um ihre Gunst geschickt aus. Denn sie stellte fest, daß sie mit Charme und Raffinesse vieles erreichen konnte.

Wahrscheinlich war Jackie hochbegabt. Sie besuchte die besten Schulen in New York und Washington, aber sie fiel weniger durch ihre stets hervorragenden Leistungen auf als durch ihr unruhiges Verhalten und ihre offenkundige Langeweile am Unterricht. Sehr früh schon entdeckte sie Vorlieben außerhalb der Schule, die sie ihr ganzes Leben begleiten sollten: Sie schrieb Gedichte, malte, sie las gerne und viel, sie interessierte sich für Kunst, nahm Ballettunterricht, und sie entwickelte sich zu einer leidenschaftlichen Reiterin. Bereits mit zwölf Jahren gewann Jackie bei einem Reitwettbewerb im Madison Square Garden in New York zwei Trophäen. Standesüblich verbrachte sie ihr letztes Schuljahr an Miss Porter's School in Farmington, Connecticut, wo den Schülerinnen die hohe Kunst des perfekten gesellschaftlichen Auftritts vermittelt wurde. Ebenso selbstverständlich schrieb sich Jackie nach Ende ihrer Schulzeit am elitären Vassar College ein, wo sie Literatur und Kunstgeschichte studierte. Im gleichen Jahr, 1947, erregte Jackie erstmals das Interesse der Öffentlichkeit, als Klatschkolumnist Igor Cassini sie anläßlich eines Balls im vornehmen Badeort Newport zur »Debütantin des Jahres« machte. Wie so viele Kommentatoren nach ihm faszinierte ihn »die eindrucksvolle Brunette mit ihren klassischen Formen und der Zierlichkeit Dresdner Porzellans. Sie hat ein sicheres Auftreten, spricht leise und intelligent – sie hat alles, was eine führende Debütantin braucht.«

Aber Jackie war viel zu interessiert und neugierig, um sich im Licht männlicher Begeisterung zu sonnen und aus den vielen jungen Männern, die in Yale oder Harvard studierten und so gerne mit ihr ausgingen, einen auszuwählen und den sicheren Hafen einer festen Beziehung anzusteuern. Statt dessen zog es sie an die Sorbonne nach Paris. Sie lernte Französisch, studierte Kunstgeschichte und Literatur, und fand Eingang in eine illustre Gesellschaft von Künstlern, Literaten und *Expatriates*, denen Amerika zu puritanisch, moralisch und zu konservativ war. Fünf Jahre nach Ende des Zweiten Weltkrieges bereiste sie Deutschland und Österreich, lernte England, Schottland und Irland kennen. Nach diesem Jahr in Europa konnte ihr das beschauliche Vassar College nicht mehr genügen – sie schrieb sich nun an der George Washington University in Washington, D. C., ein. Und sie begann, an ihrer Karriere zu arbeiten.

Im Sommer 1951 bewarb sie sich bei *Vogue* um den begehrten *Prix de Paris*, der angehenden Journalistinnen ein Volontariat in New York und Paris ermöglichte. Die Bedingungen waren anspruchsvoll: Die Bewerberinnen mußten ein persönliches Profil, Vorschläge zur Gestaltung eines ganzen Magazins, mehrere Artikel über Mode und einen Aufsatz über »Menschen, die ich gerne gekannt hätte« einreichen. Jackie entschied sich für den russischen Ballettimpressario Sergei Diaghilew, den französischen Dichter Charles Baudelaire und den britischen Schriftsteller Oscar Wilde. »Baudelaire und Wilde«, schrieb sie, »waren beide die Söhne reicher Männer. Sie lebten wie Dandies, brachten alles durch, was sie besaßen, und starben in bitterer Armut. Beide waren Dichter und Idealisten, die Sünde und Ehrlichkeit beschreiben konnten und trotzdem an etwas Höheres glaubten. Diaghilew besaß etwas, was noch seltener als künstlerisches Genie in einem Bereich ist, nämlich die Gabe, das Beste aus allen herauszuholen und es zu einem Meisterwerk zu verschmelzen, das um so wertvoller ist, als es nur in den Sinnen der Menschen lebt, die es gesehen haben, und weil es sich auflöst, sobald er nicht mehr da ist.« Jackies Bewerbung verriet nicht nur ihre Faszination für das Außergewöhnliche, das Aufrechte und Abgründige im Menschen; sie zeigte auch ihren Sinn für Humor, als sie in der Selbstbeschreibung angab: »Ich bin groß, einen Meter und siebzig, mit braunen Haaren, einem quadratischen Gesicht und Augen, die so unglücklich weit auseinander stehen, daß es drei Wochen dauert, eine Brille zu machen, deren Brücke groß genug ist, um über meine Nase zu passen. Ich habe keine sensationelle Figur, aber ich kann schlank aussehen, wenn ich die richtige Kleidung trage.« Jackie gewann den Preis, aber sie nahm ihn nicht an. Mutter Janet und Stiefvater »Hughdie« meinten, ein weiterer Aufenthalt in Paris entfremde sie zu sehr von Amerika, und Jackie beschlichen Zweifel, ob sie den Beruf der ortsungebundenen Journalistin mit ihrem traditionell geprägten Rollenverständnis als Frau in Einklang würde bringen können.

Statt dessen schloß sie ihr Studium ab, ließ sich einen Urlaub in Europa schenken und begann nach ihrer Rückkehr im Frühjahr 1952 bei der *Washington Times / Herald* als Fotoreporterin zu arbeiten. Für ihre tägliche Kolumne interviewte sie Passanten und Unbekannte, aber auch die Reichen und Mächtigen – Menschen, die sie bewunderte, weil sie erfolgreich waren. Rasch erwarb sie sich einen Ruf als Gesellschaftsjournalistin, und bereits nach einem Jahr

»Jackie«

betraute man sie mit der Aufgabe, aus London über die Krönungs-
feierlichkeiten von Elisabeth II. zu berichten. Dort erreichte sie ein
Telegramm, das ihr weiteres Leben verändern sollte: »Artikel exzellent.
Aber Du wirst vermißt. Jack Kennedy.«
    Jackie hatte John F. Kennedy zwei Jahre zuvor auf einer Party ken-
nengelernt. Liebe auf den ersten Blick war es nicht. Aber die beiden
fühlten sich mit der Zeit immer stärker zueinander hingezogen. Er
war eingenommen von ihrem guten Aussehen, ihrer Intelligenz und
Schlagfertigkeit. Sie war fasziniert von Jacks ansprechendem Äußeren und von seiner Fähigkeit, Menschen zu begeistern. Doch das war
nicht alles: Jack war erfolgreich. Im Zweiten Weltkrieg hoch deko-
riert, war Jack mit gerade fünfunddreißig Jahren 1952 zum Senator
von Massachusetts gewählt worden, und über seinen einflußreichen
Vater, Joseph Kennedy, hatte er Zugriff auf ein Millionenvermögen.
Kein Zweifel – Jack Kennedy war einer der meisthofierten Junggesellen Amerikas. Er genoß diesen Status sichtlich, und seine zahllosen
Affären hatten ihm in den Abendgesellschaften der Ostküstenelite

den Ruf eines Frauenhelden eingetragen. Doch mit Mitte dreißig war Jack aus persönlichen und vor allem aus politischen Gründen an einer Ehe interessiert. Denn ohne Frau und Kinder war im moralisch konservativen Amerika der fünfziger Jahre an eine entwicklungsfähige Politikerkarriere kaum zu denken. Jackie zögerte zunächst, auf sein Werben einzugehen. Schließlich wußte sie um seinen Ruf, Politik interessierte sie nicht, und der Altersunterschied von zwölf Jahren war erheblich. Doch letztlich gaben Jacks unübersehbare Vorzüge den Ausschlag: Einen Tag nach ihrer Rückkehr aus London verlobten sich die beiden.

Die Hochzeit im September 1953 im vornehmen Newport war *das* gesellschaftliche Ereignis des Jahres. Im Beisein fast aller Senatoren und Hunderter von Reichen und Mächtigen vollzog Erzbischof Richard Cushing die Trauung, und aus dem fernen Rom spendete der Papst seinen Segen. In den nächsten zehn Jahren wurden Jack und Jackie zum bekanntesten Paar des Planeten. Ihr gemeinsamer Erfolg führte sie bis ins Weiße Haus, und im Glanz ihrer Beziehung sonnten sich Millionen von Amerikanern. Jackie empfand diese Jahre als die schönsten ihres Lebens. Aber ihre Zeit mit Jack war auch von Enttäuschungen und großen Verwundungen geprägt. Von Beginn an war ihre Beziehung von erheblichen Spannungen gekennzeichnet, denn Jack fuhr fort, sich mit anderen Frauen zu treffen. Zwar erwartete Jackie auch aufgrund der Erfahrungen mit ihrem Vater keine absolute Treue, doch die Häufigkeit der nur schwer zu verbergenden sexuellen Eskapaden ihres Mannes zerrte an ihren Nerven. Resigniert erklärte Jackie einmal in einem Interview: »Ich glaube nicht, daß es irgendwelche Männer gibt, die ihren Frauen treu sind. Männer sind so eine Kombination aus Gut und Böse.« Letztlich fand sie sich damit ab – als Katholikin kam für sie eine Scheidung nicht in Frage, und mit den Jahren spürte sie immer stärker, wie wichtig sie Jack war. Während Jacks außereheliche Abenteuer weitgehend vor der Öffentlichkeit verheimlicht werden konnten, schlachteten die Medien ihre intimsten Erlebnisse aus: Im Mai 1955 erlitt Jackie eine Fehlgeburt, im Jahr darauf brachte sie ein totes Baby zur Welt. Drei strapaziöse Schwangerschaften folgten: Caroline erblickte im November 1957 das Licht der Welt, John jr. folgte im November 1960. Eine dritte Geburt im August 1963 endete tragisch; Patrick wurde nur wenige Stunden alt. Mehr als alles andere schweißten die Kinder, aber auch die gemeinsam erlittenen Verluste Jack und Jackie aneinander. Mit den Jahren entwickelte sich eine von Partnerschaftlichkeit, Respekt, Zuneigung und Vertrauen durchdrungene Beziehung.

Nach ihrer Heirat bezogen die Kennedys ein Haus im standesgemäßen Washingtoner Stadtteil Georgetown. Von einem Privatleben konnte jedoch kaum die Rede sein: Zahllose politische Freunde des jungen Senators gaben sich die Klinke in die Hand, Journalisten baten um Interviews, Touristen belagerten das Haus. Jackie reagierte auf diese Herausforderungen mit der ihr eigenen Ambivalenz. Phasenweise flüchtete sie regelrecht vor der Öffentlichkeit, um zu bestimmten Gelegenheiten in ausgefallenen Kleidern das Image der unnahbaren Diva zu kultivieren. »Politik war mein Feind«, sagte sie rückblickend, aber die Politik blieb nichts Unbekanntes für sie. Im Gegenteil: Sie besuchte an der Georgetown University Seminare in amerikanischer Geschichte, sie übersetzte für ihren Mann politische Texte aus dem Französischen oder Spanischen, sie saß auf der Zuschauertribüne des Senats, wenn er eine wichtige Rede hielt, und sie begleitete ihn – hochschwanger und erschöpft – zum Wahlkonvent der Demokratischen Partei nach Chicago im Sommer 1956, wo sich Jack als »kommender Mann« seiner Partei profilieren konnte. Im Grunde jedoch betrachtete sie ihre eigentliche Aufgabe als Ehefrau darin, ihrem Mann ein Umfeld zu schaffen, in dem er sich von den beruflichen Strapazen erholen konnte. Vor der Presse erklärte sie: »Ich bin eine altmodische Frau. Ich tue alles, was mein Mann mir sagt.« Mit Äußerungen dieser Art sprach sie weitverbreitete Vorstellungen über die Rolle der Frau in Familie und Gesellschaft an, und sie trug damit bewußt und nicht unwesentlich zur Popularität und zum politischen Erfolg ihres Mannes bei.

Jackie fand es selbstverständlich, daß sie ihrem Mann ihre volle Unterstützung anbot, als er im Januar 1960 seine Kandidatur für die Präsidentschaft ankündigte. Doch Jack bezweifelte, ob sie ihm behilflich sein könne. Er glaubte, sie sei zu elitär und intellektuell für den Durchschnittswähler: »Das amerikanische Volk ist einfach noch nicht bereit für jemanden wie dich«, und gegenüber einem Freund beschwerte er sich, daß Jackie »all diese politischen Gase atmet, die um uns herum sind. Aber sie scheint sie nicht zu inhalieren.« Doch dieses Mal hatte sich der ansonsten selten politischen Fehleinschätzungen unterlegene Jack gründlich getäuscht: Die Amerikaner wollten nicht nur ihn, Jack, sie wollten Jack *und* Jackie. Gerade 31 Jahre jung, bildschön und schwanger wirkte sie wie ein Publikumsmagnet. Die Menge liebte es, wenn Jack in Anwesenheit seiner Frau ihren Zustand ansprach und sie als Musterbeispiel für gutes Aussehen, erlesenen Geschmack, Bescheidenheit, Weiblichkeit, Anmut und Würde präsentierte. Sie wiederum erinnerte die Zuhörer daran, daß ihr Mann ein Kriegsheld war, dessen einzige Sorge das Wohlergehen seines Landes sei, und mit ihrer leisen, atemlos scheinenden Stimme flüsterte sie in die Mikrophone: »Bitte stimmen Sie für ihn.«

John F. Kennedy konnte sich, wenn auch knapp, gegen seinen Kontrahenten Richard M. Nixon durchsetzen. Am 20. Januar 1961 zogen Jack als jüngster Präsident in der Geschichte der Vereinigten Staaten und Jackie als jüngste First Lady des 20. Jahrhunderts ins Weiße Haus ein. Während er in seiner Inaugurationsrede die Amerikaner tatendurstig dazu aufforderte, mit ihm zu »neuen Grenzen« aufzubrechen, wuchs Jackie erst allmählich in ihre Rolle als First Lady hinein. Denn in den ersten Wochen im Weißen Haus litt sie unter Depressionen, die sie nach der schwierigen Geburt von John jr. am 20. November 1960 verfolgten. Den Medien erklärte sie zum wiederholten Male: »Ich werde zunächst einmal Ehefrau und Mutter sein, und dann First Lady«, und auf die Frage, was sie zu tun gedenke, antwortete sie: »So wenig wie möglich. Ich bin keine öffentliche Angestellte.« In den tausend Tagen, die sie im Weißen Haus verbrachte, äußerte sie sich selten zu politischen Themen. Sie beteiligte sich weder an der Diskussion um Bürgerrechte für Afroamerikaner, noch an der Auseinandersetzung um die rechtliche Gleichstellung von Mann und Frau. Sie bestätigte das traditionelle Rollenverständnis, das der Ehefrau den privaten Bereich zuwies, und sie engagierte sich nur wenig bei philanthropischen Projekten. Ihr Desinteresse für gesellschaftliche Probleme hatte jedoch nichts mit emotionaler Kälte zu tun. Ihre Sozialisierung im Kreis der Einflußreichen und Wohlhabenden hatte sie schlicht weitgehend immunisiert gegen jede Art sozialen Problembewußtseins. Vergeblich versuchte sie sogar, ihren Mann davon abzubringen, sein Gehalt weiterhin für karitative Zwecke zu spenden. Jack suchte nur selten ihren Rat, wenn politische Entscheidungen zu treffen waren – machtpolitisch übte sie keinerlei Einfluß aus. Und doch war sie es, die dem bislang eher nüchternen Regierungssitz Washington Glanz verlieh und die amerikanische Hauptstadt zu einem kulturellen Zentrum des Westens machte. Jackie Kennedy war es auch, die das Weiße Haus Millionen von Amerikanern öffnete und damit das Innerste der Macht gleichsam transparent und konkret erscheinen ließ.

Als größte Herausforderung ihrer Zeit als First Lady betrachtete sie die Entwicklung ihrer beiden Kinder Caroline und John. Sie wehrte sich gegen allzu fordernde Versuche ihres Mannes, die beiden Medienlieblinge als politische Waffe zu instrumentalisieren. Sie ließ den Park des Weißen Hauses umgestalten, um ihre spielenden Kinder den neugierigen Blicken der Paparazzi zu entziehen. Sie schirmte sie, soweit das eben möglich war, von der Öffentlichkeit ab und versuchte mit einigem Erfolg, im privaten Trakt des Gebäudes den Kindern ein »normales« Elternhaus zu bieten. Doch die Erziehung allein konnte ihren Ehrgeiz kaum befriedigen, zumal Kindermädchen rastlos um das Wohl der Kleinen bemüht waren.

Kurz nach ihrem Einzug ins Weiße Haus begann sie mit Hilfe eines kleinen Mitarbeiterstabes mit der gründlichen Renovierung des Gebäudes und einem kompletten Austausch des Mobiliars. Nachdem sie den Kongreß davon überzeugt hatte, das Gebäude zu einem nationalen historischen Denkmal zu erklären, bat sie Museumsdirektoren, Historiker und Kunstexperten um ihre Mitarbeit. Sie organisierte eine Spendenkampagne, um Umbau und Ausstattung zu finanzieren. Innerhalb kurzer Zeit verwandelte sich das Weiße Haus von einem uneinheitlich, ja chaotisch möblierten Gebäude in ein Anwesen, in dem Antiquitäten im französisch geprägten Stil des frühen 19. Jahrhunderts das Interieur prägten. Es war ihr Anliegen, Geschichte lebendig und Tradition erfahrbar zu machen. Zu diesem Zweck ließ sie, erstmals in der Geschichte der Vereinigten Staaten, einen *Historischen Führer des Weißen Hauses* erstellen, der ein Millionenpublikum erreichte und mit dazu beitrug, daß immer mehr Touristen die Möglichkeit wahrnahmen, das Innere des Gebäudes zu besichtigen. Schließlich präsentierte sie im Februar 1962 in einer Fernsehdokumentation, die sich 42 Millionen Amerikaner anschauten, die Früchte ihrer Arbeit und vermittelte damit einem Rekordpublikum persönliche Einblicke in die Präsidentschaft und deren Amtsinhaber.

Parallel dazu verwandelte Jackie Kennedy das Weiße Haus in ein kulturelles Zentrum Amerikas und jedes einzelne der vielen Staatsbankette zu einem Ereignis, bei dem die Pracht der imperialen Republik zelebriert wurde. Auf ihren Wunsch hin spielten weltbekannte Musiker im Weißen Haus, unter ihnen Leonard Bernstein und sogar Pablo Casals, der das Weiße Haus zuletzt 1904 besucht hatte und sich sonst weigerte, in einem Land aufzutreten, das die Diktatur Francos in Spanien anerkannte. Kulturelle Höhepunkte wie diese, die durch prunkvolle und zugleich informelle Abende mit Hollywood-

Stars ergänzt wurden, dokumentierten ein ganz neues Interesse der Politik für die Kultur – ein Interesse, das von Jackie ausging und von dem die Präsidentschaft ihres Mannes erheblich profitierte. Die Medien berichteten ausführlich über die erlesene französische Küche, die opulenten Blumenarrangements, die gewählten Unterhaltungen und über die ausgelassene Atmosphäre. Das amerikanische Traumpaar symbolisierte das Beste, was Amerika zu bieten hatte, und die Amerikaner fühlten sich von der Eleganz und dem Reichtum magisch angezogen. Sicherlich schätzte Jack den Glamour dieser Ereignisse. Doch seine Idee war es nicht, das Weiße Haus zu einem Ort kultureller Begegnung mit Ausstrahlung aufs ganze Land zu machen. So meinte Jackie einmal spöttisch, die einzige Musik, die ihr Mann wirklich schätze, sei »Hail to the Chief«. Und als er in Versailles einmal zum Entzücken seiner Gastgeber mit scheinbar schlafwandlerischer Sicherheit unter den vielen Skulpturen eines Raumes das einzige Original identifizieren konnte, war Eingeweihten klar, wer ihn instruiert hatte.

Einen wichtigen Teil dieser Inszenierungen machte Jackies Kleidung aus. Zwar stritt sie stets ab, ein Trendsetter sein zu wollen. Doch bereits vor ihrer Zeit im Weißen Haus galt sie als eine der bestgekleideten Frauen der Welt. Als First Lady war sie entschlossen, neue Maßstäbe in Sachen Mode zu setzen. Ihren Modedesigner Oleg Cassini ermahnte sie, ihr ausschließlich exklusive Stücke anzubieten: »Ich wünsche, daß meine Kleider alle original sind und keine kleinen fetten Frauen im gleichen Kleid herumhüpfen.« Für die Inauguration entwarf Cassini einen Wollmantel und einen Pillbox-Hut, eine Kreation, die umgehend als »Jackie-Look« Amerika eroberte. Bei anderen Gelegenheiten zeigte sie sich in exklusiven Entwürfen großer Pariser Couturiers, so bei einem von Präsident Charles de Gaulle ausgerichteten Empfang in Paris, wo sie mit einem Kleid von Hubert de Givenchy für Furore sorgte. Die Kunst, das Unpolitische zu einem Politikum, zu einer Hommage an die französische Kultur zu machen, dankte ihr die Pariser Presse mit überschwenglichen Kommentaren. In Momenten wie diesen vergaß Jack, ihr wegen der exorbitanten Rechnungen (die allesamt vom Familienpatriarch Joseph Kennedy beglichen wurden) böse zu sein.

Jackie entwickelte sich zur inoffiziellen Kulturministerin und zu »*der* Botschafterin des guten Willens«, wie ihr Mann einmal sagte. Sie war Amerikas gewinnendstes Gesicht in einer Zeit des Kalten Krieges und der atomaren Bedrohung. Papst Johannes XXIII. emp-

Eine der bestgekleideten Frauen der Welt:
Jackie Kennedy

fing sie zur längsten Audienz seiner Amtszeit, der indische Premierminister Pandit Nehru erwartete sie am Flughafen von Neu Delhi,
um ihr und den amerikanischen Fernsehkameras sein Land zu zeigen,
und in den indischen Zeitungen wurde sie als »Göttin der Macht«
gefeiert. Im pakistanischen Lahore jubelten ihr Zehntausende zu, und
am Ende ihrer »Goodwill-Tour« traf sie sich mit Königin Elisabeth II.
im Buckingham Palace zum Tee. Mit einem sichtlich angetanen

Nikita Chruschtschow sprach sie über russisches Ballett und nahm damit dem ersten Gipfeltreffen zwischen dem sowjetischen Führer und dem amerikanischen Präsidenten ein wenig die Spannung. Mit de Gaulle unterhielt sie sich auf Französisch angeregt über Baudelaire und Voltaire. Nicht umsonst erklärte John F. Kennedy auf seiner abschließenden Pressekonferenz in Paris: »Ich bin der Mann, der Jacqueline Kennedy nach Frankreich begleitet hat.« Zwar war Jackie stets mehr am Schicksal der Reichen und Mächtigen interessiert, zwar besuchte sie lieber den Taj Mahal als ein Krankenhaus in einem Slum, aber ihre Besuche wurden im In- und Ausland als atmosphärisch wichtig erachtet. Sie verhalfen der Regierung, mittels des Fernsehens Botschaften zu transportieren, und sie ermöglichten es der amerikanischen Politik, die Aufmerksamkeit der Bevölkerung auf bestimmte Länder zu richten.

Jack und Jackie befanden sich 1963 auf dem Höhepunkt ihrer Popularität. Amerika lag Jackie zu Füßen. Den Verkauf von Puppen mit ihrem Aussehen hatte das Weiße Haus bereits 1961 unterbinden müssen und können. Aber in regelmäßigen Abständen zierte sie die Titelseiten von *Vogue, Life, Lady's Home Journal* und anderen großen Zeitschriften. Täglich erreichten sie Hunderte von Briefen. Die wenigsten Vorgänge konnte sie persönlich erledigen. Ihre Reisen organisierte das Außenministerium, wichtige öffentliche Auftritte betreute ein Mitarbeiterstab im Weißen Haus, die Protokollabteilung nahm ihre Anweisungen vor Einladungen entgegen, und um ihren Terminkalender kümmerte sich die angesichts der Arbeitsleistung eher unterbezahlte Privatsekretärin Mary Gallagher.

Der Tod ihres zweiten Sohnes Patrick im August 1963 war ein furchtbarer Verlust für das Präsidentenpaar. Aber die Trauer führte Jack und Jackie näher zusammen. Gemeinsam schmiedeten sie Pläne für das kommende Wahljahr; und gemeinsam auch flogen sie nach Texas, um den Wahlkampf einzuläuten. In Dallas, wo dem Präsidenten am 20. November ein begeisterter Empfang bereitet wurde, standen die Menschen dichtgedrängt an den Straßen, um einen Blick auf das attraktive Paar werfen zu können. Was dann passierte, schilderte Jackie im Juni 1964 der vom obersten Bundesrichter Earl Warren geleiteten Untersuchungskommission: »Ich sah gerade nach links, und ich hörte diesen schrecklichen Lärm. Sie wissen schon. Und mein Mann gab keinen Laut von sich. Daher drehte ich mich nach rechts. Und ich erinnere mich nur noch, wie ich meinen Mann sah. Er hatte so einen verwirrten Gesichtsausdruck, und er hob seine Hand, es muß die linke gewesen sein. Und während ich mich umdrehte und ihn anschaute, konnte ich einen Teil seines Schädels sehen, und ich erinnere mich, daß er fleischfarben war. [...] Und dann machte er dies [sie vollführte eine Geste], legte die Hand an den Kopf und sank in meinen Schoß. Und dann erinnere ich mich, wie ich auf ihn fiel und sagte: ›O nein, nein, nein‹, ich meine, ›O mein Gott, sie haben meinen Mann erschossen.‹ Und: ›Ich liebe dich, Jack.‹ Ich erinnere mich, daß ich schrie. Und wie ich vom Sitz rutsche und seinen Kopf auf dem Schoß hatte. Es kam mir vor wie eine Ewigkeit. Wissen Sie, später gab es Bilder von mir, wie ich hinten aus dem Wagen klettere. Aber daran erinnere ich mich überhaupt nicht.«

Die Ermordung John F. Kennedys versetzte Amerika in einen kollektiven Schockzustand. Wie in Trance beaufsichtigte Jackie mit großer Fassung und Würde in den Tagen ihres tiefsten Schmerzes das Staatsbegräbnis, an dem mehrere hunderttausend Menschen teilnahmen. Nachdem sie sich im Fernsehen für die große Anteilnahme des amerikanischen Volkes und der Welt bedankt hatte, verkroch sie sich in einem Haus in Georgetown. Doch die Massen neugieriger Touristen ließen ihr keine Ruhe, und so übersiedelte sie im Herbst 1964 mit Caroline und John jr. nach New York, wo sie an der Fifth Avenue ein großes Apartment bezog, das sie bis zu ihrem Tod bewohnte.

Hätte sie gewollt, hätte Jackie die mächtigste Frau Amerikas werden können. Sie wurde als mögliche Kandidatin für das Vizepräsidentenamt gehandelt; Präsident Lyndon B. Johnson überlegte, ob er ihr den Posten als Botschafterin in Paris anbieten solle, andere wiederum meinten, sie solle sich um einen Sitz im Senat bewerben. Doch ihre Abneigung gegen Politik hatte sich durch die Ermordung ihres Mannes verstärkt. Nur einmal, im November 1967, reiste sie als Botschafterin des guten Willens nach Kambodscha zu Prinz Sihanouk, der wegen des Vietnamkriegs die Beziehungen zu den USA abgebrochen hatte. Privat äußerte sie ihren Protest gegen den Krieg in Südostasien, doch mit öffentlichen Kommentaren hielt sie sich zurück. Ihre Vorbehalte gegen die Politik mündeten 1968 in offene Verachtung, nachdem Robert Kennedy, dem sie nach dem Tod ihres Mannes sehr nahe gestanden hatte, ebenfalls Opfer eines Attentats geworden war.

Als Jackie das Weiße Haus verließ, war sie vierunddreißig Jahre jung. In den folgenden Jahren widmete sie sich zwei Anliegen: der Erziehung ihrer Kinder und dem Andenken an ihren Mann. Zielstrebig ging sie daran, den bereits während ihrer tausend Tage im

Zentrum der Macht gepflegten Mythos Kennedy zu kultivieren. In Interviews sprach sie vom Weißen Haus als einem amerikanischen Camelot, und ihren verstorbenen Mann machte sie zu einem modernen König Arthur – eine Metapher, die bis heute ihre Wirkung behält. Sie überredete Präsident Johnson, den Weltraumbahnhof Cape Canaveral in Cape Kennedy umzubenennen, und sie setzte sich mit großem Engagement für den Bau der John F. Kennedy Memorial Library in Boston ein. Mit dem ihr eigenen sicheren Gespür für Design beauftragte sie den damals noch weitgehend unbekannten Architekten I. M. Pei mit dem Entwurf des Gebäudes. Die 1979 eröffnete Bibliothek ist heute nicht nur ein Anziehungspunkt für Touristen, sondern auch ein Mekka für Historiker, die über die frühen sechziger Jahre forschen.

Nach wie vor nahm die Öffentlichkeit regen Anteil an ihrem Leben, und in Meinungsumfragen blieb sie unangefochten die beliebteste Frau Amerikas. Fotoreporter begleiteten sie auf Schritt und Tritt, um die Medien mit immer neuen Bildern ihrer nicht altern wollenden Schönheit zu füttern. Sie blieb die Diva par excellence: finanziell unabhängig, schön, extravagant, begehrt und geliebt – bis sie im Oktober 1969 Aristoteles Sokrates Onassis heiratete. Die Hochzeit mit dem von Skandalen umgebenen zweiundzwanzig Jahre älteren griechischen Tankermilliardär löste weltweit Unverständnis aus. Einhellig warfen ihr die Medien Geldgier vor. Daß Jackie Onassis bereits seit langem kannte, daß die beiden mit den Jahren ein inniges Vertrauensverhältnis aufgebaut hatten und daß sich Jackie nach emotionaler Sicherheit sehnte, ging im allgemeinen Wehklagen völlig unter. Beide empfanden ihre ersten Ehejahre, die sie mal gemeinsam, mal getrennt auf Aris Privatinsel Skorpios, in Athen, Paris und New York verbrachten, als glückliche Zeit. Doch nach dem Tod seines Sohnes 1973 ließ Ari immer häufiger durchblicken, daß er besser eine jüngere Frau geheiratet hätte, die ihm einen männlichen Erben hätte schenken können. Genervt von ihrem kostspieligen Lebenswandel und ihren astronomisch hohen Aufwendungen für die neuesten Kreationen der Modedesigner traf er sich immer häufiger mit anderen Frauen. Jackie wiederum zog sich in ihr New Yorker Apartment zurück und widmete sich ganz ihren Kindern. Als Onassis im März 1975 nach langer Krankheit starb, blickte sie mit Zuneigung, aber auch mit Erleichterung auf ihre gemeinsamen Jahre zurück.

Jackie hatte sich stets als eine eigene Persönlichkeit empfunden. Weder wollte sie als Präsidentengattin noch als millionenschwere

Unternehmerwitwe angesehen werden, sondern als Frau mit eigener Geschichte und eigenem Weg. So erklärte sie einmal in einem ihrer wenigen persönlich gehaltenen Interviews: »Warum bringen mich die Leute immer in Verbindung mit den verschiedenen Namen, die ich zu verschiedenen Zeiten hatte? Die Menschen vergessen häufig, daß ich Jacqueline Bouvier war, bevor ich Mrs. Kennedy oder Mrs. Onassis wurde. Ich habe mein ganzes Leben lang versucht, mir treu zu bleiben.« Und das tat sie auch: Jackie fand zurück zu ihrer alten Leidenschaft – dem Umgang mit Sprache und Texten. Zunächst arbeitete sie zwei Jahre als Lektorin bei Viking Press, um 1977 als Akquisitionslektorin beim großen Verlagshaus Doubleday einzusteigen. Anfängliche Irritationen von Kollegen räumte sie souverän beiseite, und die zahlreichen Gerüchte über ihre vermeintliche Arroganz und Überheblichkeit waren bald vergessen. Jackie entwickelte sich im Lauf der Jahre zu einer hervorragenden Lektorin. Sie betreute Dutzende von Büchern unterschiedlichsten Inhalts, arbeitete an Kunstbänden, gewann namhafte Schriftsteller, und mit Bestsellern wie Michael Jacksons *Moonwalk* gelangen ihr auch große wirtschaftliche Erfolge. Daneben setzte sie sich engagiert für den Erhalt historischer Gebäude, so des Bahnhofs Grand Central Station in New York, ein und beklagte, Amerika sei »die einzige Nation, die ihre alten Bauwerke abreißt«.

Das Selbstbewußtsein und die Befriedigung, die sie aus ihrer Arbeit zog, äußerte sich auch in einer vorsichtigen Hinwendung zum Feminismus. In einem Editorial für die Frauenzeitschrift *Ms.* schrieb sie im März 1979: »Von vielen Frauen meiner Generation wurde immer wieder gesagt, sie dürften nicht arbeiten, wenn sie Familie haben. Da standen sie dann, hervorragend ausgebildet, aber was sollten sie tun, wenn die Kinder erwachsen waren – den ganzen Tag aus dem Fenster schauen oder Däumchen drehen? Sollten sie ihre Intelligenz, ihr Wissen und Können verkümmern lassen? Natürlich sollten Frauen berufstätig sein, wenn sie es wünschen. Man sollte Dinge tun, die einem Spaß machen. Es gibt doch eine entsprechende Definition von ›Glück‹: ›seine Fähigkeit dazu einsetzen, den Lebenshorizont zu erweitern‹. Das gilt für Frauen genauso wie für Männer. Nicht alle erreichen das, aber wir können versuchen, diesem Ideal nachzueifern.« Als Jackie 1985 Rang fünfzig der reichsten Frauen Amerikas einnahm, war sie die einzige Berufstätige auf der Liste.

Zum beruflichen Erfolg gesellte sich ein ausgefülltes Privatleben. 1985 zog ihr Lebenspartner, der vermögende Diamantenhändler

Maurice Tempelman, in ihr Apartment an der Fifth Avenue. Drei
Jahre später wurde sie Großmutter. So oft es ihre knappe Zeit als
berufstätige Frau zuließ, ging Jackie mit Carolines Kindern Rose
(*1988), Tatjana Celia (*1990) und John Bouvier (*1993) in den
Central Park oder lud die Familie auf ihr Anwesen auf Martha's
Vineyard ein. Jackies Tochter Caroline, die am zur Harvard Univer-
sity gehörenden Radcliffe College Kunstgeschichte und später an der
Columbia University Jura studiert hatte, heiratete 1986 Edwin
Schlossberg. Caroline entwickelte sich zu einer respektierten Autorin
juristischer Fachliteratur. Ihr Sohn John, weniger zielstrebig als seine
ältere Schwester, schaffte die Prüfung zum Anwalt erst im dritten
Anlauf, wurde aber ein leidlich guter Rechtsanwalt. Seinen beruflichen Durchbruch erlebte er 1996 mit der Gründung des politischen
Lifestyle-Magazins *George*, das er bis zu seinem tragischen Tod –
1999 stürzte er mit einer Privatmaschine, zusammen mit seiner Frau
und seiner Schwägerin, in den Ozean – mit Erfolg herausgab. In den
neunziger Jahren fand sich John, wie vierzig Jahre zuvor sein Vater,
regelmäßig an der Spitze der attraktivsten Männer Amerikas wieder.

Jackie, die ihr Leben lang eine starke Raucherin gewesen war,
starb am 19. Mai 1994 an Lymphdrüsenkrebs. Beerdigt wurde sie im
Beisein Präsident Bill Clintons neben ihrem ersten Mann John F. Kennedy auf dem Nationalfriedhof in Arlington. John jr., der schon als
Dreijähriger am Grab seines Vaters die Nation gerührt hatte, sagte
während des Trauergottesdienstes über sie: »Drei Dinge fallen einem
immer wieder ein. Es waren ihre Liebe zur Sprache, die engen Bande
zu Heim und Familie und ihr unabhängiger Geist.«

In Jacqueline Bouvier Kennedy Onassis spiegelte sich die Kultur
zweier Generationen. Sie wurde in den fünfziger Jahren erwachsen,
als traditionelle Familienwerte und die Beschränkung auf den häuslichen Bereich das Selbstverständnis von Frauen und die Erwartungen
von Männern prägten. In ihrem späteren Leben dagegen reflektierten
ihre unabhängige berufliche Tätigkeit, ihre nicht-eheliche Partnerschaft und ihr Eintreten für die Gleichberechtigung von Mann und
Frau den Wertewandel, der sich im Verlauf der sechziger und siebziger Jahre vollzog. Im kollektiven Gedächtnis ist sie noch immer, wie
Frank Sinatra einmal sagte, die »Königin Amerikas«. Wie keine
andere First Lady konnte sie repräsentieren, der Macht ein freundli-
ches Antlitz verleihen, Amerika im Glanz einer schillernden Kultur
scheinen lassen. Sie brauchte keine Worte, um sich auszudrücken. Sie
selbst war Ausdruck genug.

Politikergattin par excellence
Lady Bird Johnson, geboren 1912

Philipp Gassert

Mit der Ausnahme von Eleanor Roosevelt und Hillary Clinton hat in diesem Jahrhundert wohl keine andere Persönlichkeit Institution und Image der First Lady so nachhaltig geprägt wie Lady Bird Johnson. Mehr als jede andere Präsidentengattin verkörperte sie den aussterbenden Typus der politischen Gattin, die ihren eigenen und den beruflichen Werdegang ihres Mannes als identisch, als die zwei Seiten der gleichen Medaille sah. Lady Bird war sich dessen und ihrer Bedeutung für die Karriere von Lyndon Baines Johnson zutiefst bewußt, sie sah in seinem Aufstieg zu hohen und höchsten Ämtern ihren persönlichen Weg zur Macht, den sie als weibliches Mitglied ihrer Generation nicht mit dem gleichen Erfolg hätte beschreiten können. Umgekehrt wußte Lyndon Johnson um die innere und äußere Abhängigkeit von seiner Frau. Sie war der ruhende Pol in einem komplizierten, von Machtkämpfen und Intrigen überschatteten Leben, sie befriedigte sein Verlangen nach emotionaler Stabilität und bedingungsloser Unterstützung, sie schuf das beträchtliche Vermögen, das den finanziellen Rückhalt seiner politischen Karriere bildete, sie sorgte für die familiären und gesellschaftlichen Rahmenbedingungen, ohne die kein amerikanischer Politiker den Griff nach der Präsidentschaft wagen kann, und sie war eine unverzichtbare Helferin in seinen Wahlkämpfen, besonders in der Wahl von 1964, die Lyndon nicht zuletzt dank des Einsatzes seiner Ehefrau mit einem erdrutschartigen Sieg über Barry Goldwater gewann. Als frühe Vorkämpferin für den Umweltschutz setzte Lady Bird überdies wegweisende politische Akzente, die auch der Präsidentschaft ihres Mannes zugute kamen. Lady Birds Bereitschaft, alles und jedes zu erdulden, wenn es um Lyndon und dessen Bild in der Nachwelt ging, war legendär. Selbst Ehebruch und öffentliche Erniedrigung konnten sie nicht davon abbringen, ihrem Mann seelischen Rückhalt zu bieten. Sie wußte um Johnsons Größe und um seine allzu menschlichen Grenzen; kurz, sie akzeptierte ihn so wie er war. Diese, oft als stilles Dulden mißverstandene Einstellung hat das Bild Lady Bird Johnsons in der Rückschau verklärt und ihr zu historischer Größe verholfen. Denn während sich die Nation von Lyndon Johnson noch zu Zeiten seiner Präsidentschaft abgewandt hat und sein Andenken ambivalente, ja feindselige Reaktionen hervorruft, genießt dessen Gattin im historischen Gedenken der Amerikaner eine fast mythische Verehrung.

Lady Bird Johnson wurde unter dem Namen Claudia Alta Taylor am 22. Dezember 1912 in dem Flecken Karnack in Texas geboren. Ihr Vater war ein wohlhabender Geschäftsmann und Großgrundbesitzer, der sein Vermögen als »Händler für alles« gemacht hatte, indem er seine Kunden durch ein System überhöhter Preise und unvorteilhafter Kredite in persönliche Abhängigkeit brachte. T. J. Taylor war ein arbeitswütiger, dominanter und furchteinflößender Mann, der wie ein feudaler Herr über ein Baumwollimperium im östlichen Texas herrschte, in dem sich die sozialen Verhältnisse seit dem amerikanischen Bürgerkrieg kaum gewandelt hatten. Trotz der Sklavenbefreiung lebten seine schwarzen Hintersassen, die Taylor ehrfurchtsvoll »Mister Boss« nannten, in völliger Abhängigkeit von Lady Birds Vater; und für die meisten Weißen der Umgebung war Taylor schlicht der »Cap'n«.

Als Lady Bird fünf Jahre alt war, starb ihre Mutter Minnie, eine kränkliche, in ihrer Ehe unglückliche Frau, die einer »besseren Familie« entstammte und in dem gottverlassenen Winkel in Osttexas kein Betätigungsfeld für ihre geistigen Interessen gefunden hatte. »Lady Bird«, die ihren Kosenamen wahrscheinlich von ihrem schwarzen Kindermädchen erhielt, wuchs als Halbwaise auf, erzogen von einer ältlichen Tante, die jedoch bald mehr Zuspruch seitens ihrer Ziehtochter bedurfte, als sie selbst geben konnte. Früh war Lady Bird auf sich selbst gestellt, wobei sich die Macht ihres Vaters, der in seinem Sprengel wie ein unumschränkter Herrscher regierte, auf seine Tochter übertrug: »Ich war Cap'n Taylors Tochter, das gab mir ein gutes Stück Freiheit«, erinnerte sich Lady Bird Johnson. In jedem Fall haben sich aber auch die patriarchalischen Verhältnisse der Südstaaten, in denen ein Mann wie Taylor seinen amourösen Abenteuern freizügig nachgehen konnte, während von den Frauen der Oberschicht erwartet wurde, daß sie ihr Leben für Familie und Ehemann opferten, tief in Lady Birds Psyche eingegraben. Diese Kindheits- und Jugenderfahrungen erklären zu einem Teil ihre erstaunliche Nachsicht gegenüber den Eskapaden des Ehemanns Lyndon, der freilich, anders als Lady Birds Vater, seine Frau niemals verstieß.

Aufgeweckt, intelligent und von schneller Auffassungsgabe schloß Lady Bird schon mit fünfzehn Jahren die High School ab, besuchte danach zwei Jahre lange die St. Mary's Episcopal School for Girls in Dallas und schrieb sich 1930 an der University of Texas in Austin ein. Sie studierte Geschichte, danach Journalismus. Als Tochter einer reichen Familie verfügte sie über fast unbegrenzte Finanzmittel und war eine der wenigen Studentinnen, die sich ein Auto leisten konnten. Dennoch führte sie ein bescheidenes und wenig luxuriöses Leben. Den Hang zur Sparsamkeit sollte sie auch später nicht ablegen, als sie längst Multimillionärin und First Lady geworden war, während Lyndon, der aus ärmlichen Verhältnissen stammte, aus dem Vollen zu schöpfen pflegte.

Im Spätsommer 1934 lernte sie in Austin Lyndon Baines Johnson kennen, den 26jährigen Assistenten eines Kongreßabgeordneten. Eine gemeinsame Bekannte hatte die beiden zusammengebracht, obwohl der laute, extrovertierte LBJ das genaue Gegenteil der scheuen, in sich selbst ruhenden Lady Bird war. Johnson, der zuvor von seiner zukünftigen Braut gehört hatte, zog sofort alle Register seiner berühmten Überredungskunst. Er habe um sie »wie ein Wirbelwind« geworben, beschrieb Lady Bird die exzessive Art, mit der ihr Lyndon den Hof machte. Bei einem ersten *date* in einem Café habe er sich mit den intimsten Details seiner Lebensgeschichte angepriesen. »Ich wußte«, erzählte Lady Bird später, »daß ich einen bemerkenswerten Menschen getroffen hatte, aber ich wußte nicht so recht wen.« Lyndon hingegen wußte genau, wen er vor sich hatte: Eine etwas zurückhaltende, aber gebildete, ambitionierte, intelligente, aus einer reichen texanischen Familie stammende Frau. Genau das, was er als angehender Politiker brauchte.

Daß es dennoch Liebe auf den ersten Blick war, haben beide immer wieder beteuert. Nach einer zehnwöchigen Brief- und Telefonromanze, da Lyndon in der Zwischenzeit nach Washington zurückgekehrt war, wiederholte er im November 1934 den Heiratsantrag, den er Lady Bird schon am ersten Tag gemacht hatte. »Nimm mich, oder laß mich ziehen« soll LBJ sie ultimativ aufgefordert haben. Beide befanden sich gerade auf einer Fahrt von ihrem Elternhaus in Karnack nach Austin. Schließlich gab Lady Bird seinem rastlosen Drängen nach und erklärte sich bereit, ihn zu heiraten. Auf die Frage, wann denn die Heirat stattfinden solle, gab Lyndon ohne Zögern die Antwort: »Heute.« Noch am selben Abend wurden Lady Bird Taylor und Lyndon Baines Johnson in einer hastig arrangierten Zeremonie

Geschäftsfrau und Aristokratin aus Texas:
Lady Bird Johnson

in San Antonio getraut. »Ich zweifle, daß diese Ehe lange halten wird«, soll der Geistliche der kleinen Hochzeitsgesellschaft erklärt haben, als Lyndon Lady Bird vom Altar führte. Die Anwesenden konnten nicht wissen, daß sie Zeugen der Begründung einer der erfolgreichsten politischen Partnerschaften der amerikanischen Geschichte geworden waren.

Das Paar siedelte kurz darauf in die Hauptstadt Washington über. Für Lady Bird Johnson begann ihre Erziehung zur Politik. Als Ehegattin eines ehrgeizigen jungen Abgeordnetenassistenten war es ihre Rolle, den Haushalt zu managen, Parties zu organisieren und Lyndon beim Knüpfen politischer Netzwerke behilflich zu sein. Ihr Mann legte großen Wert auf ihr Äußeres, und verlangte, daß sie sich herausputzte – damit er gut aussah. Lady Bird lernte, damit umzugehen, daß ihr Image zählte, nicht ihre Persönlichkeit. Indem Sie sich permanent den Forderungen ihres Mannes unterordnete, indem sie dessen Wünsche und Gefühle zu ihren eigenen machte, gelang es ihr, eine emotionale Fassade aufzubauen, die sie fast unangreifbar machte.

Die Fähigkeit, sich psychisch für kurze oder längere Zeit zu verabschieden, war ihre große Stärke und verlieh ihr die aus heutiger Sicht fast unverständliche Bereitschaft, Lyndon Johnson die Treue zu halten. Indem er zum Fixpunkt ihrer Identität wurde, bezog sie Macht, Ehrgeiz und Einfluß aus seiner Person. Aus der Sicht Lady Birds war dies die Voraussetzung einer erfolgreichen privaten und politischen Partnerschaft, wie sich schon 1937 zeigte, als Lyndon sich um einen vakanten Sitz im Abgeordnetenhaus bewarb. Lady Bird überzeugte ihren Vater, 10 000 Dollar aus ihrem Erbe zur Verfügung zu stellen und damit die erfolgreiche Wahlkampagne ihres Mannes zu finanzieren. »Niemals war Lyndon so jung, so voller Kraft und so wundervoll«, erinnerte sich Lady Bird an den Wahlkampf, in dem sie selbst als Helferin am Telefon mitarbeitete. Durch ihr doppeltes Engagement hatte sie sich ein für allemal als eine politische Gattin etabliert, deren Verdienste auch ihr Ehemann nicht übersehen konnte.

Lady Birds große Stunde kam, als Lyndon Johnson nach dem japanischen Angriff auf Pearl Harbor im Dezember 1941 in die amerikanische Marine eintrat und im Auftrag des Marineministers die pazifischen Militärbasen der USA inspizierte. Da er sein Mandat im Kongreß nicht niederlegte, fiel es auf Lady Bird, ihn zu vertreten. In den kommenden Monaten, bis LBJ von Präsident Roosevelt nach Washington zurückbeordert wurde, nahm Lady Bird die Geschäfte eines Abgeordneten wahr. Sie lernte, das Büro zu organisieren, die Beziehungen zu den Wählern zu pflegen, Anfragen zu beantworten, ja sogar seine Wiederwahl vorzubereiten. Noch wichtiger jedoch für die zukünftige Laufbahn ihres Mannes war die im Dezember 1942 getroffene Entscheidung, KTBC, einen kleinen Radiosender in Austin, zu erwerben. »Ich hatte einen Abschluß in Journalismus gemacht und ich war entschlossen, ihn zu nutzen«, begründete sie diesen Schritt. Lady Bird investierte 40 000 geerbte Dollar in das völlig bankrotte Unternehmen, um für sich und ihren Mann eine wirtschaftliche Basis zu schaffen, die ihm den weiteren politischen Aufstieg ermöglichte oder im Ernstfall eine Rückzugsmöglichkeit eröffnet hätte. Dank einflußreicher Kontakte Johnsons erhielt die Radiostation wichtige Lizenzen, die die Grundlage für das weitere Wachstum legten. Dennoch war der Geschäftserfolg nicht allein Lyndons politischem Geschick zu verdanken, sondern auch Lady Birds finanziellem Engagement und ihrem unermüdlichen Einsatz für das Unternehmen. Über die Jahre wuchs die Bedeutung von KTBC, das als erster und lange Zeit einziger Sender in Austin und Umgebung

Fernsehsendungen ausstrahlte. Obwohl Lyndon Johnson in die geschäftlichen Entscheidungen einbezogen war und nicht geringen Anteil am Erfolg seiner Frau hatte, ist es nicht richtig, in ihr nur eine Platzhalterin von LBJs Interessen zu sehen. Dafür waren ihre Investitionen an Geld und Arbeitskraft in das Geschäft des Journalismus zu bedeutend. Zugleich war es das Ziel von Lady Bird, durch den Sender und ihre übrigen Unternehmungen – sie war eine der wichtigsten Holzproduzenten in Alabama – das Bild ihres Mannes als einer bedeutenden öffentlichen Persönlichkeit zu stärken. Als wohl einziger Präsidentengattin gelang es Lady Bird, mit ihrem Geld und aus eigener Kraft ein Millionenvermögen zu schaffen und ständig zu mehren. Als Frau mochte sie gesellschaftlich von LBJ abhängig sein, wirtschaftlich war er an sie gebunden.

Nach mehreren Fehlgeburten kam im März 1944 die ältere Tochter, Lynda Bird Johnson zur Welt, im Juli 1947 wurde Luci Baines Johnson geboren. Auch als Mutter widmete sich Lady Bird hauptsächlich ihren geschäftlichen Interessen und der Karriere ihres Mannes, der nach einem gescheiterten Versuch Anfang der vierziger Jahre im Jahr 1948 mit einer hauchdünnen Mehrheit in den Senat gewählt wurde, was ihm den Spitznamen »Erdrutsch-Johnson« (»Landslide Johnson«) eintrug. Schon 1951 wurde er »Einpeitscher« (Whip) seiner Fraktion, Anfang 1955, nach dem Sieg der Demokraten in der Kongreßwahl, Mehrheitsführer im Senat und damit einer der mächtigsten Männer in Washington. Dennoch durchlief er in diesen Jahren eine persönliche Krise, die sich durch die Übernahme des einflußlosen Vizepräsidentenamtes unter Kennedy noch vertiefte. Johnson sehnte sich nach dem höchsten Staatsamt, und es bereitete ihm große Schwierigkeiten, die Nr. 2 unter Kennedy zu spielen. Für Lady Bird begann mit der Nominierung Johnsons zum Vizepräsidentschaftskandidaten ein neues, erfolgreiches Kapitel ihrer Karriere. Da Kennedys Frau Jacqueline schwanger war und dem politischen Geschäft distanziert gegenüberstand, lastete ein Großteil der Bürden des Wahlkampfes der weiblichen Seite auf Lady Bird. Diese nahm eigens Sprechunterricht und reiste mehr als 35 000 Meilen kreuz und quer durch die USA, um Wählerstimmen für das Kennedy-Johnson-»Ticket« zu gewinnen.

Im Wahlkampf mit dem republikanischen Kandidaten Nixon hatte LBJ die schwere Aufgabe, dem als liberal geltenden, aus Neuengland stammenden Katholiken Kennedy die Stimmen der bibeltreuen, protestantischen Südstaatler zuzuführen. Lady Bird erwies sich auch hier als eine unbezahlbare Stütze. Gemeinsam mit ihrer eigens für den Wahlkampf eingestellten Assistentin Liz Carpenter, die Lady Bird auch auf allen weiteren Stationen ihrer Karriere zur Seite stand, heckte sie eine kluge Strategie aus, in deren Mittelpunkt Teegespräche und Empfänge für die weiblichen Mitglieder der Kennedy-Familie standen, um den bigotten Texanern die katholischen Kennedys als aufrechte Patrioten vorzuführen, die ihre Befehle keineswegs direkt aus dem Vatikan erhielten. Als mittlerweile erfahrene Politikerin war sich Lady Bird bewußt, daß eine Wahl Stimme für Stimme gewonnen werden mußte; und sie pflegte deshalb in unzähligen Veranstaltungen den Kontakt zu den Wählern. Es war jedoch der paranoide Antikatholizismus von Nixons texanischen Anhängern, der Lady Bird und Lyndon Johnson in die Hände spielte. Wenige Tage vor der Wahl, Anfang November 1960, spielte sich in Dallas, der bei weitem reaktionärsten Stadt der USA, eine Schlüsselszene ab, aufgrund derer Kennedy und Johnson den Sieg in Texas und einigen weiteren Südstaaten davontragen sollten. Auf dem Weg zu einer Veranstaltung wurden Lyndon und Lady Bird in einer Hotellobby von aufgebrachten republikanischen Parteianhängerinnen aufgehalten, die den Vizepräsidentschaftskandidaten und seine Frau bespuckten und mit Wahlplakaten auf sie einschlugen. »Das ist ein freies Land«, rief Johnson unter den Augen laufender Fernsehkameras dem hysterischen, pfeifenden Mob voller Empörung entgegen: »Wenn die Zeit gekommen ist, daß ich nicht mehr mit meiner Lady durch die Korridore eines Hotels in Dallas gehen kann, dann will ich es wissen.« Diese Anspielung auf die Geschlechterrollen im alten Süden war ein geschickter Schachzug Johnsons. LBJ gab sich als der Kavalier der alten Schule, der sich vor seine Dame stellt, während die Republikaner den schweren Fehler gemacht hatten, ein so wohlerzogenes und zurückhaltendes Mitglied der Südstaatenaristokratie wie Lady Bird tätlich anzugreifen. Dank der aufwühlenden Bilder der von Schlägen bedrohten Lady Bird, die in den Zeitungen und im Fernsehen massenhaft verbreitet wurden, und dank Johnsons geschickter Verteidigung der Kennedy-Familie, deren Patriotismus und Opferbereitschaft im Zweiten Weltkrieg er hervorhob, gelang es tatsächlich, den wichtigen Staat Texas für die Demokraten zu halten.

Im Jahr 1964 wendeten die beiden Johnsons noch einmal diese Strategie an. Diesmal ging es um die Wiederwahl LBJs, der nach Kennedys Ermordung dessen Nachfolge im Präsidentenamt angetreten hatte. Eine seiner ersten wichtigen Amtshandlungen war die Verabschiedung eines Bürgerrechtsgesetzes im Kongreß gewesen, durch das das Apartheidssystem in den Südstaaten der USA beseitigt und den Schwarzen gleiche Rechte gegeben wurden. Dieses Gesetz war in den betroffenen Staaten erwartungsgemäß auf erbitterten Widerstand gestoßen. Es bedurfte größter politischer Anstrengungen, um es im Senat tatsächlich durchzusetzen. Lady Bird selbst war in dieser Frage gespalten. Obwohl sie Lyndon in der Sache unterstützte und durch ihr Bekenntnis zur Bürgerrechtsgesetzgebung und den sozialen Programmen der *Great Society* politisch auf der Seite der liberalen Reformer stand, konnte sie ihre innere Anhänglichkeit an den alten Süden nie ganz verleugnen. Für ihre Zeitgenossen verkörperte Lady Bird mit ihrem weichen texanischen Akzent, ihrer gepflegten Erscheinung und ihrer bedingungslosen Loyalität gegenüber ihrem Mann die gute alte Tradition südlicher Weiblichkeit. Sie hing an den Gebräuchen und Sitten des amerikanischen Südens, an der Gastfreundschaft und den altmodischen Ritualen, aber sie wußte zugleich, daß ihre Heimat das Unrechtssystem der Rassentrennung abschütteln mußte, um nicht den Anschluß an die Moderne zu verlieren.

Johnson war als Motor der Bürgerrechtsgesetzgebung zur *persona non grata* im gesamten Süden außerhalb seiner engeren Heimat Texas geworden. In der aufgewühlten Situation hätte es für ihn verheerende Folgen haben können, wenn er sich selbst in die Region gewagt hätte. Man fürchtete ein Attentat, die Erinnerung an Kennedys Ermordung war frisch, und die Auseinandersetzung hatte längst nicht ihren Höhepunkt erreicht. Dennoch wollte Johnson den Süden nicht kampflos seinem Rivalen Barry Goldwater überlassen. Wiederum war es Lady Bird, die in die Bresche sprang. Liz Carpenter, die – ein Novum in der Geschichte des Weißen Hauses – zur Leiterin des Stabes der First Lady und zu deren Pressesekretärin befördert worden war, hatte die Idee, Lady Bird solle mit dem Zug durch den Süden reisen, nach dem Vorbild der traditionellen *whistlestop*-Kampagnen, mit denen die Präsidentschaftswahlen des 19. Jahrhundert ausgefochten worden waren (noch Harry Truman bediente sich der *whistlestops* mit der Begründung, daß es viele Amerikaner gebe, die nicht wüßten, wo der Flughafen liege, den Bahnhof aber kenne jeder). Wieder waren es Lady Birds Identität als Frau und ihre südliche Herkunft, die die Gegensätze zu überbrücken halfen. Welcher Südstaaten-Gentleman, und wäre er ein noch so rabiater Gegner Präsident Johnsons, würde es wagen, der First Lady der Vereinigten Staaten nicht seine Reverenz zu erweisen?

Die Fahrt des »Lady Bird Special«, so der Name des Zuges, von
Washington, D. C., durch acht Staaten des Südens nach New Orleans
wurde zu einem persönlichen Triumphzug Lady Birds und einem
Wendepunkt ihrer politischen Karriere. Die Reise wurde fast völlig
von Lady Birds eigenem Team gemanagt, was nicht geringe Skepsis
unter Johnsons (männlichen) Wahlkampfberatern hervorrief. Auch
Lyndon Johnson stand dem Unternehmen zunächst lauwarm gegenüber. Lady Bird warf sich jedoch mit Feuereifer in die Organisation.
30 000 Zugpfeifen aus Plastik wurden beschafft, 24 000 Zugführer-
mützen aus Papier, 6000 Damenstrohhüte mit dem Logo »LBJ« in
den amerikanischen Nationalfarben sowie 100 000 Postkarten mit
der Aufschrift »verschickt vom Lady Bird Special«. Die Frau eines
befreundeten Abgeordneten komponierte eigens eine Hymne, die von
örtlichen Bands und Schulorchestern entlang der Strecke gespielt
wurde, neben dem Leitsong der Kampagne »Hallo, Lyndon«. Die 19
Wagen des Zuges reichten aus, um 150 Journalisten und Journalistinnen, 15 Ehefrauen von Kongreßabgeordneten und Senatoren, sowie
ein beträchtliche Zahl von Sicherheitsbeamten, Sekretärinnen, Fah-
rern, Küchenpersonal und Vorauskommandos zu beherbergen. Drei
Wagen waren als Kommunikationszentrum gedacht, komplett mit
Telegraphen und elektrischen Schreibmaschinen. Außerdem fanden
sich ein Empfangsraum und zwei Speisewagen im »Lady Bird Special«. Von Lady Bird persönlich ausgewählt, wurden dem Publikum
lokale Speisen serviert, wobei sie dafür Sorge trug, daß die Gerichte –
denn »Politik geht durch den Magen« – bei Schwarzen und Weißen
gleichermaßen beliebt waren. Selbst Kuchenrezepte, die angeblich
von Lady Bird stammten, wurden wie Flugblätter verteilt. Es ging
darum, den weißen Südstaatlern zu demonstrieren, daß die erste
Dame der Nation eine der ihren war und auch ihr Mann Lyndon nur
die besten Absichten für den Süden mit seiner Politik der Bürgerrechtsgesetzgebung verfolgte.

Am 6. Oktober bestieg Lady Bird ihren Wahlkampfzug in Washington; der erste Stopp war Alexandria in Virginia. Dort hielt sie
eine Rede, in der sie nicht nur auf die traditionelle Rolle abhob, die
sie als Hausfrau und Mutter gewöhnt sei zu spielen, sondern in der
sie auch ihre Herkunft aus den Südstaaten betonte: »Für mich ist
diese Reise eine Quelle der Unsicherheit und der Vorfreude – Unsicherheit, weil ich nicht gewöhnt bin, auf eine Wahlkampftour ohne
meinen Ehemann zu gehen; Vorfreude, weil ich in ein mir bekanntes
Land zurückkehre und auf dem Weg bin in eine Region, die ich

Heimat nenne.« Obwohl Lady Bird seit Jahrzehnten im Beruf stand, hatte sie keine Probleme, in die Rolle des traditionellen Eheweibs zu schlüpfen. Dies hatte mit ihrem Selbstbild zu tun, aber auch mit der Tatsache, daß zu dieser Zeit in den Südstaaten höchstens 30 Prozent aller verheirateten Frauen berufstätig waren, unter den Müttern waren es weniger als zwanzig Demonstranten, die ihr Schilder wie »Mach den Abflug, Lady Bird« entgegenhielten, versuchte sie durch ihren Charme und ihre damenhafte Art zu entwaffnen: »Sie müssen wissen«, erinnerte sie ihre Gegner, »daß dies eine Wahlkampfreise ist, und ich bitte Sie um Ihre Stimme für *beide* Johnsons.« Ihr geschicktes Auftreten überzeugte zwar nicht alle Andersdenkenden von Johnsons Sache, »sie machte es den Leuten jedoch schwer, sie nicht zu mögen«, wie sich Stabschefin Liz Carpenter erinnerte: »Es war wie ein Domino-Effekt: Eines nach dem anderen wurden die Protestschilder zurückgezogen und die Menge wurde freundlicher. Die Kampagne begann, ihre eigene Dynamik zu entfalten.«

Über den wachsenden Erfolg von Lady Birds *whistlestop*-Tour wurde von der nationalen Presse und von den großen Fernsehanstalten ausführlich berichtet. Lady Birds Kalkül ging auf, Lyndons Bedenken waren unbegründet. Es blieb der Öffentlichkeit auch nicht verborgen, daß eingefleischte Anhänger der Rassentrennung wie die Senatoren Strom Thurmond aus South Carolina und Harry Bird aus Virginia es kategorisch ablehnten, die First Lady zu empfangen. Dies wiederum half, die demokratische Basis in den nördlichen Landesteilen zu mobilisieren. Zwar wurden die Proteste gegen Lady Birds Auftritte immer lauter, je weiter sie sich in den tiefen Süden hineinwagte, doch vermochten selbst Bombendrohungen den »Lady Bird Special« nicht zu stoppen. So manch ein Zeitungsmann ließ sich für die Wahlkampfbotschaft der couragierten Lady gewinnen: »Kann Georgia sich von dem seit einhundert Jahren ersten Präsidenten abwenden, der aus dem Süden kommt? Diese Frage reicht tief, und ebenso der Besuch der First Lady«, schrieb der Kommentator der *Atlanta Constitution*. Johnson »ist der Sohn eines kleinen Farmers aus dem Süden und er bittet uns um unsere Stimme, nicht als ein weltferner Theoretiker, sondern als ein geborener Südstaatler, der seine Leute kennt.« Man müsse dankbar sein, daß die Johnsons den Süden nicht vergessen hätten und Lady Bird sich in die Höhle des Löwen gewagt habe.

Ihren sorgfältig choreographierten, emotionalen Höhepunkt erreichte die Reise, als Lady Birds Zug in den Bahnhof von New Orleans einrollte und sie dort von ihrem Mann Lyndon und einer

Vorkämpferin für den Umweltschutz im Schatten
des Vietnamkrieges: Lady Bird Johnson, 1968

großen, nach Rassen getrennten Menge empfangen wurde. Katharine
Graham, die Herausgeberin der *Washington Post* und eine der
bedeutendsten Journalistinnen ihrer Zeit, hat diesen Augenblick festgehalten: »Ich war auf dem Bahnsteig, als der Zug einfuhr. Es war ein
ungewöhnlich dramatischer Moment. Es war eine heiße, schwüle
Nacht und alle beobachteten, wie der Präsident Lady Bird mit einer
großen Umarmung und einem Kuß begrüßte. Danach sprach Lady
Bird in bewegender Weise, daß der Süden sich abwenden müsse vom
Rassenhaß, der alle gleichermaßen verwunde. Es war ganz offensichtlich, was für ein bedeutendes politisches Team sie beide waren.
Er hätte nicht Lyndon Johnson sein können ohne Lady Bird.«

Mit der Wiederwahl des Jahres 1964 hatten beide Johnsons den
Zenit ihrer politischen Laufbahn erreicht. Schon bald nach dem Triumph über Goldwater begann Lyndons Stern zu sinken, der Vietnamkrieg überschattete die innenpolitischen Erfolge des 36. Präsidenten. Lady Bird zog es vor, sich zu Vietnam nicht zu äußern, sondern loyal zu LBJ zu stehen, so wie sie es immer getan hatte. Angesichts der Tatsache, daß ihre beiden Schwiegersöhne in Vietnam
standen und die Atmosphäre im Weißen Haus immer drückender
wurde – die Sprechchöre der Demonstranten waren drinnen nicht zu

überhören, und während der Unruhen des Sommers 1968 gingen nur
wenige Straßen vom Weißen Haus entfernt ganze Häuserblocks in
Flammen auf –, versuchte sie die Folgen des Krieges konsequent zu
verdrängen: »Ich konnte mich mit Vietnam nicht beschäftigen,« erinnerte sich Lady Bird später, »ich hatte nicht die Größe«. Ihr Tagebuch gibt ein anschauliches Bild der wachsenden Agonie im Zentrum
der Macht: »Es ist wie eine ungewollte Fahrt durchs Wildwasser,
jeden Augenblick ein neuer Kampf, jeden Moment geht es in eine
andere Richtung – man versucht, das Boot aufrecht zu halten und
gefährliche Felsenklippen zu vermeiden, aber kein ruhigeres Fahr-
wasser kommt in Sicht.« Während des Vietnamkrieges schadete Lady
Birds bedingungslose Loyalität zu LBJ seiner Präsidentschaft. Durch
ihre Nibelungentreue trug sie ungewollt dazu bei, die interne Debatte
über die Ziele des Krieges im Keim zu ersticken und war für Johnsons
wachsenden Realitätsverlust und dessen Einkapselung im Weißen
Haus mitverantwortlich. Niemand konnte und wollte Lyndon die
Wahrheit sagen, und er wollte sie nicht hören. Lady Bird wurde zum
Teil des Problems, anstatt zu seiner Lösung beizutragen.

Während Vietnam den innenpolitischen Reformprozeß lahmlegte,
stürzte sich Lady Bird in ihr ureigenstes Projekt, den Umwelt- und
Naturschutz. Dieses Engagement hatte zeitweise auch den Charakter
einer Flucht aus der Wirklichkeit, denn Besuche in Nationalparks
und das Abhalten von Einweihungszeremonien vor den atemberau-
benden, jedoch abgelegenen Kulissen der westlichen Landschaften
der USA waren ein willkommener Vorwand, der düsteren Wirklichkeit im Weißen Haus zu entfliehen. Lady Birds Einsatz für die »Verschönerung« (beautification) Amerikas ging auf ihre Kindertage
zurück, als sie ihre besten Stunden in der freien Natur verbracht hatte,
und sollte sie bis ins hohe Alter beschäftigen. Nach dem Sieg Johnsons im November 1964 beschloß sie, auch mit der Unterstützung
ihres Mannes, eine aktivistische First Lady zu werden und einen
sichtbaren Beitrag zur Regierungspolitik zu leisten. Während viele
ihrer Vorgängerinnen sich mit »weichen« Themen begnügt hatten,
entschied sich Lady Bird mit dem Engagement für Umwelt- und
Naturschutz für ein durchaus kontroverses Thema. Im Sommer 1964
hatte sie gemeinsam mit Innenminister Stewart Udall einige Nationalparks inspiziert und dabei erste Pläne für bundesweite Schutzmaß-
nahmen geschmiedet. Ende November wurde ein Komitee gegründet,
das sich mit der Verschönerung von Straßen und Autobahnen
beschäftigte, und durch die Beseitigung von häßlichen Reklame-

tafeln, die Bepflanzung der Mittel- und Randstreifen sowie den Erwerb von angrenzenden Landstrichen den ästhetischen Eindruck der Verkehrswege verbessern und zur Erhaltung der Artenvielfalt beitragen sollte. In seinem Bericht zur Lage der Nation im Januar 1965 machte Lyndon Johnson dieses Programm zur offiziellen Politik der Regierung. In den kommenden Monaten geriet »Lady Birds Gesetz« jedoch in das Gestrüpp der widerstreitenden Interessen, so daß am Ende nur ein wenig effektives Regelwerk stand, das nicht viel mehr als einen ersten Anfang bedeuten konnte.

Erfolgreicher war Lady Birds Einsatz für die Verschönerung der Hauptstadt Washington, die als Laboratorium ihrer weitgespannten Pläne dienen sollte. Anders als in der Vergangenheit üblich, sollten nicht nur die großen Monumente und die repräsentativen Plätze der Hauptstadt verschönert werden, sondern auch die ärmlichen Wohnviertel der schwarzen Unterklasse, da Lady Bird einen Zusammenhang zwischen Armut, Jugendkriminalität und der Unwirtlichkeit amerikanischer Städte vermutete. Auch dieses Programm kam trotz seiner progressiven sozialen Implikationen nicht aus den Startlöchern heraus, zumal die von Lady Bird engagierten privaten Wohltäter vor allem an publizitätsträchtigen Aktionen wie dem Pflanzen von Millionen Blumenzwiebeln entlang der großen öffentlichen Parks in Washington interessiert waren. Dennoch trug Lady Bird als Advokatin des Umweltgedankens zur Weckung des ökologischen Bewußtseins bei, das in den sechziger Jahren noch keine dominante Strömung der amerikanischen Politik war. Auch gab es durchaus konkrete Erfolge, bei denen sie als die oberste Lobbyistin ihrer Nation für den Umweltschutz eine wichtige Rolle spielte, etwa bei der Errichtung des Redwood-Nationalparks, durch den weite Landstriche mit den von der Abholzung bedrohten Mammutbäumen Nordkaliforniens unter Schutz gestellt wurden. Auch nach ihrem Abschied von der Politik blieb Lady Bird dem Umweltgedanken verpflichtet. Ihr Buch über Wildblumen gehört zu den meistgelesenen Publikationen auf diesem Gebiet, und 1982 stellte sie aus ihrem Privatvermögen die Mittel zur Gründung des National Wildflower Research Center in Austin zur Verfügung.

Als Lady Bird 1969 das Weiße Haus verließ, waren sich die Kritiker darüber einig, daß sie eine herausragende Erscheinung unter den First Ladies des 20. Jahrhunderts war. In einer Umfrage unter Historikern und Historikerinnen im Jahr 1982 wurde sie als die drittbeste First Lady aller Zeiten bezeichnet, nach Eleanor Roosevelt und

Abigail Adams, während ihre Rivalin Jackie Kennedy nur auf den achten Platz kam. Mit ihrem Engagement für die Bürgerrechte der Schwarzen im Wahlkampf 1964 und dem Naturschutz in den folgenden Jahren brach sie mit der Tradition und stellte in den Mittelpunkt ihrer Amtszeit zwei hochkontroverse Themen, die weit über den Tag hinauswiesen. Nur Lady Birds großes Vorbild Eleanor Roosevelt hatte vergleichbaren Mut besessen und sich in ähnlicher Weise in schwierige Politikfelder eingemischt. Anders als ihre große Vorgängerin beschränkte sich jedoch Lady Bird auf Gebiete, die nicht mit den Interessen ihres Mannes konkurrierten, während Eleanor Roosevelt sich weiter vorgewagt und mehr Unabhängigkeit bewiesen hatte. In institutioneller Hinsicht jedoch verlieh Lady Bird dem Amt der First Lady eine völlig neue Qualität. Ihre konstante Präsenz in der Öffentlichkeit – sie hielt mehrere hundert Reden und organisierte unzählige Veranstaltungen und Treffen – verlangte einen gut eingespielten, hochprofessionellen Apparat. Der Umfang ihres Stabes und die Ausgewiesenheit ihrer Mitarbeiter und Mitarbeiterinnen – Liz Carpenter, ihre Stabschefin und Pressesprecherin, war beispielsweise eine bedeutende Journalistin gewesen, bevor sie für Lady Bird zu arbeiten begann – war ein Novum im Weißen Haus. Als erfolgreiche Geschäftsfrau und überlegene Organisatorin verlieh Lady Bird dem Amt der First Lady erstmals in der amerikanischen Geschichte einen professionellen Anstrich und prägte damit auch die Amtsführung ihrer Nachfolgerinnen. Lady Bird verwandelte eine Institution, die lange nur als dekoratives Anhängsel der Präsidentschaft gegolten hatte, in ein wichtiges öffentliches Amt. Auch wenn Lady Bird Johnson als die prototypische Politikergattin stets im Hinblick auf die Karriere ihres Mannes tätig wurde, so hat sie durch ihr Engagement und ihr Organisationstalent im politischen Leben der USA einen Akzent gesetzt, mit dem ein neues Kapitel in der Geschichte der First Ladies aufgeschlagen wurde.

Leben im Glashaus
Pat Nixon, 1912–1993

Manfred Berg

Richard Nixon, der 37. Präsident der Vereinigten Staaten, war davon überzeugt, daß alle Präsidentengattinnen die Rolle der First Lady liebten, auch wenn sie oft das Gegenteil behaupten mochten. Wenigen First Ladies hat das hohe Amt ihres Mannes freilich so wenig Freude gemacht wie Nixons eigener Frau, die die politische Demontage und, ein bislang einmaliger Vorgang in der amerikanischen Geschichte, den Rücktritt ihres Gatten erleben mußte. Pat Nixon hatte sich nie nach einer öffentlichen Rolle gedrängt und litt unter dem Verlust der Privatsphäre, den die politische Karriere ihres Mannes mit sich brachte. Als sie sich im Wahlkampf 1952 darüber empörte, daß ihr Mann, damals Kandidat für die Vizepräsidentschaft, nach Enthüllungen über angeblich illegale Wahlkampfspenden die Familienfinanzen vor aller Welt offen legen mußte, beschied sie Richard Nixon: »In der Politik lebt man im Glashaus.«

Pat Nixon akzeptierte dieses Leben aus Loyalität und mit dem Kampfgeist, der sie zeitlebens mit ihrem Mann verband. Sie spielte ihre öffentliche Rolle engagiert und war als First Lady durchaus populär, aber sie konnte ihr inneres Widerstreben nie ganz verbergen. Böse Zungen tauften sie deshalb »Plastik-Pat« oder »Pat, der Roboter« und karikierten damit ein verständliches Bedürfnis, sich vor den Zumutungen des Lebens im Glashaus abzuschirmen.

Das Leben Thelma Catherine Patricia Ryans, wie der volle Geburtsname lautete, bis zu ihrer Heirat mit Richard Nixon ließ nicht unbedingt erwarten, daß sie sich bereitwillig den beruflichen Ambitionen ihres Ehemannes unterordnen würde. Sie wurde am 16. März 1912 in Ely, Nevada, als älteste Tochter des Bergarbeiters William Ryan und seiner Frau Kate geboren. Ihre Mutter war in Deutschland aufgewachsen, ihr Vater irischer Abstammung und mächtig stolz, daß seine Tochter am Vorabend des St.-Patrick-Tages das Licht der Welt erblickt hatte. Da das Mädchen den Namen Thelma nie mochte, nannte sie sich seit ihrer Jugend selbst nur noch Pat.

Schon ein Jahr nach ihrer Geburt zog die Familie nach Artesia, Kalifornien, einem kleinen Ort in der Nähe von Los Angeles, wo sie bescheiden auf einer Farm lebte. Als Pat zwölf Jahre alt war, starb ihre Mutter an Krebs. Von nun an führte das junge Mädchen ihrem Vater und ihren beiden Brüdern Bill und Tom den Haushalt. 1930 starb auch ihr Vater an einer Lungenkrankheit. Trotz ihrer großen familiären Belastungen war Pat Ryan eine exzellente und bildungshungrige Schülerin. Nach Abschluß der High School arbeitete sie in einer Bank, um den Besuch eines kleinen Colleges zu finanzieren. Im Alter von 20 Jahren akzeptierte sie spontan ein Angebot, ein älteres Ehepaar mit seinem Automobil von Los Angeles nach New York zu chauffieren – angesichts der damaligen Straßenverhältnisse ein ziemlich abenteuerliches Unterfangen.

Pat Ryan lebte zwei Jahre in New York, wo sie als Sekretärin und Röntgenassistentin arbeitete. 1934 kehrte sie nach Kalifornien zurück und schrieb sich an der University of Southern California für einen kaufmännischen Studiengang ein. Da das Geld knapp war, teilte sie sich mit ihren Brüdern ein Apartment und arbeitete nebenbei als Mannequin und Komparsin in der Filmindustrie von Hollywood. Nach Abschluß ihres Studiums akzeptierte sie 1937 ein Stellenangebot als Lehrerin in Whittier, einer kleinen Quäkergemeinde nahe Los Angeles. Die attraktive junge Frau ging in dieser Zeit mit verschiedenen Männern aus, doch von ernsthaften Liebesbeziehungen ist nichts bekannt.

Im Herbst 1938 lernte sie bei einer Theaterprobe Richard Milhouse Nixon, einen etwa gleichaltrigen Rechtsanwalt, kennen, der sofort von Pat Ryan fasziniert war und ihr schon am ersten Abend einen Heiratsantrag machte. Nixon umwarb sie heftig, doch die junge Frau ließ sich Zeit. Am 21. Juni 1940 schließlich heirateten Pat Ryan und Richard Nixon in Riverside, Kalifornien. Mrs. Nixon, die vor der Hochzeit vom Katholizismus zum Quäkerglauben ihres Gatten konvertiert war, blieb zunächst weiterhin als Lehrerin tätig. Unmittelbar nach dem Eintritt Amerikas in den Zweiten Weltkrieg zog das Ehepaar nach Washington, D. C., wo Richard Nixon eine Stelle bei der nationalen Preiskontrollbehörde Office of Price Administration (OPA) annahm, sich allerdings bereits nach wenigen Monaten trotz seines Quäkertums freiwillig zur Marine meldete. Während Nixon von Ende 1942 bis Mitte 1944 im Südpazifik als Nachschuboffizier stationiert war, arbeitete seine Frau für die OPA in San Francisco. Nach dem Krieg machte das Ehepaar Nixon zunächst dasselbe wie

die meisten jungen amerikanischen Paare und gründete eine Familie.
Im Februar 1946 wurde die ältere Tochter Patricia geboren, im Juli
1950 folgte die jüngere Julie.

Noch während ihrer ersten Schwangerschaft hatte sich freilich eine
für Pat Nixons weiteres Leben entscheidende Weichenstellung voll-
zogen. Geschäftsleute aus Whittier trugen ihrem ehrgeizigen und als
konservativ bekannten Gatten die republikanische Kandidatur für
den 12. kalifornischen Wahlbezirk zum US-Repräsentantenhaus an,
die Richard Nixon ohne Zögern akzeptierte, obwohl der demokratische Amtsinhaber als Favorit galt. Pat Nixon, die kein besonderes
Interesse an der Politik hegte, war von der Aussicht, das erhoffte
Familienglück einem Wahlkampf zu opfern, nicht gerade begeistert,
wollte ihrem Mann aber keine Steine in den Weg legen. Mehr als das:
Sie willigte ein, die gemeinsamen Ersparnisse in die Kampagne zu
investieren, erledigte die meisten Büroarbeiten und absolvierte zudem
noch Wahlkampfveranstaltungen mit ihrem Mann, obwohl sie einen
Säugling zu versorgen hatte.

Der Einsatz zahlte sich aus, denn Nixon wurde bei den Kongreßwahlen vom November 1946 mit deutlichem Vorsprung ins
Repräsentantenhaus gewählt. Gewiß profitierte er dabei stark vom
nationalen Trend, denn die Republikaner eroberten durch einen
Erdrutschsieg die Mehrheit in beiden Häusern des Kongresses.
Gleichwohl war der öffentliche Einsatz Pat Nixons für ihren Mann
ungewöhnlich und nach Einschätzung seines Wahlkampfleiters ein
wichtiger Aktivposten. Der Zweite Weltkrieg hatte allgemein die
öffentliche Rolle der amerikanischen Frauen gestärkt, und das
junge Ehepaar Nixon, das der Kandidat selbst als das »Dick-und-
Pat-Team« anpries, repräsentierte das neue partnerschaftliche
Geschlechterverhältnis auch in der Politik, selbstverständlich ohne
das traditionelle Rollenbild der Hausfrau und Mutter und den
politischen Führungsanspruch der Männer ernsthaft in Frage zu
stellen.

Weil ihr Mann es so wünschte, übernahm Pat Nixon die Rolle
der Politikerfrau und gab damit die Lebhaftigkeit und Unabhängigkeit ihrer Jugend auf. Nach Aussagen von Freunden wurde sie ner-
vöser, reservierter und unsicherer. An ihrer Pflicht, ihren Mann stets
loyal und nach Kräften zu unterstützen, kamen ihr allerdings
niemals Zweifel. Obwohl sie Wahlkämpfe nicht mochte, stand die
zierliche, aber physisch enorm leistungsfähige Frau zwischen 1946
und 1972 nicht weniger als neun Kampagnen, darunter drei

Präsidentengattin aus Plichtbewußtsein:
Pat Nixon

Präsidentschaftswahlkämpfe, mit stoischer Entschlossenheit durch.
Eheliche Loyalität allein erklärt jedoch Pat Nixons Kampfgeist
nicht. Was sie zudem mit ihrem Mann verband, war die Erfahrung,
daß Menschen ihrer bescheidenen sozialen Herkunft nur durch
harte Arbeit und unerschütterliche Willenskraft Erfolg haben konnten. Jeder Gedanke an ein Aufgeben war ihr schlicht unerträglich.
So kam es, daß sie ihren Mann immer wieder zum Weitermachen
ermutigte, obwohl sie eigentlich der Politik liebend gern den
Rücken gekehrt hätte.

Menschen, die sich ein »normales Leben« wünschten, konnten an
der amerikanischen Politik der späten 1940er Jahre wenig Gefallen
finden. Es war die Zeit der antikommunistischen Hysterie mit ihren
hemmungslosen persönlichen Verunglimpfungen, und gerade Richard Nixon profilierte sich auf der nationalen Bühne als unerbittlicher Kommunistenjäger. Sein Karriereweg verlief steil aufwärts. 1948
wurde er ins Repräsentantenhaus wiedergewählt, 1950 kandidierte
er für den Senat und gewann ebenfalls souverän, und bereits 1952
wurde er an der Seite des populären Kriegshelden Dwight D.

Eisenhower zum Vizepräsidentschaftskandidaten der Republikanischen Partei nominiert. Pat Nixon versuchte in diesen Jahren, einerseits die Rolle der Politikerfrau so gut es ging auszufüllen und sich andererseits so viel Privatleben wie möglich zu bewahren. Die Nominierung ihres Mannes für die Vizepräsidentschaft sah sie mit gemischten Gefühlen; wie sich schnell zeigen sollte, mit Recht.

Enthüllungen über angeblich illegale Wahlkampfspenden zwangen Nixon, wie eingangs erwähnt, die Finanzen seiner Familie in einer Fernsehansprache darzulegen. Obwohl sie wütend über diese Verletzung ihrer Privatsphäre war, ermutigte Pat Nixon ihren Mann zu diesem Schritt, da ein Rückzug als Schuldeingeständnis gewertet werden und Schande über ihn und die ganze Familie bringen würde. Nixons Fernsehansprache präsentierte erstmals auch seine Gattin einem nationalen Publikum. Pat Nixon saß an seiner Seite, während sich der Kandidat unter anderem damit brüstete, daß er, im Unterschied zu vielen seiner politischen Gegner, seine Frau nicht auf die öffentliche Gehaltsliste gesetzt habe, und Pat »keinen Nerz, sondern nur einen respektablen Mantel aus republikanischem Tuch« besitze. Nixons Flucht nach vorn war erfolgreich und sicherte ihm seinen Platz auf dem Eisenhower-»Ticket«, aber seiner Frau verdarb die Affäre endgültig den Spaß an der Politik, obwohl ihr der überwältigende Wahlsieg von Eisenhower und Nixon im November 1952 eine große Genugtuung war.

Als Gattin des Vizepräsidenten hatte Pat Nixon zahlreiche Repräsentationspflichten, die sie würdevoll und charmant versah, ohne jemals politisch Stellung zu nehmen. Auf den zahlreichen Auslandsreisen, bei denen sie ihren Mann begleitete und die ihr durchaus einige Freude bereiteten, beeindruckte sie die Gastgeber durch ihr Wissen über die besuchten Länder. Nicht immer handelte es sich jedoch um reine Vergnügungsreisen. Bei einer Südamerikareise kam es 1958 zu schweren antiamerikanischen Ausschreitungen, und in der venezuelanischen Hauptstadt Caracas wären der US-Vizepräsident und seine Frau beinahe gelyncht worden. Pat Nixon bewies bei dieser Gelegenheit großen persönlichen Mut und bewahrte, wie stets, wenn die Augen der Öffentlichkeit auf sie gerichtet waren, Haltung und Gleichmut. Daß Mrs. Nixon das Leben als Gattin des amerikanischen Vizepräsidenten genossen hätte, wäre freilich zu viel gesagt. Die Amtspflichten ihres Mannes ließen wenig Zeit für die Familie, und sie drängte auf den Rückzug ins Privatleben. Angeblich soll Richard Nixon ihr sogar das schriftliche Versprechen gegeben haben, sich mit dem Ende von Eisenhowers Präsidentschaft aus der Politik zu verabschieden, doch sein Ehrgeiz, selbst ins Weiße Haus einzuziehen, war stärker.

Wenn es ein formales Versprechen gab, so bestand Pat Nixon jedenfalls nicht darauf, sondern unterstützte die Bewerbung ihres Mannes um die Nominierung seiner Partei wie immer vorbehaltlos. Nachdem Nixon sich gegen seine innerparteilichen Rivalen durchgesetzt hatte, wurde auch seine Gattin voll in die Wahlkampagne einbezogen. Die Republikaner verkündeten, daß die Präsidentenwahl auch die Wahl einer First Lady einschließe, die Amerika in der Welt vertreten müsse, und daß Pat Nixon Teil des »erfahrenen Nixon-Teams« sei; die republikanischen Frauen verteilten Anstecker mit der Aufschrift: »Pat Nixon for First Lady«. Da auch die Gattin des demokratischen Bewerbers Kennedy, Jacqueline Kennedy, von den Demokraten bewußt herausgestellt wurde, spekulierte eine Journalistin vor der Wahl von 1960, ob nicht erstmals in der amerikanischen Geschichte eine Präsidentschaftswahl von einer Frau entschieden werden würde.

Die äußerst knappe Niederlage ihres Mannes gegen John F. Kennedy, die immer wieder mit Wahlbetrug in Verbindung gebracht worden ist, war für Pat Nixon, ungeachtet ihrer Abneigung gegen die Politik, eine herbe Enttäuschung. Das »Nixon-Team« hatte hart gearbeitet, doch war ihrem Gatten die verdiente Krönung seiner Laufbahn durch dubiose Machenschaften versagt geblieben. Wie ihren Mann schmerzte auch sie besonders, daß man ausgerechnet gegen die Kennedys verloren hatte, Repräsentanten der privilegierten Ostküstenelite, von der sich die sozialen Aufsteiger verachtet fühlten. Um so mehr freute sie sich nunmehr darauf, mit der Politik abzuschließen und ins heimatliche Kalifornien zurückzukehren, wo ihr Mann in eine Anwaltskanzlei eintrat.

Als Richard Nixon ihr jedoch eröffnete, sich 1962 um das Amt des Gouverneurs von Kalifornien bewerben zu wollen, war Pat Nixon erstmals nahe daran, ihm die Loyalität aufzukündigen. In seinen Memoiren berichtet Nixon, sie sei in Tränen ausgebrochen und habe ihm die Unterstützung im Wahlkampf verweigern wollen. Als er daraufhin seine Kandidatur zurückziehen wollte, habe sie sich besonnen und ihm den Rücken gestärkt, ihn aber gleichwohl gewarnt, die Kandidatur sei ein schwerer Fehler. In der Tat fiel Nixon bei den Wahlen sang- und klanglos durch, so daß seine politische Karriere nun definitiv zu Ende schien. In einer vermeintlich letzten Pressekonferenz erklärte er seinen Abschied von der Politik. Die Familie siedelte nach

New York um, wo Richard Nixon Partner in einer bekannten Anwaltskanzlei an der Wall Street wurde.

In ihrem 1976 veröffentlichten Enthüllungsbuch *The Final Days* haben die Watergate-Journalisten Bob Woodward und Carl Bernstein behauptet, Pat Nixon habe sich nach der verlorenen Kalifornien-Wahl von ihrem Mann scheiden lassen wollen. Dafür gibt es jedoch keine Belege. Im Gegenteil, mit der Rückkehr ins Privatleben wurde Pat Nixon sichtbar entspannter und glücklicher. Die Nixons bewohnten eine große, luxuriöse Eigentumswohnung in Manhattan, die beiden jugendlichen Töchter besuchten eine Privatschule, und die Familie unternahm gemeinsame Reisen nach Europa, in den Nahen Osten und nach Mexiko. Allerdings gelang es Mrs. Nixon nicht, ihrem Mann das Versprechen abzuringen, nicht noch einmal für ein politisches Amt zu kandidieren. Tatsächlich wartete Richard Nixon weiterhin auf seine Chance, ins Weiße Haus einzuziehen. Zu Weihnachten 1967 eröffnete er seiner Familie, sich im kommenden Jahr noch einmal um die Präsidentschaft bewerben zu wollen. Seine Frau erklärte ihm daraufhin, sie sei glücklich mit ihrem Leben in New York, werde aber seine Entscheidung akzeptieren und ihn, wie immer, nach Kräften im Wahlkampf unterstützen.

Da Nixon sich vor allem der konservativen, sogenannten »schweigenden Mehrheit« empfehlen wollte, präsentierte sich Pat Nixon im Wahlkampf 1968 ganz als konventionelle Ehefrau, die ihrem Gatten den Rücken frei hielt und ihn bedingungslos unterstützte – ein Bild, das wohl durchaus der Realität entsprach. Als ihr Mann im November 1968 mit knapper, doch letztlich ungefährdeter Mehrheit die Wahlen gewann, war sie glücklich, daß er endlich sein großes politisches Ziel erreicht hatte, dürfte aber kaum Illusionen darüber gehabt haben, daß sie ihr eigenes Leben nun erst recht im Glashaus würde führen müssen.

Die amerikanische Öffentlichkeit erwartet von einer First Lady, daß sie auf irgendeine Weise repräsentativ und vorbildlich für die amerikanischen Frauen ist. Abgesehen davon, daß dieser Anspruch einer eher introvertierten Persönlichkeit wie Pat Nixon kaum auf den Leib geschnitten war, machten es ihr die Zeitumstände ganz besonders schwer, ihre Rolle als First Lady zu finden.

Der liberale Reformgeist der frühen sechziger Jahre ebenso wie der radikale Protest in der zweiten Hälfte des Jahrzehnts hatten die amerikanische Gesellschaft in einem Maße politisiert und polarisiert, wie es in den vergleichsweise ruhigen Fünfzigern kaum für möglich gehalten worden war. Nicht zuletzt das Vorbild der afroamerikanischen Bürgerrechtsbewegung gab auch der amerikanischen Frauenbewegung neue Impulse, die vom »Weiblichkeitswahn« – so der Titel des 1963 erschienenen Bestsellers von Betty Friedan – nur übertünchte, fortdauernde Diskriminierung von Frauen in Staat, Wirtschaft und Gesellschaft zu thematisieren. Die Erfahrung, daß auch die Protestbewegungen der sechziger Jahre, wie die Bürgerrechtsbewegung und die Bewegung gegen den Vietnamkrieg, von Männern dominiert wurden, führte dazu, daß sich die Frauenbewegung organisatorisch selbständig machte. 1966 wurde der Dachverband National Organization for Women (NOW) gegründet, dem es erklärtermaßen um die volle Gleichberechtigung der Frauen innerhalb der bestehenden Strukturen der amerikanischen Gesellschaft ging. Der radikale Feminismus dagegen identifizierte die sexuelle Unterdrückung und Fremdbestimmung der Frau durch den Mann, wie sie in traditioneller Ehe und Kernfamilie festgeschrieben sei, als das gesellschaftliche Grundübel, von dem sich die Frauen emanzipieren müßten.

Wenngleich in unterschiedlicher Intensität, forderten sowohl der liberale wie der radikale Feminismus das vorherrschende Ideal der Frau als Ehefrau und Mutter heraus, dem sich Pat Nixon verpflichtet fühlte und das weiterhin das Selbstverständnis der meisten Amerikanerinnen bestimmte; vor allem das der prosperierenden weißen Mittelklasse, dem Kern der »schweigenden Mehrheit«, deren Wertvorstellungen Richard Nixon zu schützen versprochen hatte. Doch ebensowenig wie die konservative Wahlkampfrhetorik Richard Nixons die Gesellschaftspolitik seiner Administration bestimmte, machte sich seine Ehefrau als First Lady zur Fürsprecherin ehelicher Domestizität. Sofern sie sich überhaupt äußerte, war ihre Haltung zu den Frauenrechten und zur Frauenbewegung von ihren persönlichen Erfahrungen geprägt.

Allein die Tatsache, daß sie selbst bereits als junge Frau ihren Lebensunterhalt durch Erwerbsarbeit verdient hatte, sensibilierte Pat Nixon für Forderungen nach beruflicher Chancengleichheit und die gleiche Entlohnung von Frauen. Eine der wenigen explizit politischen Stellungnahmen, die sie als First Lady abgab, war zugunsten des *Equal Rights Amendment* (ERA), eines seit 1923 anhängigen Vorschlags für einen Zusatz zur amerikanischen Bundesverfassung, mit dem Frauenrechtlerinnen ein spezifisches Verbot der Geschlechterdiskriminierung verfassungsrechtlich festschreiben wollten, und der von konservativen Frauenverbänden als Anschlag auf die traditionelle

Familie vehement bekämpft wurde. Allerdings sah Pat Nixon im ERA vor allem eine symbolische Anerkennung der beruflichen Fähigkeiten von Frauen und vertrat, ebenfalls unter Hinweis auf ihre persönlichen Erfahrungen, die Auffassung, daß qualifizierte Frauen keiner ernsthaften Diskriminierung ausgesetzt seien.

Die Stellungnahme zugunsten des ERA und eine weitere Äußerung, die Abtreibung als persönliche Entscheidung der Frau bezeichnete, machten Pat Nixon freilich nicht zur Feministin, und alle Versuche, sie nachträglich dazu zu erklären, gehen an ihrem eigenen Selbstverständnis vorbei. Pat Nixon wollte keine politische First Lady sein, weder als Protagonistin der Frauenbewegung noch als Repräsentantin traditioneller Familienwerte. Auch nach dem Einzug ihres Mannes ins Weiße Haus versuchte sie, Distanz zur Politik zu wahren. Politikerfrauen, so ihr Credo, sollten sich nur politisch äußern, wenn sie über genügend Sachverstand verfügten, hatten aber die Pflicht, ihre Männer im Wahlkampf zu unterstützen.

Trotz zahlreicher Aktivitäten blieb Pat Nixon als First Lady möglichst im Hintergrund. Sie hielt keine offiziellen Reden und machte bei öffentlichen Auftritten oft einen distanzierten, fast maskenhaften Eindruck, der ihr das Image des funktionierenden Roboters eintrug. Damit tat man ihr zweifellos Unrecht, denn im persönlichen Umgang mit Menschen war sie überaus warmherzig und charmant. Daß sie den unmittelbaren Kontakt mit den Menschen als ihre wichtigste Aufgabe ansah, zeigte sich unter anderem daran, daß sie zunächst darauf insistierte, die gesamte an sie gerichtete Korrespondenz selbst zu lesen und einschließlich eigenhändiger Unterschrift auch zu beantworten – eine Tätigkeit, mit der sie bis zu sechs Stunden täglich zubrachte. Darüber hinaus bemühte sie sich, das Weiße Haus einer möglichst großen Zahl von Besuchern zugänglich zu machen, gerade auch den einfachen Bürgern. In ihren fünfeinhalb Jahren als First Lady hat sie rund tausend Empfänge für eine Vielzahl von Besuchergruppen gegeben. Auf ihre Initiative hin erhielt das Weiße Haus behindertengerechte Zugänge. Auch die historische Restaurierung des Präsidentensitzes, mit der schon ihre Vorgängerinnen begonnen hatten, trieb sie energisch voran, wobei der kostspielige Erwerb von Originalmöbeln und Gemälden ausschließlich aus privaten Spenden finanziert wurde.

Allerdings tat sich Mrs. Nixon schwer damit, ihr persönliches Projekt zu finden, dem sie als First Lady ganz besondere Aufmerksamkeit und Förderung zuteil werden lassen wollte. Dies hatte auch mit

Pat und Richard Nixon im Wahlkampf, 1960

dem Wunsch zu tun, nicht einfach ihre unmittelbare Vorgängerin Lady Bird Johnson zu imitieren, die mit ihrem Einsatz für die Landschaftspflege Maßstäbe gesetzt hatte. Pat Nixon kündigte vage verschiedene »Projekte« wie Erwachsenenbildung, berufliche Weiterbildung, und den Kampf gegen den Analphabetismus als ihre besonderen Interessengebiete an, engagierte sich aber nicht dauerhaft für eines der vielen Einzelprojekte, die sie besuchte, sondern propagierte allgemein den *volunteerism*, das uramerikanische Konzept ehrenamtlicher, gegenseitiger Hilfe. Das Fehlen eines gefälligen »Projektes« tat ihrer Popularität jedoch keinen Abbruch und wurde durch ihre Fähigkeit, die Menschen im persönlichen Kontakt für sich einzunehmen, durchaus wettgemacht.

Freilich ließen die politischen Umstände, unter denen Pat Nixon als First Lady auftreten mußte, auch kaum zu, daß sie sich ungestört wohltätigen Werken widmete. Die Protestbewegungen der sechziger Jahre, die antiautoritäre, sogenannte Gegenkultur und die landesweite

Opposition gegen den Vietnamkrieg hatten den Respekt vor dem
Amt des Präsidenten und seiner Familie untergraben, zumal der
konservative Richard Nixon gerade für die studentische Jugend ein
rotes Tuch war. Die Präsidententochter Julie und ihr Ehemann David
Eisenhower, ein Enkel des Ex-Präsidenten, baten Richard und Pat
Nixon sogar, nicht zur Abschlußfeier an ihrer Universität zu erschei-
nen, um keine militanten Ausschreitungen zu provozieren. Auch Pat
Nixon wurde bei öffentlichen Auftritten ständig mit Anti-Vietnam-
Demonstranten konfrontiert, die sie z. B. mit Konfetti bewarfen und
dabei skandierten: »Wär' es Napalm, wärst du tot!« Charakteri-
stischerweise verlor Pat Nixon bei diesen Gelegenheiten nie die
Fassung und zeigte zur Überraschung der Protestler auch keine
Berührungsängste, sondern ließ sich auf persönliche Gespräche ein,
ohne jedoch Zweifel am Sinn des Krieges oder an der Politik ihres
Gatten einzuräumen. Immerhin verschaffte sich Pat Nixon auch persönlich einen Eindruck von der Realität des Krieges, als sie 1969
amerikanische Soldaten im Kampfgebiet besuchte.

Die insgesamt vierundzwanzig Auslandsreisen, die sie als First
Lady entweder allein oder mit dem Präsidenten unternahm, gehörten
zweifellos zu den für Pat Nixon erfreulicheren Aspekten ihrer öffentlichen Rolle. In diesem Zusammenhang von persönlicher Diplomatie
zu sprechen, ist sicher zu viel des Guten, aber ihr persönliches Engagement wurde im Ausland ebenso wie zu Hause durchaus registriert.
So begleitete sie 1970 amerikanische Hilfsflüge nach Peru, das von
einem verheerenden Erdbeben heimgesucht worden war, und
besuchte dabei auch Opfer in abgelegenen Regionen – eine Geste, die
in dem eher amerikakritischen Land mit großer Dankbarkeit quittiert
wurde. Als sie Anfang 1972 von einer Goodwill-Tour durch West-
afrika heimkehrte, wo sie sehr herzlich empfangen worden war,
schrieb ein enger Mitarbeiter des Präsidenten an Nixon, die menschliche Wärme, der Charme und die Würde seiner Gattin strahle auch
auf ihn zurück: »Die Menschen, Männer und Frauen, identifizieren
sich mit ihr und deshalb auch mit Ihnen.« Dieses Lob ist um so
bemerkenswerter, als Nixons engste Mitarbeiter, vor allem sein Stabschef H. R. Haldeman, die First Lady im Hintergrund halten und bei
öffentlichen Auftritten des Präsidenten möglichst nicht dabei haben
wollten. Da Pat Nixon nie aus der Rolle der bewundernden Ehefrau fiel oder ihren Gatten gar mit politischen Erklärungen in Verlegenheit brachte, muß die Abneigung der Nixon-Berater gegen die Präsidentengattin wohl als Ausdruck desselben männerbündlerischen

Hochmuts und der Machtvollkommenheit gewertet werden, die den
Präsidenten in die Watergate-Affäre verstrickte und schließlich zu
Fall brachte.

Obwohl Nixon im Wahlkampf 1972, in dem seine Frau ihm wie in
all den Jahren zuvor loyal zur Seite stand, haushoher Favorit war und
schließlich auch mit großem Vorsprung wiedergewählt wurde, initiierten seine Wahlkampfstrategen eine Reihe »schmutziger Tricks«,
um den politischen Gegner zu verwirren, darunter den mißlungenen
Einbruch ins Hauptquartier der Demokraten im Juni 1972. Ob der
Präsident den Einbruch persönlich angeordnet oder davon gewußt
hat, konnte nie geklärt werden. Sicher ist, daß er kurz danach Anweisung gab, die Angelegenheit zu vertuschen und Schweigegelder an die
Einbrecher zu zahlen. Daß die Affäre gleichwohl ans Licht kam, lag
vor allem an den hartnäckigen Recherchen der beiden *Washington-
Post*-Reporter Bob Woodward und Carl Bernstein, deren Enthüllungen eine Kette von Ermittlungen der Justiz und des Kongresses in
Gang setzten, die den Präsidenten immer mehr in Bedrängnis brachten. Nachdem bekannt geworden war, daß Nixon alle Gespräche im
Oval Office heimlich mitschneiden ließ, kam es zu einem zähen Rin-
gen zwischen dem Weißen Haus und dem Kongreß um die Heraus-
gabe dieser Tonbänder, die Klarheit über das Ausmaß von Nixons
Verstrickung in den Skandal schaffen sollten. Nixon weigerte sich
lange, aber nachdem der Kongreß im Sommer 1974 ein Amtsenthebungsverfahren gegen ihn eröffnet und der Oberste Gerichtshof die
Veröffentlichung der Tonbänder angeordnet hatte, die schließlich
seine politische und rechtliche Verantwortung für die Vertuschungs-
aktion belegten, blieb ihm keine Wahl mehr. Um der Amtsenthebung
zuvorzukommen, trat er am 5. August 1974, allerdings ohne jedes
Schuldeingeständnis, zurück. Vor der Strafverfolgung bewahrte ihn
nur ein Generalpardon seines Nachfolgers Gerald Ford.

Die sich über rund zwei Jahre hinziehende Watergate-Affäre war
für die amerikanische Öffentlichkeit ein politischer Alptraum, der bis
heute nachwirkt. Für Pat Nixon wurde er zur langen persönlichen
Qual, die alle Zumutungen, die sie im Laufe der Karriere ihres Mannes hingenommen hatte, in den Schatten stellte. Die First Lady hatte
keinerlei Kenntnis über die Hintergründe des Skandals oder die Rolle
ihres Gatten und war ebensowenig an den politischen Entscheidungen des Präsidenten beteiligt, der sich immer mehr zurückzog, je stärker der Druck auf ihn wurde. Auch Pat Nixon wurde im Laufe der
Affäre zur Zielscheibe zahlreicher Gerüchte und Spekulationen.

Angeblich hatte sie Juwelen, die ihr als Staatsgeschenk Saudi Arabiens überreicht worden waren, unrechtmäßig behalten; sie sei dem Alkohol verfallen und wolle ihren Mann verlassen, hieß es. Nichts davon entsprach den Tatsachen, aber derartige Berichte trugen natürlich dazu bei, daß sie selbst, die lange Zeit durchaus gute Beziehungen zur Presse gehabt hatte, diese nur noch als Feinde betrachtete und den Watergate-Skandal vor allem als politische Verschwörung gegen ihren Mann sah. Einmal mehr empörte sie besonders, daß die Finanzen der Familie öffentlich gemacht wurden.

Doch auch in dieser sicher schwersten Krise ihres Lebens verlor sie nicht die Fassung, sondern erwies sich laut ihrer Tochter Julie als das stärkste Mitglied der Familie. Trotz ihrer Enttäuschung darüber, daß ihr Mann sie über den Inhalt der Tonbänder im Unklaren gelassen hatte, änderte sich nichts an ihrer Loyalität oder ihrem Durchhaltewillen. Angeblich hatte sie ihm schon frühzeitig geraten, die Tonbänder zu vernichten, da diese sein Privatbesitz und nicht öffentliches Eigentum seien. Die Befolgung dieses Rates hätte Nixon möglicherweise den Rücktritt erspart, den seine Frau bis zum Ende ablehnte, da er einem Schuldeingeständnis gleichkam. Den Abgang aus dem Weißen Haus am 9. August 1974 ertrug sie mit stoischer Haltung, obwohl Richard Nixon in seiner letzten Ansprache bei der Amtsübergabe zwar seine verstorbene Mutter eine »Heilige« nannte, aber seine neben ihm stehende Gattin nicht erwähnte – sicher keine gezielte Demütigung, aber alle Anwesenden waren über dieses Versäumnis schockiert. Als die neue First Lady Betty Ford beim Einstieg der Nixons in den Hubschrauber, wohl aus Verlegenheit, auf den ausgerollten roten Teppich hinwies, antwortete ihr Pat Nixon: »Man sieht so viele davon ... Man beginnt sie irgendwann zu hassen.«

Wenigen Sätzen in Richard Nixons Memoiren wird man so uneingeschränkt zustimmen müssen wie dem, daß seine Frau diesen Abgang nicht verdient gehabt habe. Aber auch nach Nixons demütigendem Rücktritt hielt sie ihrem Mann die Treue. Das Ehepaar zog sich auf seinen Privatbesitz in San Clemente, Kalifornien, zurück und kam sich, zumindest nach Aussage des Ex-Präsidenten, der 1975 eine lebensbedrohende Krankheit zu überstehen hatte, emotional wieder sehr viel näher. Pat Nixon erlitt ein Jahr später einen Schlaganfall, angeblich nach der Lektüre des Watergate-Enthüllungsbuchs *The Final Days*, in dem sie als Trinkerin dargestellt wurde. Sie erholte sich zunächst wieder, erlitt aber 1983 noch einen zweiten Schlaganfall.

Nach Verlassen des Weißen Hauses hatte die introvertierte und tief verletzte Frau vor allem den verständlichen Wunsch, der Öffentlichkeit ganz den Rücken zu kehren. Sie lehnte alle Interviewwünsche ab und zog sich selbst von engen Freunden zurück. Das 1978 über sie veröffentlichte Buch des Journalisten Lester David trug den Titel *The Lonely Lady of San Clemente.* Während ihr Gatte nach überstandener Krankheit mit der Feder den Kampf um seine Rehabilitierung aufnahm und noch neun Bücher schrieb, zeigte Pat Nixon kein Interesse daran, der Öffentlichkeit ihre Sicht der Dinge in einer Autobiographie oder anderen Publikationen nahezubringen. Als Julie Eisenhower mit der Arbeit an einer (1986 veröffentlichten) Biographie begann, prognostizierte ihre Mutter, man werde sich ohnehin nur dafür interessieren, ob das Buch neue Enthüllungen zu Watergate enthalte. Ihre letzten Lebensjahre verbrachte Pat Nixon zusammen mit ihrem Mann in San Clemente und in Park Ridge, New Jersey, wo sie am 22. Juni 1993, knapp ein Jahr vor ihrem Gatten, verstarb.

Präsidentengattinnen werden gemeinhin danach beurteilt, ob sie die Rolle der First Lady neu definiert und welchen Einfluß sie auf die Entscheidungen und die Politik ihres Mannes genommen haben. Pat Nixon hat nichts getan, um die Rolle der First Lady neu zu bestimmen oder das politische Potential ihrer Position auszuschöpfen. Sie wollte die Gattin des Präsidenten sein und akzeptierte bewußt, daß es sich dabei, ungeachtet der Rhetorik ihres Mannes über das »Dick-und-Pat-Team«, um eine ungleiche Partnerschaft handelte, in der sie ihre eigenen Interessen permanent zurückstellen mußte. Obwohl sie die politische Berichterstattung aufmerksam verfolgte und gelegentlich ihrem Mann gegenüber kommentierte, hat sie nie den Anspruch erhoben, ihn politisch zu beraten oder zu beeinflussen. Nixon selbst erklärte einmal, er diskutiere allgemeine Fragen mit ihr, frage sie aber nicht um ihre Meinung, wenn es um große Entscheidungen wie etwa den Truppenabzug aus Vietnam gehe. Ein Mitarbeiter hat bestätigt, der Präsident habe bei politischen Beratungen nie seine Frau auch nur erwähnt.

Pat Nixon ist gelegentlich als das Opfer ihres ehrgeizigen und angeblich gefühlskalten Mannes porträtiert worden, dessen Karriere sie die Lebendigkeit und Spontanität ihrer Persönlichkeit geopfert habe. Während der Watergate-Krise, so wird kolportiert, habe sie ihrem Mann sogar einmal vorgeworfen, ihr Leben ruiniert zu haben. Diese Sichtweise ist jedoch zu sehr vom Bild Richard Nixons als dem großen Schurken der amerikanischen Politik geprägt, das kaum zuläßt, diesen Mann auch als liebevollen Ehemann und guten Vater zu sehen. Pat Nixon hat sich gewiß nicht als Opfer betrachtet. Ihr Leben mit Richard Nixon, einschließlich ihres Lebens als First Lady der Vereinigten Staaten, war die Konsequenz der Entscheidung einer selbstbewußten Frau, zu der sie dreiundfünfzig Jahre lang unbeirrt stand.

Die öffentliche First Lady
Betty Ford, geboren 1918

Manfred Berg

Im Unterschied zu Pat Nixon fand ihre Nachfolgerin als First Lady, Elizabeth Anne »Betty« Ford, ausgesprochenen Gefallen an den Möglichkeiten, die ihre prominente Stellung bot. Ebenso bewußt, wie Mrs. Nixon das politische Potential ihrer Rolle hatte brachliegen lassen, war Betty Ford entschlossen, das ihr entgegengebrachte öffentliche Interesse zur Förderung ihrer Anliegen, insbesondere der Stärkung von Frauenrechten, zu nutzen. Daß sie sich dabei nicht nur zu politischen Fragen, sondern auch zu sehr persönlichen Dingen freimütig äußerte, mochte bei bigotten Moralaposteln auf Empörung stoßen, wurde aber von den meisten Amerikanern als Ausdruck ihres spontanen und aufrichtigen Charakters geschätzt.

Betty Fords Bedeutung für die Rolle der First Lady steht in auffälligem Kontrast zur Bedeutung ihres Gatten für die Geschichte der Präsidentschaft. Gerald Ford ist der bislang einzige US-Präsident, der über keine plebiszitäre Legitimation verfügte, da er nicht auf dem »Ticket« der Republikaner gewählt worden war, sondern jeweils durch die Rücktritte seiner Vorgänger zur Vizepräsidentschaft und schließlich zur Präsidentschaft gelangte. Gegenüber einem von der Gegenpartei dominierten Kongreß konnte er kaum gesetzgeberische Akzente setzen und wurde bereits im November 1976 wieder abgewählt, so daß Ford als schwacher Übergangspräsident gelten muß. Seine Gattin dagegen hat in den lediglich einundzwanzig Monaten als First Lady diese Rolle sowohl politisch wie auch symbolisch erheblich ausgeweitet. Mit Betty Ford beginnt definitv die Ära der modernen First Ladies, die sich selbstbewußt als eigenständige Persönlichkeiten mit eigenen Zielen präsentieren.

Elizabeth Anne Bloomer, so ihr Geburtsname, wurde am 8. April 1918 als drittes Kind und einzige Tochter von William und Hortense Bloomer in Chicago, Illinois, geboren. Als sie drei Jahre alt war, zog die Familie nach Grand Rapids, Michigan, wo sie nach eigenem Bekunden eine glückliche Kindheit und Jugend verbrachte. Ihr Vater hatte als Handlungsreisender ein gesichertes Auskommen, doch litt seine Tochter unter seiner häufigen Abwesenheit und beschloß, keinen Mann zu heiraten, der ständig unterwegs ist – ein Vorsatz, den sie später gleich zweimal brechen würde.

Betty Bloomers große Leidenschaft war der Tanz, in dem sie es früh zu einiger Perfektion brachte; schon mit vierzehn Jahren gab sie bezahlte Tanzstunden. Vor allem faszinierte sie der moderne Tanz mit seinen Möglichkeiten zur freien und kreativen Bewegung. In den Sommermonaten der Jahre 1936 und 1937 besuchte sie die Tanzschule des Bennington College in Vermont, wo sie unter anderem Martha Graham kennenlernte, die Begründerin des modernen amerikanischen Tanztheaters, die sie außerordentlich faszinierte. Martha Graham ihrerseits hielt Betty Bloomer für so gut, daß sie die junge Frau 1939 in ihre Schule in New York City aufnahm. Betty Bloomer genoß das Leben in der Großstadt und arbeitete hart an ihren tänzerischen Fähigkeiten, doch stellte sich bald heraus, daß sie zwar eine sehr gute, aber keine brillante Tänzerin war und es nur bis in Martha Grahams Ersatzensemble schaffte. Zweifel an ihrem Talent und das Drängen ihrer Mutter veranlaßten sie schließlich zur Aufgabe ihrer künstlerischen Ambitionen und zur Rückkehr nach Grand Rapids. Ihrer Tanzlehrerin blieb sie freilich in Bewunderung verbunden. Als Präsidentengattin sorgte sie dafür, daß Martha Graham für ihr künstlerisches Lebenswerk die *Presidential Medal of Freedom*, die höchste zivile Auszeichnung der USA, erhielt und mit einem Dinner im Weißen Haus geehrt wurde.

Zurück in Grand Rapids nahm sie eine Stelle in der Modeabteilung eines Kaufhauses an. 1942 heiratete sie William Warren, einen Handlungsreisenden, der sich allerdings als höchst unstete Persönlichkeit entpuppte. Er wechselte ständig Arbeitsplatz und Wohnort und verbrachte die meisten Abende in Kneipen. Seine Frau dachte schon bald an Scheidung, aber eine schwere Krankheit Warrens, dessen Diabetes zu chronischen Lähmungen führte, hielt sie vorerst davon ab. Betty Ford hat in ihren Memoiren sehr offen davon berichtet, wie sie damals fürchtete, auf ewig an einen gelähmten Mann gekettet zu sein, den sie nicht mehr liebte. Glücklicherweise erlangte Warren seine Gesundheit wieder und willigte in die Scheidung ein – das Ende ein fünfjährigen Mißverständnisses, wie Betty Ford später schrieb. Auch wenn eine Scheidung nicht mehr unbedingt gesellschaftliche Ächtung nach sich zog, war dieser Schritt Ende der vierziger Jahre für eine Frau immer noch eine ungewöhnliche Entscheidung. Betty Bloomer traf sie im Bewußtsein, mit 29 Jahren ihr Leben noch vor sich zu haben und als Abteilungsleiterin in einem großen Kaufhaus nicht auf eine Versorgungsehe angewiesen zu sein.

Doch bereits kurz nach ihrer Scheidung lernte sie Gerald R. Ford kennen, den nach ihrer Aussage »begehrtesten Junggesellen von Grand Rapids«. Der 34jährige Rechtsanwalt »Jerry« Ford sah blendend aus, entstammte einer lokalen Honoratiorenfamilie, hatte an der prestigereichen Yale-Universität studiert und war als hochdekorierter Marineoffizier aus dem Krieg zurückgekommen. Obwohl zunächst nicht von ernsten Absichten die Rede war, machte ihr Ford im Februar 1948 einen Heiratsantrag, eröffnete ihr aber zugleich, daß die Hochzeit nicht vor dem Herbst stattfinden könne, da er zunächst seine Kandidatur für die republikanische Nominierung als Abgeordneter zum US-Repräsentantenhaus erfolgreich durchbringen wolle. Betty Bloomer akzeptierte den Heiratsantrag und nahm als Verlobte am Wahlkampf teil, ohne recht an seine Chance zu glauben. Die Hochzeit fand am 15. Oktober 1948, noch vor den allgemeinen Wahlen, statt, und bezeichnenderweise erschien der Bräutigam wegen eines Wahlkampftermins verspätet und mit schmutzigen Schuhen zur Trauung. Betty Fords Schwägerin vetraute ihr an, sie brauche sich wegen anderer Frauen keine Gedanken zu machen: »Die Arbeit ist Jerrys andere Frau!«

Gerald Ford wurde im November 1948 für den 5. Wahlbezirk von Michigan in das US-Repräsentantenhaus gewählt, den er bis zu seiner Ernennung zum Vizepräsidenten 1973 ununterbrochen vertrat. Der ehrgeizige und rührige Abgeordnete stieg kontinuierlich in der Hierarchie seiner Partei auf und wurde 1965 Fraktionsführer der Republikaner im Repräsentantenhaus. Ford war ständig beschäftigt und meist unterwegs, manchmal bis zu 250 Tage im Jahr. Betty Ford, die nach ihrer Scheidung kaum an eine schnelle Wiederverheiratung gedacht hatte, war unversehens von der unabhängigen berufstätigen Frau zur Politikergattin geworden, ohne sich wirklich darüber im klaren zu sein, welches Leben sie erwartete. Zunächst bekam sie vier Kinder: Michael (1950), John (1952), Steven (1956) und Susan (1957). Da ihr Mann kaum Zeit für die Familie hatte, lagen Kindererziehung und Haushalt allein in ihrer Zuständigkeit; allerdings hatte sie die Hilfe einer Haushälterin. Darüber hinaus versah sie die gesellschaftlichen Pflichten einer Politikerfrau, zu denen neben dem üblichen Engagement in den republikanischen Frauenklubs, der Sonntagsschule und bei den Pfadfindern auch gehörte, Besuchern aus dem Wahlkreis ihres

Eine First Lady, die kein Blatt vor den Mund
nimmt: Betty Ford

Mannes die Sehenswürdigkeiten der Bundeshauptstadt Washington zu
zeigen – eine oft nicht gerade kurzweilige Tätigkeit.

Es überrascht kaum, daß die lebenslustige und vielseitig interessierte Betty Ford unter den Belastungen ihrer Rolle als Hausfrau,
Mutter und Gattin eines prominenten Politikers zu leiden begann.
Sie fühlte sich zunehmend überfordert und vernachlässigt, entwickelte Minderwertigkeitsgefühle und somatische Leiden wie Nervenschmerzen und Arthritis. Eine Aussprache mit ihrem Mann vermied sie aus Rücksicht auf seine große Arbeitsbelastung. Mitte der
sechziger Jahre schließlich begab sie sich in psychiatrische Behandlung – seinerzeit noch deutlich stigmatisiert –, die ihr spürbare
Erleichterung verschaffte. Im Rückblick hat sie ihre damalige Situation so beschrieben: »Ich habe zu viel von mir selbst aufgegeben
und keine Zeit für Betty gelassen. Alles ging an die Kinder und an
meinen Mann, ich war einfach niedergeschlagen, und der Psychiater
hat mein Ego wieder aufgebaut.« Ihrem Mann hat sie jedoch niemals Vorwürfe gemacht und ihn stets als liebevollen und sensiblen
Gatten geschildert.

Anfang der siebziger Jahre hatte sich ihre psychische Verfassung stabilisiert, obwohl sie weiterhin Schmerzmittel und Psychopharmaka einnahm. Des Lebens als Politikerfrau überdrüssig, drängte sie auf einen Abschied aus der Politik. Auch Gerald Ford wurde zunehmend amtsmüde, zumal die Aussichten schwanden, daß er sein großes Ziel, das Amt des Sprechers des Repräsentantenhauses, je erreichen würde. Nachdem die Demokraten trotz Nixons Erdrutschsieg von 1972 ihre Mehrheit im Repräsentantenhaus und damit das Recht, den Sprecher zu stellen, verteidigt hatten, einigte sich das Ehepaar darauf, daß Gerald Ford noch einmal kandidieren und danach seinen baldigen Rückzug aus der Politik ankündigen würde. Aus den Plänen für einen unspektakulären Abschied wurde freilich nichts, denn als im Oktober 1973 Vizepräsident Spirow Agnew wegen einer Bestechungsaffäre zurücktreten mußte, nominierte Präsident Nixon Gerald Ford zu seinem Stellvertreter, vor allem auch deshalb, weil Ford auch unter seinen demokratischen Kollegen hohes Ansehen genoß und seine Integrität über jeden Zweifel erhaben war.

Betty Ford war über ihren plötzlichen Aufstieg zur Second Lady überrascht, aber sie war ebenso stolz und entschlossen, ihre neue Rolle vor einem nationalen Publikum zu spielen. Schon bei ihrem ersten Fernsehinterview mit der Journalistin Barbara Walters wurde deutlich, daß Betty Ford eigene Meinungen hatte. Auf die Frage, wie sie zum jüngsten Urteil des Obersten Gerichtshofes zur Abtreibung stehe, in der das Gericht die freie Entscheidung der Frau, in Grenzen, zum verfassungsmäßigen Recht erklärt hatte, antwortete sie, froh zu sein, daß das Urteil die Abtreibung endlich aus den Hinterhöfen in die Hospitäler bringe – eine Auffassung, die weder von ihrem Mann noch von der Administration, der er angehörte, vertreten wurde und ihr eine Menge unfreundlicher Post bescherte. Unter den Journalisten der US-Hauptstadt galt sie schon bald als Frau, die, im Unterschied zu den meisten Politikergattinnen, aus ihren Ansichten kein Geheimnis machte, ohne jedoch die geringste Neigung zur politischen Indiskretion zu haben.

Daran änderte sich auch nichts, nachdem Gerald Ford am 9. August 1974 als Präsident eingeschworen worden war. Obwohl Nixons Rücktritt sich im Laufe des Frühjahrs abgezeichnet hatte und Anti-Nixon-Demonstranten Plakate trugen, auf denen Betty Ford aufgefordert wurde, sich schon einmal neue Vorhänge fürs Weiße Haus auszusuchen, sträubte sie sich lange gegen den Gedanken, zur First Lady aufzusteigen. Der Tag der Amtseinführung ihres Mannes erschien ihr zunächst als »der traurigste Tag meines Lebens«, doch fand sie schnell Gefallen an ihrer neuen Rolle. Ein bißchen sah sie es selbst so, daß die Tänzerin auf die Bühne zurückkehrte. Wichtiger war jedoch ihr Verständnis dafür, daß der veränderte Zeitgeist und die veränderte Rolle der Frau auch einen neuen Typus der First Lady erforderten. Sie erwies sich als gute Rednerin und hielt als First Lady fast einhundert öffentliche Reden. Ihr Stab wuchs auf 28 Mitarbeiterinnen und Mitarbeiter an, und als erste First Lady beschäftigte sie eine eigene Redenschreiberin. Ganz bewußt setzte sie sich auch von der Zurückhaltung ihrer Vorgängerin gegenüber der Presse ab, die sie für die Popularisierung ihrer Anliegen einspannte und von der sie ihrerseits wegen ihrer Offenheit und Spontanität geschätzt wurde.

Schon als Second Lady hatte sie sich zu einer liberalen Auffassung in der Abtreibungsfrage und als Anhängerin des *Equal Rights Amendment* (ERA) bekannt. In ihrer ersten Pressekonferenz nach der Amtseinführung ihres Mannes erklärte sie, daß sie sich ganz besonders für zwei Anliegen einsetzen wolle: die Kunsterziehung unterprivilegierter Kinder und die Verabschiedung des ERA. Während das erste Thema ein typisches First-Lady-Projekt war, galt das zweite für die Ehefrau des US-Präsidenten als höchst kontrovers. Pat Nixon hatte sich einmal eher beiläufig für das ERA ausgesprochen, Betty Ford machte es geradezu zu ihrem Markenzeichen. Sie trat öffentlich mit ERA-Ansteckern auf und ließ sich von Mitarbeitern eine persönliche Standarte für ihre Limousine anfertigen, auf der die Buchstaben ERA aufgestickt waren.

Die Auseinandersetzungen um das ERA sind ein typisches Beispiel für die »Kulturkriege«, die in den USA zwischen Liberalen und Konservativen geführt werden. An sich besagte der seit 1923 anhängige Vorschlag für eine Verfassungsergänzung lediglich, daß die Gleichheit vor dem Gesetz weder von der Bundesgewalt noch von den Einzelstaaten aufgrund des Geschlechts verweigert oder verkürzt werden dürfe. Die Anhängerinnen des ERAs sahen in ihm vor allem ein Instrument gegen die berufliche Diskriminierung von Frauen, während es von konservativen Frauenverbänden wie den Töchtern der Amerikanischen Revolution oder dem Nationalen Komitee gegen das ERA der Rechtsanwältin Phyllis Schlaffly als ein Anschlag gegen Familie und Mutterschaft sowie als Einfallstor der Unmoral attackiert wurde. Angeblich würde es zum Verbot getrennter Toiletten für Männer und Frauen führen. Anfang der siebziger Jahre befürwortete Meinungsumfragen zufolge zwar eine Mehrheit der Amerikaner das ERA, und der Kongreß stimmte dem Zusatz auch zu, doch da eine Verfassungsänderung auch von Dreiviertel aller Bundesstaaten ratifiziert werden muß, war es äußerst schwierig, die gut organisierte konservative Vetomacht zu brechen.

Für Betty Ford symbolisierte das ERA vor allem das Recht der Frau, sich frei zwischen der Rolle als Hausfrau und Mutter und der Berufstätigkeit entscheiden zu können, ohne in einer von beiden Rollen diskriminiert zu werden. Ob beide Rollen miteinander vereinbar waren, ließ sie offen. Sie selbst hatte ihre Berufstätigkeit nach der Heirat mit Gerald Ford ganz konventionell aufgegeben, und verständlicherweise wehrte die Mutter von vier Kindern sich vehement gegen die konservativen Unterstellungen, ERA-Befürworterinnen seien schlechte Mütter. Ebenso wenig beeindruckten sie Demonstranten vor dem Weißen Haus, die ihr auf Plakaten vorwarfen, sie wolle den amerikanischen Frauen »zweitklassige Männer« aufzwingen. Auch als die Post zu ihrem ERA-Engagement überwiegend kritisch war, blieb sie der Sache treu und kontaktierte unermüdlich Abgeordnete, Senatoren und Gouverneure, um sie zur Zustimmung zum ERA zu bewegen. Noch 1981, fünf Jahre nach ihrem Auszug aus dem Weißen Haus, war sie Ehrenvorsitzende des *ERA Countdown Committee*. Allerdings wurde ihr Einsatz nicht vom Erfolg gekrönt, da es der amerikanischen Frauenbewegung nicht gelang, das ERA vor dem Stichtag am 30. Juni 1982 ratifizieren zu lassen. Da die Rechte amerikanischer Frauen aber sowohl durch Bundes- wie durch Staatsgesetze ziemlich stark geschützt sind, handelte es sich eher um eine symbolische Niederlage.

Die Feministin Betty Ford, die 1975 mit dem Alice-Paul-Preis der *National Women's Party* ausgezeichnet wurde, zögerte auch nicht, ihren Einfluß dort geltend zu machen, wo er am meisten bewirken konnte, beim Präsidenten. Gerald Ford hatte schon als Abgeordneter das ERA unterstützt und erklärte sich auch als Präsident dafür. Zudem hatte er durchaus ein offenes Ohr für die Vorstellungen seiner Frau, mehr Frauen zu ernennen. Immerhin schlug Ford 21 Frauen für Ämter in seiner Administration vor, die der Zustimmung des Senates bedurften, darunter auch eine Wohnungsbauministerin. Insgesamt war die Zahl von Frauen in der Bundesadministration höher als je zuvor, auch wenn Ford zur Enttäuschung seiner Frau keine Richterin für den Obersten Gerichtshof nominierte. Als Gerald Ford im Januar 1975 einen Erlaß unterzeichnete, mit dem er die Beachtung des Internationalen Jahres der Frau in den USA anordnete, und seine Gattin bat, ein paar Worte zu sprechen, antwortete diese: »Herr Präsident, ich freue mich zu sehen, daß sie einen weiten Weg zurückgelegt haben.«

Betty Fords Stil als First Lady reflektierte auf ganz eigene Weise den zeitgenössischen Slogan, demzufolge das Persönliche politisch und das Politische persönlich ist. Ebenso wie durch ihr Engagement für das ERA beeindruckte (oder schockierte) sie die amerikanische Öffentlichkeit durch eine beispiellose Offenheit über ihr Privatleben, ohne jemals in platten Exhibitionismus abzugleiten. Dabei zeigte sich, daß ihre Moralvorstellungen das konservative Amerika häufig überforderten. So mokierten sich zu ihrer Überraschung Briefeschreiber darüber, daß Betty und Gerald Ford entgegen der Gewohnheit keine getrennten Schlafzimmer im Weißen Haus hatten. Offensichtlich, so der Kommentar der First Lady, könnten sich viele Leute nicht vorstellen, daß auch der Präsident mit seiner Frau schläft; bei anderer Gelegenheit bekannte sie, »so oft wie möglich« mit ihrem Mann zu schlafen.

Es waren freilich nicht die heiter-ironischen Provokationen, sondern persönliche Krisen, die Betty Fords Ruf als öffentliche First Lady begründeten. Sechs Wochen nach der Amtseinführung ihres Mannes wurde bei einer Routineuntersuchung ein Tumor in ihrer rechten Brust diagnostiziert und durch eine radikale Mastektomie entfernt. Betty Ford machte ihre Krankheit bewußt öffentlich, um ein Tabu zu brechen, über das viele Frauen kaum zu sprechen wagten: die Angst vor Brustkrebs und der Amputation ihrer Brüste. Das Echo war überwältigend. Nicht nur erhielt die First Lady massenhaften Zuspruch, ihre Krankheit veranlaßte zahlreiche Amerikanerinnen, sich einer Vorsorgeuntersuchung zu unterziehen. Die Reaktion auf ihre Krankheit eröffnete Betty Ford neue Einsichten in die Möglichkeiten ihrer Stellung: »Als ich im Krankenhaus lag und an all die Frauen dachte, die meinetwegen zur Krebsvorsorge gingen, wurde ich mir noch klarer der Macht bewußt, die die Frau im Weißen Haus hat.« Die Operation war erfolgreich, und obwohl sie noch ein Jahr lang eine belastende Chemotherapie machen mußte, wurde Betty Ford vollständig vom Krebs geheilt.

Daß sie wieder gesund war und nichts von ihrer Offenherzigkeit eingebüßt hatte, demonstrierte sie im August 1975 bei einem Interview mit dem beliebten Fernsehmagazin *60 Minutes*. Darin wiederholte sie nicht nur ihre bekannten Ansichten zu Frauenrechten und Abtreibung, sondern räumte die Möglichkeit ein, daß ihre Kinder schon einmal Marihuana geraucht haben könnten. Auf die Frage, was sie tun würde, wenn ihre (damals 18jährige) Tochter voreheliche sexuelle Beziehungen hätte, antwortete sie, daß sie nicht überrascht wäre und ihr natürlich mit mütterlichem Rat zur Seite stehen würde. Insbesondere diese nach heutigen Maßstäben eher harmlose Bemerkung löste einen veritablen öffentlichen Skandal aus. Eine Flut empörter Proteste überschwemmte das Weiße Haus; Betty Ford wurde die moralische Qualifikation zur First Lady abgesprochen, ein Pastor sprach von »Gossenmentalität«. Doch schon innerhalb weniger Wochen wendete sich das Blatt. Nicht nur bekam Betty Ford nunmehr überwiegend zustimmende Briefe, in Meinungsumfragen erklärten bis zu 75 Prozent der Amerikaner ihre Sympathie für die Präsidentengattin, selbst wenn sie ihre Ansichten nicht teilen mochten. Am Ende des Jahres erklärte sie das Magazin *Newsweek* zur »Frau des Jahres«.

Gerald Ford schätzte zunächst, daß ihn das *60-Minutes*-Interview zehn Millionen Wählerstimmen kosten würde und erhöhte die Zahl auf zwanzig Millionen, nachdem er die ersten Kommentare gelesen hatte. Tatsächlich hat er jedoch nie versucht, seiner Frau einen Maulkorb umzuhängen, auch wenn sie ihm manchmal Verlegenheit bereitete. Betty Ford gab sich natürlich als Republikanerin, stand aber mit vielen ihrer Ansichten den liberalen Demokraten näher, so daß eine Historikerin sie unter Anspielung auf die Maskottchen der Parteien »ein Eselchen in der Elefantenhaut« genannt hat. Obwohl die Fords eine traditionelle Ehe führten und Betty Ford ihren Mann auch öffentlich gebührend bewunderte, scheute sie sich nicht, ihn auch zu kritisieren und ihm Ratschläge zu geben. Daß er sich dem »pillow talk« nicht entziehen könne, erschien ihr ganz selbstverständlich, und wurde von ihm auch gar nicht bestritten. So riet sie ihm angeblich auch zum Generalpardon für Richard Nixon im September, der Ford viele Sympathien und vielleicht sogar die Wiederwahl kostete.

Betty Ford mochte durchaus Wahlkämpfe und unterstützte ihren Mann stets tatkräftig. Allerdings waren die Kampagnen in seinem sicheren Wahlkreis in Michigan nie besonders aufregend gewesen. Dies änderte sich im Präsidentschaftswahlkampf von 1976, als Ford, der die Bürde des Watergate-Skandals und der Begnadigung Nixons zu tragen hatte, zunächst von seinem innerparteilichen Rivalen Ronald Reagan herausgefordert wurde und dann in den allgemeinen Wahlen gegen den Demokraten Jimmy Carter antreten mußte. Da offensichtlich war, daß die First Lady sehr populär und ein ausge-

Betty Ford verliest das Eingeständnis der Niederlage,
November 1976

sprochener Aktivposten der Ford-Kampagne war, kam ihr vor allem
beim Werben um die Stimmen der Amerikanerinnen eine wichtige
Rolle zu. Anstecker verkündeten »Betty's Husband for President in
76« oder »Betty Not Jerry in '76«. Die First Lady gab sich ganz als
treue Ehefrau und verzichtete auf eigene politische Erklärungen,
plädierte intern jedoch erfolglos für eine Frau als Kandidatin für die
Vizepräsidentschaft. Trotz aller Mühen verlor Gerald Ford jedoch
knapp die Wahlen. Das öffentliche Eingeständnis der Niederlage verlas nicht der Präsident, der seine Stimme verloren hatte, sondern
seine Frau. Betty Ford zeigte sich keinesfalls niedergeschlagen, aber
sie war dennoch der Überzeugung, daß eine Woche mehr Zeit den
Umschwung herbeigeführt hätte.

Obwohl sie nicht mehr die Position der First Lady bekleidete,
wurde Betty Ford 1977 bei einer Gallup-Umfrage zur am meisten
bewunderten Frau der Welt gekürt. Tatsächlich jedoch steuerte sie
zu diesem Zeitpunkt bereits auf eine weitere schwere gesundheitliche
Krise zu, die wie ihr Krebs zum öffentlichen Tabubruch wurde. Seit

den sechziger Jahren hatte sie ihre Nervenschmerzen und psychischen Belastungen mit Schmerzmitteln, Psychopharmaka und Alkohol bekämpft und war am Ende abhängig geworden. Nachdem die Probleme sich nicht mehr leugnen ließen, intervenierte ihre Familie, und sie wurde im April 1978 in das Drogen- und Alkohol-Programm des Marinehospitals in Long Beach, Kalifornien, aufgenommen. Obwohl er selbst kaum trank, beteiligte sich auch ihr Mann unterstützend an der Therapie, da er sich der Einsicht nicht verschloß, daß die Probleme seiner Frau auch der Preis seiner eigenen Karriere waren. Es war ein schmerzhafter Prozeß für Betty Ford, ihre Sucht vor sich selbst, ihrer Familie und der amerikanischen Öffentlichkeit einzugestehen, aber mit derselben Willenskraft, die ihr schon den Krebs besiegen half, überwand sie schließlich auch ihre Abhängigkeit.

Ihr Schritt an die Öffentlichkeit mochte durchaus narzistische Züge aufweisen, aber er trug ohne Zweifel dazu bei, daß mehr Amerikaner Medikamenten-, Drogen und Alkoholsucht nicht mehr als Sünde, sondern als Krankheit zu begreifen begannen. Menschen bei der Überwindung dieser Krankheiten zu helfen, wurde ihre neue Lebensaufgabe, die 1983 mit der Eröffnung des Betty-Ford-Zentrums für die Behandlung von Drogen- und Alkoholkranken in Long Beach ihren Mittelpunkt fand. Ebenso wie ihr Mann, der als *elder statesman* größeres Ansehen genießt denn als Präsident, gehört Betty Ford bis heute zu den beliebtesten und am meisten respektierten Frauen in Amerika, auch wenn es mit zunehmendem Alter stiller um sie geworden ist.

Betty Fords historisches Vorbild war Eleanor Roosevelt, und in der Tat hatte seit der Gattin des großen FDR keine First Lady ein so eigenständiges und oft kontroverses politisches Profil entwickelt wie die Ehefrau des Übergangspräsidenten Gerald Ford. Ihr Aktivismus läßt sich unter anderem daran ablesen, daß das Archivmaterial über ihre knapp zweieinhalb Jahre im Weißen Haus rund eine Million Dokumente umfaßt. Wichtiger waren jedoch die Inhalte. Mit Betty Ford, so hat eine Historikerin bemerkt, hatten die amerikanischen Feministinnen erstmals eine First Lady, die sich nicht darauf beschränkte, hinter den Kulissen zu wirken, sondern die offen Partei ergriff. Viele Amerikanerinnen, die mit den abstrakten Verfassungsdebatten über das ERA wenig anzufangen wußten, schätzten Betty Ford jedoch vor allem deshalb, weil diese viele ihrer eigenen Ängste und Probleme artikulierte. Betty Ford thematisierte die stillen Leiden der perfekten Gattin und Mutter und demonstrierte zugleich die Fähigkeit, diese Leiden produktiv zu meistern. Nach Watergate trafen ihr Stil und ihre Sprache das Bedürfnis der amerikanischen Öffentlichkeit nach persönlicher Aufrichtigkeit.

Gerald Ford hatte bei seiner Amtseinführung in einem sympathisch bescheidenen Wortspiel über Präsidenten und Automarken bemerkt, er sei »ein Ford, kein Lincoln«. Für seine Frau, die das moderne Bild der First Lady ganz wesentlich mitgeprägt hat, kann dieser Satz nicht gelten.

Politische Partnerin
Rosalynn Carter, geboren 1927

Ursula Lehmkuhl
unter Mitarbeit von Carola Schmidt

Bei der ersten Durchsicht ihrer Autobiographie gewinnt man ein Bild von Rosalynn Carter als der braven Ehefrau und Mutter, die ihr Leben ganz den politischen Ambitionen ihres Ehemanns unterordnete. Doch der zweite und dritte Blick eröffnet sehr viel differenziertere Einsichten in das Leben und Wirken dieser First Lady, die durch ihr Engagement die Geschicke der USA in der innen- wie auch außenpolitisch schwierigen Phase der zweiten Hälfte der 1970er Jahre begleitet hat und in mancher Hinsicht eigene politische Akzente setzen konnte.

Eleanor Rosalynn Smith wurde am 18. August 1927 in Plains, Georgia, geboren als ältestes von vier Kindern von Wilburn Edgar Smith und dessen Frau Francis Allethea (Allie) Murray Smith. Sie verlebte ihre Kindheit im Kleinstadtmilieu des 600-Seelen-Örtchens Plains. Die unbeschwerten Tage ihrer Kindheit endeten 1940, als ihr Vater an Leukämie starb. Nachdem der Großvater in das elterliche Haus gezogen war, hatte Rosalynns Mutter für eine sechsköpfige Familie aufzukommen; um den Lebensunterhalt zu verdienen, arbeitete sie zunächst in der Schulcafeteria und im Lebensmittelgeschäft, bis sie schließlich eine Anstellung in der Poststelle von Plains erhielt, wo sie bis zu ihrer Pensionierung mit 70 Jahren tätig blieb. Rosalynns Mutter war eine selbständige und unabhängige Frau, die durch ihr Vorbild die Persönlichkeit ihrer ältesten Tochter deutlich prägte.

Neben der Familie bildeten Kirche und Schule die Zentren des gesellschaftlichen Lebens in Plains. Durch ihre lutherische Großmutter, den baptistischen Großvater und die methodistischen Eltern erhielt Rosalynn eine umfassende religiöse Erziehung und nahm an einem Großteil der in den drei Gemeinden angebotenen Aktivitäten teil. Den Kindern eine gute Erziehung und Ausbildung zuteil werden zu lassen, dies war das erklärte Ziel von Rosalynns Vater. Rosalynn war eine ernsthafte und ehrgeizige Schülerin, die hohe Anforderungen an sich selbst stellte und sich bemühte, allen Erwartungen der

Eltern und Lehrer gerecht zu werden. Schon in der Schule übernahm sie Aufgaben, die sie für ihre spätere Position als politisch aktive und öffentliche Auftritte nicht scheuende First Lady schulen sollten; so hielt sie beispielsweise 1944 die Abschiedsrede an der High School. Nach ihrem Abschluß besuchte sie ein Junior College in der nahegelegenen Ortschaft Americus. Dort lernte sie unter anderem Spanisch, was sie später für die wohl wichtigste politische Aufgabe, die ihr von der Carter-Administration übertragen wurde, nämlich die Kontakt-pflege zu den lateinamerikanischen Nachbarstaaten, wirkungsvoll einsetzen konnte.

Rosalynn war eng mit Ruth Carter, der jüngeren Schwester von James Earl (Jimmy) Carter befreundet. Über diese Mädchenfreund-schaft lernte Rosalynn Smith im Sommer 1945 ihren zukünftigen Mann Jimmy näher kennen. Carter besuchte zu dieser Zeit noch die Marineakademie in Annapolis. Für ihn bestand nach diesem ersten gemeinsamen Sommer kein Zweifel mehr daran, daß Rosalynn Smith die Frau seines Lebens sei. Die beiden heirateten ein Jahr später, am 7. Juli 1946, in Plains.

Die Heirat veränderte das Leben von Rosalynn in ziemlich drama-tischer Weise. Sie verließ nicht nur ihre Heimatstadt, sondern auch den amerikanischen Süden. In den darauffolgenden neun Jahren lernte sie aufgrund der berufsbedingten häufigen Umzüge – Jimmy Carter war zu dieser Zeit als Marineoffizier tätig – die USA bis nach San Diego und Hawaii kennen. Rosalynn Carter, die bei ihrer Hoch-zeit erst 19 Jahre alt war, stellte sich den sozialen Herausforderun-gen, die mit den häufigen Ortswechseln verbunden waren, durchaus selbstbewußt. Sie genoß die neue Freiheit, die sie nun erfuhr. In dieser Zeit wurden die drei Söhne John William (Jack) (1947), James Earl (Chip) (1950) und Donnel Jeffrey (Jeff) (1952) geboren. Obwohl Rosalynn Carter eigenverantwortlich nicht nur die Kindererziehung übernahm, sondern sich auch um die gesamten finanziellen Angele-genheiten der Familie kümmerte, bezeichnet sie sich rückblickend auf diese Jahre in ihrer Autobiographie durchaus selbstkritisch als »aus-schließlich Ehefrau und Mutter«.

Im Jahr 1953 starb Jimmy Carters Vater. Dieses Ereignis stellte einen weiteren Einschnitt im Leben von Rosalynn Carter und ihrer jungen Familie dar. Carter beschloß, ohne seine Frau zuvor konsul-tiert zu haben, seine Karriere in der Marine aufzugeben und nach Plains zurückzukehren, um die elterliche Erdnußfarm zu überneh-men. Für Rosalynn war die geplante Rückkehr in das provinzielle

Kleinstadtmilieu von Plains zunächst unvorstellbar. Die Einbindung in die Organisation und das Management des Familienbetriebes erleichterte ihr dann jedoch diesen Schritt. In den fast zehn Jahren, in denen die Carters gemeinsam das Familienanwesen leiteten, entwickelte sich das Verhältnis zwischen Jimmy und Rosalynn Carter zu einer auch in geschäftlichen Angelegenheiten gleichberechtigten Partnerschaft. Auch diese Erfahrung sollte für die Rolle und Funktion, die Rosalynn Carter später als First Lady übernahm, von prägender Bedeutung sein.

Jimmy Carters politische Karriere begann 1963, als er erfolgreich in den Senat von Georgia gewählt wurde. Rosalynn unterstützte die politischen Ambitionen ihres Mannes und beteiligte sich bereits an seinem ersten Wahlkampf aktiv, vor allem im Bereich der Öffentlichkeitsarbeit. Gleichzeitig mußte sie sich aufgrund des politischen Engagements ihres Mannes immer häufiger allein um die Geschäfte des Familienbetriebes kümmern. Das Gefühl, gebraucht zu werden und selbständig Managementfunktionen wahrnehmen zu können, befriedigte sie zutiefst. »Mir gefiel es, daß ich zu unserem Leben etwas betrug und daß ich es ihm ermöglichte, eine politische Karriere zu verfolgen. Ich war eher eine politische Partnerin als eine politische Ehefrau und ich fühlte mich nie ausgenutzt.«

Jimmy Carter strebte zunächst das Amt eines Kongreßabgeordneten an. 1966 entschied er sich dann jedoch, für das Gouverneursamt in Georgia zu kandidieren. Sehr zum Leidwesen seiner ehrgeizigen Frau scheiterte Jimmy Carter allerdings beim ersten Anlauf. Nicht zuletzt aufgrund der organisatorischen Unterstützung von Rosalynn, die sich nach der Niederlage kritisch mit den Fehlern des ersten Wahlkampfes auseinandersetzte und daraus wahlkampftaktische Lehren für die nächsten Runden zog, war Jimmy Carter vier Jahre später erfolgreich. Auch im Wahlkampf von 1970 übernahm Rosalynn Carter einen großen Teil der Öffentlichkeitsarbeit. Sie reiste durch Georgia, um das politische Credo ihres Mannes und dessen Programmatik zu erläutern. Bereits in diesem Wahlkampf trat Rosalynn Carter allerdings auch als eigenständige politische Persönlichkeit auf. So setzte sie sich unter anderem für die Errichtung eines speziellen Programms für geistig Behinderte ein. Um sich Einblick in die Probleme psychisch kranker Menschen zu verschaffen, arbeitete sie einen Tag in der Woche im Georgia Regional Hospital. Durch den direkten Kontakt mit Schwestern, Pflegern, Ärzten und Patienten konnte sie wichtige Informationen über die Probleme sammeln, die die ärztliche und

Von einer Erdnußfarm ins Weiße Haus:
Rosalynn Carter

pflegerische Versorgung dieser Patientengruppe bereitete. Ihre Erkenntnisse setzte Rosalynn Carter in der von ihr gegründeten Kommission (Governor's Commission to Improve Services to the Mentally
and Emotionally Handicapped) in politisches Handeln um.

Rosalynn Carter engagierte sich in der vorpräsidentiellen Zeit
auch im Bereich der Landschafts- und Kulturpflege. Sie unterstützte
das von Lady Bird Johnson initiierte Verschönerungsprogramm für
Autobahnen und das von Betty Ford ins Leben gerufene sogenannte
»Kunstzug«-Projekt (»Artrain«), das Kunstobjekte auch in ländliche
Gebiete brachte und damit einer breiteren Öffentlichkeit zugänglich
machte. Großes Interesse brachte Rosalynn Carter weiterhin der
Reform des Strafvollzugs insbesondere für Frauen entgegen.

Am stärksten engagierte sich die angehende First Lady freilich,
zusammen mit dem Rest der Familie, im Präsidentschaftswahlkampf
ihres Mannes. Auch hier bildete sie eine der zentralen Scharnierstel-
len zur amerikanischen Öffentlichkeit. Rosalynn Carter besuchte
während des Wahlkampfes zweiundvierzig Bundesstaaten. Im nachhinein charakterisierte sie ihr Engagement als eine Zeit des Zuhörens,

Lernens und Beantwortens von Fragen. Die kommunikativen Kompetenzen, die sie sich erwarb, sollten ihr später noch mehrfach zugute kommen. Rosalynn Carter trug von Beginn an die Bürde und Verantwortung der Präsidentschaft bewußt mit und arbeitete, so wie sie es durch ihre Tätigkeit auf der Erdnußfarm in Plains gelernt hatte, partnerschaftlich mit ihrem Mann zusammen. Einmal wöchentlich trafen sich die Eheleute zu einem Arbeitsessen – ähnlich dem des Präsidenten mit dem Vizepräsidenten. Bei diesem Arbeitsessen wurden organisatorische und inhaltliche Probleme besprochen, Aktions- und Strategiepläne diskutiert und die politische Arbeit abgestimmt. Rosalynn Carter nahm darüber hinaus auch, ohne über ein politisches Mandat zu verfügen, an Kabinettssitzungen teil und informierte sich über die Vorhaben in den einzelnen Ministerien. Dieses über die informelle Unterstützung ihres Mannes hinausgehende politische Engagement und insbesondere ihre, wenngleich passive, Teilnahme an Sitzungen politischer Gremien und Instanzen wurde von den Gegnern Jimmy Carters wie auch von der Presse mitunter heftig kritisiert. Anstößig erschien die Selbstverständlichkeit, mit der Rosalynn Carter die Kluft zwischen der Sphäre des Präsidenten und der First Lady – zwischen »East wing« und »West wing« im Weißen Haus – überbrückte und eigene politische Standpunkte zu Gehör brachte. Ihr politisches Engagement, gekoppelt an eine eigenständige Position und ein unabhängiges politisches Urteil, warfen in der öffentlichen Diskussion die Frage auf, ob die First Lady überhaupt berechtigt sei, den Präsidenten der USA zu repräsentieren. Durch ihr selbstbewußtes Auftreten setzte Rosalynn Carter einen wichtigen Meilenstein für die Entwicklung der »First Ladyship« hin zu einer echten politischen Institution, zu der sie spätestens mit Hillary Clinton geworden ist.

Rosalynn Carter hat viel über die Funktion des Präsidenten und über die Rolle der First Lady nachgedacht und in ihrer Autobiographie zentrale Einblicke und Überlegungen mitgeteilt. Rosalynn Carter sei, wie politische Kommentatoren berichteten, der »Resonanzboden«, die »Antenne« oder auch der »Blitzableiter« für ihren Mann gewesen. Es war häufig die First Lady, die wichtige Informationen an den Präsidenten weiterleitete, Probleme konturierte oder in eine Sprache übersetzte, die sie dem Präsidenten näherbrachten. Die von Jimmy Carter in einem *New-York-Times*-Interview herausgestellte Eigenschaft, nämlich eine perfekte Ergänzung seiner selbst zu sein, wurde von Rosalynn Carter mit dem Argument zurückgewiesen, daß dies nahelege, sie habe keine eigenen Ideen und Vorstellungen und

täte lediglich, was ihr Mann von ihr verlange. Dies sei falsch. Rosalynn legte größten Wert darauf, das gleichberechtigte Neben- und
Miteinander im Verhältnis zu ihrem Mann herauszustellen. Sie sei
seine Vertraute, Ratgeberin und Vertreterin gewesen. Klar sah sie
allerdings auch die Grenzen ihres Einflusses auf die politischen Entscheidungen ihres Mannes. In ihrer Autobiographie wies sie darauf
hin, daß sie ihn selten beeinflussen konnte, wenn er seine Meinung zu
einer Sache schon gebildet hatte.

Will man die Biographie von Rosalynn Carter im Hinblick auf
zentrale Entwicklungslinien und Charakteristika zusammenfassen, so
sind folgende Punkte herauszustellen: Ihr Leben zeichnet sich durch
frühe Selbständigkeit, die Bereitschaft zur Übernahme von Verantwortung, Flexibilität, Facettenreichtum und schließlich durch eine
ständige Progression, durch »lebenslanges Lernen« aus. Rosalynn
Carter ist eine weltoffene, aufgeschlossene, neugierige und ehrgeizige
Frau. Sie ist wißbegierig, bildungsbeflissen und keinesfalls provinziell. Sie hat gezeigt, daß es möglich ist, die unterschiedlichen Rollen,
die eine berufstätige Frau und Mutter auch heute noch unter einen
Hut zu bringen hat, durchaus erfolgreich nebeneinander zu leben und
miteinander in Einklang zu bringen.

In einem *Newsweek*-Interview aus dem Jahr 1977 prognostizierte
Jimmy Carter: »Wenn wir das Weiße Haus verlassen werden, wird sie
eine gute Erbschaft stiller Erfolge zurücklassen.« Mit dieser Prognose
hat der ehemalige Präsident nicht übertrieben. Rosalynn Carters Aktivitäten erstreckten sich auf eine ganze Reihe von politischen Problem-
feldern; und fast alle waren sie erfolgreich. Während der Präsidentschaft setzte sich die First Lady für die Belange älterer Menschen ein,
engagierte sich in der Rassenfrage und unterstützte die Arbeit der
Schulkommission. In der Außenpolitik ist insbesondere ihr Engagement in Lateinamerika und Kambodscha herauszustellen. Ihre zwei-
wöchige Lateinamerikareise im Jahr 1977, die sie im Auftrag der Carter-Administration durchführte, muß als Sternstunde von Rosalynns
politischem Engagement bezeichnet werden. Dieses war allerdings
weniger das Resultat einer bewußten Neudefinition der politischen
Funktion der First Lady als vielmehr das Ergebnis von Terminüber-
schneidungen, die es weder dem Präsidenten noch dem Vizepräsidenten erlaubten, selbst diese wichtige Auslandsreise anzutreten.

Rosalynn Carter bereiste Lateinamerika in einer politisch recht
schwierigen Zeit. Die lateinamerikanischen Staaten schwankten in
den 1970er Jahren zwischen einer Anpassung an die Vorgaben aus

Washington und einem Streben nach relativer Autonomie im Sinne einer Diversifizierung der Außenbeziehungen und einer Erweiterung der nationalen Handlungsspielräume. Aufgrund der steigenden Bedeutung der Menschenrechtsfragen im Ost-West-Konflikt sowie der nationalistischen Komponente der Militärherrschaft verschärften sich die Konflikte innerhalb Lateinamerikas und die Divergenzen zwischen den USA und den bürokratisch-autoritären Militärregimen Südamerikas nahmen zu. Die Systemkonflikte traten nach der Unterzeichnung der amerikanischen Menschenrechtskonvention und eines Vertrages, der Lateinamerika zur ersten atomwaffenfreien Zone der Welt erklärte, offen zutage.

Die politischen Ausgangsbedingungen für ihre erste große Auslandsmission waren also nicht unbedingt günstig. Rosalynn Carter bereitete sich deshalb gründlich auf diese Reise vor. Sie intensivierte ihren Spanischunterricht und bekam politischen »Nachhilfeunterricht« von namhaften Wissenschaftlern, Politikern, von Vertretern des Nationalen Sicherheitsrates und der Organisation der Amerikanischen Staaten (OAS). Die Lateinamerikareise war für die »Politikerin« Rosalynn Carter von enormer Bedeutung. »Ich war fest dazu entschlossen, daß man mich ernst nehmen sollte«, schrieb sie in ihren Memoiren. Rosalynn Carter erläuterte in ihren Gesprächen mit den lateinamerikanischen Regierungschefs die aktuellen Anliegen und Perspektiven der amerikanischen Außenpolitik und stellte das Menschenrechtsprogramm der Carter-Administration vor. Dann erörterte sie jeweils spezifische Fragen und Probleme. Die Ergebnisse ihrer Gespräche faßte sie in einem Memorandum zusammen, das dem State Department als Diskussionsgrundlage für die weitere Entwicklung der amerikanischen Lateinamerikapolitik diente. So besprach sie etwa mit dem Premierminister von Jamaika, Manley, die Interessen der karibischen Länder und diskutierte über das Verhältnis des Landes zu Fidel Castro. In Ecuador wurden unter anderem Handelsbeschränkungen und das amerikanische Veto gegen den geplanten Ankauf von israelischen Militärflugzeugen diskutiert. In Peru sprach Rosalynn Carter mit Präsident Bermudez über die geplante Aufrüstung des Landes. Auch in Brasilien standen die Themen Menschenrechte und Nuklearrüstung auf der Tagesordnung. Während ihres Aufenthalts in Brasilien besuchte Rosalynn Carter zwei zu Unrecht gefangengehaltene US-amerikanische Missionare und unterstrich mit dieser Geste das menschenrechtspolitische Engagement der Carter-Administration, ohne die brasilianische Regierung direkt zu kritisieren. Während in

Kolumbien das Problem des Drogenhandels diskutiert wurde, erörterte sie in Venezuela außenwirtschaftspolitische Probleme.

Die Lateinamerikamission blieb ein Einzelfall in der Karriere
Rosalynn Carters. Bei späteren Auslandsreisen standen wieder fast
ausnahmslos die traditionellen Aufgaben der First Lady – Repräsentation, Pflege sozialer und kultureller Kontakte, Engagement für
humanitäre Anliegen – im Vordergrund. Allerdings blieb die Lateinamerikareise nicht ohne Folgen für die öffentliche Bewertung und
Wahrnehmung der politischen Funktion der First Lady. Nicht nur
hielten 70 Prozent der befragten Amerikanerinnen und Amerikaner
die politische Arbeit Rosalynn Carters als Repräsentantin der USA
für »gut« oder »exzellent«; Überschriften wie »Die zweitmächtigste
Person« (*Time Magazine*) oder »Partnerin des Präsidenten« (*Newsweek*) signalisierten der Öffentlichkeit die Bedeutung, die das inoffi-
zielle Amt der First Lady für die Politik des Landes erlangen konnte.
Rosalynn Carter selbst wie auch die Imageberater des Präsidenten
standen diesen Signalen in der Berichterstattung eher ambivalent
gegenüber und bemühten sich darum, ein Gegenbild zu zeichnen, das
der Kritik an der zu eigenständig agierenden First Lady den Wind aus
den Segeln nehmen sollte.

Zwei Jahre nach der Lateinamerikareise wurde Rosalynn Carter
erneut eine Auslandsmission übertragen. Als sich im Herbst 1979
eine große Flüchtlingswelle an der Grenze von Kambodscha nach
Thailand zusammendrängte, drohte aufgrund der unzureichenden
Versorgungsmaßnahmen der Tod Tausender Menschen. Rosalynn
Carter sollte einige Flüchtlingscamps in Thailand besuchen und die
Öffentlichkeit über die Situation in Südostasien aufklären. Im Rahmen ihrer Kamboscha-Reise besuchte Rosalynn Carter den König
von Thailand und traf sich mit Vertretern verschiedener Hilfsorgani-
sationen. Nach ihrer Rückkehr berichtete sie dem damaligen Gene-
ralsekretär der Vereinten Nationen, Kurt Waldheim, über die Ergebnisse ihrer Reise. Sie unterstützte die Gründung des »National Cam-
bodia Crisis Committee« und mobilisierte in Fernsehauftritten, bei
Spendensammelaktionen und bei Empfängen im Weißen Haus zahlreiche Menschen zur aktiven Hilfe.

Innenpolitisch stand auch weiterhin die Frage der Verbesserung
des amerikanischen Gesundheitssystems im Bereich der Psychiatrie
im Zentrum ihres Interesses. Als First Lady hatte Rosalynn Carter
nun die Möglichkeit, ihre Arbeit zu einem offiziellen innenpolitischen
Anliegen aufzuwerten. Neben der Bemühung um eine Strukturreform

*Diplomatie im Zeichen der Menschenwürde: Rosalynn Carter
besucht ein Flüchtlingslager in Kambodscha*

des Gesundheitssystems orchestrierte sie ein breit angelegtes Aufklärungsprogramm für die amerikanische Öffentlichkeit. Sie war davon überzeugt, daß die Verbesserung der strukturellen Rahmenbedingungen nur im Gleichschritt mit dem Abbau von Vorurteilen und Ängsten gegenüber psychisch kranken und geistig behinderten Menschen zu realisieren sei. Rosalynn Carter wirkte als »Ehrenvorsitzende« in der eigens für dieses Projekt eingerichteten Regierungskommission mit und trug maßgeblich zur Formulierung zahlreicher Einzelprogramme bei. Die Ausbildung des Personals im Gesundheitswesen sollte verbessert werden; es sollten Maßnahmen im Bereich der Prävention und Forschung ergriffen werden; kommunale Entwicklungsprogramme sollten gefördert werden. Diese Vorschläge dienten der Vorbereitung eines Gesundheitsgesetzes (Mental Health System Act), das im Mai 1979 dem Kongreß zur Entscheidung vorgelegt wurde. Rosalynn Carter stellte sich für die Anhörungen in dem zuständigen Senatskomitee zur Verfügung. Dies hatte vor ihr lediglich eine First Lady gewagt, nämlich Eleanor Roosevelt. Auch für dieses innenpolitische Projekt erhielt sie große Anerkennung von seiten der Öffentlichkeit, aber auch von seiten der politischen Elite. Senator Edward M. Kennedy etwa, ein großer Kritiker Jimmy Carters, bezeichnete das Auftreten Rosalynn Carters vor dem Senatskomitee als »leidenschaftlich und eloquent«. Nachdem der Kongreß im September 1980 den Gesetzesvorschlag angenommen hatte, währte die Freude über den Erfolg allerdings nur kurze Zeit, da Präsident Reagan nach seinem Amtsantritt die bewilligten Mittel wieder drastisch kürzte.

Die amerikanische Öffentlichkeit erwartet von ihrer jeweiligen First Lady einen Einsatz für soziale Projekte. Rosalynn Carter war sich dessen durchaus bewußt. In ihrem Fall trafen sich jedoch die Erwartungen der Öffentlichkeit mit ihren eigenen Interessen. So setzte sie sich – weit über das Engagement im Gesundheitsbereich hinaus – in überzeugender Weise für das von Jimmy Carter vertretene Bürgerrechtsprogramm ein und unterstützte den Präsidenten in seinen Bemühungen, öffentlichen Rückhalt für die von ihm geforderte nationale Energie- und Umweltpolitik zu gewinnen. Ihre Anwesenheit bei den Camp-David-Verhandlungen beförderte das für die schwierige Nahost-Mission wichtige Gesprächsklima zwischen den Verhandlungspartnern. Nachhaltig unterstützte sie die politischen Bemühungen des Präsidenten für die Ratifizierung des Verfassungszusatzes über die Gleichberechtigung der Frauen. In ihrer eigenen Argumentation für diesen Schritt wies sie auf ihre persönlichen Erfahrungen mit der sich verändernden Rolle der Frau in der Gesellschaft hin. Die amerikanische Verfassung müsse diesen Entwicklungen Rechnung tragen. Rosalynn Carter war dabei keineswegs eine Feministin. Sie bezeichnete sich selbst als relativ traditionellen Menschen, der seine Rolle als Ehefrau und Mutter durchaus genieße. Gleichzeitig aber betonte sie, daß es ihr wichtig sei, ihre erweiterte Rolle als (politische) Partnerin, Geschäftsfrau und First Lady auszufüllen.

Mit Carters Amtsantritt verbanden viele Beobachter der politischen Szene in den USA die Hoffnung auf eine Rückkehr zum liberalen Politikstil der 1960er Jahre. Carter zeigte sich als progressiver Politiker; er berief drei Frauen ins Kabinett und sorgte dafür, daß mehr Angehörige traditionell benachteiligter Gruppen (Afro-, Hispanoamerikaner und Frauen) einen Posten in der Bundesverwaltung oder Richterstellen erhielten als je zuvor in der amerikanischen Geschichte. In den Ämtern für Umweltschutz, Verbraucherinteressen und Arbeitsplatzüberwachung wurde über Reformprogramme nachgedacht. Die Betonung innenpolitischer Themen, die Bemühung um die moralische Stabilisierung der amerikanischen Bevölkerung nach dem Desaster des Vietnam-Kriegs und Watergate kam nicht zuletzt in der Schaffung eines Energieministeriums zum Ausdruck. Dieses sich stärker auf die Sozial- und Umweltpolitik konzentrierende Programm des Präsidenten war der politischen Profilierung der First Lady sicherlich sehr zuträglich. Vergleicht man jedoch die zentralen innen- und außenpolitischen Betätigungsfelder der Carter-Administration mit den Bereichen, in denen sich die First Lady engagierte, so fällt eine nicht unerhebliche Diskrepanz auf.

Zu Beginn seiner Amtszeit hatte Carter als Ziele seiner innenpolitischen Bemühungen eine Reform des Beamtentums, eine Steuerreform und insbesondere eine kraftvolle Energiepolitik versprochen. Dabei sollte sich die Energiepolitik als Kernproblem dieser Jahre herausstellen. Die weltweite Energiekrise der 1970er Jahre erschwerte auch das wirtschaftliche und politische Leben der USA. Der extrem kalte Winter 1976/77 verdeutlichte den potentiellen Notstand des Landes, als wegen Erdgasmangels viele Schulen und Fabriken zeitweilig schließen mußten. Im April 1977 verkündete Carter einen großen Energieplan. Anfang August des gleichen Jahres wurde ein Energieministerium geschaffen; Programme für die Nutzung alternativer Energien und den Ausbau der Atomenergie wurden ins Leben gerufen, um die Abhängigkeit vom Erdöl und Erdgas zu reduzieren. In diesem zentralen Bereich der Carterschen Innenpolitik, der dann mit dem revolutionsbedingten Ausfall der iranischen Produktion während mehrerer Monate im Frühjahr 1979 auch außenwirtschaftspolitische und schließlich außenpolitische Dimensionen erhielt, sind nach der gegenwärtigen Quellenlage kaum Evidenzen für ein gestalterisches Engagement der First Lady festzustellen. Das gleiche gilt für die drei – neben der Lateinamerikapolitik – zentralen Themen in der Außenpolitik der Carter-Administration: Frieden im Nahen Osten, Ratifizierung des SALT-Abkommens mit der Sowjetunion und Regelung der Panama-Kanal-Frage – Aufgaben, die Jimmy Carter zum größten Teil von der vorherigen Administration geerbt hatte. Gleichsam als Ironie des Schicksals erschwerte die von Carter konzipierte und von der First Lady zumindest während der Lateinamerikareise in den Gesprächen mit den Regierungschefs stets betonte Menschenrechtspolitik der USA nicht nur den politischen Ausgleich mit den südlichen Nachbarstaaten, sondern beeinträchtigte auch die Diskussionen mit der Sowjetunion. Diese empfand die humanitären Bemühungen der USA als unpassende Einmischung in ihre inneren Angelegenheiten.

Bei den Camp-David-Gesprächen im September 1978, die einen Höhepunkt der amerikanischen Bemühungen um einen Frieden in Nahost darstellten, übernahm die First Lady den traditionellen Part der Gesellschafterin. Inwiefern diese Rolle nun einen Beitrag zum politischen Erfolg der Gespräche und zum Abschluß des Rahmenvertrags zwischen dem israelischen Ministerpräsidenten Begin und dem ägyptischen Staatspräsidenten Sadat für einen künftigen Frieden leistete, müßte, sobald die entsprechenden Dokumente für die Forschung freigegeben werden, auf der Grundlage intensiver Quellenstudien eruiert werden. Neuere politikwissenschaftliche Ansätze, die die Schaffung kommunikativer und lebensweltlicher Rahmenbedingungen für den Erfolg der Friedensbemühungen in Camp David mitverantwortlich machen, legen eine Neubewertung der klassischen Rolle der First Lady als gesellschaftlichen und sozialen Beistand des Präsidenten für den politischen Prozeß in den USA nahe. Die politische Bedeutung der First Lady ließe sich demnach nicht allein an der Frage nach der Beteiligung an den zentralen Politikfeldern beantworten, sondern man müßte neuere entscheidungstheoretische Überlegungen, die die traditionellen Funktionen und Tugenden der First Lady in einem anderen Licht erscheinen lassen, in eine Bewertung ihrer Bedeutung für die politischen Erfolge oder Mißerfolge des Präsidenten mit einfließen lassen.

Die Institution der Ehe und die damit verbundenen normativen Rahmenbedingungen grenzten bis in die jüngste Vergangenheit die Entfaltungsmöglichkeiten der First Ladies ein. So auch die von Rosalynn Carter. Sie muß zwar als selbstbewußt, selbständig und ehrgeizig bezeichnet werden, dennoch ging sie keinen wirklich eigenständigen Weg, weder politisch, noch beruflich. Vielmehr folgte sie, so wie es die gesellschaftlichen Erwartungen verlangten, ihrem Mann durch seine unterschiedlichen beruflichen Stationen. Sie schuf sich ihre Spielräume nicht selbst, sondern mußte sich immer wieder neu auf die durch die berufliche und politische Karriere Jimmy Carters definierten Handlungsmöglichkeiten einlassen und sich hier Nischen suchen.

Rosalynn Carter entsprach damit der typischen Rollenerwartung der amerikanischen *middle class*. Gleichwohl ist festzustellen, daß sie in ihren Bemühungen um Selbstbehauptung ihrer Zeit und ihrer gesellschaftlichen Klasse voraus war, wie nicht zuletzt ihre Lateinamerikareise belegt. Wenn der First Lady auch eine Vorbildfunktion für den Wandel gesellschaftlicher Bilder und Rollenverständnisse zukommt, so kann man sicherlich sagen, daß Rosalynn Carter dieser Funktion im Sinne einer weiteren Integration der Frau in führende politische und gesellschaftliche Ämter entsprochen hat.

Die Perfektionistin
Nancy Reagan, geboren 1921

Michael Wala

Die Ehefrau des 40. Präsidenten war eine der umstrittendsten First Ladies in der Geschichte der Vereinigten Staaten. Besonders im ersten Jahr der Amtszeit ihres Mannes wurde Nancy Reagan heftig kritisiert: ihre extravagante Garderobe, die kostspielige Renovierung des Weißen Hauses, die Anschaffung neuen Geschirrs; ja, selbst die Andacht, mit der sie ihrem Ehemann bei dessen politischen Auftritten zuhörte. Dabei lag Nancy Reagan nichts ferner, als Anstoß zu erregen. Sie wollte eine perfekte First Lady sein, von allen gemocht und in ihrer Rolle ein Vorbild, wie Jackie Kennedy.

Daß Nancy Reagan, die am 6. Juli 1921 als Anne Frances Robbins geboren wurde, einen Hang zum Perfektionismus hat, hat mit ihrer Kindheit und Jugend zu tun. Ihre Mutter, die Schauspielerin Edith Luckett, hatte 1917 Kenneth Robbins, den leiblichen Vater von Nancy Reagan, geheiratet. Die Eheleute hatten sich schon vor der Geburt der gemeinsamen Tochter auseinandergelebt, und Edith Luckett nahm den Säugling einige Jahre lang mit auf zahlreiche Theatertourneen, hauptsächlich entlang der Ostküste der USA. In dieser Zeit wurde auch der Rufname Nancy geprägt. Danach wuchs sie in der Familie der Schwester ihrer Mutter in Bethesda vor den Toren der Bundeshauptstadt Washington, D. C., auf, zusammen mit deren drei Jahre älteren Tochter. Es war eine schwierige Zeit für das kleine Mädchen, das zwar in der Familie ihrer Tante herzlich aufgenommen wurde, aber immer auch Außenseiterin blieb.

Besuche der Mutter in Bethesda und Reisen nach New York, wenn die Mutter dort ein längeres Engagement hatte, führten Nancy in die Welt des Theaters ein, die sie so sehr beeindruckte, daß sie später Schauspielerin wurde. In diesen Jahren lernte sie die Freunde und Kollegen ihrer Mutter kennen – darunter Spencer Tracy, Lilian Gish, Katherine Hepburn, ZaSu Pitts und James Steward. Es entstanden Freundschaften, die ihr zum Teil bis in die Zeit als First Lady erhalten blieben.

Als die Mutter 1929 Loyal Davis, einen Professor für Neurochir-
urgie an der Northwestern University, heiratete, änderte sich Nancys
Leben schlagartig. Mit der Eheschließung gingen sozialer Aufstieg
und Sicherheit einher. Nancy wurde nun, mit fast zehn Jahren,
Teil einer eigenen Familie. Sie mußte aber die Mutter mit deren
distanziertem und auf äußerste Korrektheit bedachten Ehemann teilen. Er war still, reserviert und zuweilen harsch, fast zwanghaft,
wenn es um Pünktlichkeit und Sauberkeit ging. Glückseligkeit lag für
ihn, wie die spätere First Lady in ihren Memoiren noch immer beeindruckt hervorhebt, im steten Bemühen um hervorragende Leistungen
in allen Bereichen des Lebens. Den Ansprüchen ihres Stiefvaters –
den Nancy ihren Vater nennt, aber, bis sie selbst Mutter war, mit »Dr.
Loyal« anredete – gerecht zu werden, um angenommen und geliebt
zu werden, war nicht leicht. Der Wunsch, durch hervorragende Leistungen, möglichst durch Perfektion, vor seinen Augen zu bestehen,
hat sie als Jugendliche in Chicago geformt. Der Hang zum Perfektionismus wurde ein Charakterzug, der Nancys Karriere als Schauspielerin und später als First Lady prägte.

Nachdem die eher mittelmäßige Schülerin ihren Highschool-
Abschluß in Chicago absolviert hatte, ging Nancy Reagan zu Beginn
des Zweiten Weltkrieges ans Smith College, eines der Frauen-Colle-
ges an der Ostküste der USA. Dort studierte sie Englisch und
Schauspiel. Für Politik interessierte sich die junge Frau kaum, und
der Zweite Weltkrieg scheint fast spurlos an ihr vorübergegangen zu
sein. Nach dem Studium bemühte sie sich zunächst – wenngleich
weitgehend erfolglos – um Engagements in New York. Ihren ersten
und einzigen Auftritt am Broadway in einem Stück mit dem Titel
Lute Song (Yul Brynner spielte eine tragende Rolle) hatte sie den
Kontakten ihrer Mutter zu verdanken. Eine Wende kam für die junge
Schauspielerin 1949 durch das Angebot, sich bei Metro-Goldwyn-
Mayer (MGM) in Hollywood vorzustellen. Wieder half die Mutter
und gewann den berühmten Regisseur George Cukor und einen
guten Kameramann für die Probeaufnahmen. Ein Vertrag mit MGM
über sieben Jahre mit einem gesicherten Gehalt war die Folge. Durch
Freunde der Familie konnte sie schnell Kontakte in Los Angeles
herstellen, aber ihre Filmkarriere ließ sich eher schleppend an. In den
Jahren nach 1949 drehte sie ein knappes Dutzend Filme, zumeist
in der Rolle als junge Mutter oder Schwangere, Filme, über die
Nancy Reagan später schrieb, es sei wohl am besten, die meisten
würden vergessen.

In Hollywood lernte Nancy bald ihren späteren Ehemann kennen. Er war zu jener Zeit noch ein liberales Mitglied der Demokratischen Partei und Präsident der Schauspielergewerkschaft, der *Screen Actors Guild*. In ihren Memoiren schreibt Nancy, sie habe zu Ronald Reagan Kontakt aufgenommen, da ihr Name auf einer Liste kommunistischer Sympathisanten genannt worden war; als Gewerkschaftspräsident hätte er ihren Namen wieder reinwaschen können. Allerdings spricht freilich einiges dafür, daß Nancys eigentliches Motiv für das Treffen ihr Interesse an Ronald Reagan selbst war. Reagan war kurz zuvor von der Schauspielerin Jane Wyman geschieden worden und hatte durch seine Auftritte in *Knute Rockne – All American* und *Kings Row* einige Anerkennung gefunden. Für Nancy war die Begegnung mit Ronald Liebe auf den ersten Blick. Da er jedoch die Trennung von Jane Wyman nur langsam überwand, gingen die beiden den Bund der Ehe erst nach etwa drei Jahren, am 4. März 1952, ein. Nancy Reagan hätte sich gerne aus dem Berufsleben zurückgezogen, besonders nachdem die gemeinsame Tochter Patricia Ann (Patti) Ende Oktober zur Welt gekommen war, aber Ronald Reagans Schauspielerkarriere steckte gerade in einer Krise, Unterhaltszahlungen für die Kinder aus seiner erster Ehe drückten, und die hohen Kosten der neuen Haushaltsgründung zwangen Nancy dazu, durch einige weitere Filme zum Unterhalt beizutragen. Erst eine Anstellung als Gastgeber des wöchentlich im nationalen Fernsehen ausgestrahlten *General Electric Theater* und als »Firmenbotschafter« von General Electric verbesserte die Einkommenssituation der jungen Familie merklich. Reagans neue Aufgaben führten in den folgenden Jahren zu langen, von Nancy als schmerzlich beschriebenen Trennungen von der Familie. Sie zog in dieser Zeit die Kinder groß – der gemeinsame Sohn, Ronald Prescott (Ron), wurde Ende Mai 1958 geboren – und erwarb einen Freundeskreis in Los Angeles, der für sie später, als sie First Lady des Staates California und dann First Lady der Vereinigten Staaten war, einen wichtigen Rückhalt bot. Wie in diesen gesellschaftlichen Kreisen üblich, engagierte sie sich in verschiedenen gemeinnützigen Organisationen und wurde Mitglied der *Colleagues*, einer Gruppe wohlhabender Kalifornier, die sich um unverheiratete Mütter und ihre Kinder kümmerten.

Erste Einblicke in die Politik erhielt Nancy Reagan, als ihr Ehemann sich 1962 für den Republikaner Richard M. Nixon engagierte, der sich um den Posten des Gouverneurs von Kalifornien bemühte.

Von Hollywood ins Weiße Haus:
Ronald Reagan, Nancy Davis und Tommy Nolan, Werbe-
photo der General Electric Theater Studios

Reagan war zwar immer noch Mitglied der Demokratischen Partei, hatte den Demokraten Harry S. Truman im Präsidentschaftswahlkampf 1948 unterstützt und den Kriegshelden General Eisenhower als Präsidentschaftskandidaten für die Demokratische Partei gewinnen wollen. Während seiner Zeit bei General Electric hatte er sich jedoch innerlich zum Republikaner gewandelt; und schon 1963 hielt der inzwischen den Republikanern beigetretene Ronald Reagan Wahlreden für deren Präsidentschaftskandidaten Barry M. Goldwater, der zum rechten Spektrum der Partei gehörte. Goldwater konnte die Wahl zwar nicht gewinnen, aber Parteifreunde Reagans wurden auf dessen Redetalent und seinen tatkräftigen Einsatz aufmerksam und drängten ihn, sich seinerseits in Kalifornien um den Gouverneursposten zu bewerben.

Obwohl Nancy Reagan kein eigenes politisches Interesse hatte, zeigte sich schon während des folgenden Wahlkampfes, daß das Ehepaar ein gutes Team war. Die Tochter besuchte ein Internat in Arizona, und Nancy Reagan konnte sich um die Auswahl der Mitarbeiter ihres Mannes kümmern, sie nahm an Besprechungen und Strategieplanungen teil und bemühte sich, dafür zu sorgen, daß die Zusammensetzung des Wahlkampfteams die besten Chancen für ihren Ehemann gewährleistete. In ihren Memoiren schreibt Nancy Reagan, daß ihr Ehemann zu gutmütig gegenüber anderen Menschen sei und kaum in der Lage, jemanden zu entlassen. Nancy übernahm diese Aufgabe für ihren Mann. Schon damals sah Nancy es als ihre allerwichtigste Aufgabe an, ihren Ehemann mit allen Mitteln zu unterstützen, und sie bestand auf unbedingter Loyalität der Mitarbeiter. Sie ließ sich für eine ganze Reihe von Wahlkampfveranstaltungen und Interviews einspannen, auch wenn sie es grundsätzlich ablehnte, selbst Reden zu halten. Bei der Unterstützung ihres Ehemannes halfen ihr vor allem die Kontakte, die sie zur Oberschicht von Los Angeles, insbesondere zu den Ehefrauen einflußreicher Geschäftsleute und Finanziers geknüpft hatte. Durch legendär zahlreiche Telefongespräche überprüfte sie in ihrem Bekannten- und Freundeskreis Strategien und Vorschläge, die im Wahlkampfteam vorgebracht worden waren, und ließ die Mitarbeiter ihres Ehemannes wissen, welche Reaktionen sie erhalten hatte.

Als Ronald Reagan mit erstaunlichen 58 Prozent der abgegebenen Stimmen die Gouverneurswahl gegen den Amtsinhaber Pat Brown gewann, zog die Familie in die kalifornische Hauptstadt, nach Sacramento. Bald schon wurde die Gattin des neuen Gouverneurs scharf angegriffen: wegen ihrer vermögenden Freunde in Los Angeles, ihrem andächtigen Blick, wenn ihr Mann eine Rede hielt, und weil sie sich schon nach einigen Monaten weigerte, weiter im »Governor's Mansion« zu wohnen, da die Gegend und das Haus nicht sicher und deshalb für ihre Kinder ungeeignet seien.

Während der acht Jahre als Ehefrau des Gouverneurs, von 1967 bis 1975, gewöhnte sich Nancy Reagan zunehmend an ihre politische Rolle und widmete sich, wie von ihr erwartet wurde, gemeinnützigen Aufgaben: Sie unterstützte und baute ein Adoptivgroßeltern-Programm aus, das ältere Menschen mit Kindern und Jugendlichen in

Heimen und Krankenhäusern zusammenbrachte, und sie veranstaltete Willkommensfeiern für amerikanische Kriegsgefangene, die aus Vietnam zurückkehrten – darunter auch John McCain, späterer Senator von Arizona und im Jahr 2000 Bewerber um die Nominierung der Republikanischen Partei für das Amt des Präsidenten.

Nachdem Ronald Reagan bei dem Versuch, die Nominierung seiner Partei gegen den amtierenden Präsidenten Gerald R. Ford zu erreichen, 1976 gescheitert war, mochte Nancy Reagan gehofft haben, daß sich ihr Mann aus der Politik zurückziehen würde. Aber spätestens nachdem Ford im November des Jahres die Wahl gegen den Demokraten Jimmy Carter verloren hatte, war deutlich, daß Reagan einen zweiten Versuch unternehmen würde. Wieder begab sich seine Ehefrau mit ihm auf Tour zu den Vorwahlkämpfen, stand für Interviews zur Verfügung, und wieder sorgte sie dafür, daß Personen, von denen sie annahm, daß sie ihren Ehemann nicht loyal und mit aller Kraft unterstützten, das Team verließen. Reagan gewann die Nominierung seiner Partei und im November 1980 auch die Wahl zum Präsidenten gegen den Amtsinhaber Carter mit großer Mehrheit.

Die Amtseinführung des neuen Präsidenten, am 20. Januar 1981, geriet zu der aufwendigsten und teuersten Feier ihrer Art in der amerikanischen Geschichte. Nancy Reagan demonstrierte einen gehobenen Stil im Weißen Haus, den sie während der Amtszeit von Präsident Carter vermißt hatte. Die Bevölkerung sollte wieder stolz auf den Präsidenten und seine Ehefrau sein können. Schon die Kleidung des Präsidenten und der neuen First Lady bei der Vereidigung signalisierte die Veränderung und knüpfte an die vermeintlich vornehme Kultur der Kennedy-Jahre an: Anders als alle Präsidenten seit John F. Kennedy erschien Ronald Reagan im Frack, und Nancy Reagan trug ein Designerkleid, das 30 000 Dollar gekostet hatte, Mantel und Hut – Kleidung, die an Jackie Kennedy erinnerte.

In Washington gelang es Nancy Reagan schnell, Kontakte zu den »oberen Zehntausend« herzustellen. Wie in Sacramento geriet die First Lady jedoch bereits nach kurzer Zeit unter heftigen Beschuß der Presse. Hierzu trugen nicht zuletzt ihre Klagen über den Zustand des Weißen Hauses bei, dessen Wohnbereich und Ausstattung sie als durchaus nicht standesgemäß ansah. Auch ihre Bemühungen, Spenden für die Renovierung des Weißen Hauses einzuwerben, stießen bald auf geharnischten Widerspruch. Da Nancy Reagan den gleichen Innenausstatter beauftragte, der schon ihr Haus in Kalifornien eingerichtet hatte, und ihre wohlhabenden Freunde über

800 000 (steuerlich absetzbare) Dollar spendeten, um das Domizil des Präsidenten und der First Lady ansehnlicher zu gestalten, hatten viele Vertreter der Medien den Eindruck, daß hier eine wohlhabende Frau ins Weiße Haus einzog, die darauf bedacht war, so komfortabel und schön wie möglich zu wohnen, ungeachtet einer zweistelligen Inflationsrate und hoher Arbeitslosigkeit, die die Nation heimsuchten. Hinzu kam, daß die First Lady in immer neuen und teuren Abendkleidern auftrat und daß sie zusätzliches Porzellan, ein mehrhundertteiliges Service, für das Weiße Haus anschaffte. Nancy Reagan sah es als ihre Aufgabe an, sich bis ins Detail um die Arrangements für die offiziellen Empfänge und Diners im Weißen Haus zu kümmern. 220 Gedecke für mehr als 200 000 Dollar ließ sie bestellen, und sie achtete eigens darauf, daß genügend Fingerschalen, Dessertschalen und Suppentassen zur Verfügung standen, um die ausgefeilteren großen Diners im Weißen Haus angemessen zu zelebrieren.

Der Lebensstil, den die Reagans im Weißen Haus vorlebten, entfernte sich unterdessen immer weiter von der Lebenswirklichkeit der Bevölkerung; während die Kultiviertheit der Reagans auch konservativen Beobachtern nur oberflächlich erschien. Zum Ende des ersten Jahres der Amtszeit ihres Ehemannes waren in einer Umfrage fast zwei Drittel der Befragten der Meinung, daß Nancy Reagan zu viel Wert auf Eleganz und Stil lege, und mehr als 60 Prozent glaubten, daß sie den Armen und Benachteiligten weniger Sympathien entgegenbringe als andere First Ladies vor ihr. Die teilweise dilettantische und schlecht koordinierte Öffentlichkeitsarbeit des Weißen Hauses verstärkte den Eindruck einer elitären Geisteshaltung. So wurde die amerikanische Bevölkerung ausgerechnet an dem Tag darüber informiert, daß neues Porzellan für das Weiße Haus angeschafft und durch Spenden finanziert worden sei, an dem das Landwirtschaftsministerium mitteilte, daß von nun an – im Rahmen der staatlich subventionierten Schulverpflegung – auch Ketchup als Gemüse gelten solle. Die Kürzungen bei den Sozialprogrammen wurden angesichts des von Nancy Reagan gepflegten verschwenderischen Lebensstils zunehmend als ungerecht, ja frivol, verstanden. Die harte Haltung Reagans gegenüber streikenden Fluglotsen – mehr als 10 000 wurden entlassen – tat ein übriges. Dem Präsidenten und der First Lady warf die liberale Presse vor, sie verstünden wohl nicht die Symbolik von »Republikanischen« Nerzmänteln, Luxuslimousinen und Tausend-Dollar-Gedecken, in einer Zeit, in der Ghettokinder mit Ketchup abgespeist würden.

Das Verhältnis Nancy Reagans zur Presse entspannte sich erstmals merklich, als sich die First Lady im Frühjahr 1982 bereit erklärte, bei dem jährlich stattfindenden Diner des Gridiron Clubs aufzutreten, und sich dabei über sich selbst lustig machte, indem sie mit abgetragener Kleidung auftrat, Geschirr zerwarf und die Vorwürfe der Presse über ihren Lebensstil in einem Lied spielerisch aufnahm und damit entschärfte. Das war die Taktik Ronald Reagans, der durch Ironie und einen Scherz, durch die Möglichkeit, sich so darzustellen, als würde er sich selbst nicht zu wichtig nehmen, Kritik von sich abgleiten ließ. Während der Präsident diese Taktik seit langer Zeit beherrschte, mußte für Nancy Reagan der Mitarbeiterstab des Weißen Hauses mobilisiert werden, und der Redenschreiber des Präsidenten formulierte den Text des Liedes, das die First Lady während des Diners sang.

Um ihr Ansehen in der Öffentlichkeit weiter zu verbessern, rieten die Berater Nancy Reagans, sie solle sich – auch mit Blick auf die Präsidentenwahlen 1984 – für ein soziales Projekt engagieren. Nancy entschied sich für den Bereich der Drogen- und Alkoholhilfe für Jugendliche. In zahlreichen Reisen, durch Fernseh- und Hörfunkauftritte, Zeitschriftenartikel und Besuche von Präventions- und Rehabilitationseinrichtungen, versuchte Nancy Reagan – auch auf internationaler Ebene – auf den Mißbrauch von Drogen und Alkohol durch Jugendliche aufmerksam zu machen. Im April 1985 lud sie 17 Präsidentengattinnen zu einer zweitägigen Konferenz nach Washington, D. C., und Atlanta, Georgia, zu diesem Thema ein, und während des 40jährigen Jubiläums der Vereinten Nationen stand sie einer zweiten internationalen Konferenz aus 30 First Ladies vor. Ihr durchaus aufrichtig gemeinter Aufruf an die Jugend, sich Drogen und Alkohol einfach zu verweigern (»Just say no«), erschien vielen Zeitgenossen angesichts der komplexen wirtschaftlichen, sozialen und emotionalen Hintergründe von Drogen- und Alkoholmißbrauch recht naiv. Dennoch erwies sich die von Nancy Reagan geführte Kampagne für das Bild, das sich die Amerikaner von der First Lady machten, als äußerst wirksam: Im Januar 1985 war sie sogar populärer als der Präsident (72 gegenüber 62 Prozent), und fast 70 Prozent fanden nun, daß Nancy ihre Aufgabe als First Lady gut erfülle.

Kein anderes Ereignis jedoch hat sich in die Biographie Nancy Reagans tiefer eingeschrieben als das Attentat auf ihren Mann am 30. März 1981. Nancy Reagan, die, wie sie in ihren Memoiren schrieb, ohnehin dazu neigte, sich Sorgen zu machen, hatte Schwie-

Im Kampf gegen den Drogenkonsum:
Nancy Reagan während der »First Ladies
Conference«, April 1985

rigkeiten, dieses traumatische Ereignis zu verarbeiten. Der ominöse
Zufall, daß alle Präsidenten der USA seit 1840, die in einem Jahr
gewählt worden waren, das mit einer Null endete, während ihrer
Zeit als Präsident im Amt verstorben oder ermordet worden waren,
ließ sie fürchten, daß womöglich sinistre Kräfte walteten, die auch
ihren Mann treffen würden. Im April 1981 wandte sie sich daher hil-
fesuchend an die kalifornische Astrologin Joan Quigley und konsultierte sie vor wichtigen Terminen ihres Mannes, ob diese Termine
erfolgversprechend waren oder gar die Gefahr eines weiteren Attentats in sich bargen. Quigley wurde schnell zur Vertrauten, der die
First Lady über das Telefon ihre Sorgen um den Präsidenten oder mit
ihrer Tochter Patti anvertrauen konnte. Es wurde zur Routine, die
Astrologin in den Terminplan des Präsidenten einzuweihen. Quigley

erstellte jeweils ein Horoskop und benannte »gute« und »schlechte« Tage. Ronald Reagan war diese Verbindung bekannt, und wenn irgend möglich, richtete sich das Weiße Haus nach den Vorgaben, die die First Lady von ihrer Beraterin erhielt. Obwohl Nancy Reagan nichts Verwerfliches in der Konsultation einer Astrologin sah, versuchte sie die Kontakte geheimzuhalten, und nur wenige waren in die Gründe für die häufig sich ergebenden Terminverschiebungen des Präsidenten eingeweiht.

Die nahezu paranoide Sorge um das Wohlergehen und Ansehen ihres Mannes hatte ihre Entsprechung in Nancy Reagans Einflußnahme auf die Personalpolitik ihres Mannes. In beiden Wahlkämpfen und Amtszeiten hatte sie Ratschläge gegeben und dabei häufig ein gutes Gespür für die Auswahl der Mitarbeiter ihres Mannes gezeigt. In der zweiten Amtsperiode galt ihr Augenmerk in erster Linie dem wenig teamfähigen, aber sehr machtvollen Stabschef des Weißen Hauses, Donald Regan. Obwohl Ronald Reagan mit Donald Regan gut zurechtkam, ließ Nancy nicht locker. Immer wieder versuchte sie, ihren Mann dazu zu bewegen, seinen Stabschef zu entlassen, da dieser, wie Nancy meinte, seine eigenen Interessen über die des Präsidenten stelle. Nachdem auch eine ganze Reihe weiterer Personen dem Präsidenten deutlich gemacht hatte, daß Donald Regan der Regierungsarbeit abträglich sei, legte Reagan – vor dem Hintergrund der Iran-Contra-Affäre, des steigenden Haushaltsdefizits und des Börsenkrachs von 1987 – seinem Mitarbeiter den Rücktritt nahe.

Trotz der besonders in den ersten Jahren erheblichen Kritik wirkte Nancy Reagan durch ihre Interpretation der Rolle der First Lady mit, das Vertrauen der amerikanischen Öffentlichkeit in das Amt des Präsidenten erneut zu festigen. Die Harmonie, die das Paar ausstrahlte, mochte in der Presse als leere Geste, als Schauspielerei kritisiert werden, aber viele Bürger in den USA konnten sich mit dem Paar identifizieren, das offensichtlich eine Ehe lebte, die vielen als Idealtyp vorschwebte. In dem »Wahlkönigtum Vereinigte Staaten«, wie der Politologe Ernst Fraenkel die USA einmal genannt hat, verkörperte Nancy Reagan die Rolle der Königin mit Bravour. Ähnlich wie ihr Ehemann vereinte sie den Mythos der unbegrenzten sozialen Aufstiegsmöglichkeiten mit dem Glamour der Filmschauspielerin – daß sie eben kein großer, unerreichbarer Filmstar war, erhöhte nur ihre Anziehungskraft als Rollenvorbild. Schicksalsschläge, wie die Entdeckung, daß sie unter Brustkrebs litt, erhöhten ihr Identifikationspotential, sie war verwundbar und teilte das Schicksal und die Sorge vieler Frauen aller Gesellschaftsschichten. Allerdings geriet sie durch ihre Entscheidung, sich einer – bei dem medizinischen Befund nicht unbedingt notwendigen – totalen Entfernung der Brust zu unterziehen, wieder in die Kritik, weil die Erkrankung der First Lady zwar die Bereitschaft vieler Frauen erhöhte, jährliche Vorsorgeuntersuchungen auf sich zu nehmen, aber ihre Wahl auch Signale für eine überholte Operationsmethode setzte.

Fehler und Fehltritte der First Lady blieben für die breite Öffentlichkeit aber zumeist hinter der Fassade der Perfektion verborgen. Wie viele ihrer Vorgängerinnen konzentrierte sich Nancy Reagan in erster Linie auf ihre zeremoniellen Rollenverpflichtungen. Sie sah ihre Aufgabe als Stütze ihres Mannes, die ihm ein wohnliches Heim bereitete, die sozialen Anlässe choreographierte und ihm mit Rat zur Seite stand. Es nimmt daher nicht Wunder, daß Nancy Reagan in repräsentativen Meinungsumfragen, den Gallup Polls, während ihrer Zeit als First Lady immer unter die meistbewunderten Frauen gezählt wurde und in einigen Jahren sogar die Spitzenposition einnahm. Aufgaben außerhalb dieses Rahmens, wie ihre Anti-Drogen-Kampagne, unternahm sie nicht so sehr aus eigenem Antrieb und Interesse, sondern auf Anraten des Beraterstabes und um zu verhindern, daß das negative Image, das ihr anhaftete, auf den Präsidenten zurückfiel. Wenn man ihren Memoiren Glauben schenken kann, dann hatte Nancy Reagan durchaus Ansichten, die sich von denen ihres Ehemannes unterschieden, etwa in der Frage der Annäherung der USA an die UdSSR oder beim Recht der Frauen, selbst über den Abbruch einer Schwangerschaft zu entscheiden.

Traditionell wird von einer First Lady erwartet, daß sie einer Reihe von teilweise einander widersprechenden Ansprüchen gerecht wird, daß sie ihren Ehemann unterstützt, sich um ihre Familie sorgt und daß sie Kunst und Kultur fördert. Mit dem veränderten Verständnis der Frauenrolle in der amerikanischen Gesellschaft, mit der Erwartung, daß sich moderne Frauen auch außerhalb des Kreises der Familie engagieren, hat sich dieser Kanon im 20. Jahrhundert erweitert. Zugleich aber gebietet das Rollenbild der First Lady, daß diese ihre möglicherweise konträren eigenen Überzeugungen zurückhält und nur insoweit eigenständig handelt, als es ihrem Ehemann nicht schadet. Der Ausgleich zwischen diesen Rollenerwartungen ist ein Balanceakt, den Nancy Reagan anfänglich nur unzureichend meisterte, da sie zu viel Wert auf Eleganz und zu wenig Wert auf die Nähe zur Bevölkerung legte. Während der zweiten Amtszeit des

40. Präsidenten gelang es Nancy Reagan, ihr öffentliches Image zu verändern. Eine Mehrheit der Bevölkerung bewunderte sie nun, weil sie sich »wie eine First Lady verhielt«.

Nachdem die Reagans das Weiße Haus im Januar 1989 verlassen hatten, setzte Nancy ihre Anti-Drogen-Kampagne mit der Gründung der Nancy-Reagan-Stiftung fort. Seit 1994 arbeitet diese mit der »BEST Foundation For A Drug-Free Tomorrow« zusammen und entwickelt Präventionsprogramme. Seitdem bei Ronald Reagan 1994 die Alzheimersche Krankheit festgestellt wurde, hat die ehemalige First Lady ihren Mann bei einer Reihe von öffentlichen Ereignissen vertreten; aber meist lebt das Paar sehr zurückgezogen in der Wahlheimat Kalifornien.

Großmutter der Nation
Barbara Bush, geboren 1925

Marion Breunig

In einem ihrer ersten Fernsehinterviews während des republikanischen Vorwahlkampfs im Jahr 1980 wurde Barbara Bush die provozierende Frage gestellt: »Mrs. Bush, die Leute sagen, Ihr Ehemann sei ein Mann der achtziger Jahre und Sie eine Frau der vierziger. Was sagen Sie dazu?« In ihren Memoiren erklärt Barbara Bush, sie habe diese Frage als Schlag ins Gesicht empfunden und nur mit Mühe ihre Fassung bewahren können. Ihre Antwort aber war bezeichnend: »Wenn Sie damit meinen, daß ich meinen Gott, mein Land und meinen Mann liebe, dann meinetwegen. Dann bin ich eine Frau der vierziger Jahre.« Glaube, Familie und Patriotismus sind die Werte, die auf Barbara Bushs Prioritätenliste bis heute ganz oben stehen und die verbunden mit ihrem heiteren, natürlichen Wesen die Grundlage ihrer großen Popularität bilden.

Die Entscheidung, Mann und Familie in den Mittelpunkt ihres Lebens zu stellen, traf Barbara Bush schon sehr früh und ganz bewußt. 1925 wurde sie als drittes von vier Kindern von Marvin und Pauline Pierce in New York City geboren. Die Familie, die im 19. Jahrhundert einmal den amerikanischen Präsidenten gestellt hatte, gehörte der oberen Mittelschicht an, ihr Vater war zunächst leitender Angestellter und später Präsident der New Yorker McCall Corporation. Ihre Kindheit verbrachte Barbara im beschaulichen New Yorker Pendlervorort Rye, wo es ihr – wie sie sich vorwurfsvoll erinnert – noch nicht einmal möglich war, auf der Straße heimlich gekaufte Süßigkeiten zu essen, ohne daß ihre Mutter von mehreren Nachbarn über dieses Vergehen in Kenntnis gesetzt wurde. Die drei letzten Schuljahre verbrachte Barbara in Ashley Hall, einer Privatschule in Charleston, South Carolina.

Es war auf einem Ball während der Weihnachtsferien im Jahr 1941, wenige Tage nach dem japanischen Angriff auf Pearl Harbor, als die sechzehnjährige Barbara Pierce einen fast gleichaltrigen Schüler namens »Poppy« Bush kennenlernte. Poppy war in seinem letzten Schuljahr auf der renommierten Phillips Academy in Andover, Massachusetts. War es ihr schon früher nicht gelungen, ihre kindlichen Geheimnisse vor der Mutter zu wahren, so wußte Mrs. Pierce auch hier bereits am nächsten Morgen zu berichten, daß es sich bei Barbaras ominösen Poppy in Wirklichkeit um George Bush handelte, einen Jungen aus Greenwich, Connecticut, dessen Familie zu den besten Kreisen gehörte. Die beiden verlobten sich eineinhalb Jahre später, kurz bevor George Bush an Bord eines Torpedobombers in den Krieg zog und Barbara ein Studium am renommierten Smith College begann, wo sie sich nach eigenem Bekunden mehr für Sport – im ersten Studienjahr war sie *captain* der Fußballmannschaft – als fürs Studieren interessierte. Nach nur einem Jahr gab sie ihr Studium, das sie ohnehin nur halbherzig begonnen hatte, wieder auf, um am 6. Januar 1945 George Bush das Jawort zu geben.

Mit diesem Tag hatte Barbara Bush die Aufgabe ihres Lebens gefunden: als fürsorgliche, loyale Ehefrau und – im Laufe der Zeit – Mutter von sechs Kindern. Zunächst zog das junge Paar nach New Haven, wo George Bush an der Yale University sein Studium absolvierte, um anschließend eine Stellung bei einer texanischen Ölgesellschaft anzunehmen. Während ihr Mann sich im texanischen Ölgeschäft einen Namen machte und schließlich eine eigene Firma gründete, kümmerte sich Barbara um die Bedürfnisse einer rasch wachsenden Familie. George W., der älteste Sohn, wurde bereits 1947 in New Haven geboren, gefolgt von Tochter Robin (1949), den Söhnen Jeb (1953), Neil (1955) und Marvin (1956) und schließlich der jüngsten Tochter Doro (1959).

Ein schwerer Schicksalsschlag traf die Familie, als 1953 die dreijährige Robin an Leukämie erkrankte – ein Leiden, für das es damals kaum Heilungschancen gab. Trotz Behandlung in einer New Yorker Spezialklinik starb Robin nach wenigen Monaten. Das schreckliche Ereignis sollte für immer Spuren hinterlassen; und nicht zuletzt wurden Barbara Bushs rotbraune Haare mit einem Schlag grau. Trost fanden die Bushs in dieser schweren Zeit in ihrer tiefen Religiosität und in der Fähigkeit, das persönliche Schicksal in einen allgemeinen Kontext zu stellen und damit zu relativieren. Gemeinsam mit George Bushs Geschäftspartner Hugh Liedke gründeten sie die *Bright Star Foundation*, eine Stiftung zur Förderung der Leukämie-Forschung.

Diese Bereitschaft, die Erfahrungen mit persönlichem Leid mit der Öffentlichkeit zu teilen und in den Dienst der Allgemeinheit zu stellen, durchzieht Barbara Bushs Leben wie ein roter Faden. Es fällt auf, daß mehrere wohltätige Zwecke, die sie unterstützte, einen direkten Bezug zu ihrem eigenen Leben aufweisen. Als der jüngste Sohn Marvin schwer an Colitis erkrankte, einer chronischen Dickdarmentzündung, und nur durch einen operativen Eingriff gerettet werden konnte, begannen sich die Bushs in der *Crohn's and Colitis Foundation* zu engagieren. Ähnlich wurde Barbara Bushs langjähriger Feldzug gegen den Analphabetismus vermutlich – auch wenn sie dies bestreitet – dadurch ausgelöst, daß ihr Sohn Neil unter einer angeborenen Leseschwäche litt. Als Barbara Bush feststellte, daß Neil trotz bester Zensuren in der Schule nicht lesen konnte, schickte sie ihn in eine Spezialschule. Später wurde sie, indem sie die *Barbara Bush Foundation for Family Literacy* gründete, gleichsam zur Missionarin einer großangelegten Alphabetisierungskampagne. Wenn nur alle lesen und schreiben könnten, ließen sich – daran hatte Barbara Bush keine Zweifel – die meisten sozialen Probleme der Amerikaner ohne weiteres beheben.

Die politische Bühne, die George Bush erstmals 1963 mit seiner Bewerbung um einen texanischen Senatssitz betrat, war nie Barbaras Welt. Politische Ambitionen lagen ganz auf der Seite ihres Mannes, den es dazu drängte, in die Fußstapfen seines Vaters Prescott Bush zu treten, der Anfang der sechziger Jahre Senator des Staates Connecticut war. Mit der ihr eigenen Loyalität war sie jedoch dazu bereit, sich auf unzähligen Wahlveranstaltungen wieder und wieder dieselbe Rede ihres Mannes anzuhören. Ihre Langeweile bekämpfte sie, indem sie zu sticken begann – neben Lesen ihr größtes Hobby. Als George Bush 1966 schließlich ins Repräsentantenhaus gewählt wurde, war es für sie selbstverständlich, Houston zu verlassen und ihm mit der ganzen Familie nach Washington zu folgen. Schnell gewöhnte sie sich an das Leben einer amerikanischen Politikerfrau – vormittags Wohltätigkeitsveranstaltungen und politische Frauenclubs, nachmittags Chauffeurdienst für die Kinder und abends Empfänge, Diners und Wahlkampfveranstaltungen.

Recht zur Geltung kamen Barbara Bushs Erfahrungen auf dem gesellschaftlichen Parkett jedoch erst mit der Ernennung ihres Mannes zum Botschafter bei den Vereinten Nationen. Obgleich die Welt der internationalen Diplomatie ihr fremd war, und sie – wie sie später eingestand – ihre erste Information über die UNO aus dem Schülerlexikon ihrer Kinder bezog, stellte sie sich der neuen Aufgabe mit Interesse; und in der Rückschau erklärte sie, nicht ohne einen

Familienmensch und Kämpferin gegen den
Analphabetismus: Barbara Bush

Anflug von Selbstironie: »Ich war für diese Aufgabe wie geschaffen:
Ich liebe Menschen und genieße es, zu essen.« Kein Wunder, daß sie
es gar nicht gerne sah, als George Bush 1972 den Botschafterposten
gegen den undankbaren Vorsitz der Republikanischen Partei ein-
tauschte.

Als schönste Station in der diplomatischen Laufbahn ihres Mannes erlebte Barbara Bush einen zweijährigen Aufenthalt in der Volks-
republik China, wohin George Bush 1974 von Präsident Ford als
Chef des amerikanischen Kontaktbüros berufen wurde. Die USA
hatten unter Fords Vorgänger Richard Nixon erste diplomatische
Fühler zum kommunistischen China ausgestreckt. Von daher war
das Reich der Mitte für westliche Besucher eine neue, rätselhafte
Welt. Nach dem hektischen Gesellschaftsleben der New Yorker Zeit
und den vielen Reisen, die der Parteivorsitz mit sich gebracht hatte,
genossen es die Bushs, im isolationistischen China Maos ein wenig
zur Ruhe zu kommen und mehr Zeit miteinander verbringen zu
können. Mit dem Fahrrad erkundete Barbara Bush Peking und

sammelte Erfahrungen mit dem Leben in einem totalitären Überwachungsstaat.

Als George Bush im Jahr 1976 die Leitung des Geheimdienstes CIA übernahm, begann für seine Frau eine schwierige Zeit. Obwohl zutiefst unpolitisch, war sie es dennoch gewohnt gewesen, die beruflichen Probleme mit ihrem Mann zu besprechen und als Politiker- und Diplomatengattin ihren eigenen Beitrag zu leisten. All dies war nun nicht mehr möglich. Barbara Bush mußte sich daran gewöhnen, ein Leben unter den Augen des Personenschutzes zu führen. Bei der sonst so heiteren Frau stellten sich schwere Depressionen ein. Im Rückblick, betont sie, sei es ein Fehler gewesen, damals keine ärztliche Hilfe gesucht zu haben. Sie hätte einsehen müssen, daß es sich bei einer Depression nicht um einen Gemütszustand handle, sondern um eine echte Krankheit. Damals aber habe sie sich geschämt und die Sorge um ihr eigenes Wohlbefinden als egoistisch empfunden. In Abgrenzung zu ihrer Mutter, die an chronischer Unzufriedenheit litt, hatte Barbara Bush schon als junge Frau den Lebensgrundsatz abgeleitet: »Du kannst das, was du tust, gern oder ungern tun. Ich habe mich entschieden, es gerne zu tun.« Dieser hohe Anspruch an die eigene Gemütsverfassung mußte das Leiden freilich nur noch verstärken.

Nach der Wahlniederlage Gerald Fords im November 1976 kehrte das Ehepaar Bush ins heimatliche Houston zurück, wo Barbara Bush sich dem großen Freundes- und Familienkreis widmete. Die neuen Aufgaben und das Ausscheiden ihres Mannes aus dem Geheimdienst hatten zur Folge, daß sich auch Barbara Bushs Gemütszustand wieder normalisierte. Ihr Mann nutzte unterdessen die Zeit, um sich auf seine Präsidentschaftskandidatur vorzubereiten.

Mit dem Vorwahlkampf des Jahres 1980 begann eine neue Phase in Barbara Bushs Laufbahn als Politikergattin. Von nun an wurde sie auf Schritt und Tritt – von den republikanischen Wahlkampfberatern ebenso wie von der amerikanischen Presse und Öffentlichkeit – kritisch begleitet und beobachtet. Modeberater drängten die konservative Lady, sich die Haare zu färben und elegantere Kleidung zu tragen; Rhetoriklehrer versuchten ihren Redestil zu verbessern. Besonders irritiert war sie, als selbst Mitglieder der eigenen Familie versuchten, ihr Aussehen zu verändern. Eine Schwägerin gestand ihr eines Tages, die Familie habe unter dem Motto »Was fangen wir nur mit Barbara an?« eigens eine Krisensitzung einberufen. Wenn man Barbara Bushs Memoiren Glauben schenken kann, teilte George Bush diese Bedenken nicht. Stets habe er ihr das Gefühl gegeben, sie sei genau die richtige für ihn. Mit Unterstützung ihres Mannes gelang es Barbara Bush, ihren natürlichen Charme zu bewahren. Nur seiner Bitte, künftig bei öffentlichen Auftritten Designer-Kleider zu tragen, konnte sie sich nicht entziehen – schweren Herzens, wie sie angesichts ihrer anerzogenen Sparsamkeit betonte.

Zu keinem Zeitpunkt gab es einen Zweifel daran, daß Barbara Bush als First Lady ihr soziales Engagement auf den Kampf gegen den Analphabetismus ausrichten würde: »Ich fühlte, daß das Thema, das ich wählte, möglichst vielen Menschen helfen, zugleich aber der Regierung keine zusätzlichen Kosten verursachen und nicht kontrovers sein sollte. Nach langem Nachdenken wurde mir klar, daß alle Probleme, über die ich mir Sorgen machte, besser würden, wenn mehr Menschen lesen, schreiben und verstehen könnten. Mehr Menschen würden auf der Schule bleiben und eine gute Bildung bekommen, weniger Menschen würden auf der Straße landen und sich auf Drogen und Verbrechen einlassen oder ungewollt schwanger werden.« Als First Lady übernahm sie 1989 den Vorsitz der von ihr gegründeten Barbara-Bush-Stiftung zur Förderung der Familien-Alphabetisierung, der sie auch heute noch als Ehrenpräsidentin vorsteht.

Ziel der Barbara-Bush-Stiftung ist es, den Analphabetismus an der Wurzel zu treffen, das heißt, in den Familien die Bereitschaft zum Lesen zu fördern. Sie fungiert als nationale Dachorganisation einer Vielzahl von Alphabetisierungs-Programmen, zu denen auch die Förderung der Braille-Schrift für blinde Kinder gehört. Neben der finanziellen Unterstützung spezifischer Programme und der Organisation von Symposien, war es vor allem eine Radiosendung – *Mrs. Bushs Märchenstunde* – die zum Markenzeichen der Aktivitäten der Bush-Stiftung wurde. In diesem Rahmen las Barbara Bush aus ihren Lieblingsbüchern vor und ermunterte die Eltern zur Nachahmung. Beim Eintreiben von Spenden für ihre Sache schreckte Barbara Bush auch vor unkonventionellen Methoden nicht zurück; ihre Phantasie stellte sie unter Beweis, als sie in einem Buch mit dem Titel *C. Fred's Story* ihren Cokerspaniel Fred über das Leben im Haus des Vizepräsidenten berichten ließ. Als First Lady setzte sie die Geschichte mit Freds Nachfolgerin Millie fort: *Millie's Book* wurde 400 000 mal verkauft, in mehrere Sprachen übersetzt und brachte über eine Million Dollar Gewinn. Nebenbei machte es Millie zum bekanntesten Hund der Welt – mit eigener Fan-Post und Sekretärin.

Zwar mußten die Bushs schon während der Vorwahlen erkennen, daß ihre Zeit noch nicht gekommen war. Ronald Reagan erwies sich als der überragende Kandidat, der sich die Nominierung durch die Republikanische Wahlversammlung mit großem Vorsprung sicherte. Doch Barbara Bush, die sich schon auf die Rückkehr in ein geruhsames politikfreies Leben in Houston gefreut hatte, wurde eines Besseren belehrt, als Reagan George Bush zum Vizepräsidentschaftskandidaten ernannte. Ihrem Mann zuliebe stürzte sie sich erneut in den Wahlkampf, wobei es ihr stets leichter fiel, die Vorzüge ihres Mannes zu loben, als dessen Gegner zu kritisieren.

Mit dem Wahlsieg Reagans über Jimmy Carter begann für Barbara Bush ein völlig neues Leben. Sie kannte sich zwar anders als Nancy Reagan bestens in der politischen Szene der Hauptstadt aus, doch hatte sie nie zuvor eine so aktive Rolle übernehmen müssen. Während der acht Jahre als Gattin des Vizepräsidenten verbrachte sie mehr als die Hälfte der Zeit auf Reisen und in insgesamt 65 Ländern. In der verbleibenden Zeit gab sie im Durchschnitt jeden Tag einen Empfang in der Residenz des Vizepräsidenten, und an mindestens einem weiteren Termin nahm sie als Gast teil. Mochte der Terminkalender der Second Lady noch so voll sein, so war ihre Zeit als Gattin von Vizepräsident Bush doch auch von Konstanz geprägt, denn nie zuvor in ihrer Ehe, in der sie insgesamt 28 mal umgezogen war, hatte Barbara Bush länger im gleichen Haus gelebt.

Diese Jahre waren für Barbara Bush exzellente Lehrjahre, die sie auf ihre Rolle als First Lady vorbereiteten. Sie lernte viele Staats- und Regierungschefs – und insbesondere deren Gattinnen – kennen und knüpfte in ihrer verbindlichen Art manche dauerhafte persönliche Beziehung.

Freilich sprang der Funke der Sympathie nicht immer über. Während eines langen Mittagessens mit Japans Kaiser Hirohito bemühte sich Barbara Bush vergeblich, den einsilbigen Herrscher in ein Gespräch zu verwickeln. Als sie schließlich auch für ihr wortreiches Lob der Schönheiten des neuen kaiserlichen Palastes nur ein kurzes »Danke« erntete, wagte Barbara Bush einen letzten Versuch und fragte, ob denn der alte Palast so baufällig und altersschwach gewesen sei, daß er durch einen neuen habe ersetzt werden müssen. Endlich zeigte sich der Kaiser interessiert. Hirohito drehte sich lächelnd zu ihr hin und antwortete: »Nein, leider habt ihr ihn zerbombt.«

Zu den vielen offiziellen Terminen und Reisen, die Barbara Bush zu bewältigen hatte, kamen alle vier Jahre zahllose Wahlkampfveranstaltungen hinzu. Insgesamt vier Präsidentschafts-Wahlkämpfe hat

Barbara Bush für ihren Mann bestritten – zwei für die Vizepräsidentschaft und zwei für das Amt des Präsidenten. Manchmal gemeinsam
mit ihrem Mann, meist aber nur in Begleitung ihrer Pressesekretärin
Kim Brady, flog Barbara Bush von einem Termin zum nächsten – stets
begleitet von einem Pressetross, der jede ihrer Äußerungen, ihr Aussehen und Auftreten kritisch kommentierte. Von der Hektik der Termin-
fülle abgesehen, machten Barbara Bush die Auftritte durchaus Spaß.
Als ausgesprochen geselliger Mensch genoß sie den Kontakt zu den
Menschen und liebte es, öffentlich die Vorzüge George Bushs zu prei-
sen, von dessen Perfektion sie seit ihrem sechzehnten Lebensjahr felsen-
fest überzeugt war und dessen politische Ansichten sie offiziell stets zu
den ihren gemacht hatte. Wo immer sie nach ihrer eigenen Meinung
gefragt wurde, machte sie der neugierigen Presse deutlich, daß nur der
Kandidat selbst und nicht seine Ehefrau öffentlich zu politischen Themen Stellung beziehen sollte. Wer sich so selten über politische Dinge
äußerte, lief naturgemäß kaum Gefahr, einen echten *faux pas* zu bege-
hen. Ihren vielleicht schlimmsten Fehler beging Barbara Bush allerdings im Jahr 1984, als sie Walter Mondales Kandidatin für die Vizepräsidentschaft, Geraldine Ferraro, vor laufenden Mikrofonen als
»reiche Schlampe« bezeichnete – in Reaktion auf die Kritik der Demokraten an George Bushs elitärer und wohlhabender Herkunft. Hier
wie an anderer Stelle zeigte sich, daß sich die ansonsten so zurückhaltende Barbara Bush nur schwer unter Kontrolle halten konnte, wenn
ihr Mann zur Zielscheibe der öffentlichen Kritik wurde.

Eine der positiven Seiten, die Barbara Bush den Wahlkämpfen
abzugewinnen wußte, war die Tatsache, daß sie die über ganz Amerika verteilte Familie zusammenbrachte. Um ihren Vater zu unterstützen, gaben die Bush-Söhne – ebenso wie Tochter Doro – regelmäßig
ihre Jobs auf oder ließen sich beurlauben. Auch die insgesamt vierzehn
Enkelkinder halfen nach bestem Vermögen mit – nicht zu vergessen
der 250 Personen starke Bush-Clan, bestehend aus George und Barbaras zahlreichen Geschwistern, Onkeln, Tanten, Nichten, Neffen,
Kusinen und Vettern. Am besten gefiel Barbara Bush aber der Einsatz
ihrer damals fünfjährigen Enkelin Ellie: Als eine Schulkameradin am
Wahlsieg ihres Großvaters zu zweifeln wagte, nahm diese kurz entschlossen einen Pinsel zur Hand und malte das Mädchen vor versam-
melter Klasse rot an.

Mit dem Einzug der Bushs ins Weiße Haus wurde Barbara nicht
nur eine der beliebtesten First Ladies der amerikanischen Geschichte,
sie war auf ihre Rolle so gut vorbereitet wie kaum eine ihrer Vorgän-

gerinnen. Gemäß ihrem eigenen Verständnis von der neuen Rolle, nahm sich Barbara Bush allerdings im Vergleich zu ihren Vorgängerinnen Nancy Reagan und Rosalynn Carter deutlich zurück. Hatten diese mehr oder minder offenen Einfluß auf die Politik ihrer Männer ausgeübt, so blieb Barbara Bush auch als First Lady ihrem Grundsatz treu, sich aus den Geschäften ihres Mannes herauszuhalten. Sie sah ihre Aufgabe entschieden traditioneller. Entsprechend ihrer konservativen Lebensauffassung wollte sie ihren Einfluß nutzen, um klassische Werte wie Familie und Religiosität wiederzubeleben. Wie sehr sie ihre eigene Meinung in den Hintergrund stellte, zeigte sich nicht zuletzt darin, daß sie es ganz bewußt vermied, zu kontroversen Themen wie Abtreibung oder dem Umgang mit Schußwaffen Stellung zu nehmen – obwohl beide zu dem einen Prozent politischer Fragen gehörten, in dem ihre persönliche Meinung nicht mit der ihres Mannes übereinstimmte, wie sie später zugab. Stattdessen setzte sie sich für karitative Projekte ein, wie z. B. *Martha's Table*, eine ehrenamtlich betriebene Washingtoner Armenküche, oder *Grandma House*, eine Organisation, die aidskranke Kinder betreute. Indem sie Aidskranke öffentlich umarmte, trug sie konsequent zum Abbau von Vorurteilen und Ängsten bei, die in der amerikanischen Öffentlichkeit kursierten.

Interessanterweise war es gerade das Abschirmen vor der Öffentlichkeit, die dezidierte politische Abstinenz und die Betonung der traditionellen Frauenrolle, die das Urteil der Nation polarisierte. Eine große Mehrheit von Amerikanern begrüßte Barbara Bushs offene, natürliche Art, ihre Mütterlichkeit und Wärme, die sie schnell zur Lieblingsoma der Nation machte. Auf die Frage nach dem Grund ihrer Popularität vermutete sie: »Weil ich niemanden bedrohe. Ich bin alt, grauhaarig und dick, und ich halte mich aus den Angelegenheiten meines Mannes heraus.« Auf der anderen Seite wuchs das Ressentiment unter jungen, berufsorientierten Frauen – von Frauenrechtlerinnen ganz zu schweigen –, die sich durch diese First Lady nicht repräsentiert sahen. Gleich nach ihrem Einzug ins Weiße Haus hatte ihr Liz Carpenter, die frühere Pressesprecherin von Lady Bird Johnson, in einem Artikel vorgeworfen, die Interessen der Frauen zu verraten, da sie nicht dazu bereit sei, in kontroversen Fragen öffentlich eine eigene Meinung zu vertreten. Größeres nationales Aufsehen erregte 1990 der Protest einer Gruppe von Studentinnen des renommierten Wellesley College in Massachusetts, die Barbara Bush als Gastrednerin bei ihrer Abschlußfeier ablehnten. Barbara Bush war von der Präsidentin des College eingeladen worden und hatte nachträglich angeboten, Raisa Gorbatschowa mitzubringen, da der Termin mit einem Staatsbesuch der Gorbatschows zusammenfiel. Im Wellesley College hatten sich bald nachdem bekannt wurde, wer als Gastrednerin geladen worden war, 150 Studentinnen zum Protest gegen Barbara Bush zusammengeschlossen. Ihr Argument lautete: »Barbara Bush erlangte ihre Anerkennung nur durch die Leistungen ihres Ehemanns. Wellesley dagegen lehrt uns, daß wir für unsere eigenen Leistungen belohnt werden, nicht für die unseres Ehepartners.« Barbara Bushs Angebot, Raisa Gorbatschowa zu deren erster Rede in Amerika mitzubringen, wurde als Zeichen von Unsicherheit gedeutet und als Versuch, sich hinter den Rockschößen der selbstbewußten First Lady der Sowjetunion zu verstecken. Dennoch gelang es Barbara Bush, die Lage zu entschärfen, indem sie öffentlich und nicht ohne Humor – ihre Redenschreiber waren dazu angehalten, kurze und witzige Ansprachen zu verfassen – volles Verständnis für die Ressentiments der Studentinnen zeigte. »Ich weiß, Ihr wolltet nicht mich, sondern [die Autorin] Alice Walker, die mit [ihrem Roman] *Die Farbe Purpur* Berühmtheit erlangte, stattdessen habt Ihr nun mich, die ich für die Farbe meiner Haare bekannt bin«, erklärte Barbara Bush vor ihrem kritischen Publikum. In ihrer Rede warb sie schließlich für Toleranz gegenüber verschiedenen Lebenskonzepten und betonte die grundlegende Bedeutung von zwischenmenschlichen Beziehungen, Familie und Freunden, die auch durch noch so viel beruflichen Erfolg nicht ausgeglichen werden könne. Barbara Bush erntete einigen Applaus. Zugleich ließ sie keinen Zweifel daran, daß sie eine durchaus konservative, an traditionellen Werten orientierte First Lady war.

Angesichts der dramatischen Veränderungen in der Sowjetunion und in Osteuropa, die in den Beginn der Regierungszeit Bushs fielen, kam der Frage, wie sich die First Ladies der mächtigsten Staaten der Erde verstanden, keine geringe Bedeutung zu. Barbara Bushs Verhältnis zu Raisa Gorbatschowa war im Gegensatz zu dem ihrer Vorgängerin Nancy Reagan von großem Verständnis und Sympathie geprägt. Während des ersten Besuchs der Gorbatschows in den USA im Jahre 1987 hatte Barbara Bush den wachsenden Antagonismus der beiden Damen als staunende Beobachterin zur Kenntnis genommen. Raisas Neigung, Gespräche zu dominieren und das Protokoll mit ihrer Unpünktlichkeit durcheinander zu bringen, hatte Nancy Reagan zur Weißglut gebracht; ebenso die Tatsache, daß Raisa sich mit keinem Wort nach ihrem Befinden erkundigte, obgleich Nancy

*Thanksgiving am Golf: Barbara und George Bush bei den
amerikanischen Truppen in Saudi Arabien, 1990*

erst kurz zuvor eine schwere Krebsoperation überstanden hatte. Barbara Bush führte dieses Verhalten auf kulturelle Unterschiede zurück und sah darin keine absichtliche Brüskierung. Wie recht sie hatte, stellte sich heraus, als sie Raisa Gorbatschowa direkt fragte, ob sie denn nicht wisse, daß Nancy Reagan sich gerade von einer schweren Brustkrebs-Operation erhole. »Ja«, antwortete diese, aber in ihrem Land würde aus Rücksichtnahme niemand darüber reden. Bei vielen folgenden Gelegenheiten tauschten sich die beiden über die unterschiedlichen gesellschaftlichen Bedingungen ihrer Heimatländer aus. Barbara Bush stellte dabei mitfühlend fest, daß Raisa Gorbatschowa im Gegensatz zu ihr über kein eigenes Personal verfügte, bei der Gestaltung ihrer Rolle als Gattin des Präsidenten völlig auf sich gestellt war und zudem größte Rücksicht auf die Meinung ihrer Landsleute nehmen mußte.

Barbara Bush hat sich selbst als *people person* beschrieben. Staatsbesuche bekamen häufig eine persönliche Note. Dabei gehörten die Thatchers, Gorbatschows, Mitterrands, Kohls – später auch die Majors, Jelzins und Walesas – zum Kreis der Gäste. Helmut Kohl schloß Barbara Bush vor allem deshalb in ihr Herz, weil er ihre Freude an gutem Essen teilte. An Boris Jelzin schätzte sie dessen bodenständige Herzlichkeit; ganz besonders aber genoß sie den britischen Humor Denis Thatchers, dessen stoische Gelassenheit als meist einziger Mann im Damenprogramm ihr imponierte.

Die schwierigste Zeit, die Barbara Bush im Weißen Haus zu bewältigen hatte, war die des Golfkrieges im Winter 1990/91. Bereits im Vorfeld des Krieges hatte Barbara Bush sowohl die Truppen in der saudischen Wüste, als auch die Stützpunkte mit den zurückgebliebenen Angehörigen besucht. Während des Krieges intensivierte sie die Truppenbesuche und übernahm die undankbare Aufgabe, den Familien der gefallenen, vermißten oder schwer verwundeten Soldaten Trost zuzusprechen. Mit der ihr eigenen Mischung aus Patriotismus, Gottvertrauen und Herzlichkeit war sie – so sah es jedenfalls die Öffentlichkeit – für diese Aufgabe wie geschaffen.

Die ungekünstelte Bodenständigkeit Barbara Bushs war für ihren Mann ein großer Gewinn. Obwohl Präsident Bush stets darum bemüht war, sich texanisch ungezwungen zu geben, haftete ihm, nicht ganz zu Unrecht, das Image eines elitären Karrieristen an. Die unglückliche Wahl des überaus unpopulären Dan Quayle als Vizepräsident trug dazu bei, dieses Bild zu verstärken. Barbara Bush stellte die Verbindung zum Herzen der amerikanischen Bevölkerung, die ihrem Mann fehlte, mit Leichtigkeit her. Sie gab den Amerikanern das, was sie gerade in der politischen Klasse so selten antrafen – Authentizität. Sie spielte nicht nur die loyale Ehefrau und warmherzige Großmutter, sondern sie *war* es auch. Am Ende des ersten Jahres von George Bushs Amtszeit, 1989, war sie nach einer Gallup-Umfrage die Nummer drei unter den »am meisten bewunderten Frauen« im Land; im darauffolgenden Jahr rangierte sie auf Platz zwei; und 1991 und 1992 konnte sie jeweils den ersten Platz für sich behaupten.

Gegen Ende der Präsidentschaft ihres Mannes mußte Barbara Bush allerdings schweren Herzens einsehen, daß selbst ihre Beliebtheit nicht ausreichen würde, um George Bush eine zweite Amtszeit zu sichern. Wenn sie auch vordergründig eine einseitige Berichterstattung der Presse für die Wahlniederlage verantwortlich machte, sah sie doch den eigentlichen Grund in dem Wunsch der Amerikaner nach einem Generationswechsel. Sie, die oft ironisch erklärt hatte, ihr erfolgreiches Leben sei das Ergebnis einer vorteilhaften Heirat, konnte einem direkten Vergleich mit der beruflich erfolgreichen und selbstbewußten Hillary Clinton kaum standhalten. Barbara Bush, »die Frau der vierziger Jahre«, wirkte im Vergleich zu ihrer Nachfolgerin wie eine Figur, die sich im Zeitalter geirrt hatte. Daß sie sich und ihre Rolle ausschließlich über ihren Ehemann definierte, war im ausgehenden 20. Jahrhundert eine Geisteshaltung, die für eine neue Generation von kritischeren Wählerinnen und Wählern nur noch wenig Attraktivität besaß.

Nach der Niederlage gegen Bill Clinton zogen die Bushs zurück nach Texas. Wieder einmal ließ Barbara Bush in Houston ein Haus bauen, das ihren Bedürfnissen entsprechen sollte – geräumig genug, um eine große Familie und viele Freunde empfangen zu können und Platz zu haben für die vielfältigen ehrenamtlichen Projekte, die Barbara und George Bush nach wie vor betreuen. Die heißen Sommermonate verbringen die Bushs seit alters her auf ihrem Anwesen *Walkers Point* in Kennebunkport, Maine.

Das Ende der Präsidentschaft ist noch lange nicht das Ende der politischen Ambitionen der Familie Bush. Die Bush-Söhne George W. und Jeb erbten beide den politischen Ehrgeiz des Vaters und wurden Gouverneure von Texas und Florida; und George W. sieht seine Zukunft im Weißen Haus. Barbara und George Bush haben sich deshalb noch lange nicht aus der Welt der Politik verabschiedet, sondern revanchieren sich nun bei ihren Söhnen für deren frühere Wahlkampfhilfe.

Die Familie Bush hat, wie es scheint, gute Chancen, in Amerika eine echte politische Dynastie zu begründen. Barbara Bush ist zwar gewiß keine Rose Kennedy, doch wer weiß – sollte George W. Bush denn tatsächlich ins Weiße Haus einziehen, würde sie auf diese Weise im wahren Wortsinn zur Großmutter der Nation.

Zwischen Politik und Pop
Hillary Clinton, geboren 1947

Ute Mehnert

Frage: »John F. Kennedy sagte, daß er sich nach seiner Wahl fragte, wer im Zimmer sein mußte, wenn er eine wirklich große Entscheidung traf. Für ihn war die Antwort (sein Bruder) Robert Kennedy. Wer ist es für Sie?«
Bill Clinton: »Hillary.«

Der US-Präsident in einem Interview
der Zeitschrift *Time* vom 4. Januar 1993

Bill & Hillary: Sie begegnen sich 1971 als Jurastudenten an der Yale-Universität. Es ist Bill, der Hillary eine ganze Weile lang folgt und sie aus der Ferne beobachtet. Aber es ist Hillary, die sich zuerst traut, die Bill in der Bibliothek anspricht und sich vorstellt, während Bill vor lauter Nervosität seinen eigenen Namen vergißt. So will es die Legende. Sie fehlt in kaum einer Biographie des 42. US-Präsidenten oder seiner First Lady – und sie wird auch von den Clintons selbst gepflegt. »Das ist eine wahre Geschichte«, hat Bill Clinton einmal betont, »genau so haben wir uns kennengelernt.«

Ob es der Beginn einer großen Liebe war, der Auftakt zu einem Zweckbündnis zweier extrem ehrgeiziger *political animals* oder eine Mischung aus beidem, läßt die Geschichte offen. Offen für Interpretationen bleibt auch, welche Rollenverteilung sich hier abzeichnet. Wird eine moderne, emanzipierte Frau vorgestellt, die gegenüber einem – selbstverständlich ebenso emanzipierten – Mann die Initiative ergreift? Ist sie gar die »Führende« in der Beziehung? Oder handelt es sich ganz traditionell um die kluge Frau, die sich erwählt sieht und einem angesichts seiner Gefühle sympathisch verwirrten Mann taktvoll auf die Sprünge hilft?

Die Frage nach der Beschaffenheit und Dynamik dieser Verbindung sollte in den folgenden Jahren nicht nur Gesellschaftsreporter und Klatschkolumnisten, sondern auch seriöse politische Beobachter immer wieder beschäftigen. Denn seit 1971 ist die Geschichte von

»Bill & Hillary« eine gemeinsame. Und in dieser Geschichte – aus welcher Perspektive sie auch beleuchtet wird – bleibt das Politische stets untrennbar mit dem Privaten verwoben.

Als politische Erfolgsgeschichte bis zu ihrem größten Triumph ist sie in groben Zügen schnell erzählt. Nach dem juristischen Examen folgt Hillary Rodham Bill Clinton in seinen Heimatstaat Arkansas, wird 1975 seine Ehefrau und politische Partnerin. Sie verdient das Geld als Anwältin und erwirbt politische Meriten als Wahlkampfstrategin und Lobbyistin, er wird 1976 der jüngste Gouverneur in der Geschichte der USA. 16 Jahre später wählen ihn die US-Amerikaner zum Präsidenten. Und vielleicht nicht nur ihn. Zugespitzt könnte man behaupten, daß 1992 zum ersten Mal in der Geschichte der USA ein Kandidatenpaar zur Präsidentschaftswahl angetreten ist: Bill Clinton für das Amt des Staats- und Regierungschefs – und Hillary Clinton für eine neu zu definierende Rolle der First Lady.

Two for One: Bereits im Wahlkampf präsentieren sich die Clintons als Team, das nach zwölf Jahren republikanischer Regierung und *Reaganomics* einen Generationswechsel vollziehen will. Auf die achtziger Jahre, vom Wahlkampfteam plakativ als »Jahrzehnt der Habgier« (decade of greed) gebrandmarkt, solle ein Zeitalter der »neuen Demokraten« folgen; Idealismus und soziales Engagement sollten in die Politik zurückkehren. Doch nicht nur der Inhalt, auch der Stil der Politik solle sich ändern mit dem Einzug eines gleichberechtigten, modernen Ehepaars ins Weiße Haus. Natürlich könne es nicht angehen, daß ein Präsident der USA die Macht mit seiner Frau teilt. Doch zweifellos werde ein politischer Mehrwert entstehen, wenn eben nicht nur ein Präsident allein, sondern ein *working couple* zu Werke geht – so lautet mehr oder weniger explizit die Botschaft. Als Bill Clinton im März 1992 offiziell seine Kandidatur erklärt, kokettiert er bereits mit dem Slogan: »Kauft einen [Clinton], der zweite ist kostenlos«.

Diese Strategie zielt in erster Linie auf die Generation der *Baby Boomers* mit ihren von der 68er-Bewegung geprägten Politikvorstellungen, mit ihren Kämpfen um ein neues Rollenverständnis in Gesellschaft und Familie. Als Vertreter dieser Generation können die Clintons mit einem hohen Aufmerksamkeitswert rechnen. Für zahlreiche *Baby Boomers*, die gerade in den US-Medien überdurchschnittlich stark vertreten sind, sind Bill und Hillary Clinton ein exemplarisches Paar: Spiegel eigener Erfahrungen und Projektionsfläche für Erwartungen zugleich. Die Selbstdarstellung der Clintons mit ihrer engen

Verschränkung des Politischen und des Privaten bleibt so stets rück-
gekoppelt an ihre Beobachtung durch Medien und Öffentlichkeit –
und umgekehrt.

Namenswahl: Welcher Name ist angemessen für eine Frau, die an der
Seite ihres Mannes mit großem politischen Ehrgeiz ins Zentrum der
Macht strebt? Bei der Hochzeit demonstriert sie Eigenständigkeit,
indem sie nicht den Namen des Ehemannes annimmt – eine nahelie-
gende Entscheidung aber auch deshalb, weil Bill seinerseits schon als
Jugendlicher seinen Geburtsnamen Blythe abgelegt und den Namen
seines Stiefvaters Roger Clinton angenommen hat. Hillary Rodham
beharrt auch als First Lady von Arkansas auf ihrem Mädchennamen,
bis Bill Clinton 1980 als Gouverneur nicht wiedergewählt wird. Die
PR-Berater empfehlen einen Namenswechsel, um eine in Ehefragen
eher traditionell denkende Wählerschaft nicht zu verprellen. Aus Hillary Rodham wird nun doch noch Hillary Clinton. Diesen Namen
führt sie, bis Bill Clinton zum US-Präsidenten gewählt wird. Erst als
keine Gefahr mehr besteht, daß das Image einer allzu dominanten
Ehefrau seinen Einzug ins Weiße Haus gefährden könnte, führt sie
eine dritte Variante ein: Hillary Rodham Clinton will sie fortan
genannt werden, also mit einem Namen, der ihre eigene Identität und
zugleich ihren Anteil an der Clinton-Präsidentschaft ausweist.

Doch während die Namenswechsel jeweils spöttische bis boshafte
Kommentare nach sich ziehen, bleiben die selbstgewählten Namen in
der Mediendemokratie ohne Relevanz. Es ist die Karriere einer weiteren Namensvariante, die ihr den Durchbruch zur Prominenz ver-
schafft, und diese Variante lautet einfach: Hillary. Erst als kein Nach-
name mehr gebraucht wird, erst als der Name Hillary stets für eine
Nachricht gut, und der »Hillary Factor« eine beständig beobachtete
Größe im Medienspektakel des Präsidentschaftswahlkampfs geworden ist, kann sich die *star power* der künftigen First Lady entfalten.
Der auf sie gemünzte Kommentar eines Kolumnisten, daß ein anständiger Mensch nur zwei Namen brauche, drei in der Regel übermäßi-
gen Ballast bedeuteten und allein Gott nur einen Namen tragen
sollte, verhallt im Talkshow-Getöse der *celebrity culture*. »All Eyes
on Hillary«, titelt die Zeitschrift *Time* im September 1992, und
schon im folgenden Jahr erscheint Norman Kings Buch »Hillary –
Her True Story«. Es ist die erste einer ganzen Reihe von Biographien,
die mit »Hillary's Choice« von Gail Sheehy wohl nur ein vorläufiges
Ende gefunden hat.

First Lady aus der 68er-Generation:
Hillary Clinton

Lebenslauf: Der Trend zur Biographie, zur Personalisierung auch in der Rubrik Politik, ist der perfekte Nährboden für die Karriere der Clintons als exemplarisches Paar. Und gerade Hillary Clintons Lebenslauf mit seiner Mischung aus Emanzipiertheit und bürgerlicher Angepaßtheit bietet zahlreiche Identifikationsmöglichkeiten für potentielle Wählergruppen. Aufgewachsen in Park Ridge (Illinois), im sozial homogenen Vorstadtmilieu des Mittleren Westens, wo der weiße Mittelstand seinen Kindern fern des Molochs Chicago die bestmögliche Ausbildung sichern will, ist Hillary zunächst die gehorsame und fleißige Tochter ihres konservativen Vaters Hugh Rodham – auch politisch, denn ihren ersten Einsatz als Wahlkampfhelferin hat sie 1964 für den republikanischen Präsidentschaftskandidaten Barry Goldwater. Ihre politische Wandlung – die Hinwendung zu sozialpolitischen Themen und schließlich auch zu den *liberal Democrats* – soll jedoch schon während ihrer Schulzeit eingesetzt haben, als ein Methodistenpriester Hillary und ihre Klassenkameraden in die Slums von Chicago führte. 1965 entscheidet sich die Musterschülerin für das reine Frauencollege Wellesley, wo sie als Präsidentin des *student government* fungiert und durch gekonnt provokante Reden auffällt. Auch während des anschließenden Jurastudiums an der Eliteuniversität Yale bleibt Hillary Rodham politisch aktiv, arbeitet im Präsidentschaftswahlkampf 1972 gemeinsam mit Bill Clinton erstmals für die Partei der Demokraten und beginnt sich für die Rechte von Kindern zu engagieren.

Doch nach dem Studium folgt der biographische Bruch, der Hillary Rodham wiederum für viele *Baby-Boomer*-Frauen (und nicht nur für sie) typisch macht. Statt vorrangig die eigene Karriere voranzutreiben – sei es als Anwältin in New York, sei es als Politikerin oder Lobbyistin in Washington – übernimmt sie die eher konventionelle Rolle. Sie folgt ihrem Mann an den Ort seiner Wahl, unterstützt seine Karriere, bekommt ein Kind und führt das Leben einer (wenn auch besonders vielbeschäftigten) *working mother*, die ihrem Baby bei Besprechungen und Konferenzen in ihrer Kanzlei die Brust gibt. »Stellen Sie sich vor, ich hätte mein Leben vorausgeplant«, wird sie einmal von der *Arkansas Gazette* zitiert, »glauben Sie, ich hätte mir gesagt, ich würde einmal den Gouverneur von Arkansas heiraten und eine Rechtsanwaltspraxis in Little Rock führen? Nie im Leben.«

Bereits Ende 1992 kursiert der Begriff von Hillary Clinton als »Ikone einer ganzen Frauen-Generation«. Auf Wahlkampf-Veranstaltungen erfährt sie Zuspruch von Hausfrauen durch Slogans wie: »Mütter, die zu Hause arbeiten, wählt Hillary – Ich arbeite auch.« Nach der Wahl hören berufstätige Frauen »den Klang von zerbrechenden Glasdecken, als sie von der Clinton-Regierung ermutigt werden, in neue einflußreiche Positionen aufzusteigen«, heißt es im Mai 1993 in der Zeitschrift *Time*. Für Millionen von Frauen habe Hillary Clintons Balanceakt zwischen Karriere und Familie Symbolcharakter: »In den ersten hundert Tagen hat sie die Rolle der First Lady auf eine Art neu definiert, wie es noch vor einem Jahr niemand sich hätte vorstellen können.«

Superlative: Tatsächlich scheint sich mit dem Einzug der Clintons ins Weiße Haus Anfang 1993 ein neues Zeitalter anzukündigen. Im Kontrast zum hölzernen George Bush und seiner eher großmütterlichen Frau Barbara wirken Bill und Hillary Clinton mit der damals zwölfjährigen Tochter Chelsea jung und dynamisch. Und schon bald wird demonstrativ sichtbar, daß Hillary Clinton ihrem Mann tatsächlich nicht in der traditionellen Rolle der First Lady mit meist repräsentativen oder karitativen Aufgaben zur Seite stehen, sondern auch offenen politischen Einfluß nehmen, ja sogar politische Funktionen ausüben wird. Als erste First Lady läßt sie ihr Büro nicht im privaten Ostflügel des Weißen Hauses einrichten, sondern im Westflügel, in unmittelbarer Nähe zum Arbeitsbereich des Präsidenten und seines Beraterstabs. Hillary Clinton ist auch die erste First Lady, die über mehr Mitarbeiter und Berater verfügt als der Vizepräsident. Mit dem Projekt einer Reform des nationalen Gesundheitswesens übernimmt erstmals eine First Lady die Leitung eines der größten Gesetzesvorhaben der Regierung.

Doch auf der Liste der Superlative, die mit dem Namen von Hillary Clinton als »erster First Lady, die ...« verbunden sind, erscheinen im Laufe der Zeit auch Negativrekorde. Hillary Clinton ist auch die erste First Lady, die vor einer *grand jury* aussagen muß, als im Zusammenhang mit der sogenannten Whitewater-Affäre Sonderermittlungen über eine mögliche Vermischung staatlicher und privater Interessen bei zwielichtigen Bodenspekulationen und Bankgeschäften in Arkansas anfallen. Als erste First Lady steht sie für das Scheitern eines großen sozialpolitischen Reformprojekts und wird zumindest indirekt für einen dramatischen Mehrheitsverlust der Präsidentenpartei im Kongreß verantwortlich gemacht. Vor allem aber ist sie ist die erste First Lady, die in einer nicht enden wollenden Serie von Sexaffären um das politische Überleben ihres Mannes kämpft. Als unrühmlichen Höhepunkt verfolgt ein weltweites Publikum 1998 den Skandal um Bill Clintons lange geleugnete, dann nur unter Druck eingestandene Affäre mit der Praktikantin Monica Lewinsky, die Veröffentlichung des Sonderermittler-Berichts mit allen intimen Details im Internet und schließlich das Amtsenthebungsverfahren im Senat, nach dessen Abschluß Clinton zwar weiterhin im Amt, für die Mehrheit seiner Landsleute jedoch moralisch endgültig diskreditiert ist. Eine Kolumnistin der *New York Times* bezeichnet Hillary Ende 1998 als »die am meisten gedemütigte Frau in der Geschichte«.

Im Jahr 2000 neigt sich mit Bill Clintons Präsidentschaft auch seine politische Karriere dem Ende zu – seine Frau allerdings scheint vor einem Comeback zu stehen. Bereits im Spätsommer 1998, kurz vor ihrem 50. Geburtstag, stellen verschiedene Medien eine »neue Hillary« vor, die aus dem Schatten ihres mächtigen Ehemannes getreten sei und mit ihren selbstgewählten Spezialgebieten – vor allem die Rechte von Frauen und Kindern, Gesundheits- und Bildungspolitik – auf dem Parkett der internationalen Kongresse zunehmend eigenes Profil gewinne. Man registriert den Erfolg ihres Buches »It Takes A Village, And Other Stories Children Tell Us«, von dem bislang eine halbe Million Exemplare verkauft worden sind – im Gegensatz zu Bill Clintons Ladenhüter »Between Hope and History«. Für Hillarys Autobiographie sollen Buchverlage angeblich vier bis fünf Millionen Dollar geboten haben. Mit ihrer Kandidatur für einen Senatssitz des Staates New York schließlich, die sie im Juli 1999 nach langem Zaudern offiziell erklärt, kehrt Hillary Clinton in die Kategorie der medienwirksamen Rekorde zurück: Als erste First Lady bewirbt sie sich noch während der Regierungszeit ihres Mannes selbst um ein politisches Amt. Und noch immer – oder: schon wieder – funktioniert ihr Image als Frauenvorbild und politische Hoffnungsträgerin. Aus Sicht vieler Hillary-Anhänger hat Bill Clinton seine Frau nicht nur in der Ehe betrogen, sondern auch in der Politik um die verdienten Erfolge gebracht. Einmal der einschränkenden Rolle der First Lady entkommen und mit einem eigenen Mandat ausgestattet, so das typische Argument, könne Hillary endlich nach eigenen Vorstellungen aktiv werden. »Wenn sie die Möglichkeit hätte, würde sie vieles verändern«, erklärt eine Studentin einem Reporter nach einer bildungspolitischen Rede Hillary Clintons im Columbia Teachers College. »Bisher hat man ihr die Möglichkeit noch nicht gegeben.«

Haß auf Hillary: So euphorisch Hillary Clinton von ihren Anhängern gefeiert wird, so vernichtend fällt auch die Ablehnung durch ihre Gegner aus. Daß konservative Republikaner und andere politische Gegner der Clintons sie bereits während des Präsidentschaftswahlkampfs als machtgierige »Lady Macbeth« porträtieren und damit zugleich den Kandidaten Bill Clinton als politischen Pantoffelhelden zu diskreditieren hoffen, liegt nahe. Aber auch Feministinnen und zahlreiche Vertreterinnen der »liberalen« Medien verwahren sich dagegen, daß ausgerechnet eine Frau, die – statt selbst zu kandidieren – ihrem Ehemann zum höchsten Amt im Staat verhalf, plötzlich als Speerspitze der Frauenbewegung gelten soll. Zu den Skeptikern zählen überdies Journalisten und andere Beobachter, die Hillary Clinton bereits als First Lady in Arkansas begleitet und dort im kleineren Maßstab manche Verhaltensmuster ausgemacht haben, die sich nun auf nationaler Ebene wiederholen. Enttäuschte Freunde und Wegbegleiter vervollständigen im Verlauf der Clinton-Präsidentschaft den Chor der kritischen Stimmen, bis ein Reporter des *New Yorker* im Frühjahr 1996 geradezu einen Trend zu erkennen meint, den er unter dem Titel »Hating Hillary« (»Haß auf Hillary«) beschreibt.

Da sind zunächst ideologisch geprägte Abneigungen, die – ebenso wie manche Sympathien für die First Lady – eher ihrer exemplarischen Frauenrolle gelten. Auf diese Kategorie beruft sich Hillary Clinton selbst am liebsten, wenn sie sich zu schlechter Presse und negativen Umfrageergebnissen äußert. Ob sie als berufstätige Frau Mann und Kind vernachlässige, oder warum sie ihre gute Ausbildung nicht konsequenter zur eigenen Karriere nutze, solche Fragen könne man heutzutage fast allen amerikanischen Frauen stellen, lautet ihr Argument: »Es ist nun einmal so, daß ich im öffentlichen Rampenlicht stehe. Dadurch beziehen sich viele Diskussionen, ob sie am Küchentisch oder am Getränkeautomat im Büro oder im Vorlesungsraum geführt werden, einfach auf mich«.

Schwieriger zu kontern ist die »Charakterfrage«, die in den Medien seit Beginn der Whitewater-Affäre mit besonderer Leidenschaft behandelt wird. Die eigenen Reaktionen auf journalistische Recherchen und Ermittlungen über ihre finanzielle Vergangenheit haben der First Lady den Ruf eingetragen, selbstgerecht und scheinheilig zu sein. Es mag für die Clintons persönlich bei Hillarys Immobilien- und Wertpapiergeschäften in Arkansas um vergleichsweise geringe Summen gegangen sein. Doch wer dem politischen Gegner eine Raffke-Mentalität bescheinigt und mit dem Anspruch eines moralisch fundierten Neubeginns antritt, muß sich an den eigenen Maßstäben messen lassen. Schwerer noch wiegt der Verdacht, Hillary Clinton habe als Anwältin ihres Partners im Whitewater-Immobiliengeschäft, Jim McDougal, die politische Stellung ihres Mannes mißbraucht und dafür gesorgt, daß McDougals bankrotte Sparkasse auf Kosten der Steuerzahler von Arkansas mit bis zu 60 Millionen Dollar saniert worden sei. Hillary Clinton reagiert jedoch empört, ja fast beleidigt schon auf die Tatsache, daß sie überhaupt verdächtigt wird, etwas Illegales oder zumindest Illegitimes getan zu haben. Auch als ihr enger Vertrauter Vincent Foster, mit dem sie bereits in der Rose-Kanzlei in Arkansas zusammengearbeitet hat, im Juli 1993 Selbstmord begeht, weigert sie sich beharrlich, mehr als unumgänglich zur Aufklärung der Affäre beizutragen oder gar eigenes Fehlverhalten einzugestehen – eine Haltung, die nicht nur in konservativen Kreisen auf Unverständnis stößt.

Ähnlich verhält sich Hillary Clinton in einem anderen Fall, der sogenannten »Travelgate«-Affäre: Als 1993 sämtliche Mitarbeiter des *Travel Office* im Weißen Haus entlassen werden und als neuer Leiter dieses Büros ein Bekannter der Clintons erscheint, hält sich hartnäckig das Gerücht, die First Lady sei für die Entlassungen verantwortlich. Auch hier leugnet sie jede Verantwortung, bis Anfang 1996 ein Memorandum auftaucht, das das Gegenteil beweist. Als zur gleichen Zeit neues belastendes Material in der Whitewater-Affäre bekannt wird, sinkt Hillarys Image auf einen absoluten Tiefpunkt. William Saffire, der die Clintons noch während des Wahlkampfs 1992 unterstützt hat, nennt Hillary in einem Leitartikel der *New York Times* eine »geborene Lügnerin«.

Ein weiterer Kritikpunkt, der sich von Beginn an negativ für Hillary Clinton auswirkt, ist die Frage nach der Legitimität ihrer politischen Aktivitäten. Als First Lady ist sie weder gewähltes noch ernanntes Mitglied der Regierung; entsprechend ist ihr Handeln keiner Kontrolle unterworfen, und niemand kann sie für die Folgen dieses Handelns zur Verantwortung ziehen. Das fehlende Mandat erweist sich vor allem während der Arbeit an ihrem gesundheitspolitischen Reformprojekt als große strukturelle Schwäche ihrer Position. Vom »Hineinregieren« ist oft die Rede, bisweilen erweitert durch den Vorwurf einer »Cliquenwirtschaft« Hillarys mit ihren nach Washington geholten Freunden und ehemaligen Anwaltskollegen. Auf den Straßen artikuliert sich solcher Unmut etwa durch Autoaufkleber mit der ironischen Aufschrift »Impeach Hillary«. Aber auch innerhalb der Clinton-Regierung ist längst nicht jeder glücklich über eine First Lady, die jederzeit Zugang zum Präsidenten hat und von diesem Recht ausgiebig Gebrauch macht – zumal es für Bill Clinton nach eigenem Bekunden leichter wäre, den schweren Schreibtisch des *Oval Office* aus dem Fenster zu werfen, als Hillary abzuwimmeln, wenn sie etwas mit ihm besprechen wolle.

Ein dritter Vorwurf schließlich lautet: grenzenloser Opportunismus. Für die Mehrzahl ihrer Beobachter ist Hillary Clinton weniger idealistische Reformerin als vielmehr eine berechnende Machtpolitikerin, deren Ansichten und Vorlieben ebenso schnell wechseln wie ihr Äußeres, wenn es den Zielen des Clinton-Teams dient. Da sind die Kleider in Pastelltönen und der dezente Schmuck, die Hillarys Kostüme in kräftigem Blau oder Rot und ihre auffälligen Halsketten ersetzen, sobald Kritik an ihrer allzu dominanten Rolle laut wird.

Auch staunen die Fernsehzuschauer in Arkansas nicht schlecht, als
die Frau ihres Gouverneurs, die kühle Intellektuelle aus dem Mittleren Westen, bei Auftritten im Präsidentschaftswahlkampf plötzlich
mit einem weichen Südstaaten-Akzent zu sprechen beginnt – wohl
nicht ganz zufällig zeitgleich mit dem Start einer Kampagne, die Bill
Clinton als »the Man from Hope« präsentiert. Und erst kürzlich
machte die Nachricht die Runde, daß Hillary auf hochsymbolische
Weise ihre Heimat erneut verraten habe, diesmal zugunsten ihrer
eigenen Kandidatur in New York: Ihre Baseballmütze zeigt nun die
Farben der New York Yankees – und nicht mehr die der Chicago
Cubs. Hillary ihrerseits beklagt sich regelmäßig darüber, daß man
ihren Frisuren stets mehr Aufmerksamkeit widme als ihrer politischen Arbeit oder ihrem langjährigen sozialen Engagement. Ob ihr
Unwille darüber geheuchelt ist oder echt, ist in der Konsequenz irre-
levant. »Wenn Politik bis zu einem gewissen Grad zu einer Art der
Verpackungskunst wurde, ist Hillary die Meisterin darin«, heißt es
bereits Mitte 1994 im *New Yorker*. Ihre Imagewechsel resultieren
stets aus sorgfältigem Kalkül. Denn wer in der Mediendemokratie ein
politisches Ziel erreichen will, muß in den Umfragen gut abschneiden
und darf eine wohldosierte Anpassung an den Publikumsgeschmack
nicht scheuen.

Umfragen: Das allerwichtigste sind die Resultate«, sagt Hillary Clinton kurz nach dem Amtsantritt ihres Mannes in einem Interview und
will dies im Sinne von Resultaten einer neuen Politik verstanden wissen. Doch ebensogut gilt dieser Satz für Umfrageresultate und Wahl-
ergebnisse. Betrachtet man – wie zahlreiche langjährige Beobachter
und Mitarbeiter – erstens die Ehe der Clintons (auch) als strategische
Partnerschaft zum Gewinn und Erhalt politischer Macht und zweitens die Präsidentschaft Bill Clintons als erstes großes Ziel dieser
Partnerschaft, machen auch die Imagewechsel sofort Sinn: Hillary
wird tun, was Bill nützt – und lassen, was ihm schadet. Die Umfragen
oder Charts dienen als Gradmesser der öffentlichen Meinung, als
Kommunikationsmedium zwischen Wählern und Politikern: *Pollster*
Stanley Greenberg, der wahrscheinlich wichtigste Stratege für die
Karriere der Clintons, sammelt Daten nach Bedarf, die Medien sorgen mit eigenen Umfragen für weiteren Stoff. Bill Clinton hat die
Funktion der *polls* bis zum Exzeß ausgereizt; er ließ sogar ermitteln,
ob er dem amerikanischen Volk in der Lewinsky-Affäre die Wahrheit
sagen und trotzdem politisch überleben könnte.

Da man nicht vorher weiß, was ankommt, müssen auch die Möglichkeiten und Grenzen einer neuen First-Lady-Rolle für Hillary getestet werden. Im Wahlkampf darf sie zunächst die starke Frau an Bill Clintons Seite spielen und sogar mit einem Ministeramt liebäugeln, bis die Umfragen Unbehagen signalisieren: Einer *Time*/CNN *poll* zufolge sehen im September 1992 nur 40 Prozent der Befragten Hillary Clinton in einem positiven Licht, während 76 Prozent mit der amtierenden First Lady Barbara Bush zufrieden sind. In einer anderen Umfrage sprechen sich fast zwei von drei Amerikanern gegen ein Ministeramt für Hillary aus. Das Wahlkampfteam reagiert prompt: Von einer einflußreichen Rolle Hillarys im Weißen Haus ist plötzlich keine Rede mehr. Sie selbst beteuert, sie wolle allenfalls eine ehrenamtliche Aufgabe übernehmen. Bis zur Wahl steht sie dann, wie ein Kolumnist spottet, bei öffentlichen Auftritten nur noch »wie eine Topfpflanze« neben dem Kandidaten.

Nach dem Einzug ins Weiße Haus bekommt Hillary zunächst wieder weitgehend freie Hand, doch mit der Whitewater-Affäre beginnt ihre Zustimmungsrate erneut zu sinken – von 56 Prozent im Januar 1994 auf nur noch 44 Prozent in Mai. Als nach dem Scheitern der Gesundheitsreform und nach den für die Demokraten extrem verlustreichen Kongreßwahlen Ende 1994 Stanley Greenbergs Umfragen zeigen, daß sich der »Hillary-Faktor« negativ für Bill Clintons Partei und Präsidentschaft ausgewirkt hat, verschwindet die First Lady fast völlig von der Bildfläche. Diesmal gibt sogar ein Sprecher des Weißen Hauses eine offizielle Erklärung ab. Hillary werde sich weiter politisch engagieren, doch werde ihre Rolle eher eine informelle sein: »Sie wird in der Regierungspolitik keine Weichen mehr stellen.«

Nun, da sich Bill Clintons Präsidentschaft dem Ende zuneigt, ist die Reihe an ihm, die Senatskandidatur seiner Frau in New York zu unterstützen. Und wieder kommen die Meinungsumfragen ins Spiel: Erst als Hillarys Chancen sorgfältig ausgelotet sind und Umfragen im Sommer 1999 auf einen möglichen Wahlsieg hindeuten, erklärt sie offiziell ihre Kandidatur. Der demokratische Parteistratege Harold Ickes jr. soll Hillary dazu gebracht haben, eine Kandidatur überhaupt in Erwägung zu ziehen – mit dem Hinweis auf ihre wachsenden Sympathiewerte in der Bevölkerung und auf ihr großes Vorbild Eleanor Roosevelt, die schon Ickes' Vater, Harold Ickes I., zu einem politischen Amt überreden wollte. Eleanor Roosevelt hat dieses Ansinnen allerdings abgelehnt – doch gab es in den vierziger Jahren auch noch keine Umfragen.

Geschichten: Mit *polls* allein ist politischer Erfolg nicht zu haben. Umfrageergebnisse sollen in der Mediendemokratie den Wählerwillen kommunizieren, aber wie vermittelt umgekehrt der Kandidat und Politiker sich selbst und seine Politik? Auch hier arbeiten Bill und Hillary als Team. Er ist derjenige, der unter die Leute geht, Hände schüttelt und mit seiner charismatischen Art die Wähler für sich gewinnt – *working the crowds*, wie der treffende und kaum adäquat zu übersetzende Begriff im Amerikanischen lautet. Hillarys wirksamste Waffe sind – Geschichten. Erst eine gute Story macht Fremdes bekannt, Abstraktes zugänglich und verankert Fakten im Gedächtnis. Als ihr Mann Mitte 1992 als Kandidat zu scheitern droht, weil ihn die Wähler als Mensch nicht einordnen können, ist Hillary eine Urheberin der erfolgreichen Kampagne, die Bill Clinton in einem genial einfachen Wortspiel mit dem Namen seines Heimatorts in Arkansas als »The Man from Hope« präsentiert. Der passende Wahlkampfspot erzählt eine anrührende Kurzbiographie Clintons und endet mit den Worten: »Ich glaube noch immer an einen Ort namens Hope.« Nicht jeder muß eine solche Botschaft glauben; vergessen kann man sie kaum. Nach der Wahl ermuntert die First Lady die Mitarbeiter im Weißen Haus, sich die Arbeit der Regierung als Geschichte einer Reise vorzustellen, die über verschiedene Stationen und auch Hindernisse zum Ziel führt. Und auch für die Gesundheitsreform entwirft Hillary Clinton eine Rahmen-Story, die wie jede wirklich gute Geschichte Helden und Bösewichter kennt: Die Helden der neuen Demokratischen Politik kämpfen gegen eine Verschwörung aus Pharmaindustrie, Ärzteverbänden und gewissenlosen Politikern, die die Kosten des Gesundheitssystems in die Höhe treiben und verhindern, daß jeder Amerikaner eine bezahlbare Krankenversicherung haben kann. Hillarys Geschichte reicht jedoch nicht aus, um ein Gesetzesvorhaben mit dem finanziellen Volumen von einer Billion Dollar durchzusetzen. Zwar zeigen sich Kongreßabgeordnete und Senatoren parteiübergreifend beeindruckt von der Sachkenntnis und Arbeitswut der First Lady. Doch ihr Versuch, den Entwurfsprozeß mit ihrem wichtigsten Mitarbeiter Ira Magaziner gleichsam im Alleingang zu steuern, das Reformpaket ohne öffentliche Diskussion über dessen Inhalt, ja sogar ohne Rückkoppelung an die entsprechenden Parlamentsausschüsse zu schnüren und dem Kongreß einen fertigen Gesetzentwurf zur Abstimmung vorzulegen, ist trotz komfortabler demokratischer Mehrheit im Parlament zum Scheitern verurteilt. Als das überkomplexe, 1364 Seiten dicke Werk im Herbst 1994 mit monatelanger Verspätung endlich vorgelegt wird, ist längst klar, daß es nie Gesetz werden wird.

An der Gesundheitsreform erweisen sich die Grenzen des politischen Einflusses einer First Lady, vielleicht aber auch die Grenzen von Hillary Clintons politischem Talent im Umgang mit handfesten politischen und ökonomischen Interessen. Ungleich erfolgreicher als im nüchternen Alltagsgeschäft des *policy making* ist sie jedenfalls auf einem Feld, das der traditionellen Rolle einer First Lady eher entspricht: »Sie hat eine Karriere daraus gemacht, ihrem Mann beizustehen«, notiert das Magazin *Newsweek* im Februar 1998.

Ihrem Mann beistehen: Durch eine beispiellose Reihe von Sexaffären hindurch, benannt nach ihren jeweiligen Protagonistinnen, hat Hillary in ungezählten Talkshows, Rundfunksendungen und Presseinterviews für ihren Mann gekämpft. Ihr vor allem ist es zu verdanken, daß Bill Clinton durch Gennifer Flowers, Paula Jones, Kathleen Willey und vor allem durch Monica Lewinsky nicht politisch zu Fall gebracht werden konnte.

Ihre Feuerprobe besteht Hillary schon während des Präsidentschaftswahlkampfs mit der Affäre Gennifer Flowers. Demonstrativ tritt sie in der Fernseh-Talkshow *60 Minutes* gemeinsam mit Bill auf und nutzt die Funktion der exemplarischen Biographie: In welcher Ehe hätte es noch keine Schwierigkeiten gegeben, und ist nicht gerade ein Seitensprung eine recht typische Ehekrise? Hillary will glaubhaft machen, daß sie und Bill ihre Probleme gemeinsam gelöst und überwunden haben. »I'm not some Tammy Wynette standing by my man«, betont sie in Anspielung auf einen Evergreen der Country-Musik. Es wird einer ihrer meistzitierten – und meistumstrittenen – *sound bites*. Doch im Saldo gelingt die Präsentation des modernen Ehepaars, das konstruktiv mit Krisen umzugehen weiß. Die vielerorts bereits abgeschriebene Kandidatur ist gerettet, Bill Clinton erzielt einen Überraschungserfolg in New Hampshire – und trägt fortan den Spitznamen »Comeback Kid«.

Schon in diesem Fall bringt Hillary überdies eine weitere Geschichte mit Helden und Bösewichtern in Umlauf, die in den folgenden Jahren noch vielfach zur Anwendung kommen soll. Es ist die Geschichte von einer rechten Verschwörung gegen die progressive Clinton-Politik, deren finstere Drahtzieher sich mangels schlagkräftiger Gegenargumente nicht anders zu helfen wüßten, als Bill und Hillary persönlich zu diskreditieren. Ob Sexaffären oder Whitewater:

Stets sieht die First Lady dieselbe Verschwörung aus republikanischen Politikern, konservativen Publizisten und religiösen Fanatikern am Werk. Ihren perfekten Gegenspieler findet Hillary im konservativen Sonderermittler Kenneth Starr. Daß Starr zunächst in der Whitewater-Affäre ermittelt, dann aber zum Sonderermittler im Lewinsky-Skandal ernannt wird und diese Aufgabe geradezu fanatisch, mit beispiellosem finanziellen und personellen Aufwand verfolgt, erweist sich letztlich als glückliche Fügung, denn es verleiht Hillarys Verschwörungsgeschichte eine irritierende Plausibilität. Die First Lady gewinnt den Kampf mit dem Sonderermittler; Bill Clinton wird schon vor Beginn des Amtsenthebungsverfahrens in der Öffentlichkeit wieder mit mehr Sympathie betrachtet als sein »Verfolger« Kenneth Starr.

Die Sympathiewerte steigen durch die Lewinsky-Affäre jedoch vor allem für Hillary. Keine Image-Kampagne hat das verbreitete Bild von einer eher mit kaltem Intellekt als mit Warmherzigkeit gesegneten Frau auch nur annähernd so weit in den Hintergrund drängen können. Innerhalb weniger Monate wird aus der First Lady, die womöglich den Präsidenten unter ihrer Fuchtel hat, eine Frau, die nicht einmal ihren Ehemann kontrollieren kann. »Die Amerikaner mochten sie noch nie so sehr wie heute«, schreibt eine Kolumnistin im August 1998. »Dank Monica ist Hillary wieder ein ganz normales Mädchen.«

Camouflage: Doch wie wird es weitergehen mit Bill & Hillary? Die öffentliche Ehe der Clintons erinnert ein wenig an eine Soap Opera: Die Serienfiguren werden zum Teil des Alltags für die Zuschauer und sind – mit ihren Stärken und Schwächen, mit ihren Konflikten und Verhaltensmustern – nach einer gewissen Zeit so vertraut, daß man nicht alle Folgen mitbekommen muß, um jederzeit wieder einsteigen zu können. Gespannt verfolgt das amerikanische Publikum die Schwierigkeiten, die Hillary als Senatskandidatin ihrem Mann, dem Präsidenten, bereiten kann, wenn sie etwa im Sinne zionistischer New Yorker Wähler ihre Sympathie für den Gedanken einer Verlegung der israelischen Hauptstadt nach Jerusalem signalisiert und sich damit in den Gegensatz zur offiziellen amerikanischen Außenpolitik begibt. Die nationalen Medien verfolgen den Erwerb eines Wohnsitzes für Hillary im Staat New York, die Einrichtung des neuen Domizils und schließlich ihren Auszug aus dem Weißen Haus. Jeder zweite Amerikaner ist einer *US News and World Report*-Umfrage zufolge

First Lady der Superlative: Hillary Clinton kündigt ihre Kandidatur
für den Senat an, Februar 2000

sicher, daß die Ehe Bill Clintons zweite Amtszeit nicht lange überdau-
ern wird; nur jeder fünfte vertritt – wie die 16jährige Schülerin Shir-
ley auf ihrer Website – die Meinung, Hillary sei Bill weiterhin in
»true love« verbunden. Doch nur Hillary ist hier noch eine span-
nende Figur; Bill Clinton ist unwiderruflich »der Mann, der seinen
Hosenladen nicht geschlossen halten kann«.

Auch auf dem Feld der Politik ist die Rolle von Bill Clinton mit
dem Ende seiner Präsidentschaft ausgereizt, aber auch hier kann man
auf die weitere Entwicklung von Hillary – Clinton? – Rodham? –
Rodham Clinton? gespannt sein. Als First Lady mag sie politisch weit
weniger bewegt haben als gewollt; auch die Institution der First Lady
hat sich durch die Clinton-Präsidentschaft wohl weniger verändert
als von einigen erhofft und von anderen befürchtet. Zudem könnte
man sagen, daß eine Frau wie Elizabeth Dole, die Frau des ehemaligen republikanischen Präsidentschaftskandidaten Bob Dole, weit
eher als Vorbild für Frauen in der Politik gelten müßte als Hillary –
sie hat ihre politische Karriere konsequent und stets unabhängig von

ihrem Mann betrieben, war Ministerin unter zwei verschiedenen Präsidenten, und Elizabeth Dole, nicht Hillary Clinton, hat als erste Frau verbindlich ihre Absicht erklärt, die erste Präsidentin der Vereinigten Staaten werden zu wollen. Dennoch war Mrs. Dole beim amerikanischen Präsidentschaftswahlkampf 2000 sehr schnell aus dem Rennen.

Hillarys indirekter Weg zur eigenen politischen Karriere könnte sich in der Mediendemokratie als der geschicktere erweisen. Kaum eine andere öffentliche Funktion sichert einer Frau mit politischen Ambitionen in den USA mehr Aufmerksamkeit als die der First Lady. Gleichzeitig haben ihre Image- und Rollenwechsel dafür gesorgt, daß ihr diese Aufmerksamkeit erhalten geblieben ist. Sie funktionieren auch als »camouflage«, als Tarnung, und machen neugierig, wie der *New Yorker* bereits 1994 notiert: »Was ist es, was wir nicht sehen sollen?« Ganz ähnlich hat – so paradox es zunächst klingen mag – Hillarys sprichwörtlich distanziertes Verhältnis zu den Medien gewirkt. Interviews mit Bill Clinton waren zwar stets weitaus leichter zu bekommen als Interviews mit seiner Frau, auch war der Präsident weit eher als die First Lady bereit, Auskunft über Privates zu geben. Doch war er es, der zuletzt die Öffentlichkeit in der Lewinsky-Affäre schlicht belogen hat. Spätestens zu diesem Zeitpunkt erschien ihre Verschlossenheit gegenüber seiner doch nur scheinbaren Offenheit als die ehrlichere Haltung. So kann Hillary Clinton auch am Ende zweier »Amtszeiten« als First Lady als eine Frau gelten, über die man – obwohl acht Jahre lang fast jeder ihrer Schritte beobachtet worden ist, obwohl schon durch die Konkurrenz der vielen Medien untereinander um exklusive *news* ein ungeheures Detailwissen über sie angehäuft worden ist – im Grunde doch nur wenig weiß. »In der Öffentlichkeit weiß man mehr über ihren Ehemann als man je wissen wollte, aber über sie beginnt man erst gerade etwas zu erfahren«, notiert *Newsweek* im Frühjahr 1999. »Rätselhaft und stoisch, ein bekanntes Gesicht und doch kaum verstanden.«

In einem Moment, als alles gesagt schien, als die Prominenten-Berichterstattung über Hillary sich scheinbar nur noch wiederholen konnte und das Interesse des Publikums an ihr in Übersättigung und Langeweile umzukippen drohte, ist den Medien ein Kunstgriff gelungen. Sie haben »Hillary« noch einmal neu ins Spiel gebracht – diesmal als die »wahre Person« hinter den vielen Fassaden. Herausgetreten aus dem Schatten von Bill Clinton und auf dem Weg zur eigenen politischen Karriere, sehen wir nun »Hillary, Herself« auf dem Titel-

bild des *New York Times Magazine*. Und sehen doch nichts wirklich
Neues, auch jetzt nichts anderes als das Klischee von einer authenti-
schen Person und einem eigentlichen Selbst, das es angeblich nur jenseits der oberflächlichen Kommunikation der Medien geben können
soll – und das heute als Erfindung eben dieser Medien kursiert. Wie
schrieb schon die Studentin Hillary Rodham 1968 auf der Suche
nach ihrer »wahren Identität« an den Jugendfreund John Peavoy:
»Ich frage mich, wer ich bin. Ich frage mich, ob ich mir je begegne.
Wenn ich es täte, würden wir, glaube ich, famos miteinander auskommen.«

Post Scriptum: Geschichten aus der Gegenwart sind mit Redaktions-
schluß nicht zu Ende. Auch Hillarys Geschichte(n) kann man daher
nur in Fortsetzungen schreiben: Im Mai 2000 küren die Demokraten
des Staates New York die First Lady der Vereinigten Staaten offiziell
zur Senatskandidatin. »Ohne Bill wäre ich heute nicht hier«, sagt
Hillary aus diesem Anlaß. Längst hat der Präsident erklärt, zur
Unterstützung seiner Frau seinen Wohnsitz von Arkansas nach New
York verlegen zu wollen. Der Rollentausch zwischen Bill und Hillary
ist perfekt, und ihre Polit-Ehe kann zumindest bis zur Senatswahl als
gesichert gelten. Die bei Medien wie Wahlkämpfern beliebteste Kan-
didaten-Story allerdings ist bereits passé: Eine »Schlacht der Gigan-
ten« zwischen Hillary Clinton und dem (fast ebenso publikumswirk-
samen) New Yorker Bürgermeister Rudolph Giuliani findet nicht
statt. Der konservative Republikaner mußte wegen einer Krebs-
erkrankung und – ausgerechnet – wegen Eheproblemen seine Kandidatur aufgeben. Die Umfragen hatten zuletzt auf ein Kopf-an-Kopf-
Rennen zwischen »Rudy« und Hillary in New York hingedeutet.

»If she can make it there ...« – »Wenn sie es dort schafft ...«,
titelte das *Time Magazine* schon im März 1999 – Fortsetzung folgt.

»Über die First Lady schreiben«
Bibliographische Hinweise

Die Geschichte der First Ladies war lange Zeit – auch in den USA – ein von der professionellen Geschichtsschreibung vernachlässigtes Gebiet. Politikhistoriker haben sich selten in die Gefilde der *First Ladies Studies* gewagt, während es die Frauen- und Geschlechterge-schichte fast schon als Zumutung empfand, sich mit einer Gruppe von Frauen zu befassen, deren Gemeinsamkeit darin bestand, daß ihre Männer den gleichen Job hatten. Das Thema blieb den Populär-medien vorbehalten. In der Zwischenzeit hat sich jedoch die Erkennt-nis durchgesetzt, daß die First Ladies ein dankbares Studienobjekt sind, da ihre Lebensläufe, vor allem in jenen Epochen, in denen Frauen nur eine geringe Rolle in der Öffentlichkeit spielten, vorzügli-che Einblicke in die Geschichte der Frau in der Gesellschaft, in die Geschichte von Familie, Ehe, Erziehung und der Geschlechterverhält-nisse ermöglichen. Aufgrund der Bedeutung der Präsidentschaft für die amerikanische Geschichte gibt es relativ viel Material über die First Ladies, existiert eine dichte Überlieferung in Archiven und Bibliotheken.

In den vergangenen zehn Jahren sind Amt, Rolle und Image der First Lady ein seriöses Feld historischer Forschung geworden. *First Ladies Studies* haben in den USA Konjunktur, Lehrveranstaltungen gehören an einigen amerikanischen Universitäten und Colleges zum Standardrepertoire. In Canton im US-Bundesstaat Ohio öffnete im Juni 1998 die *National First Ladies' Library* ihre Pforten. Nach dem Vorbild der amerikanischen *Presidential Libraries* sammelt sie Quel-len und Memorabilia zur Geschichte der First Ladies und fördert die Forschung auf diesem Gebiet. Die auf der Homepage der *National First Ladies' Library* (www.firstladies.org) gespeicherte Bibliogra-phie legt Zeugnis von der boomenden Forschung zu den Gattinnen der amerikanischen Präsidenten ab. Ausführliche Hinweise auf Archivbestände und Originalquellen finden sich auch in dem Band von Nancy Smith und Mary Ryan (Hrsg.), *Modern First Ladies. The*

Documentary Legacy (Washington, D. C., 1989) sowie in den instruktiven bibliographischen Essays in dem von Lewis L. Gould herausgegebenen Sammelband, *American First Ladies. Their Lives and Their Legacy* (New York, 1996).

Einen ersten Gesamtüberblick in deutscher Sprache ermöglichen der aus dem Polnischen übersetzte Band von Longin Pastusiak, *Amerikas First Ladies. Von Edith Roosevelt bis Hillary Clinton* (Leipzig, 1997) sowie die Gesamtdarstellung von Ronald D. Gerste, *Die First Ladies der USA. Von Martha Washington bis Hillary Clinton* (Regensburg, 2000). Die umfassendste Studie zur Geschichte der First Ladies ist das zweibändige Werk von Carl Sferrazza Anthony, *First Ladies: The Saga of the Presidents' Wives and Their Power* (New York, 1990/1991). Die derzeit wohl beste Untersuchung ist die anregende Arbeit von Betty Boyd Caroli, *First Ladies* (Oxford, 1995), die sich ausführlich mit zentralen Fragen auseinandersetzt, wie dem Wachsen der Institution über zwei Jahrhunderte und dem Verhältnis von Presse und Präsidentengattin. Wichtige neuere Arbeiten haben außerdem Robert P. Watson, *The Presidents' Wives: Reassessing the Office of the First Lady* (Boulder, 2000) und James S. Rosebush, *First Lady, Public Wife: A Behind-the-Scenes History of the Evolving Role of First Ladies in American Political Life* (Lanham, 1987) verfaßt. Aus der Insider-Perspektive einer Präsidententochter stammt das Urteil von Margaret Truman, *First Ladies. An Intimate Group Portrait of White House Wives* (New York, 1995). Aufschlußreich für die einzigartige Rolle der First Lady in der amerikanischen Kultur ist der vergleichende Blick auf Deutschland und Europa, dazu Dieter Zimmer (Hrsg.), *Deutschlands First Ladies. Die Frauen der Bundespräsidenten und Bundeskanzler von 1949 bis heute* (Stuttgart, 1998) und Eckard Presler, *Europas First Ladies auf eigenen Füßen* (Leipzig, 1999).

Mit dem wachsenden wissenschaftlichen Interesse erscheinen zunehmend Spezialstudien auf dem Markt. Die öffentlichen Anforderungen an Amt und Persönlichkeit der Präsidentengattinnen untersucht Babara Silberdick Feinberg, *America's First Ladies: Changing Expectations* (New York, 1998). Die bisher einzige systematische Studie der Präsidentengattin als öffentlicher Kommunikatorin stellt die Arbeit von Myra G. Gutin dar, *The President's Partner. The First Lady in the Twentieth Century* (New York, 1989). Von Betty Boyd Caroli stammt ein repräsentativer Bildband mit faszinierendem fotografischen Material: *America's First Ladies* (New York, 1996). Mit dem Bild der First Lady in der Öffentlichkeit und der großes Interesse beanspruchenden Frage ihrer Garderobe beschäftigt sich der Katalog zur beliebten First-Ladies-Ausstellung im National Museum of American History auf der »Mall« in Washington: Edith P. Mayo/Denise D. Meringolo (Hrsg.), *First Ladies: Political Role and Public Image* (Washington, D. C., 1994). Eine Sammlung populärer Anekdoten und Trivia hat Webb Garrison zusammengestellt, *White House Ladies: Fascinating Tales and Colorful Curiosities* (Nashville, 1996). Einen wichtigen Beitrag zum sozialen Hintergrund der Präsidenten und ihrer Familien leistet die Arbeit von Edward Pessen, *The Log Cabin Myth. The Social Background of the Presidents* (New Haven, 1984). Der Geschichte des Hauses, in dem die Präsidentengattinnen seit Abigail Adams wohnen, widmet sich der Sammelband von Frank Freidel/William Pencak, *The White House: The First Two Hundred Years* (Boston, 1990). Unentbehrlich für die Geschichte der amerikanischen Präsidentschaft und – aufgrund seiner vorzüglichen Einleitung auch im Englischen unübertroffen – ist der von Jürgen Heideking herausgegebene Band *Die amerikanischen Präsidenten. 41 historische Porträts von George Washington bis Bill Clinton* (München, 1990). Dort finden sich ausführliche Hinweise zur weiteren Literatur in deutscher und englischer Sprache.

Die Qualität der wissenschaftlichen Literatur zu einzelnen First Ladies ist sehr unterschiedlich. So gibt es immer noch erstaunlich viele Präsidentengattinnen, die nicht durch eine eigene Biographie gewürdigt worden sind. Auch die quellenmäßige Überlieferung ist nicht für alle First Ladies gleichermaßen dicht. Allgemein gilt, daß der schriftliche Nachlaß der jüngeren First Ladies, vor allem seit der Einführung des Systems der *Presidential Libraries* (beginnend mit Herbert Hoover bzw. Franklin D. Roosevelt), sehr viel besser erhalten ist als der ihrer Vorgängerinnen im 19. Jahrhundert. Oft ist das Material auf mehrere Archive und Bibliotheken zerstreut.

Eine unentbehrliche Quelle zu *Martha Washington* ist Joseph E. Fields (Hrsg.), *» Worthy Partner«: The Papers of Martha Washington* (Westport, 1994). Weitere zeitgenössische Zeugnisse finden sich in John C. Fitzpatrick (Hrsg.), *The Writings of George Washington* (39 Bde., Washington, D. C., 1931–44) sowie in W. W. Abbot (Hrsg.), *The Papers of George Washington* (Charlottesville, 1983 ff.). Die wenigen erhaltenen persönlichen Zeugnisse Martha Washingtons werden von der Virginia Historical Society und auf dem ehemaligen Gut der Washingtons, Mount Vernon, verwahrt. Die historisch verläßlichsten Biographien stammen von Benson J. Lossing, *Mary and Martha: The Mother and Wife of George Washington* (New York, 1886), Anne Hollingsworth Wharton, *Martha Washington* (New York, 1897) und Elswyth Thane, *Washington's Lady* (New York, 1960). Alice Curtis Desmond, *Martha Washington* (New York, 1951) ist eine Mischung aus Fakten und Fiktion. Wichtige Informationen finden sich auch in der immer noch maßgeblichen, siebenbändigen George-Washington-Biographie von Douglas Southall Freeman (New York, 1948–57), S. 16–21.

Auch zu *Abigail Adams* fließen die Quellen reichlich. Die jahrzehntelange Korrespondenz mit ihrem Mann John und mit anderen Familienmitgliedern wird in der Boston Historical Society verwahrt und ist zum großen Teil publiziert in Charles F. Adams (Hrsg.), *The Familiar Letters of John Adams and his Wife Abigail Adams During the Revolution* (Boston, 1875) sowie ders., *Letters of Mrs. Adams, Wife of John Adams* (2 Bde., Boston 1840); Lyman H. Butterfield u. a. (Hrsg.), *The Adams Papers* (5 Bde., Cambridge, Mass., 1962; ders., *The Book of Abigail and John. Selected Letters of the Adams Family 1762–1784* (Cambridge, Mass., 1975). Wichtige Biographien stammen von Charles W. Akers, *Abigail Adams: An American Woman* (Boston, 1980), Natalie S. Bober, *Abigail Adams. Witness to a Revolution* (New York, 1995), Edith B. Gelles, *First Thoughts. Life and Letters of Abigail Adams* (New York, 1998); die wohl definitive Biographie hat Phyllis Lee geschrieben, unter Berücksichtigung sämtlicher publizierter und unpublizierter Quellen, *Abigail Adams. A Biography* (New York, 1987).

Die wichtigsten Quellen zu *Dolley Madison* finden sich im Nachlaß ihres Mannes James Madison; dieser ist über drei Archive verstreut. Der Großteil findet sich in der Alderman Library der University of Virginia in Charlottesville; weitere Bestände sind in der Library of Congress sowie im Greensboro Historical Museum in North Carolina deponiert. Zu *Madison* liegen zahlreiche Biographien vor, von denen mehrere speziell für Kinder und Jugendliche verfaßt wurden; darüber hinaus hat das Leben dieser bemerkenswerten First Lady zahlreiche literarische Verarbeitungen, hauptsächlich in Romanform, gefunden, darunter neuerdings Connie Briscoe, *A long way from Home* (New York, 1999) und David Nevin, *Eagle's Cry* (New York, 2000). Wichtige Dokumente, teilweise auch nur Exzerpte, aus Dolley Madisons Korrespondenz und Erinnerungen versammeln die beiden Bände von Lucia B. Cutts, *Memoirs and Let-*

ters of Dolly [!] Madison (Boston, 1886) und Allen C. Clark, *Life and Letters of Dolly Madison* (Washington, D. C., 1914). Auch die frühe Biographie von Maud W. Goodwin ist noch immer konsultierenswert, *Dolly Madison* (New York, 1896). Weitere Biographien stammen von Katharine Anthony, *Dolly Madison. Her Life and Times* (Garden City, 1949), Noel B. Gerson, *The Velvet Glove. A Life of Dolly Madison* (Nashville, 1975) und Arnett Ethel Stephens, *Mrs.James Madison. The Incomparable Dolley* (Greensboro, 1972). Die zwei wichtigsten Bücher zum Ehepaar Madison stammen von Virginia Moore, *The Madisons. A Biography* (New York, 1979) und Conover Hunt-Jones, *Dolley and the »great little Madison«* (Washington, D. C., 1977), wobei die letztgenannte Studie die gestalterischen sowie innenarchitektonischen Interessen der First Lady ins Zentrum stellt.

Sarah Polk hat kürzlich ihren Biographen gefunden: John Reed Bumgarner, *Sarah Childress Polk. A Biography of the Remarkable First Lady* (Jefferson, 1994). Kurz vor ihrem Tod erzählte Sarah Polk in einem *Oral History Interview* ihre Lebensgeschichte: Anson und Fanny Nelson (Hrsg.), *Memorials of Sarah Childress Polk* (Nachdruck, Spartanburg, 1980). Von Bedeutung ist auch das Tagebuch ihres Ehegatten, Milto Milton Quife (Hrsg.), *The Diary of James K. Polk During His Presidency* (4 Bde., Chicago, 1910). Die Briefe Sarahs an James finden sich in der Library of Congress, die Polk Family Papers in der Tennessee State Library and Archives in Nashville.

Die mit Abstand beste Biographie *Mary Todd Lincolns* beschreibt deren Leben vor dem Hintergrund des politischen und sozialen Wandels ihrer Zeit, Jean H. Baker, *Mary Todd Lincoln. A Biography* (New York/London, 1987). Unverzichtbar ist auch die kommentierte Ausgabe ihrer erhalten gebliebenen Briefe, Justin G. Turner/Linda Levitt Turner, *Mary Todd Lincoln: Her Life and Letters* (New York, 1972). Eine nicht durchwegs, aber doch erstaunlich verläßliche Quelle ist auch Elizabeth Keckley, *Behind the Scenes, or, Thirty Years a Slave and Four Years in the White House* (1868; Nachdruck New York, 1988). Wesentlichen Anteil am unvorteilhaften Bild dieser First Lady hat William H. Herndons *Life of Lincoln* (1889; Nachdruck New York, 1983). Einen gut dokumentierten, aber über das Ziel hinausschießenden Versuch der Ehrenrettung macht Ruth Painter Randall, *Mary Lincoln: Biography of a Marriage* (Boston, 1953). Eine sympathische literarische Verarbeitung des Lincolnschen Ehelebens, die auch ins Deutsche übersetzt wurde und die Gravur auf den Eheringen des Paares zum Titel wählte, ist Irving Stone, *Die Liebe ist ewig. Liebe und Ehe des Abraham Lincoln* (Bern, 1955).

Edith Roosevelt hat keine Memoiren veröffentlicht. Einsichten in das Privatleben der Roosevelts finden sich bei L. F. Abbot (Hrsg.). *Archibald W. Butt, Letters* (New York, 1924) sowie in der Autobiographie ihrer Stieftochter Alice Roosevelt Longworth, *Crowded Hours* (New York, 1933). Eine 1980 erschienene, vorzüglich recherchierte Monographie bietet die bis dato beste Lebensbeschreibung: Sylvia Jukes Morris, *Edith Kermit Roosevelt: Portrait of a First Lady* (New York, 1980). Die umfangreiche Korrespondenz der First Lady und ihrer Familie wird von der Library of Congress verwahrt.

Zu *Helen Herron Taft* liegen lediglich Kurzportraits in den erwähnten Sammelbänden vor, eine Biographie ist angesichts der Bedeutung dieser First Lady ein erstaunliches Desiderat, das die Forschung noch nicht eingelöst hat. Hilfreich ist Judith Icke Anderson, *William Howard Taft. An Intimate History* (New York, 1981). Zum weiterführenden Studium empfehlen sich ihre Memoiren: *Recollections of Full Years* (New York, 1914) und die veröffentlichten Briefe des Adjudanten Major Archibald Butt, *Taft and Roosevelt: The Intimate Letters of Archie Butt, Military Aide*, 2 Bde. (Garden City, 1930). Ihre Tagebücher und Briefe befinden sich in der Library of Congress.

Auch *Edith Bolling Wilsons* Nachlaß befindet sich in der Library of Congress; ein Großteil ihres Briefwechsels mit ihrem Mann ist in den veröffentlichten *Woodrow Wilson Papers* enthalten. Ihre Memoiren, veröffentlicht unter dem Titel *My Memoir* (Indianapolis, 1939), sind mit Vorsicht zu genießen. Ferner gibt es drei Biographien über Edith Wilson: An der von Alden Hatch verfaßten Studie *Edith Bolling Wilson: First Lady Extraordinary* (New York, 1961) hat Edith Wilson selbst mitgearbeitet; auch Ishbel Ross, *Power with Grace: The Life Story of Mrs. Woodrow Wilson* (New York, 1975) orientiert sich eng an Edith Wilsons Sicht. Das neueste Buch, Tom Shachtmans *Edith and Wilson: A Presidential Romance* (New York, 1981), verrät schon durch seinen Titel die fehlende kritische Distanz, vermittelt aber einen guten Überblick über das Verhältnis zwischen der First Lady und ihrem Ehemann. Die neuesten Erkenntnisse über die Zeit nach Woodrows Schlaganfall faßt zusammen John M. Cooper, »Disability in the White House: The Case of Woodrow Wilson«, in: Frank Freidel/William Pencak (Hrsg.), *The White House: The First Two Hundred Years* (Boston, 1994), S. 75–99.

Florence Kling Harding vernichtete nach dem Tod ihres Ehegatten einen Großteil des gemeinsamen schriftlichen Nachlasses. Die Reste werden von der Ohio Historical Society in Columbus verwahrt. Eine Biographie Florence Hardings steht noch aus, gute Informationsquellen sind die Studien über den Präsidenten: Francis Russell, *The Shadow of Blooming Grove* (New York, 1968) und die Erinnerungen einiger Zeitzeugen, Harry Daugherty, *The Inside Story of the Harding Tragedy* (New York, 1932).

Lou Henry Hoover hat keine Memoiren geschrieben, auch eine größere Biographie fehlt. Sympathische Skizzen stammen von ihrer Freundin Helen B. Pryor, *Lou Henry Hoover. Gallant First Lady* (New York, 1969) sowie von ihrer Sekretärin Mary Randolph, *Presidents and First Ladies* (New York, 1936). Kürzere biographische Arbeiten finden sich in den oben genannten Gesamtdarstellungen. Der schriftliche Nachlaß der First Lady ist in der Herbert Hoover Presidential Library in West Branch, Iowa deponiert. Eine Bibliographie ihrer publizistischen Arbeiten hat Dale C. Mayer zusammengestellt, *Lou Henry Hoover. Essays on a Busy Life* (Worland, 1994). Hilfreich sind auch die Erinnerungen ihres Ehegatten *The Memoirs of Herbert Hoover* (3 Bde., New York, 1951–1952).

Als die wohl bedeutendste First Lady hat *Eleanor Roosevelt* auch den umfangreichsten Nachlaß. Er umfaßt ein Papiervolumen von fast 10,5 Kilometer, mehr als 2,5 Millionen Seiten hat sie aufbewahrt. Briefe, Memoranden, Manuskripte, Kolumnen, Berichte, Photos sowie Hör- und Videokassetten füllen mehr als 3000 Archivboxen, größtenteils in der Franklin Delano Roosevelt Library in Hyde Park, New York. Zahlreiche Biographien beschäftigen sich mit ihrem Leben, darunter Blanche Wiesen Cook, *Eleanor Roosevelt* (2 Bde., New York, 1992–1999) und Allida Black, *Casting Her Own Shadow. Eleanor Roosevelt and the Shaping of Postwar Liberalism* (New York, 1996). Daneben liegt viel autobiographisches Material vor. Noch zu Lebzeiten wurde die von Eleanor Roosevelt autorisierte Kurzfassung *The Autobiography of Eleanor Roosevelt* (New York, 1961) veröffentlicht, die eine Auswahl ihrer drei Autobiographien *This is My Story* (New York, 1937), *This I Remember* (New York, 1949) und *On My Own* (New York, 1958) darstellt. Ihre letzte Autobiographie *Tommorow Is Now* erschien posthum (New York, 1963). Ihre umfangreiche publizistische Tätigkeit wird durch zwei von

Allida Black herausgegebene Textsammlungen erschlossen, *What I Hope to Leave Behind. The Essential Essays of Eleanor Roosevelt* (New York, 1995) und *Courage in a Dangerous World. The Political Writings of Eleanor Roosevelt* (New York, 1999). Auszüge aus dem Briefwechsel zwischen Eleanor Roosevelt und der Journalistin und engen Freundin Lorena Hickok findet man in Rodger Streitmatter (Hrsg.), *Empty Without You. The Intimate Letters of Eleanor Roosevelt and Lorena Hickok* (New York, 1998). Die ältere Literatur läßt sich erschließen durch John A. Edens (Hrsg.), *Eleanor Roosevelt: A Comprehensive Bibliography* (Westport, 1994). Zu ihrem Ehegatten siehe drei deutschsprachige Publikationen, Wolfgang J. Helbich, *Franklin Delano Roosevelt* (Berlin, 1971), Detlef Junker, *Franklin D. Roosevelt. Macht und Vision: Präsident in Krisenzeiten* (Göttingen, 1979) und Alan Posener, *Franklin Delano Roosevelt* (Reinbek bei Hamburg, 1999). Die Beziehung zwischen der First Lady und Franklin hat Joseph P. Lash, ein enger Freund Eleanors, in seinem Buch *Eleanor and Franklin. The Story of Their Realtionship, based on Eleanor Roosevelt's Private Papers* (New York, 1971) beschrieben.

Auch *Bess Truman* ist eine First Lady noch ohne größere wissenschaftliche Biographie. Ihre Tochter Margaret Truman hat eine offiziöse Lebensbeschreibung verfaßt, *Bess W. Truman* (New York, 1986), ihre Beziehung zu ihrem Gatten schildert Jean Robbins, *Bess & Harry. An American Love Story* (New York, 1980), seine Briefe an sie wurden ebenfalls publiziert, Robert H. Ferrell (Hrsg.), *Dear Bess. The Letters from Harry to Bess Truman, 1910–1959* (New York, 1983). Siehe auch vom selben Herausgeber *The Autobiography of Harry S. Truman* (Boulder, 1980) sowie Kurt L. Shell, *Harry S. Truman. Politiker, Populist, Präsident* (Göttingen, 1998). Bess Trumans kleiner schriftlicher Nachlaß wird in der Harry S. Truman Library in Independence, Missouri, verwahrt.

Mit dem Leben von *Mamie Doud Eisenhower* beschäftigen sich zwei Biographien. Susan Eisenhower, *Mrs. Ike. Memories and Reflections on the Life of Mamie Eisenhower* (New York, 1996), wenngleich von einer Verwandten geschrieben, wartet mit einem hohen Maß an sachlicher Distanz und abwägender Einschätzung auf und enthält darüber hinaus eine Vielzahl von bislang unveröffentlichten Briefen. Das Buch von Dorothy Brandon, *Mamie Doud Eisenhower: Portrait of a First Lady* (New York, 1954) ist auf der Grundlage von Interviewmaterial veröffentlicht worden. Zum Verhältnis der Eheleute Eisenhower siehe Stephen E. Ambrose, *Eisenhower* (2 Bde.,

New York, 1983–1985). Einen geradezu intimen Einblick in die Gefühle Eisenhowers für seine Frau verdanken wir der von seinem Sohn John S. D. Eisenhower herausgegebenen Edition von Briefen, die der General während des Zweiten Weltkriegs an seine Frau schrieb: *Dwight D. Eisenhower, Letters to Mamie*, hrsg. und kommentiert von John S. D. Eisenhower (New York, 1978). Die umfangreichen Papiere Mamie Eisenhowers finden sich in der Eisenhower Presidential Library in Abilene, Kansas.

Die Faszination für *Jacqueline Bouvier Kennedy Onassis* und ihre Familie hat sich in einer umfangreichen Literaturproduktion niedergeschlagen. Vor allem das Verhältnis der beiden Kennedys zueinander hat viele Journalisten beflügelt, siehe vor allem Christopher Andersen, *Jack and Jackie. Portrait of an American Marriage* (New York, 1996) und ders., *Jackie after Jack. Portrait of the Lady* (New York, 1998); Gene Brown, (Hrsg.), *The Kennedys: A New York Times Profile* (New York, 1980); Edward Klein, *All Too Human. The Love Story of Jack and Jackie Kennedy* (New York, 1996), sowie in deutscher Übersetzung Alan F. Posener, *John F. und Jacqueline Kennedy. Das Königspaar im Weißen Haus* (Berlin, 1997). Biographien stammen von David Lester, *Jackie Kennedy. Sie prägte eine Epoche* (München, 1999) und Mary Van Renssalaer Thayer, *Jacqueline Kennedy. The White House Years* (Boston, 1967); aus der Feder ihrer Mitarbeiterinnen stammen die Bücher von Letitia Baldrige, *Of Diamonds and Diplomats* (Boston, 1968), Maud Shaw, *White House Nanny* (New York, 1965) und Mary Barelli Gallagher, *My Life with Jacqueline Kennedy* (New York, 1969). Der Pressesekretär John F. Kennedys, Pierre Salinger, verfaßte *With Kennedy* (Garden City, 1966); Jackies stilbildende Garderobe beschreibt der für sie arbeitende Modeschöpfer Oleg Cassini, *A Thousand Days of Magic. Dressing Jacqueline Kennedy* (New York, 1995). Auch einige deutschsprachige Kennedy-Biographien beschäftigen sich mit dem Mythos von »Camelot«, zu dessen Entstehung Jackie einen wesentlichen Beitrag lieferte, Thomas C. Reeves, *John F. Kennedy. Die Entzauberung eines Mythos* (Bergisch Gladbach, 1995) und Georg Schild, *John F. Kennedy. Mensch und Mythos* (Göttingen, 1997). Die nach wie vor wichtigste Darstellung der Präsidentschaft stammt von Arthur M. Schlesinger Jr., *A Thousand Days. John F. Kennedy in the White House* (Boston, 1965). Zum Image von Jackie Kennedy J. C. Suares und J. Spencer Becke, *Uncommon Grace. Reminiscences and Photographs of Jacqueline Bouvier Kennedy Onassis*

(Charlottesville, 1994). Hunderte von Oral History Interviews werden von der John Fitzgerald Kennedy Library in Boston aufbewahrt. Dort sind auch die relevanten Archivmaterialien zu Kennedy und ihrer Familie untergebracht.

Den besten Einstieg in die Lebensgeschichte von *Lady Bird Johnson* erlaubt die mit großem Einfühlungsvermögen geschriebene Biographie von Jan Jarboe Russell, *Lady Bird. A Biography of Mrs. Johnson* (New York, 1999). Auf der Grundlage von Lady Birds diktierten Tagebüchern erschienen ihre Memoiren, Mrs. Lyndon Baines Johnson, *A White House Diary* (New York, 1970); wichtig sind auch die Erinnerungen ihrer Stabschefin Liz Carpenter, *Ruffles and Flourishes* (New York, 1971) sowie das reich bebilderte Memoirenbuch von Harry Middleton, *Lady Bird Johnson. A Life Well Lived* (Austin, 1992), das zu ihrem achtzigsten Geburtstag erschien. Aus zeitgenössischer Perspektive siehe auch Ruth Montgomery, *Mrs. LBJ* (New York, 1964) und Marie Smith, *The President's Lady: An Intimate Biography of Mrs. Lyndon B. Johnson* (New York, 1964). Das Engagement für den Umweltschutz behandelt Lewis L. Gould, *Lady Bird Johnson and the Environment* (Lawrence, 1988); Robert Dallek, *Lone Star Rising. Lyndon Johnson and His Times, 1908–1960* (New York, 1991) ist eine vorzügliche Quelle zum Verhältnis der beiden Johnsons. Dort und in der Arbeit von Russell werden auch die geschäftlichen Unternehmungen Lady Birds ausführlich beschrieben. Das umfangreiche Archivmaterial zu Lady Bird Johnson findet sich in der LBJ Library in Austin, Texas; dort sind auch die Originale ihres diktierten Tagebuches deponiert, einer der wohl umfangreichsten Quellen zur Geschichte der First Ladies überhaupt.

Von *Pat Nixon* gibt es keine Autobiographie oder andere einschlägige Publikationen. Die beiden biographischen Hauptwerke sind die Bücher des Journalisten Lester David, *The Lonely Lady of San Clemente. The Story of Pat Nixon* (New York, 1978) und ihrer Tochter Julie Nixon Eisenhower, *Pat Nixon. The Untold Story* (New York, 1986). Größere Kapitel sind ihr in Gesamtdarstellungen gewidmet. Präsident Nixon hat seine Memoiren publiziert. *The Memoirs of Richard Nixon* (New York, 1978), seine offizielle Korrespondenz mit seiner Frau findet sich in Bruce Oudes (Hrsg.), *From the President. Richard Nixon's Secret Files* (New York, 1989). Die überragende Nixon-Biographie stammt von Stephen E. Ambrose: *Nixon* (3 Bde., 1987–1991). Archivmaterialien finden sich in der Richard Nixon Library in Yorba Linda, Kalifornien.

Betty Ford hat zwei autobiographische Bücher verfaßt, die sich beide durch die für sie typische, schnörkellose Offenheit auszeichnen: Betty Ford with Chris Chase, *The Times of My Life* (New York, 1978) behandelt die Zeit bis zu ihrer Einlieferung in die Drogenklinik; Betty Ford with Chris Chase, *Betty. A Glad Awakening.* (Garden City, 1987) erzählt die Geschichte von der Überwindung ihrer Sucht und der Gründung der Betty-Ford-Klinik. Ihre Bedeutung für die Gestaltung der Rolle der First Lady wird von zahlreichen Einzeldarstellungen in den bekannten Sammelbänden betont. Aus der Sicht einer Mitarbeiterin siehe die Darstellung von Sheila Rabb Weidenfeld, *First Lady's Lady. With the Fords at the White House* (New York, 1979). Gerald Fords Memoiren tragen den Titel *A Time To Heal. The Autobiography of Gerald R. Ford* (New York, 1979); wichtige Informationen zu seiner Präsidentschaft enthält der Sammelband von Bernard J. Firestone und Alexej Ugrinsky (Hrsg.), *Gerald R. Ford and the Politics of Post-Water gate America* (2 Bde., Westport, 1993). Briefe, Reden und andere Materialien zu Betty Ford finden sich in der Gerald R. Ford Presidential Library.

Die sehr umfangreichen Archivalien zu *Rosalynn Carter* werden nach und nach in der Jimmy Carter Presidential Library in Atlanta, Georgia, zugänglich gemacht werden. Rosalynn Carters Autobiographie *First Lady from Plains* (Boston, 1984) zeichnet sich durch die persönliche Färbung aus; gemeinsam mit ihrem Ehemann hat Carter ein Buch über die Zeit nach dem Abschied vom Weißen Haus verfaßt, *Everything to Gain. Making the Most of the Rest of Your Life* (New York, 1987; Fayetteville, 1995). Siehe auch Jimmy Carters Memoiren, *Keeping Faith. Memoirs of a President* (New York, 1982). Zeitgenössische Biographien stammen von Howard Norton, *Rosalynn* (Plainfield, 1977) und Richard Hyatt, *The Carters of Plains* (Huntsville, 1977). Aus der Sicht zweier Freundinnen Edna Longford und Linda Maddox, *Rosalynn. Friend and First Lady* (Old Tappan, 1980). Für einen ersten guten Überblick über Carters Präsidentschaft siehe Burton I. Kaufmann, *The Presidency of James Earl Carter, Jr.* (Lawrence, 1993). Aufsätze zu wichtigen Einzelaspekten erschienen von Faye Lind Jensen, »An Awesome Responsibility. Rosalynn Carter As First Lady«, in: *Presidential Studies Quarterly* 20 (1990), S. 769–775 und Kathy B. Smith, »The First Lady Represents America. Rosalynn Carter in South America«, *Presidential Studies Quarterly* 27 (1997), S. 540–548.

Auch zu *Nancy Reagans* Zeit als First Lady fehlt der Abstand, um zu einem ausgewogenen Urteil zu gelangen. Wichtige zeitgenössische, meist von Journalisten geschriebene Biographien stammen von Chris Wallace, *First Lady. A Portrait of Nancy Reagan* (New York, 1986) und France Spatz Leighton, *The Search for the Real Nancy Reagan* (New York, 1987); eine kontroverse Studie ist die Arbeit von Kitty Kelley, *Nancy Reagan. The Unauthorized Biography* (New York, 1991). Nancy Reagan hat mehrere Autobiographien verfaßt, darunter für die frühe Zeit *Nancy* (New York, 1980) und für die Zeit der First Lady *My Turn. The Memoirs of Nancy Reagan* (New York, 1989). Ein Denkmal hat ihr Ehegatte gesetzt, siehe Ronald Reagan, *Erinnerungen. Ein amerikanisches Leben* (Berlin, 1990). Auch die Reagan-Kinder sind Autoren von Autobiographien, darunter Patti Davis, *Homefront* (New York, 1986), Michael Reagan, *Outside Looking In* (New York, 1988) und Maureen Reagan, *First Father, First Daughter* (Boston, 1989). Das kontroverse Eingreifen von Nancy Reagan in die Regierungspolitik schildert der ehemalige Stabschef Donald T. Regan, *For the Record. From Wall Street to Washington* (New York, 1988) und Larry Speakes, *Speaking Out* (New York, 1988). Die sehr umfangreichen Papiere von Nancy Reagan finden sich in der Ronald Reagan Library in Simi Valley, Kalifornien.

Barbara Bush ist die Autorin mehrerer Bücher: *Barbara Bush. A Memoir* (New York, 1994) beschreibt die Zeit im Weißen Haus; aus der Perspektive der beiden Familienhunde verfaßt sind *C. Fred's Story* (Garden City, 1984) und *Millie's Book* (New York, 1990). Die besten Biographien stammen von Pamela Kilian, *Barbara Bush. A Biography* (New York, 1992) und Donnie Radcliffe, *Simply Barbara Bush. A Portrait of America's Candid First Lady* (New York, 1992). Zur Präsidentschaft von George Bush siehe George Bush, *Blick nach vorn. Eine Autobiographie* (München, 1988) und George Bush/Brent Scowcroft, *Eine neue Welt. Amerikanische Außenpolitik in Zeiten des Umbruchs* (Berlin, 1999). Die George Bush Presidential Library ist kürzlich in Houston, Texas eröffnet worden und wird in der Zukunft Materialien zu Barbara Bush zugänglich machen.

Hillary Rodham Clinton steht noch mitten im politischen Leben, was eine wissenschaftliche Auseinandersetzung erschwert. Ihre eigenständige Karriere hat gerade erst begonnen und die Literatur ist seit ihrer Kandidatur für einen Sitz im Senat stark angeschwollen. Verläßlich über ihre Herkunft informieren mehrere ältere Biographien, darunter Rex Nelson, *The Hillary Factor* (New York, 1993); Donnie

Radcliffe, *Hillary Rodham Clinton. A First Lady for Our Time* (New York, 1993); auch in deutscher Sprache sind zahlreiche Biographien erschienen darunter Martina Sprengel, *Hillary Rodham Clinton. Keine Frau fürs Damenprogramm* (Düsseldorf, 1998) und Mario R. Dederichs, *Hillary Clinton und die Macht der Frauen* (München, 1999); in jüngster Zeit ist die Literaturproduktion zu Hillary Clinton explodiert, siehe den einflußreichen Artikel von James Bennett, »The Next Clinton. The Politics of Being a First Lady, a Potential Senator, and a Clintonian Above All«, *New York Times Magazine*, 30. Mai 1999, S. 23–56. Über das Verhältnis der beiden Clintons jüngst Christopher Andersen, *Hillary und Bill. Die Geschichte einer Ehe* (München, 1999). Hillary Rodham Clinton hat zahlreiche Artikel in juristischen Fachzeitschriften publiziert (vor allem zur rechtlichen Stellung von Kindern) und ist die Autorin von *It Takes a Village* (New York, 1996, dt.: *Eine Welt für Kinder*, Hamburg, 1996).

Die First Ladies der Vereinigten Staaten von Amerika

1773 „Boston Tea Party"
4. Juli 1776 Unabhängigkeitserklärung (John Adams, Th. Jefferson, B. Franklin, Roger Sherman, Robert Livingston)
1783 Frieden mit England „Friedensvertrag"
1787 umfassende Reform der Verfassung
1796 Französische Revolution

1. Regierungssitz = New York

1790 Philadelphia wird Hauptstadt

1800 Präsidentenhaus in W. DC. erbaut.

First Ladies (Amtszeiten)	Präsidenten
Martha Dandridge Custis Washington (1789–1797)	George Washington *1.* *(J. Adams Vize)*
Abigail Smith Adams (1797–1801) *1798 „Quasi-Krieg mit Frankreich im Karibik* *zu 1. Auftrat 2. Emazipation*	John Adams *2. Föderalis (Th. Jeffes. Vize)*
[Martha Jefferson Randolph (1801–1809)][1]	Thomas Jefferson *Republika*
Dorothea »Dolley« Payne Todd Madison (1809–1817) *1812 Kriegserklärung an England* *1814 Zerstörung von Washington + Flucht aus dem Weißen H.*	James Madison *4. Republis*
Elizabeth Kortright Monroe (1817–1825)	James Monroe *5.*
Louise Catherine Johnson Adams (1825–1829)	John Quincy Adams *6.*
[Emily Donelson (1829–1836)][2] [Sarah Yorke Jackson (1836–1837)][3]	Andrew Jackson *7*
[Angelica Singleton Van Buren (1837–1841)][4]	Martin Van Buren *8*
Anna Tuthill Symmes Harrison (1841)	William Henry Harrison *9*
Letitia Christian Tyler (1841–1842) Julia Gardiner Tyler (1844–1845)[5]	John Tyler *10*
Sarah Childress Polk (1845–1849) *1. Wahlkämpferin + politisch Einfluss nehmende First Lady* *amerikanischer Bürgerkrieg*	James K. Polk *11*
Margaret Mackall Smith Taylor (1849–1850)[6]	Zachary Taylor *12*
Abigail Powers Fillmore (1850–1853)[7]	Millard B. Fillmore *13*
Jane Means Appleton Pierce (1853–1857)[8]	Franklin Pierce *14*
[Harriet Lane (1857–1861)][9]	James Buchanan *15*
Mary Todd Lincoln (1861–1865) *12.04.1861 Beginn des Sezessionskrieges 09.04.1865 beendet*	Abraham Lincoln *16 durch Attentat erschossen*
Eliza McCardle Johnson (1865–1869)[10]	Andrew Johnson *17*

Julia Dent Grant (1869–1877) — Ulysses S. Grant *18*

Lucy Ware Webb Hayes (1877–1881) — Rutherford B. Hayes *19*

Lucretia Rudolph Garfield (1881) — James A. Garfield *20*
Chester A. Arthur (Vize)

[Mary Arthur McElroy (1881–1885)][11] — Chester A. Arthur *21*

[Rose Elizabeth Cleveland (1885–1886)][12]
Frances Folsom Cleveland (1886–1889) — Grover Cleveland *22*

Caroline Lavinia Scott Harrison (1889–1892) — Benjamin Harrison *REPUBLIKANER*
[Mary Harrison McKee (1892–1893)][13] — *23*

Frances Folsom Cleveland (1893–1897) — Grover Cleveland *24*

Ida Saxton McKinley (1897–1901) — William McKinley *25*
Theodore Roosevelt (Vize)

Edith Kermit Carow Roosevelt (1901–1909) — Theodore Roosevelt *Republikaner 26*
1905 BEGINN DES RUSSISCH-JAPANISCH KRIEG | Offizielle Besuchung „WEIBSHAUS" GRÜNDUNG DER NATIONAL GALLERY OF ART

Helen Herron Taft (1909–1913) — William H. Taft *REPUBLIKANER 27*

Ellen Louise Axson Wilson (1913–1914) — Woodrow Wilson *DEMOKRAT 29*
[Margaret Wilson (1914–1915)][14] *1920 Einführung des Frauenwahlrechts*
1919 Spannungen Mexiko –USA ESKALIERTEN
Edith Bolling Galt Wilson (1915–1921) *Deutsche U-Boote versenkten 1915 (7. Mai)*
PETTICOAT GOVERNMENT *britisches Passagierschiff „Lusitania"*

Florence Kling Harding (1921–1923) — Warren G. Harding *republikaner*
PROHIBITION „Teapot-Dome"-AFFAIRE GAMALIEL 28

Grace Anna Goodhue Coolidge (1923–1929) — Calvin Coolidge *30*

Lou Henry Hoover (1929–1933) *ALKOHOL-PROHIBITION* Herbert Hoover *31*
„CAMP RAPIDAN" VORLÄUFER VON „CAMP DAVID" *29.10.1929 „SCHWARZER FREITAG"*
Anna Eleanor Roosevelt (1933–1945) — Franklin D. Roosevelt *DEMOKRAT 32*
.6.45 1. BOTSCHAFTERIN DER USA BEI DEN VEREINTEN NATIONEN | Delano *TRUMAN (VIZE*

Elizabeth »Bess« Virginia Wallace Truman — Harry S. Truman *33*
(1945–1953) *Ende des Korea-Krieges, Ungarn Aufstand, Suezkrise, Berlin-Ultimatum, Sputnick-Schock, U2-ABSchuß Libanon-Invas.*

Mary »Mamie«, Geneva Doud Eisenhower — Dwight D. Eisenhower *Republikaner 34*
(1953–1961) *Ende des Korea-Krieges, Ungarn-Aufstand, Suezkrise (R. NIXON-VIZE) Berlin-Ultimatum, Sputnick-Schock, U2-ABSchuß Libanon-Invasion*

Jacqueline »Jackie« Lee Bouvier Kennedy [Onassis] — John F. Kennedy *35*
(1961–1963) *John F. Kennedy Memorial Library von I. M. Pei*

Claudia »Lady Bird« Taylor Johnson — Lyndon B. Johnson *Demokrat 36*
(1963–1969) *Sekretärin die Carpenter Stabschefin* *[Beanes]*

[Milhouse] 37
Patricia »Pat« Ryan Nixon (1969–1974) — Richard M. Nixon *republikaner*
↳ Behinderte gerechte Zugänge zum weißen Haus *1. zurückgetretener Präsident*
Juni 1972 „Watergate Affaire „Washington-Post Bob Woodward + Carl Bernstein"
1974 „Amtsenthebungsverfahren" → Rücktritt 5. Aug. 74 ohne Schuldeingeständnis
VIZE GERALD R. FORD nach
Rücktritt von VIZE SPIROW AGNEW
IM OKTOBER 1973

38 Elizabeth »Betty« Bloomer Warren Ford *1. eigene Redenschreiberin* (1974–1977)

Gerald R. Ford *Republikaner* *Keine plebiszitäre Legimitation*

39 Rosalynn Smith Carter (1977–1981)

Jimmy Carter *Demokrat*

40 Nancy Davis Reagan (1981–1989) *30.03.1981 ATTENTAT AUF → IRAN-CONTRA-AFFÄRE*

Ronald Reagan *ehem. Demokrat* *Republikaner* *VIZE GEORGE BUSH*

41 Barbara Pierce Bush (1989–1993) *GOLF-KRIEG 1990/91*

George Bush *Republikaner* *VIZE DAN QUAYLE*

42 Hillary Rodham Clinton (1993-2001) *Whitewater-Affäre* *Travelgate-Affäre*

Bill Clinton *Demokrat*

43 *(2001 –*

George W. BUSCH Republik.

---

1 Thomas Jefferson war seit 1782 Witwer, Martha Randolph seine Tochter. Zeitweise übte auch Dolley Madison das Amt der First Lady unter Jefferson aus.

2 Andrew Jackson war seit 1828 Witwer, Emily Donelson seine Nichte.

3 Schwiegertochter Andrew Jacksons.

4 Martin Van Buren war seit 1819 Witwer, Angelica Van Buren seine Schwiegertochter.

5 Letitia Tyler starb 1842, John Tyler (1841–1845) heiratete erneut 1844. Während der Krankheit und nach dem Tod von Letitia Tyler versahen Letitia Tyler Semple (Tochter) und Priscilla Cooper Tyler (Schwiegertochter) das Amt der First Lady.

6 Margaret Tyler übte das Amt aufgrund einer Krankheit nicht aus, als offizielle Gastgeberin diente ihre Tochter Mary Elizabeth Taylor Bliss.

7 Abigail Fillmore übte das Amt aufgrund einer Krankheit nicht aus, als offizielle Gastgeberin diente ihre Tochter Mary Abigail Fillmore.

8 Jane Pierce war nicht am Amt der First Lady interessiert, als offizielle Gastgeberinnen dienten Abby Kent Means, eine Tante des Präsidenten, und Varina Davis, die Frau des Kriegsministers und späteren Südstaaten-Präsidenten Jefferson Davis.

9 James Buchanan war Junggeselle, Harriet Lane seine Nichte.

10 Eliza Johnson übte das Amt aufgrund einer Krankheit nicht aus, als offizielle Gastgeberin diente ihre Tochter Martha Johnson Patterson.

11 Chester Arthur war seit 1880 Witwer, Mary McElroy seine Schwester.

12 Grover Cleveland war zur Zeit seines Amtsantritts unverheiratet, Rose Cleveland seine Schwester. 1886 heiratete er Frances Folsom.

13 Caroline Harrison starb 1892, Mary McKee war ihre Tochter.

14 Ellen Wilson starb 1914, Margaret Wilson war ihre Tochter.

Verzeichnis der Autorinnen und Autoren

Berg, Manfred, Dr. phil., geboren 1959, seit 1998 Privatdozent am John F. Kennedy-Institut für Nordamerikastudien der Freien Universität Berlin. Forschungsschwerpunkte: Deutsch-amerikanische Beziehungen; amerikanische Politik und Zeitgeschichte; Rassenbeziehungen in den USA.

Breunig, Marion, Dr. phil., geboren 1960, Historikerin in Heidelberg. Forschungsschwerpunkte: Geschichte Nordamerikas im 18. Jahrhundert.

Bungert, Heike, Dr. phil., geboren 1967, seit 1997 wissenschaftliche Assistentin an der Anglo-Amerikanischen Abteilung des Historischen Seminars der Universität Köln. Forschungsschwerpunkte: Deutsch-amerikanische Beziehungen im 19. und 20. Jahrhundert, Diplomatiegeschichte, Kulturgeschichte, Amerikanischer Film.

Freitag, Sabine, Dr. phil., geboren 1962, seit 1997 wissenschaftliche Mitarbeiterin am Deutschen Historischen Institut in London. Forschungsschwerpunkte: Deutsche, amerikanische und englische Geschichte des 19. und frühen 20. Jahrhunderts.

Frey, Marc, Dr. phil., geboren 1963, seit 2000 wissenschaftlicher Mitarbeiter an der Universität zu Köln. Forschungsschwerpunkte: Amerikanisch-Südostasiatische Beziehungen nach 1945, Amerikanische Zeitgeschichte, Deutsch-Niederländische Beziehungen.

Gassert, Philipp, Dr. phil., geboren 1965, seit 1999 wissenschaftlicher Assistent am Curt-Engelhorn-Lehrstuhl für amerikanische Geschichte an der Universität Heidelberg. Forschungsschwerpunkte: Deutsch-amerikanische Beziehungen im 20. Jahrhundert und westdeutsche Zeitgeschichte nach 1945.

Heideking, Jürgen, Dr. phil., geboren 1947, ab 1992 Professor und Direktor der Abteilung für Angloamerikanische Geschichte an der Universität zu Köln. Forschungsschwerpunkte: Amerikanische Verfassungsgeschichte; die USA in den internationalen Beziehungen im 20. Jahrhundert.

Hohensee, Jens, geboren 1963, seit 1995 Referent der Alfried Krupp von Bohlen und Halbach-Stiftung. Forschungsschwerpunkte: Energie- und Unternehmensgeschichte nach 1945.

Lehmkuhl, Ursula, Dr. phil., geboren 1962, seit 1999 Professorin für Nordamerikanische Geschichte an der Universität Erfurt. Forschungsschwerpunkte: Angloamerikanische Asien- und Fernostpolitik; Theorie der Internationalen Beziehungen.

Mauch, Christof, Dr. phil., geboren 1960, stellvertretender, seit 1999 amtierender Direktor des Deutschen Historischen Instituts in Washington, D. C. Forschungsschwerpunkte: Deutsche und amerikanische Geschichte sowie vergleichende Geschichte vom 18. bis zum 20. Jahrhundert; Umweltgeschichte.

Mausbach, Wilfried, Dr. phil., geboren 1964, seit 1995 wissenschaftlicher Mitarbeiter am Deutschen Historischen Institut in Washington, D. C. Forschungsschwerpunkte: Deutsch-Amerikanische Beziehungen im 20. Jahrhundert; Gesellschaft und Politik in Deutschland und den USA seit 1945.

Mehnert, Ute, Dr. phil., geboren 1964, Journalistin, seit 2000 Leiterin des Infografik-Ressorts bei der Nachrichtenagentur Agence France-Presse GmbH in Berlin. Forschungsschwerpunkte: US-amerikanische Geschichte im 20. Jahrhundert.

von Oertzen, Christine, Dr. phil., geboren 1961, seit 1998 wissenschaftliche Mitarbeiterin am Zentrum für Interdisziplinäre Frauen- und Geschlechterforschung der Technischen Universität Berlin. Forschungsschwerpunkte: Vergleichende Sozialgeschichte der deutschen Nachkriegszeit; Bildung, Geschlecht und Weltpolitik im 20. Jahrhundert.

Schmitt, Carola, geboren 1973, seit 1999 wissenschaftliche Hilfskraft am Lehrstuhl für Nordamerikanische Geschichte der Universität Erfurt. Forschungsschwerpunkt: Deutsche Auswanderermissionen im 18. Jahrhundert.

Schüler, Anja, Dr. phil., geboren 1965, Historikerin in Berlin. Forschungsschwerpunkte: Frauengeschichte, deutsch-amerikanische Beziehungen, amerikanische Sozialgeschichte.

Schumacher, Frank, Dr. phil., geboren 1965, seit 1999 wissenschaftlicher Assistent am Lehrstuhl für Nordamerikanische Geschichte der Universität Erfurt. Forschungsschwerpunkte: Nordamerikanische Diplomatie-, Sozial- und Kulturgeschichte, Geschichte der internationalen Beziehungen der Neuzeit, Geschichte des atlantischen Raums.

Wala, Michael, Dr. phil., geboren 1954, seit 1997 Privatdozent an der Universität Erlangen-Nürnberg und Professor für Geschichte am St. Olaf College, Minnesota. Forschungsschwerpunkte: Internationale Beziehungen der Vereinigten Staaten des 20. Jahrhunderts, deutsch-amerikanische Beziehungen in der Zwischenkriegszeit und Sozial- und Identitätsgeschichte des 18. und 19. Jahrhunderts.

Waldschmidt-Nelson, Britta, Dr. phil., geboren 1965, seit 1997 wissenschaftliche Assistentin am Amerika-Institut der Ludwig-Maximilians-Universität München. Forschungsschwerpunkte: Afroamerikanische Geschichte, Regionalstudien (Kalifornien und Kuba), Frauengeschichte und soziale Reformbewegungen in den USA.

Bildnachweis